www.ingramcontent.com/pod-product-compliance
Ingram Content Group UK Ltd.
Pitfield, Milton Keynes, MK11 3LW, UK
UKHW051915031026
15588UKWH00008B/1485

9 789773 772635

قوة الرأسمالية

الرأسمالية ليست المشكلة

بل هي الحل

قوة الرأسمالية

الرأسمالية ليست المشكلة.. بل هي الحل

ترجمة:

مهند طالب الحمدي

تأليف:

راينير زيتلمان

مجموعة النيل العربية

English Edition I.S.B.N. : 9781852527945

Arab Nile Group I.S.B.N.: 978-977-377- 263 -5

حقوق الطبعة العربية:

عنـــوان الكتـــاب: **قوة الرأسمالية**

(الرأسمالية ليست المشكلة، بل هي الحل)

تأليـــــــــف : **د. راينير زيتلمان**

ترجمــــــــــة. : **د. مهند طالب الحمدي**

رقــم الإيـــــداع : 2024 / 20840

الترقيــم الـدولـــي : 5- 263 -377-977-978

الطبعــــــــــة : الأولي

سنة النشـــــــر: 2025

الناشــــــــــر : **مجموعة النيل العربية**

العنـــــــوان : ص.ب: 4051 الحي السابع

مدينة نصر 11727 القاهرة – ج.م.ع

التليفــــــون : 00202/26717135 – 26717134

الفاكـــــس : 00202/ 26717135

البـــريـــد الإلكـترونـــــي : info@arabnilegroup.com arab_nile_group@hotmail.com

المـــوقـــع الإلكـترونـــي : www.arabnilegroup.com

زيتلمان، راينير

قوة الرأسمالية (الرأسمالية ليست المشكلة بل هي الحل)

تأليف: د. راينير زيتلمان؛ ترجمة: مهند طالب الحمدي.

ط1.– القاهرة: **مجموعة النيل العربية**، 2025.

324ص؛ 24 سم.

تدمك: 5- 263-377-977-978

1- الرأسمالية

أ- الحمدي، مهند طالب. (مترجم)

ب – العنوان. 330,122

تنويه 1 :

لقـد تـم بـذل أقصـى جهـد ممـكن لضمان احتواء المـادة المترجمـة لهذا الكتاب على معلومـات دقيقـة ومحـدثـة. ومـع هـذا، لا يتحمـل الناشــر: **"مجموعـة النيـل العربيـة"** أيـة مسـئوليـة قـانـونية فيما يخـص محتوي الكتاب أو عدم وفـائـه باحتياجات القارئ كما أنـه لا يتحمل أية مسـئولية أو خسـائر أو مطالبات متعلقة بالنتائج المترتبة على قراءة أو اسـتخدام هذا الكتاب.

تنويه 2 :

إن مادة هذا الكتاب والأفكار المطروحة به تعبر فقط عن رأي الكاتب أو المؤلف لهذا الكتاب، ولا تعبر بالضرورة عن رأي الناشر.

ثناءٌ على كتاب قوة الرأسمالية

"تُشير الحقائق البارزة إلى اتجاهٍ واحدٍ: الرأسمالية تعمل والاشتراكية لا تعمل. الكاتب يُقدم فصلًا مُبهرًا حول 'لماذا لا يحب المثقفون الرأسمالية'، والذي يُقدم شيئًا أكثر من إعادة النظر في وجهات نظر هايك الأولى. على الرغم من دعوة العديد من الناس لمزيدٍ من تدخل الدولة في الاقتصاد، يُوثِّق زيتلمان كيف فشل هذا الأمر مراتٍ ومرات، بينما أسواق أكثر وحرية اقتصادية أكثر قد عملت لخلق ثروة مراتٍ ومرات. إنه كتابٌ مبهر وهناك حاجة ماسة له."

ماديسن بيري، معهد آدم سميث

"افتقدت الرأسمالية وجهًا عامًا موحدًا منذ رحيل ميلتون فريدمان عام 2006 . الان، بعد كل ذلك الانتظار هناك مرشحٌ مؤهلٌ أن يصُبح خليفة فريدمان باستحقاق."

رالف بينكو، مؤسسة تاون هول

"الكتاب في أغلبه خالٍ من المصطلحات الاقتصادية الخاصة. غرض الكتاب أن يشرح، لا أن يتباهى، والمؤلف كذلك لا يتخفَّى خلف حيادٍ زائف. راينير زيتلمان مؤمن شغوفٌ بالأسواق الحرة، وهو صريحٌ تمامًا حول ذلك من خلال الكتاب. هذه السَّنة، كان هناك فيضٌ من الكتب التي، بشكلٍ أو بآخر، تُحاجج أن الاشتراكية تستحق أن تحصل على فرصةٍ أخرى. ما تشترك فيه تلك الكتب هو غياب مثالٍ إيجابي واحد من الواقع حول الاشتراكية. هذا الكتاب 'المناهض للمد الجديد'، والذي يُقدم حالة الرأسمالية التي أصبحت تُعد خارج 'الموضة، يقوم بعكس ذلك تماماً. يعتمد كتاب قوة الرأسمالية بشكلٍ شديد على أمثلة من الواقع في كل الكتاب ويبني حُججه بناءً على ذلك."

كريستين نيمتيز، رئيس وحدة الاقتصاد السياسي، معهد الشؤون الاقتصادية، لندن

"هذا الكتاب عبارة عن كنزٍ من الحُجج الموجزة ومتعة للقراءة لأي شخصٍ له اهتمام بالسياسة، وخصوصًا بلغته الرائعة. قلبُ هذا الكتاب هو الفصل العاشر، الذي يتعامل مع السؤال: لماذا لا يُحب الكثير من المثقفين الرأسمالية على الرغم من نجاحاتها الواضحة."

صحيفة نيو زورتشير زيتونغ

"من خِلال كتابه الأخير، يُقدِّم راينير زيتلمان مساهمة مهمة في تفكيك مفهوم الرأسمالية وإعادة هيبتها بشكلٍ مثير للإعجاب ومقنعٍ في الوقت ذاته. يُبيِّن زيتلمان أن جذور العديد من التظلمات المبررة ليست اقتصادات السوق الحُر، بل هي تدخُّل الدولة في الاقتصاد، مهما كانت النوايا حسنة."

صحيفة يوروبين

عن المؤلف

راينير زيتلمان، مؤرخٌ وعالم اجتماعٍ ألماني ومؤلفٌ لعددٍ من الكتب التي حققت أفضل المبيعات ومنها دفاعًا عن الرأسمالية واشتراكية هتلر القومية. نشر راينير زيتلمان ثمانية وعشرين كتابًا، وتُرجمت كُتبه إلى أكثر من ثلاثين لغة حول العالم.

في السنوات الأخيرة، كتب مقالاتٍ كثيرة وكان موضوع مقابلات في وسائل الإعلام الرائدة، مثل وول ستريت جورنال، ومجلة فوربس، ونيوزويك، والديلي تلغراف، والتايمز، ولوموند، وكوريري ديلاسييرا، وفرانكفورتر ألماني زيتونغ، ونيو زورتشير زيتونغ، ووسائل إعلام متعددة في أمريكا اللاتينية وآسيا.

محتويات الكتاب

إهداء المترجم

إلى روح والدي الحاج طالب الحمدي،
من أنار فكري بحرية الأسواق ومنافع التجارة

مقدمة المترجم

قد تكون كلمة الرأسمالية مصطلحًا غير مرغوبٍ فيه بالنسبة للكثير من الناس؛ ولذلك يحاول مؤلف الكتاب الأستاذ راينير زيتلمان أن يقدم تذكيراً في الوقت الملائم أن قوة الرأسمالية في تمكين المجتمعات من تحقيق النمو والازدهار وتقليص الفقر لازالت فعَّالة ومؤثرة حول العالم.

تنبع فكرة هذا الكتاب من أن الناس يميلون في الوقت الحاضر إلى نسيان أصول تحقيق الثروة وتعظيمها، ولذلك يريد المؤلف أن يعيد للأذهان أن فهم نمو الثروة يتطلب فهماً أفضل للآليات التي تخلقها، ألا وهي حرية السوق والتبادلات. يروي المؤلف من خلال فصول هذا الكتاب، قصص نجاح الرأسمالية وتأثيرها الإيجابي على المجتمعات والتي غالباً ما يتم تجاهلها سواء في المناهج الدراسية أو في الحياة اليومية.

يتخذ المؤلف أسلوباً سلساً ومباشراً في التفريق بين الاقتصادات التي تخلق الثروة بشكلٍ فعَّال وتُحسن من مستوى الحياة للمجتمع وبين تلك الاقتصادات التي تقود إلى الانكماش الاقتصادي وخلق العقبات أمام تطور المجتمعات ووضع العراقيل أمام تطلُّع الناس لحياةٍ أفضل.

على النقيض من الخطابات الأيديولوجية التي تحاول إعادة كتابة التاريخ لجعل الأمور تبدو وكأنها عالمٌ مثالي، يُحلل المؤلف بشكلٍ دقيق بعض العوامل التي تساهم في ازدهار المجتمعات، من خلال الأخذ بعين الاعتبار خصائص المجتمعات المختلفة، والتركيز على تقبل بيئة المجتمع لفكرة الحرية الاقتصادية التي تقدر روح المبادرة، والابتكار، واحترام وحفظ الملكية الشخصية، مع درجةٍ أقل من تدخُّل الدولة في الاقتصاد. يُحاجج المؤلف أن الحقائق غير خافية عن النظر لدعم وجهة نظره. يكفي أن نُحلل، بعيداً عن التشويش، رحلة الصين عبر تاريخها المعاصر من العقيدة الاشتراكية إلى الواقعية الداعمة لحركة السوق التي قادت تلك البلاد إلى تقديم نموذجٍ مُذهل للانتعاش والتطور خلال بضعة عقودٍ من الزمن. يمكن أن نرى من خلال أسلوب التحليل ذاته، الوضعية التي يطرحها المؤلف بمقارنة اقتصادات بعض الدول الأفريقية الذي يشير إلى مساهمة تطور اقتصادات السوق في تلك البلدان في تقيص البؤس والشقاء وليس المساعدات الكبيرة وغير الفعَّالة التي حصلت عليها حكومات تلك البلدان من دول العالم الغنية.

يُقدم الكِتاب حُججاً قوية ليس فقط للمهتمين في حقل دراسات العلوم الاجتماعية التطبيقية، كالاقتصاديين، ولكن لكل من يهمه أن يفهم، من خلال لغةٍ واضحةٍ وسلسة، أسباب وتأثيرات السياسات الاقتصادية في الماضي والحاضر. الأكثر من ذلك، أن الكتاب يتحدثُ إلى الناس الذين يؤمنون بالأفكار المعادية للرأسمالية في المجتمعات المختلفة ممن لديهم معرفة قليلة بتاريخ تلك "التجارب العظيمة." أولئك الذين يتحدثون عن نظرية الليبرالية والمساواة، من دون أن يكون لديهم فكرة حقيقية عمَّا تحقق في الواقع. أولئك الذين يريدون أن يعيدوا صياغة المجتمع بناءً على رؤيتهم عمَّا ينبغي أن تكون عليه الأمور، ولكن من دون الأخذ بنظر الاعتبار المعاناة، والحرمان، والقساوة التي تصاحب محاولات فرض تلك الرؤى.

من الممكن جداً وضع عنوان آخر لهذا الكتاب: "القصص المنسية لنجاح السوق الحُر" حيث يذكرنا المؤلف بالتجارب الإيجابية للبلدان التي مرت، بأسلوبٍ أو بآخر، أثناء فترات من التحرير الاقتصادي، والتي أصبحت، نتيجة لذلك، أكثر ازدهاراً وحيوية. لكن الكِتاب لا يخلو كذلك من بعض القصص التحذيرية، وبشكلٍ مؤاتٍ وعادل، عن بلدانٍ سارت على طريقٍ معاكس، والتي واجهت، نتيجة لذلك، نتائج امتدت من الفقر إلى الكوارث.

بعد الأزمة المالية العالمية التي حصلت بين عامي 2007 و2009، أصبح الاعتقاد الشائع لدى بعض السياسيين وبعض وسائل الإعلام، وحتى بعض المثقفين، أن فكرة السوق الحُر قد انهارت وأن تلك الأزمة هي علامة انهيار الرأسمالية ونهايتها. وبناءً عليه، كما يرى السيد راينير زيتلمان، كان لابد من التصدي لهذه الفكرة ومحاولة التوضيح للقراء أن الرأسمالية لازالت تملك مصادر قوتها وتأثيرها حول العالم وعلى مختلف العصور.

يحاول المؤلف من خلال إيضاح رحلة تطور اقتصادات دول معينة في قاراتٍ مختلفة عبر التاريخ المعاصر، أن يُفند فكرة انهيار الرأسمالية والدعوات المتكررة لتدخلٍ حكومي أكثر في الاقتصادات، ويُبيِّن أن الرأسمالية تحظى الآن بحضورٍ أهم مما كانت عليه عبر تاريخها.

يُبيِّن المؤلف من خلال تقديم دلائل واضحة من بلدانٍ حول العالم أن الرأسمالية كانت ولا تزال تُقدم الحلول للكثير من المشاكل الكُبرى. في هذا الاتجاه، يستخدم المؤلف أسلوب التجارب الطبيعية من خلال مقارنة تطور ونمو اقتصادات ألمانيا الغربية وألمانيا الشرقية، كوريا الجنوبية وكوريا الشمالية، تشيلي وفنزويلا، وكذلك يُحلل النمو الاستثنائي للصين وبروزها كقوةٍ مؤثرة في الاقتصاد العالمي.

في الفصل الأول من الكتاب يُشير الكاتب إلى التحول الاقتصادي المذهل للصين أثناء العقود

الأربعة الماضية بعد عقودٍ من المركزية الاقتصادية التي سببت كثيراً من المعاناة والمآسي للناس في تلك البلاد. ثم يتحوَّل الكاتب للحديث عن تجارب دول أفريقيا التي تبدو أقل إبهاراً على الرغم من وجود حالاتٍ مشرقة في تلك القارة. جربت دول أفريقيا أشكالاً مختلفة من الاشتراكية أو أنماطاً مختلفة من برامج التنمية التي أدارتها الحكومة، لكن النتائج كانت مخيبة للآمال. ومنذ بداية تسعينيات القرن الماضي، تحرَّكت معظم تلك الدول بعيداً عن ذلك المنحى باتجاه اقتصادات تعتمد السوق الحُر بشكلٍ أكبر وحققت بعض التقدم. يستمر الكاتب في مقارنة تجاربِ ألمانيا الشرقية وألمانيا الغربية في فترة ما بعد الحرب العالمية الثانية ويُظهر الفروق الواضحة للعِيان بين التقدم الهائل لاقتصاد ألمانيا الغربية الحُر وكآبة اقتصاد ألمانيا الشرقية الاشتراكي. في الفترة الزمنية ذاتها كانت هناك تجربة طبيعية أُخرى تحدث في شبه الجزيرة الكورية وتقسيمها إلى الشمال الاشتراكي، والجنوب الذي سار ومنذ عام 1960، على طريق اقتصاد السوق، ولا حاجة لذكر المزيد.

ثم يُسلط الضوء على تجربة بريطانيا تحت إدارة السيدة مارغريت تاتشر والولايات المتحدة تحت إدارة الرئيس رونالد ريغان ويُحاجج وبشكلٍ صلب كم كانت بريطانيا بحاجة لكسر صِلاتها مع تجربة تدخل الدولة في الاقتصاد التي هيمنت على اقتصاد تلك البلاد بعد انتهاء الحرب العالمية الثانية.

ينظرُ الكاتب في الفصل المخصص لدول أمريكا الجنوبية، إلى تجربة تشيلي وفنزويلا المثيرة للاهتمام. ما حدث في تشيلي شيء غير متوقع حيث سعت الحكومة العسكرية هناك في منتصف السبعينيات إلى قبول استشارة ونصائح مجموعة من الاقتصاديين، أو ما يُطلق عليهم تسمية "أبناء شيكاغو"، والذين يدعون إلى تحرير الاقتصاد. كانت تشيلي، في ذلك الوقت، تُعاني من حكمٍ ديكتاتوري، واقتصادٍ يواصل الانكماش، ونقصٍ في الأساسيات، وتضخمٍ جامح. في الوقت ذاته، كانت فنزويلا بلداً غنياً يديره نظام حكم ديمقراطي مستقر. اتخذ البلدان مسارين مختلفين في التعامل مع اقتصاداتهم، وتبادل البلدان مواقعهما بعد ذلك، وكل ذلك يعود إلى اختيارهما سياسات اقتصادية على طرفي نقيض.

في الفصل السابع يُعرِّجُ المؤلف إلى تحليل ما يُسمَّى "اشتراكية دول شمال أوروبا"، وهو الوهم الذي انتشر حول تلك البلدان في الولايات المتحدة وبريطانيا، ولكن ليس في دول أوروبا الأخرى مثل ألمانيا. في تلك البلدان، تعني الاشتراكية الاقتصادات المركزية مثل حالة ألمانيا الديمقراطية، وعليه فإن بلدان شمال أوروبا لا تُوصف بأنها اشتراكية، بل هي دول "رعاية اجتماعية متقدمة."

هناك خلط بين مصطلحات "الديمقراطية الاجتماعية" و "الاشتراكية الديمقراطية" الذي غالباً ما ينتشر بين الناس في الولايات المتحدة وبريطانيا. لذلك حاول المؤلف في هذا الفصل أن يُبيِّن أن الحكومة السويدية أثناء السبعينيات والثمانينيات تدخلت بشكلٍ كبيرٍ في الاقتصاد إلى حدٍ أبعد من مجرد فرض ضرائب عالية. في تلك الفترة، كان من الممكن جداً وصف مسار السويد بأنه خطوات قريبة من الاشتراكية وكانت النتائج مخيبة للآمال. وعليه، تخلَّصت السويد من نظامها الاقتصادي الموصوف بالتدخل الحكومي العميق، وبدأت حِقبة من الخصخصة بشكلٍ ليس ببعيد عمَّا حصل في بريطانيا أثناء حِقبة حكم السيدة تاتشر.

تُغطِّي بقية فصول الكتاب الأزمة المالية العالمية وتداعياتها الاقتصادية على مختلف البلدان ذات الأنظمة الاقتصادية المختلفة. ثم يمضي المؤلف ليسلِّطَ الضوء على العداوة غير المألوفة للمثقفين الغربيين لاقتصاد السوق. يُعدد الفصل الأخير نقاط الضعف المتبقية في اقتصادات العالم حتى أكثرها ليبرالية، ويُبيِّن الحاجة إلى المزيد من الإصلاحات والتحسينات.

يأتي نشر الكتاب في الوقت المناسب تماماً؛ لأنه يُعيد إلى الأذهان تذكيراً حقيقياً بما يمكن أن تُقدِّمه الرأسمالية من حلولٍ للمشكلات التي يواجهها عالمنا اليوم. رسالة المؤلف الأساسية هي: لم تقل الرأسمالية كلمتها الأخيرة بَعدُ، ومازال في جعبتها الكثير لتقدمه.

يبذل المؤلف جهداً كبيراً في إبراز نجاحات نظام السوق الحُر وتعثرها، إن لم يكن فشل، الأنظمة الاقتصادية الأخرى التي تتطلب تدخلاً أكبر من قِبل الدولة في القرارات الاقتصادية للمجتمع وتبعاتها في التأثير على حياة الناس الشخصية، والعائلية، والاجتماعية. على المنوال ذاته، يُساهم هذا الكتاب بشكلٍ حقيقي في إغناء الحوار المُتجدد حول إيجابيات وسلبيات الأنظمة الاقتصادية المختلفة من خلال الاستعانة بقصصٍ من واقع حال تجارب حقيقية سارت خلالها دولٌ مختلفة، وليس فقط الإشارة إلى الأسس النظرية للسياسات الاقتصادية المناقضة للسوق الحُر، والتي يشير إليها الآخرون.

مهند طالب الحمدي

منهاتن، كنساس

توطئـــــة

بقلم: آرثر لافيير وبراين دوميتروفيتش

الرأسمالية قصةٌ ناجحة، كما أصبح واضحًا بشكلٍ خاص بعد انهيار الأنظمة الاشتراكية. وعندما أصبح رواد الأعمال والمديرون للأعمال الكبيرة أغنياء، أصبح الجزء الأكبر من السكان في حالة ازدهارٍ كذلك. في عام 1981، كانت نسبة الفقر المطلق عالميًا 42.7 %، وبحلول عام 2000 انخفضت إلى 22.8 %، وفي عام 2023 أصبحت أقل من 9 %.

مؤلف هذا الكتاب، الذي يحمل شهادة الدكتوراه في التاريخ وعلم الاجتماع، يلاحظ ما يحدث عندما تتدخل الدولة بشكلٍ متزايد في الاقتصاد وما الذي يحدث عندما يتم السماح لاقتصاد السوق أن يتطور بشكلٍ أكثر حرية.

في الفصل الأول من هذا الكتاب، يقدم المؤلف تفاصيل مبهرةً عن المعاناة التي جلبتها الاشتراكية إلى الصين تحت قيادة ماو تسي دونغ. يُلقي راينير زيتلمان محاضرات عبر أرجاء العالم عن هذا الموضوع، في آسيا وأمريكا اللاتينية وأوروبا والولايات المتحدة، وفي عامي 2022 و2023 فقط، سافر إلى ثلاثين بلدًا لهذا الغرض. التقينا به في مؤتمر فريدوم فيست في الولايات المتحدة وقال لنا حينها إنه في كل حديثٍ من أحاديثه، يسأل سؤالًا واحدًا: "مَنْ مِن الحضور سمع أي شيء في المدرسة أو الكلية عن التجربة الاشتراكية الأعظم في التاريخ البشري، أي 'القفزة العظيمة للأمام' من قبل ماو تسي دونغ في نهاية الخمسينيات من القرن الماضي؟" وبشكلٍ ثابتٍ تقريبًا، يُشير بعض الأشخاص، وأحيانًا لا أحد على الإطلاق، أنهم سمعوا بذلك، على الرغم من حقيقة أن خمسة وأربعين مليون إنسان في الصين ماتو نتيجة تطبيق "القفزة العظيمة للأمام." في المدارس، يسمع الطلاب الكثير عن الشرور المزعومة للرأسمالية، لكن قليلاً عن فشل الاشتراكية.

تم محاولة تطبيق العديد من نُسخ الاشتراكية، في الاتحاد السوفيتي كانت مختلفة عنها في الصين، وفي يوغوسلافيا كانت مختلفة عنها في كوريا الشمالية، وفي ألمانيا الشرقية مختلفة عن بولندا، لكنها لم تعمل في أي مكان. في الشكل الأصلي للاشتراكية، يتم تأميم المنشآت بما يتوافق مع أفكار كارل ماركس. ولكن الاشتراكية الحديثة تعمل بشكلٍ مختلف. بشكلٍ رسمي، يبقى مالكو الممتلكات مالكين لها، لكن يتم تجريدهم من السيطرة على الأصول التي يمتلكونها تدريجيًا،

حيث تصبح الدولة وبشكلٍ تدريجي هي من تُحدد لهم المسموح والمطلوب منهم في التعامل مع ممتلكاتهم.

لم تعد الشركات أو المستهلكون هم من يُحدد ما الذي يتم إنتاجه، بل السياسيون وموظفو الحكومة. هذه الفكرة مدعومة بالاعتقاد أنه عندما يتعلق الأمر بما هو خير للناس، فإن السياسيين يعرفون أفضل من ملايين المستهلكين ورواد الأعمال. وهذا هو بالضبط الفرق بين اقتصاد السوق والاقتصاد المُخطط. في اقتصاد السوق، يقرر ملايين المنتجين والمستهلكين كل يوم ما الذي يتم إنتاجه وما لا يتم إنتاجه وبيعه. تُرسل الأسعار إشاراتٍ إلى الشركات حول أيِّ المنتجات هي المطلوبة، وكم المطلوب منها، وما هي غير المطلوبة.

لا يحتاج الأمر "رأسمالية خالصة" لتحسين مستويات معيشة الناس بشكلٍ كبير، حيث يمكن لرأسمالية قليلة أن تساعد بشكلٍ كبير. يُبيِّن راينير زيتلمان، كيف أن إدخالَ إصلاحات حول حقوق الملكية والسوق الحُر قد قلل من نسبة عدد السكان الصينيين الذين يعيشون في فقرٍ مدقع من 88 % عام 1981 إلى أقل من 1 % الآن. نادراً ما قرأت مثل هذا التحليل الواضح للتنمية في الصين. لكن المؤلف يُحذر أيضًا من أنَّ النمط في الصين قد انعكس في السنوات الأخيرة: تدخلٌ أكثر من الدولة وحرية سوق أقل.

لسوء الحظ، هذه ليست الحال في الصين فقط، بل أيضًا في الولايات المتحدة وأوروبا وأمريكا اللاتينية. في أي مكانٍ تذهب إليه، هناك بلدانٌ تسير مرة أخرى في اتجاه تدخلٍ أكثر في الاقتصاد من قِبل الدولة وحرية أسواق أقل. ولذلك فإن هذا الكتاب ذو أهمية كبيرة. يُبيِّن راينير زيتلمان أنه بعد مرور فترة معينة من الزمن، عادةً ما ينسى الناس سبب ازدهارهم، وبالذات الرأسمالية. المؤلف مُعجب جدًا بسياسيين مثل رونالد ريغان ومارغريت تاتشر، اللذين امتلكا الشجاعة في تخفيض الضرائب والخصخصة وتخفيف الأنظمة.

الفصل حول الرئيس ريغان كان محل اهتمام خاص بالنسبة لي (آرثر لافير) لأنني أعرف الرئيس ريغان جيدًا، وكنت محظوظًا أن أعمل مستشارًا له حول السياسة الاقتصادية. خفّض الرئيس ريغان النسبة الأعلى لضريبة الدخل في الولايات المتحدة من 70 % إلى 28 %، وعليه لا عجب أن شهدنا ازدهارًا في زمنه.

نحن بحاجة إلى سياسيين مثل ريغان وتاتشر الآن. ومن أجل أن ينجحوا، فإن من المفيد أن يكون هناك تغير في البيئة الثقافية، في بيئة الأفكار. الفصل الأكثر إثارة للاهتمام في هذا الكتاب، من وجهة نظري، هو الفصل العاشر حول لماذا لا يُحب المثقفون الرأسمالية. في هذا الفصل،

يوضح راينير زيتلمان لماذا مناهضة الرأسمالية هي الغذاء الذي يعتاش عليه المثقفون. بالطبع ليس كل المثقفين. هنالك استثناءات مثل توماس سويل ولودفيغ فون ميسس وفردريك أوغست فون هايك وراينير زيتلمان.

تقع موهبة راينير زيتلمان في إمكانيته تقديم أمورٍ معقدة بمصطلحاتٍ سهلة، وبشكلٍ علمي من دون استخدام مصطلحات علمية معقدة. هذا أحد الأسباب التي جعلت هذا الكتاب يُترجم إلى أكثر من ثلاثين لغة. في مؤتمر فريدوم فيست عام 2022، فاز فيلم الحياة خلف جدار برلين من قِبل راينير زيتلمان بجائزة، ويستحق الفيلم المشاهدة على قناة يوتيوب (حيث حقق أكثر من 310000 مشاهدة). الفيلم مبني بناءً على الفصل الثالث من هذا الكتاب. ونحن نحب أن نرى فصولاً أخرى تتحول إلى أفلام أيضًا؛ حيث سيساعد ذلك في نشر رسائل هذا الكتاب المهمة إلى متابعين أوسع قدر الإمكان.

الدكتور آرثر لافير: اقتصاديٌّ ساعد في إلهام ثورة تخفيض الضرائب عالميًا في السبعينيات والثمانينات من القرن الماضي. في عام 2019، منحه الرئيس دونالد ترمب ميدالية الحرية الرئاسية.

براين دوميتروفيتش: مؤرخ لاقتصاد جانب العرض، ومؤلف مشترك مع آرثر لافير وجياني سنكويفيلد لكتاب للضرائب تبعات: تاريخ ضرائب الدخل في الولايات المتحدة، المنشور عام 2022.

مقدمة: تجارب ميدانية في التاريخ الإنساني

بالنسبة للعديد من الناس، أدّى انهيار النُّظم الاشتراكية واحدًا تلو الآخر في نهاية ثمانينيات القرن الماضي إلى التأكيد، وبشكلٍ قاطع، أن رأسمالية السوق هي أفضل نظامٍ اقتصادي. ومع ذلك، فإن غيظ مناهضة الرأسمالية، بشكلٍ كامنٍ أو علني، ليس فقط مازال مستمرًا في بعض نواحي العالم، بل حقق دعمًا كبيرًا أيضًا في أعقاب الأزمة المالية عام 2008. فسر صانعو السياسات والمعلقون في وسائل الإعلام والمثقفون، بالإجماع تقريبًا، الأزمة بأنها فشل لنظام السوق أو النظام الرأسمالي، والتي يمكن حلها فقط من خلال تدخلٍ حكومي أكثر في الاقتصاد.

كُتب هذا الكتاب في استجابةٍ لتلك الآراء وكان مدفوعاً بالخشية من أننا على أعتاب التخلي عن الأسس التي يعتمد عليها ازدهارنا الاقتصادي. نُشرت الطبعة الأولى من هذا الكتاب في ألمانيا عام 2018، وتبعتها طبعات باللغات الإنجليزية والكورية والأسبانية والبرتغالية والروسية والبولندية. تمَّ ترجمة الكتاب ونشره في العديد من الدول الصغيرة، الاشتراكية سابقًا، مثل جورجيا ومنغوليا. هذه الطبعة التي أمامك هي طبعة منقحة ومحدَّثة بالكامل نشرت في تشرين الثاني (نوفمبر) 2023.

عندما نشرتُ هذا الكتاب أول مرة قبل أكثر من خمس سنواتٍ مضت، تساءل بعض المُنتقدين: هل من الضروري بالأساس الدفاع عن الرأسمالية؟ هل هناك حقاً أحدٌ في العالم اليوم يريد أن يُلغي الرأسمالية بشكلٍ جِدّيٍّ؟ لسوء الحظ، ليس هناك شك أن الرأسمالية تتعرض للهجوم في جميع أنحاء العالم. سيطر الاشتراكيون على مقاليد السياسة في أغلب بلدان أمريكا اللاتينية، حتى في تشيلي. عادت الصين، التي حققت سابقًا نموًا اقتصاديًا مذهلاً نتيجة لإصلاحات السوق الحُر، إلى سياسة "مزيدٍ من تدخل الدولة في الاقتصاد وأقل من حرية السوق" قبل بضع سنوات. في عام 2023، حققت الولايات المتحدة موقعها الأسوأ على الإطلاق على مؤشر الحرية الاقتصادية منذ أن بدأ نشر المؤشر أول مرة عام 1995. وحسب بيانات مؤسسة هيرتج، فإن هناك اليوم حوالي ستة عشر بلدًا أوروبيًا أكثر حرية من الولايات المتحدة. لكن ذلك لا يعني أن كل شيء في حالٍ ممتاز في أوروبا. على العكس، يسير الاتحاد الأوروبي بشكلٍ متسارع على الطريق نحو اقتصادٍ مُخطط. وبحجة مكافحة التغير المناخي، تتدخل الدولة بشكلٍ متزايد في

الاقتصاد. ما أسماه لودفيغ فون ميسس "دوامة التدخل"، أصبحت اليوم حقيقة واقعة عبر أرجاء أوروبا.

يمكن تنظيم الاقتصـاد الحديث بناءً على أحد مبدأين. في السيناريو الأول، ليس هناك ملكية خاصة للأرض أو وسائل الإنتاج. بدلاً من ذلك، تكون كل تلك الأصول مملوكـة من قِبل الدولة. تقرر الدوائر الحكومية المسؤولة عن التخطيط الاقتصادي ما الذي يتم إنتاجه وكميتـه. في السيناريو الثاني، يكون الحق في الملكية الخاصة مضمونًا ويعمل رواد الأعمال في بيئةٍ قانونية ضامنة لحقوقهم وينتجون منتجـاتٍ يعتقدون أن المستهلكين يرغبون بشرائها. تعمل الأسعار التي يضعونها على منتجاتهم كمقياسٍ لصحة افتراضاتهم، أيْ: بمعنى مدى تناغم عرض منتجاتهم مع طلب المستهلكين لتلك المنتجات. يصف التعريف الأول نظامًا اشتراكيًا ويصف التعريف الثانى نظامًا رأسماليًا. في هذا الكتاب، يُستخدم المصطلح الثاني للدلالة على نظام اقتصاد السوق الحُر بشكلٍ مميز، بدلاً من النسخة المُخففة التي يُطلق عليها أحيانًا تعبير "اقتصاد السوق الاجتماعي."

في واقع الأمر، لا وجود لأي من النظامين اليوم، ولم يوجدا أبدًا بشكلٍ خالص. حتى في البلدان الاشتراكية مثل جمهورية ألمانيا الديمقراطية، أو حتى كوريا الشمالية، امتلك بعض الأشخاص أو يمتلكون ممتلكات خاصة، ولم تقمع الخطط الاقتصادية الشاملة عناصر السوق الحُر كلَّها بشكلٍ تام. إذ أنه من دون تلك العناصر، كانت اقتصادات تلك البلدان ستصبح أكثر اختلالًا في أدائها. وبينما توجد الأسعار بشكلٍ اسمي في الاقتصادات الاشتراكية، فإن الوظيفة التي تؤديها مختلفة جذريًّا عن وظيفتها في الاقتصادات الرأسمالية. في حقيقة الأمر، تشبه الأسعار في النظام الاشتراكي الضرائب، كما يشير إلى ذلك الاقتصادي وينغ زانغ[1].

في الاقتصادات الرأسمالية على الجانب الآخر، توجد درجة من الملكية العامة وتدخلاتٍ تنظيمية، حيث تمثل الضرائب نظام إعادة توزيع بشكلٍ أساسي يأخذ من الأغنياء ويعطي للفقراء وأبناء الطبقة الوسطى. تقدم السويد في سبعينيات القرن الماضي مثالاً مُفرطاً لمثل هذا النوع من نُظم إعادة التوزيع، بينما تمثل المملكة المتحدة أثناء الفترة نفسها حالة دراسية رصينة تُبيِّن النتائج الاقتصادية السلبية للتدخلات الحكومية غير المتناسبة وتثبت أن الحد من تلك التدخلات أمرٌ حاسم من أجل زيادة الازدهار.

لا يُطبق أي من البلدان التي يدرسها هذا الكتاب شكلًا خالصًا "من الرأسمالية." في كل حالة، الأمر المهم هو النسبة أو التوازن ما بين التدخلات التنظيمية، وحرية ريادة الأعمال. الحجة

الأساسية التي يطرحها هذا الكتاب هي أن زيادة نسبة العناصر الرأسمالية في اقتصادٍ ما تؤدي، بشكلٍ عام، إلى نموٍ أكثر، ويرفع ذلك من مستوى حياة أغلبية الناس الذين يعيشون في ذلك الاقتصاد. تمثل الصين خلال العقود القليلة الماضية حالة مثالية لدعم هذه الحجة.

تسعى العديد من الكتب إلى تكوين نظرياتٍ من أجل إثبات أن أحد النظامين الاقتصاديين أفضل من الآخر. هذا الكتاب ليس من بينها. عوضًا عن التعامل مع الموضوع من زاوية نظرية، يتخذُ هذا الكتاب من التاريخ الاقتصادي نقطة للبدء. على عكس الاشتراكية، فإن الرأسمالية ليست نظامًا اخترعه المثقفون، لكنها تطورت بشكلٍ عضوي عبر قرونٍ من الزمان، غالبًا بالأسلوب نفسه الذي تطورت به النباتات والحيوانات في الطبيعة، ومازالت مستمرة بالتطور من دون الحاجة لأي تخطيطٍ مركزي أو تنظير. ومن ضمن أهم رؤى الاقتصادي والفيلسوف فريدرك أوغست فون هايك هي إدراك أن من الممكن إيجاد أصل المؤسسات التي تعمل جيدًا "ليس من خلال التصميم والاختراع، بل من خلال البقاء للأصلح"[2]، إذ تعمل آلية الانتقاء، "من خلال محاكاة المؤسسات والطبائع الناجحة."[3]

الخطأ الأكبر الذي يوحد الاشتراكيين من مختلف الأطياف مع الرجال والنساء الذين يديرون البنوك المركزية هو الإيمان بأن عددًا قليلاً من المُخططين الرئيسيين المعينين قادرون على تحديد ما يحتاجه الناس أفضل من ملايين من رواد الأعمال والمستثمرين والمستهلكين الذين تكون قراراتهم الفردية، إن جُمعت معًا، أفضل بكثير في واقع الحال من قرارات أي دائرة حكومية أو بنكٍ مركزي أو أي جهاز سيطرة حكومية.

لذا فإن محاولات فرض اقتصادٍ معتمدٍ على السوق "من الأعلى للأسفل" تبقى محاولات غير ناجحة بشكلٍ عام، على الرغم من أن هناك حاجة إلى حوافز سياسية بطبيعة الحال من أجل جعل الأنظمة الرأسمالية تعمل. ستبين لنا نظرة قريبة على الصين أن انتقالها الناجح نحو الرأسمالية كان، وبشكلٍ جوهري، نتيجة لنموٍ "من الأسفل للأعلى"، ومن خلال تبنٍ واسعٍ لممارساتٍ رأسمالية، لم يكن أي منها ممكنًا لولا التسامح من الأعلى إلى الأسفل مع هذه الممارسات من قِبل قادة سياسيين من أمثال دنغ زياو بينغ. كان السيد دنغ وزملاؤه من الإصلاحيين أذكياء بما يكفي لعدم اختراع نظامٍ جديد بناءً على أفكارٍ مثالية. بدلًا من ذلك، قاموا بعملين: أولاً، عوضًا عن محاولة منع أو كبح جماح التنمية التلقائية عبر أرجاء تلك البلاد الشاسعة، فإنهم سمحوا لها بالتطور عضويًا. ثانيًا، نظروا بشكلٍ عميق إلى تجارب بلدانٍ أخرى كثيرة ليعرفوا ما الذي ينجح وما الذي لا ينجح، وبعد ذلك طبقوا تلك المعرفة في بلدهم.

في هذا الكتاب، أتخذُ منهجًا مماثلًا لذلك: أي النظر على ما نجح وما لم ينجح. أقارن البلدان التي تصلح للمقارنة؛ لأنها تشترك بالكثير من التاريخ والثقافة: كوريا الشمالية وكوريا الجنوبية، جمهورية ألمانيا الديمقراطية وجمهورية ألمانيا الاتحادية، فنزويلا وتشيلي. يُبيِّن الكتاب أيضًا أن تقدُّم الرأسمالية وتراجع الاشتراكية قد حوَّل الصين من بلدٍ مُدقعٍ في الفقر، حيث عانى الملايين من الناس من الجوع حتى الموت قبل أكثر من ستين عامًا بقليل، إلى أكبر بلدٍ مُصدِّر في العالم، حيث تم القضاء على المجاعة.

وبينما يُلقي المنتقدون اليساريون للرأسمالية والعولمة اللوم على الرأسمالية بأنها مسؤولة عن الجوع والفقر في أنحاءٍ مختلفة من العالم، فإن التاريخ المعاصر للقارة الأفريقية يقدم العديد من الأمثلة التي تثبت أن العكس هو الصحيح: الرأسمالية ليست المشكلة، بل هي الحل. لقد أثبتت الرأسمالية أنها أكثر فعالية في مكافحة الفقر من المساعدات المالية. وتُبيِّن الدراسات أن نسبة الفقر في البلدان النامية ذات التوجه أكثر للسوق هي فقط 8.1 % مقارنةً مع 31.2 % في البلدان النامية التي تفتقر لنظام السوق الحُر.[٤]

بشكلٍ عام، تدخلُ أكثر من قِبل الدولة في الاقتصاد يعني نسب نموٍ منخفضة، أو حتى سالبة في بعض الأحيان، بينما يقدم لنا التاريخ الاقتصادي المعاصر للولايات المتحدة والمملكة المتحدة أدلة قاطعة أن المزيد من الرأسمالية يقود إلى ارتفاعٍ أسرع في الازدهار لأغلبية الناس. في ثمانينيات القرن الماضي، أدخل رونالد ريغان ومارغريت تاتشر، وهما اثنان من القادة السياسيين الذين آمنوا بحزم بمنافع السوق الحُر، إصلاحاتٍ قللت من تأثير الدولة في الاقتصاد وحسَّنت الآفاق الاقتصادية في البلدين بشكلٍ كبير. وكما يُبيِّن مثال السويد، الذي يطرحه الفصل السابع، فإن برامج دولة الرعاية الاجتماعية يمكن لها أن تخنق النمو الاقتصادي بعض الأحيان وتحتاج إلى التقليص.

خلال السبعين عامًا الماضية، أنتجت تجارب العالم الحقيقية هذه نتائج مشابهة بشكلٍ متسق، ويُشكِّل هذا الأمر دلالة دامغة تُشير إلى خُلاصةٍ مفادها أن مزيدًا من الرأسمالية يعني ازدهاراً أكثر. لكن يبقى هناك، في أرجاءٍ عديدة من العالم، توجسٌ أو عدم قدرة على التعلم من هذه النتائج بشكلٍ مستمر. في كتابه محاضرات عن فلسفة التاريخ، قال الفيلسوف الألماني جورج فيلهم فريدريك هيغل: "لكن ما يقوله التاريخ والتجربة أن الشعوب والحكومات لم تتعلم قط أي شيء من التاريخ، أو تصرفت بناءً على مبادئ استخلصت منه."[5]

وحتى إن كان حكمه ربما قاسيًا جدًا، فإنه على ما يبدو أن أغلبية الناس غير قادرين على

استخلاص وتشكيل استنتاجات عامة من (بعض) التجارب التاريخية. وبالرغم من الأمثلة العديدة بأن مزيدًا من السياسات الاقتصادية الرأسمالية تقود إلى ازدهارٍ أكثر (وبعضها مطروح في هذا الكتاب، بينما لم يتم التطرق إلى تجارب أخرى مثل الهند وفيتنام وبولندا)، وفشل كل نسخة من نسخ الاشتراكية التي تم اختبارها ضمن ظروفٍ واقعية، مازال العديد من الناس يرفضون التعلم من هذه الدروس الجلية.

وعلى الرغم من انهيار أغلبية الأنظمة الاشتراكية في أوائل تسعينيات القرن الماضي، فإن محاولات تطبيق المثاليات الاشتراكية مازالت قائمة في أرجاءٍ مختلفة من العالم على أملٍ عبثي أن تأتي النتائج "هذه المرة" بشكلٍ مختلف. آخر التجارب هي فنزويلا. وكما كانوا مبهورين بتجارب مشابهة سابقة، فإن العديد من المثقفين عبر أرجاء العالم الغربي، أصبحوا مفتونين بمحاولة هوغو شافيز لجلب الاشتراكية إلى القرن الحادي والعشرين.[6] وكما هو الحال مع تجارب اشتراكية ضخمة سابقة، كانت النتائج كارثية كما يُبيِّن الفصل السادس.

حتى في الولايات المتحدة اليوم، يتشبث العديد من الشباب بالحلم "الاشتراكي"، وإن كان النظام الذي يتصورونه في أذهانهم هو نسخه مثالية ومُضللة من نمط الاشتراكية الإسكندنافية وليس شيوعية الحقبة السوفيتية. ومع ذلك فإن هذا الكتاب يُبيِّن أن هذه النسخة أيضًا قد فقدت مصداقيتها تمامًا من خلال فشلها الشامل في سبعينيات وثمانينيات القرن الماضي (انظر الفصل السابع).

أنا لست قلقًا جدًا بشأن حدوث عمليات تأميم واسعة للأصول والمنشآت التي تنتشر عبر أرجاء البلدان الصناعية الغربية، في أي وقتٍ قريب. لكن ما يثير قلقي هو الخطر الأكبر بكثير والذي يمكن أن يحدث بوقتٍ أسرع، ألا وهو التقليص التدريجي للالتزام الرأسمالي مع زيادة سلطة الدولة في التخطيط وإعادة التوزيع.

أدرك القليلون هذه المشكلة ووصفوها بشكلٍ دقيق. لقد قابلت ستيف فوربس مؤخرًا، وتحدثنا حول هذا الأمر بالذات. أشار ستيف فوربس إلى عاملين سبَّبا تقلص الحرية الاقتصادية في الولايات المتحدة. "الأول هو صعود الاشتراكية الحديثة." وأضاف بالقول "بدلاً من الفكرة القديمة في تملك الحكومة للشركات والصناعات، يحقق الاشتراكيون الحديثون السيطرة من خلال توسيع سلطات الدولة المُنظمة. يُخبرك المنظمون أكثر وأكثر بما تستطيع أو لا تستطيع القيام به."

آخر مثالٍ على ذلك هو فيض الأنظمة المقترحة فيما يتعلق بالسيارات الكهربائية. من خلال الإجبار، تريد الحكومة تدمير استخدام محركات الاحتراق الداخلي وجعل صناعة السيارات

جناحًا خفيًّا للحكومة. وتبدو أوروبا مندفعة أكثر على ذلك الطريق. قرر الاتحاد الأوروبي حظر تسجيل السيارات الجديدة ذات محركات الاحتراق الداخلي بدءًا من عام 2035. يقول السيد ستيف فوربس إن "هذا الحظر المقترح في أوروبا والآن في الولايات المتحدة، هو بالتأكيد جزء وقطعة من اقتصاد اشتراكي مُخطط حديث."[7]

البنوك المركزية تمثل مشكلة أخرى. إنها تتصرف بالفعل كأنها سلطات تخطيطية، وكان إنشاؤها بالأساس هو من أجل ضمان استقرار قيمة النقود، لكنها أصبحت الآن ترى نفسها مشغولة بمهمة تحييد قُوى السوق، من خلال عملية إلغاء سعر الفائدة السوقي. من خلال فرض الأمر الواقع، فإن البنك المركزي الأوروبي قد عطَّل آلية السعر التي هي ميزة أساسية لأي اقتصاد سوقٍ فعَّال. بدلاً من احتواء العجز الحكومي الهائل، فإن سياسة البنك المركزي الأوروبي هذه قد فاقمت الأمر.

يُحذر الاقتصادي توماس ماير من "إن سياسة إبقاء سعر الفائدة منخفضًا على مدى فترة طويلة من الزمن سيشوه أسعار الأصول بشكلٍ متزايد، ويزيد من خطر حدوث انهيار اقتصادي آخر تتبعه أزمة مالية حالما يتم التخلص من هذه السياسة."[8] ليس هناك حاجة إلى أدلة دامغة كي نتوقع إلقاء اللوم على "الرأسمالية" في تلك الأزمات، حتى ولو كانت في واقع الأمر نتيجة مخالفة مبادئ الرأسمالية. ومن المؤكد أن التشخيص الخاطئ يقود إلى علاجٍ خاطئ، في هذه الحالة تدخل حكومي أكثر في سوقٍ أكثر ضعفًا.

في وقتٍ ما كان الاشتراكيون ببساطة يقومون بتأميم المنشآت التجارية. اليوم، يتم إدخال عناصر من الاقتصاد المُخطط بطرقٍ مختلفة: زيادة التدخل الحكومي في عمليات صناعة القرارات التجارية، وطيفٍ من التدابير المالية والتنظيمية، وتقديم الدعم وفرض تحديدات قانونية تُقلِّص من حرية رواد الأعمال. من خلال هذا الأسلوب، تحوَّل سوق الطاقة في ألمانيا تدريجيًا إلى اقتصادٍ مُخطط.

أصبح هذا الأمر ممكناً فقط؛ لأن بعض الناس، ببساطة، غير مدركين أو ربما قد نسوا أن السوق الحُر هو الأساس الذي يعتمد عليه مستوى ازدهارنا الحالي. ويبدو الأمر صحيحًا خاصة بالنسبة لجيل الألفية الذين لا يعرفون الكثير عن تجربة الأنظمة الاشتراكية سوى قصصٍ عن الاتحاد السوفيتي ودول المنظومة الاشتراكية في أوروبا الشرقية، تأتيهم عن طريق كتب التاريخ أو لا تأتيهم أصلًا! أصبحت مصطلحات "الرأسمالية" و"السوق الحُر" كلماتٍ بذيئة.

بيّن استطلاعٌ قامت به شركة إبسوس موري المعروفة عام 2021 و2022 في أربعة وثلاثين

بلدًا في أوروبا، والولايات المتحدة، وأمريكا اللاتينية، وآسيا لغرض الحصول على بيانات لكتابي دفاعًا عن الرأسمالية أن هناك ستة بلدان فقط حيث عدد الناس الذين يربطون الرأسمالية مع أشياء إيجابية أعلى من العدد الذي يربطها مع أشياء سلبية. ما هي الأشياء التي تُزعج الناس من الرأسمالية بالضبط؟ لو نظرنا على الملخص الإجمالي للاستطلاع، فإنها كما يلي من الأفكار حسب تسلسل الأهمية.

الرأسمالية يسيطر عليها الأغنياء، فهم من يحددون الأجندة السياسية.

الرأسمالية تؤدي إلى تفاقم عدم المساواة.

الرأسمالية تعزز الأنانية والجشع.

الرأسمالية تؤدي إلى ظهور احتكارات.

الرأسمالية تقود الناس إلى شراء منتجات لا يحتاجون إليها (9).

مع اضمحلال الذاكرة الحية بشكلٍ تدريجي حول انهيار الأنظمة الاشتراكية، أصبح العديد من الناس في العالم الغربي يواجهون فقدان الإدراك بالمنافع الفائقة للسوق الحُر. ويبدو ذلك صحيحًا بشكلٍ خاص في حالة الشباب، إذ أن دروس التاريخ التي يدرسونها تتحدث بالكاد عن الظروف الاقتصادية والسياسية في البلدان الاشتراكية.

يُركِّز الكتاب على سؤالٍ واحد: ما النظام الاقتصادي الذي يقدم نوعية الحياة الأفضل لأغلبية الناس؟ تتحدد نوعية الحياة بشكلٍ خاص، وليس حصريًا، بمستوى الثروة الاقتصادية للأفراد، وكذلك بمستوى حريتهم السياسية. وبينما يُقدِّم التاريخ العديد من الأمثلة حول مسيرة الديمقراطية والرأسمالية معًا، فإن هناك حالاتٍ أخرى لأنظمة تسلطية ذات اقتصادات رأسمالية: مازالت كوريا الجنوبية تسعى أن تصبح ديمقراطية في الوقت الذي تبنت فيه الرأسمالية، وكذلك فعلت تشيلي. سارت الصين على مسارٍ من أجل مزيد من الرأسمالية لبضعة عقود وإن كانت "محكومة من قِبل" نظام الحزب الواحد. فيتنام هي أيضًا محكومة بنظام الحزب الواحد، لكن ازدادت الحرية الاقتصادية أكثر في العقود الأخيرة من أي بلدٍ آخر بحجمٍ مماثل. أي مقارنات بين البلدان في هذا الكتاب هي مقارنات مبنية على معايير أنظمتها الاقتصادية الخاصة بها وأدائها الاقتصادي. وهذا لا يعني أن الحرية السياسية أقل أهمية في تحديد نوعية الحياة، على أي حال، لكنها تقع خارج نطاق هذا الكتاب وتحتاج إلى دراسةٍ منفصلة.

وعلى قدر ما أختلف مع المعطيات والحُجج التي طرحت في كتاب السيد توماس بيكتي: رأس المال في القرن الحادي والعشرين، فإني أشارك انتقاداته، على أبعادٍ عديدة، للبحوث المعاصرة في

الاقتصاد والتي تُظهر "شغفًا طفوليًا باستخدام الرياضيات وبالتكهنات النظرية الخالصة والتي غالبًا ما تكون أيديولوجية، على حساب البحوث التاريخية والتعاون مع العلوم الاجتماعية الأخرى."[10] بدلاً من ذلك، يُحاجج السيد بيكتي من أجل "مقاربة عملية" تستخدم "وسائل المؤرخين، وعلماء الاجتماع، ودارسي العلوم السياسية، وكذلك الاقتصاديين." ويصف كتابه على أنه "كتابٌ عن التاريخ بقدر ما هو عن الاقتصاد."[11] حصلت على شهادتي الدراسية الأولى في التاريخ والعلوم السياسية، وبعدها حصلت على شهادتي دكتوراه في التاريخ وعلم الاجتماع على التوالي. وبناءً عليه، فإن المقاربة التي استخدمها في هذا الكتاب هي مقاربة المؤرخ.

تذمر السيد بيكتي الرئيس هو أن الاقتصاد والعلوم الاجتماعية لم يعودا يركزان على "مسألة التوزيع": "لقد مضى زمنٌ طويل على الوقت الذي كان ينبغي لنا طرح مسألة عدم المساواة مرةً أخرى في قلب التحليل الاقتصادي."[12] نشر مؤلفون آخرون نقدًا شاملًا للبيانات التي استخدمها السيد بيكتي والأخطاء المنهجية في تحليله[13]، مما أجبره على التراجع عن بعض المبادئ الأساسية في كتابه.[14] إن غرضي من هذا الكتاب هو أن أبين أنني أطرح سؤالًا مختلفًا تمامًا، وهو سؤالٌ من وجهة نظري يحمل أهمية أكثر بكثير لأغلبية الناس من قلق السيد بيكتي حول "عدم المساواة في الثروة." تثير مسألة ما إذا كانت الرأسمالية تميل إلى رفع أو خفض مستوى المعيشة الشامل تساؤلاتٍ أكثر بكثير من أي زيادة افتراضية في عدم المساواة في الثروة.

يشعر السيد بيكتي بالحسرة بسبب اتساع الفجوة بين الأغنياء والفقراء بما يتعلق بالدخل والثروة للفترة ما بين 1990 و2010. لكن الحقيقة أنه خلال تلك الفترة ذاتها خرج أكثر من مليار إنسان، خصوصًا في الصين، وكذلك في الهند وفيتنام وأجزاء أخرى من العالم، من الفقر البائس في نتيجة مباشرة لتمدد الرأسمالية.

ما الأمر الأكثر أهمية بالنسبة لهؤلاء المئات من الملايين من البشر، ألَّا يعانوا من المجاعة أم أنَّ ثروات بعض المليونيرات والمليارديرات ربما ازدادت إلى مستوى أعلى بكثير من مستواهم المعيشي؟ في الفصل الأول من هذا الكتاب، سوف نُبين أن الزيادة في عدد المليونيرات والمليارديرات في الصين في العقود التي خلت والتَّحسن الهائل في مستوى المعيشة لمئات الملايين من الناس هما وجهان لعملةٍ واحدة. يمكن تتبع أصل الاثنين بشكلٍ مباشر للعملية ذاتها، أي الانتقال من الاشتراكية إلى الرأسمالية، من الاقتصاد المخطط إلى اقتصاد السوق الحُر.

من دون أيِّ شكٍّ، أدَّت العولمة الرأسمالية إلى خفض الفقر على مستوى العالم.[15] وفيما إذا كان ارتفاع الازدهار في البلدان غير المتطورة سابقًا قد أدَّى إلى خسارة بعض الازدهار ضمن طبقة

أصحاب الدخل المنخفض في البلدان الصناعية في الغرب، أي: أوروبا والولايات المتحدة، فهو أمرٌ مثيرٌ للجدل.

دعوني أُشير إلى أمرين فيما يتعلق بذلك. أولاً: إن كانت تلك هي الحال، فإن الأمر هو كون أصحاب الدخول المنخفضة في هذه البلدان يتنافسون الآن بشكلٍ مباشر مع العمال في البلدان الناشئة. وعلى النقيض من دورهم الذي نصبوه لأنفسهم بصفتهم مدافعين عن حقوق الفقراء في بلدان أفريقيا وآسيا وأمريكا اللاتينية، فإن حركة مناهضة الرأسمالية ومناهضة العولمة في الغرب تتمسك بشكلٍ أساسي بحالة التميز القائمة لدى الأوروبيين والأمريكيين. ثانيًا، إن الفرضية التي تقول إن العولمة قد أفقرت قطاعات من السكان في أوروبا والولايات المتحدة هي فرضية مثيرة للجدل بذاتها. أظهرت دراسة نُشرت عام 2011 من قِبل منظمة التعاون الاقتصادي والتنمية (OECD) أن الانخفاض في الدخول الحقيقية لأفقر 10 % من السكان منذ عام 1980 قد حدثت في بلدين من بلدان المنظمة: اليابان وإسرائيل.(16) لم يرتفع عدم المساواة في الولايات المتحدة بأي شكلٍ من الأشكال كما يتم الادعاء به في أغلب الأحيان. تم توضيح ذلك الأمر من قِبل السادة فيل غرام وروبرت ايكيلند وجون إيرلي في كتابهم: أسطورة عدم المساواة في أمريكا: كيف تتحيز الحكومة في مناظرات السياسات.(17)

في حالاتٍ عِدة، تُحذر التقارير الإعلامية من ارتفاع الفقر في البلدان الغربية المتطورة بناءً على دراساتٍ تُعرّف وتقيس الفقر بشكلٍ نسبي. على سبيل المثال، التقارير الرسمية عن الفقر والازدهار التي تنشرها الحكومة الألمانية، تطبق تعريفًا للفقر مفاده أن أيَّ شخص يحقق دخلًا أقل من 60 % من الدخل الوسيط هو شخصٌ يعاني الفقر. لكن نظرة عقلية بسيطة لهذا التعريف يمكن أن تُبين أنه تعريفٌ مُلتبس في أفضل الأحوال: لنفترض حصول زيادة في الدخل مقدارها عشر مرات للجميع، بينما تبقى قيمة النقود مستقرة. أولئك القابعون في فئة الدخل المنخفض الذين حققوا ألف يورو شهريًا أصبحوا الآن يحققون عشرة آلاف يورو. سيصبح كل قلقهم عن المال شيئًا من الماضي. ستصبح الحياة رائعة للجميع. ومع ذلك، فإن صيغة 60 % ستبقى قيد التطبيق، وسيبقى عدد الأشخاص الذين يعيشون تحت خط الفقر الرسمي هو نفسه.

بالنسبة لمنتقدي الرأسمالية من أمثال السيد بيكتي، الاقتصاد عبارة عن لعبةٍ صفرية المحصلة، يربح فيها الأغنياء ما يخسره الفقراء وأبناء الطبقة الوسطى.(18) لكن ليس هكذا يعمل السوق، على أيِّ حال. ينظر منتقدو الرأسمالية دومًا إلى كيفية تقسيم الناتج، بينما أنظر أنا في هذا الكتاب

على الظروف التي تجعل حجم ذلك الناتج ينمو أو يتقلص.

دعوني أُقدِّم تجربة عقلية أخرى هنا، وسأترك الأمر للقارئ؛ كي يقرر أيًا من النتائج التالية يفضل. لنفترض أنك تعيش على جزيرة يمتلك فيها ثلاثة من الأغنياء ثروة قدرها خمسة آلاف دولار لكل واحد منهم، بينما يمتلك ألف شخص آخر مبلغًا قدره مئة دولار لكلٍ منهم. وعليه فإن الثروة الكلية لسكان الجزيرة هي 115000 دولار. عليك الآن أن تختار ما بين بديلين: بسبب النمو الاقتصادي تضاعفت ثروة سكان الجزيرة إلى 230000 دولار. تضاعفت ثروات الأشخاص الأغنياء ثلاث أضعاف لتصبح 15000 دولار لكل واحد منهم، وأصبحوا يمتلكون 45.000 دولار. في الوقت ذاته، نمت ثروات بقية سكان الجزيرة (ألف شخص بمقدار 85 % إلى 185 دولارًا لكل فرد منهم. اتسعت فجوة عدم المساواة بين السكان الأغنى والأفقر بشكلٍ كبير.

في السيناريو البديل، لنأخذ الثروة الكلية وقدرها 115000 دولار ونوزعها بشكلٍ متساوٍ على عدد السكان البالغ 1003 شخص. سيحصل كل منهم على114.66 دولارًا. لو كنت أحد الفقراء بثروة قدرها 100 دولار، ما السيناريو الذي تفضله: النمو الاقتصادي أم التوزيع المتساوي؟ وما الذي سيحصل، نتيجة لإصلاحاتٍ اقتصادية تسعى لخلق مساواة أكثر، لو أن ثروة الجزيرة الكلية تتقلص إلى مقدارٍ زهيد قدره 80000 دولار، أي أقل من 79.80 دولار لكل شخص؟

من الطبيعي أنك ستقول إن الهدف الأفضل هو نموٌ اقتصادي ومستوى معيشي عام أعلى بالتناغم مع مساواةٍ أكثر. وهذا هو بالضبط ما حققته الرأسمالية في القرن العشرين، الأمر الذي يُقرُّ به السيد بيكتي نفسه. مازالت التجربة العقلية أعلاه نافعة كأسلوب لتبيان فرقٍ جوهري ما بين نظامي قيم متنافسين. من يفضل محاربة عدم المساواة على رفع مستوى المعيشة لأغلبية الناس سوف يتخذ خيارًا مختلفًا عن شخصٍ يؤمن بما هو عكس ذلك.

إن كنت مُهتماً بشكلٍ أساسي بمسألة المساواة فإن هذا الكتاب ليس الكتاب الصحيح لتقرأه. أما إذا كنت مُهتماً بتحديد الظروف التي تجعل أغلبية الناس يعيشون حالاً أفضل، وإن كنت تؤمن أنه أمرٌ مهم فيما إذا كان المجتمع ككل غنيًا أو فقيرًا، فأرجو منك أن تشاركني الرحلة عبر الزمن وعبر قاراتٍ خمس للبحث عن إجابات. كان كارل ماركس مُحقًا في تأكيده أن وسائل الإنتاج (التكنولوجيا، والمعدات، وتنظيم عملية الإنتاج، .... إلخ) وظروف الإنتاج (النظام الاقتصادي)، ليست مترابطة بعُرى لا تنفصم فقط، بل معتمدة على بعضها البعض بشكلٍ

متبادل.[19] لكن على النقيض من أفكار ماركس، فإن المسألة الحاسمة ليست أن تطور وسائل الإنتاج يسبق التغيرات في ظروف الإنتاج. الأمر الأكثر أهمية هو أن التغييرات في ظروف الإنتاج يمكن لها، بعض الأحيان، أن تسبب تطور وسائل الإنتاج.

الرأسمالية هي السبب الجذري في ارتفاع مستويات المعيشة عبر أرجاء العالم على نطاقٍ غير مسبوق في التاريخ البشري قبل نشوء اقتصاد السوق. لقد أخذت البشرية 99.4 % من تاريخها الممتد لمليونين ونصف مليون من السنين لتحقيق معدل ناتج إجمالي قدره 90 دولارًا دوليًا قبل حوالي خمسة عشر ألف سنة (الدولار الدولي هو وحدة قياس تعتمد على مستويات القدرة الشرائية عام 1990). احتاجت البشرية 0.59 % من تاريخها كي تضاعف معدل الناتج المحلي الإجمالي العالمي إلى180 دولارًا دوليًا عام 1750. ما بين عامي 1750 و2000، وهي فترة تمثل أقل من 0.01 % من مجمل التاريخ البشري، نما معدل الناتج المحلي الإجمالي سبع وثلاثين ضعفاً إلى 6600 دولار دولي. ويمكن النظر إلى الموضوع من زاوية أخرى: 97 % من الثروة الكلية التي تم خلقها أثناء التاريخ البشري تم إنتاجها خلال تلك السنوات المائتين والخمسين.[20] ارتفع متوسط العمر المتوقع على مستوى العالم ثلاثة أضعاف تقريبًا في تلك الفترة الزمنية القصيرة ذاتها (كان متوسط العمر المتوقع عام 1820 هو ستة وعشرون عامًا فقط). لم يحصل أي من تلك الأمور بسبب ارتفاع مفاجئ في الذكاء البشري أو الصناعة، لكنها حصلت لأن النظام الاقتصادي الجديد الذي نشأ في البلدان الغربية قبل حوالي مئتي عام أثبت أفضليته على أي نظام آخر سبقه أو جاء بعده: إنها الرأسمالية. لقد كان هذا النظام المبني على أسس الملكية الخاصة، وريادة الأعمال، والأسعار المقبولة، والمنافسة، هو ما جعل التطورات الاقتصادية والتكنولوجية غير المسبوقة أمرًا ممكنًا أثناء المئتين وخمسين سنة المنصرمة. هذا النظام، برغم كل نجاحاته، مازال غضًا ويتعرض للهجوم.

الفصل الأول

الصين: من المجاعة إلى المعجزة الاقتصادية

لقرونٍ من الزمن، عانت الصين من مجاعةٍ تلو الأخرى. وحتى عام 1981، كان حوالي 88 % من سكان الصين يعيشون في فقرٍ حاد، أما اليوم فالنسبة هي أقل من 1 %. لم يحدث في التاريخ أبدًا أن خرج مئات الملايين من الناس من الفقر المدقع إلى الطبقة الوسطى في مثل تلك الفترة القصيرة مـن الزمن. حتى وقتٍ قريب في نهاية القرن التاسع عشر، وبداية القرن العشرين، مات ما يقرب من مئة مليون إنسان بسبب المجاعة في الصين. وبينما كانت تلك المجاعات نتائج لكوارث طبيعية، فإن ما تبعها خلال النصف الثاني من القرن العشرين كانت مجاعاتٍ من صنع الإنسان، أي أزمات بدوافع سياسية. بعد تسنمه السلطة عام 1949، أراد ماو تسي دونغ أن يحول الصين إلى نموذجٍ مُشرقٍ للاشتراكية. في أواخر عام 1957، أعلن عن انطلاق القفزة العظيمة للأمام كطريقٍ مختصر لتحقيق جنة الطبقة العاملة الموعودة. وحسب أراء ماو، حينها ستتمكن الصين أن تتجاوز المملكة المتحدة خلال خمسة عشر عامًا، وبذلك ستثبت بشكلٍ قاطع وللأبد أفضلية الاشتراكية على الرأسمالية. تم إخبار الشعب من خلال جريدة الحزب الشيوعي الصيني الرسمية عن الخطة "من أجل تخطي جميع البلدان الرأسمالية في فترةٍ زمنية قصيرة نسبيًا وأن تصبح الصين واحدة من أغنى وأقوى البلدان في العالم ومن أكثرها تطورًا."[21]

المجاعة العظمى

بدأت التجربة الاشتراكية الأكثر طموحًا في التاريخ من خلال إجبار عشرات الملايين من الفلاحين عبر أرجاء البلاد على العمل في مشاريع ري عملاقة بدون توفير غذاءٍ كافٍ أو راحة لهم. وخلال فترة وجيزة، أصبح واحد من كل ستة صينيين مشغولًا في العمل في أعمال الحفر في مشاريع كبرى لبناء السدود وشق القنوات.[22] كان إبعاد جزءٍ ضخم من القوة العاملة الزراعية عن المزارع، أحد الأسباب العديدة لحدوث المجاعات التي بدأت في الانتشار في أرجاء الصين. كان أعضاء الحزب عديمي الرحمة في جهودهم لتحقيق النتائج: تم سجن القرويين لسرقتهم بعض الخضراوات أو طعنهم حتى الموت لعدم العمل بقوةٍ كافية. تم إرسال الفلاحين المتمردين إلى معسكرات العمل. مشطت الدوريات المسلحة بالسياط القرى من أجل ضمان أن يعمل الجميع بأقصى قوةٍ ممكنة.[23]

في ذلك الوقت، كانت الزراعة هي المصدر الرئيس للدخل في الصين، وكان الفلاحون هم أغلبية سكانها. وأثناء فترة القفزة العظيمة للأمام، تم إلغاء الملكية الخاصة من أي نوعٍ كان، وتم إجبار الفلاحين على ترك أراضيهم والعيش في ثُكناتٍ تشبه المصانع تضم كل واحدة منها حوالي 20000 إنسان يشاركون المعاناة. عبر أرجاء الصين، كان هناك 24000 من تلك التجمعات التي سميت "كوميونات الشعب" بمعدل 8000 عضو لكل واحدة منها.

كتب ماو نفسه ميثاق الكوميون الأول في هينان، وأشاد به على أنه "ثروة عظيمة"، والذي ألزم أعضاءه البالغ عددهم 9369 عائلة "بالتنازل وبشكلٍ كامل عن حقوقهم ومنازلهم وحيواناتهم وأشجارهم"، وأن يعيشوا في عنابر "بالتناغم مع مبدأ الإنتاج والسيطرة النفعية." أصبحت المنازل عرضة "للهدم إن احتاج الكوميون الطابوق أو البلاط أو الأخشاب."[24]

ذهب ماو أبعد من ذلك للأخذ بعين الاعتبار "استبدال [أسماء الناس] بأرقام. في مقاطعة هينان والمناطق النموذجية الأخرى، عمل الفلاحون في الحقول وهم يحملون أرقامًا على ظهورهم. لم يتم منع الفلاحين من تناول الطعام في المنزل فحسب، بل تم تحطيم مواقدهم وآلات الطبخ في منازلهم." بدلاً من ذلك، تم تقديم الطعام لهم في المقاصف، التي كانت تبعد "ساعاتٍ من المشي أحيانًا عن مكان عمل أو معيشة الناس"، مما أجبرهم على "الانتقال إلى موقع المقصف" حيث "عاشوا محشورين مثل الحيوانات في أي حيزٍ متوفر بدون أي خصوصية أو حياة عائلية."[25]

كانت جحافل العمال تسير كل صباح إلى ميادين الإنتاج تحت ظل الرايات الحمراء والأناشيد الحماسية التي تصدح بها مكبرات الصوت.

أدت تلك التجربة إلى حصول ما يمكن اعتباره أسوأ مجاعة، وبالتأكيد أسوأ مجاعة من صنع الإنسان في التاريخ البشري. وبناءً على بياناتٍ رسمية، يُخمن السيد كاوتشوجي، الباحث الصيني في شؤون السكان، أن حوالي 32.5 مليون إنسان قد ماتوا بسبب الجوع عبر أرجاء الصين في الفترة ما بين 1958 و1962. وبناءً على حساباته، عانت مقاطعة أنهوي أسوء معاناة حيث كانت حصيلة الوفيات الكلية في المقاطعة أكثر من ستة ملايين إنسان، أي أكثر من 18 % من عدد السكان، وتبعتها مقاطعة زيشوان، حيث هلك 13 % من السكان (9.4 مليون إنسان).[26]

بناءً على تحليلات قامت بها أجهزة الأمن الصينية، والتقارير السرية الشاملة التي نشرتها لجان الحزب خلال الأشهر الأخيرة من فترة القفزة العظيمة للأمام، توصل المؤرخ الهولندي فرانك ديكوتير إلى تقديرٍ أكبر بكثير من ذلك، أي حوالي خمسة وأربعين مليون إنسان عبر أرجاء الصين ماتوا قبل أوانهم ما بين عامي 1958 و1962. مات أغلبهم بسبب الجوع، بينما تم تعذيب

حوالي 2.5 مليون إنسان أو ضربهم حتى الموت.[27] " تم حرمان ضحايا آخرين بشكلٍ متعمد من الأكل وتركوا يموتون من الجوع. تم قتل بعض الناس بشكلٍ انتقائي لكونهم أغنياء، أو بسبب أنهم كانوا يسيرون ببطء، أو لأنهم جاهروا بالحديث، أو لأنهم، ببساطة، لم يكونوا مرغوباً بهم لأي سببٍ كان من قِبل الشخص الذي يشعل الشعلة في المقصف."[28]

كان يتم معاقبة الناس بأعدادٍ كبيرة لأنهم أبدوا بعض الانتقادات. حسب تقرير من محافظة فينغيانغ في مقاطعة أنهوي، تم الحكم بالعقاب الجسدي على 28026 إنسان (أي أكثر من 12 % من عدد السكان)، أو تم تقليص حصصهم الغذائية، ومات 441 شخصًا نتيجة لذلك، بينما عانى 383 شخصًا آخر من إصاباتٍ حادة.[29]

في مقدمة كتابه ذي الجزأين المعنون "شاهد القبر"، وهو عبارة عن دراسة حول المجاعة العظمى والذي تم نشره في هونغ كونغ عام 2008 ومُنع في الصين، يتذكر المؤلف والصحفي والمؤرخ الصيني السيد يانغ جيشنغ: "كانت المجاعة التي سبقت الموت أسوأ من الموت نفسه. تلاشت الحبوب، وتم أكل جميع الأعشاب البرية، حتى لحاء الأشجار تم نزعه عنها، وفضلات الطيور، والفئران، والقطط، كلها تم استخدامها لملئ البطون. في حقول الصلصال الطينية، كان الناس الجوعى يمضغون الطين بينما كانوا يحفرون فيه."[30] كانت هناك حالات متكررة من أكل لحوم البشر. في البداية، كان الفلاحون البائسون يأكلون جثث الحيوانات فقط، لكنهم سرعان ما بدؤوا بنبش القبور لانتشال جثث الموتى لطبخها وأكلها. كان يتم بيع لحم البشر في السوق السوداء مع أنواعٍ أخرى من اللحوم.[31] في دراسةٍ أجريت بعد وفاة ماو، وتم منعها بسرعة، في محافظة فينغيانغ "تم تسجيل ثلاثٍ وستين حالة من حالات أكل لحوم البشر في ربيع عام 1960 فقط، ومن ضمنها حالة زوجين قاما بخنق وأكل ابنهم البالغ من العمر ثمان سنوات".[32]

أصبحت قيادة الحزب الشيوعي ضحية لحكمها المرعب، إذ فضّلت أن تعتمد التقارير الكاذبة عن مواسم الحصاد الهائلة كما هي والتى قدمتها كوميونات الشعب. وتم التلويح بالعَلم الأبيض على الكوميونات التى قدمت بيانات صحيحة كنوعٍ من العقاب بسبب افتقادها للحماسة الثورية، وتم اتهامها بالكذب وكانت عرضة للعنف. قدّم الفلاحون في السنوات السابقة تقارير كاذبة فعلًا في بعض الحالات كنوعٍ من التحدي ضد زيادة الضرائب على الحبوب. أصبح أي شخص يدعي أنه لا يملك ما يكفي من الغذاء متهمًا بأنه عدو الثورة الاشتراكية وعميل للرأسمالية. أصبح مجرد القول "إني جائع" عملٌ خطير من أعمال التمرد.[33]

كان الرحيل إلى أماكن مازال يتوفر فيها الغذاء ممنوعًا، مما أدّى إلى حدوث وضعٍ كان "أسوأ من

الوضع تحت الاحتلال الياباني" (1932-1945). وحسب تقارير شهود عيان: "حتى عندما جاء اليابانيون، كنا نستطيع الهرب، نحن [الآن] ببساطة محبوسون في المنازل حتى الموت. تتكون عائلتي من ستة أفراد، مات منهم أربعة." كانت إحدى مسؤوليات أعضاء الحزب أيضًا هي "مُنع الناس من 'سرقة' غذائهم. انتشرت عمليات عقاب مروعة، وتم دفن بعض الناس أحياءً، وتم خنق البعض الآخر بالحبال، وتم جدع أنوف آخرين. في إحدى القرى، تم إنقاذ أربعة أطفالٍ مرعوبين من أن يدفنوا وهم أحياء لأنهم أخذوا بعض الغذاء لإسكان آلام بطونهم الخاوية بعد مناشداتٍ مستميتة من آبائهم. في قريةٍ أخرى، تم قطع أربع أصابع من يد طفل لمحاولته سرقة نفايات طعام غير ناضج. انتشرت مثل هذه الأنواع من الوحشية بأشكالٍ مختلفة في تلك الفترة عبر أرجاء البلاد كلها."[34]

حسب وسائل الإعلام الحكومية الرسمية، كان الاقتصاد الصيني يتحول من قوي إلى أقوى، ويحقق وبشكلٍ مستمر نتائج تحطم الأرقام القياسية على مستوى الصناعات كلها ويقدم إثباتاً لا غبار عليه على أفضلية النظام الاشتراكي المتأصلة. كان ماو مهووسًا بشكلٍ خاص بإنتاج الحديد كمقياس لتقدم الاشتراكية، إلى الحد الذي جعله يحفظ عن ظهر قلب كميات إنتاج الحديد التي تحققها جميع البلدان تقريبًا، ووضع أهدافًا غير واقعية في محاولاته لتخطي إنتاج تلك البلدان. في عام 1957، أنتجت الصين 5.35 مليون طن من الحديد. وفي كانون الثاني (يناير) 1958، وضعت الحكومة هدفًا لإنتاج 6.2 مليون طن، وتم مضاعفة ذلك الهدف تقريبًا إلى 12 مليون طن في أيلول (سبتمبر) من العام نفسه.[35]

في ذلك الوقت، كان يتم إنتاج الحديد الصيني بشكلٍ كبير في أفران انصهار صغيرة (لم يعمل العديد منها كما ينبغي، وأنتجت مواد لم تكن ملائمةً للأغراض المطلوبة) يديرها قرويون في الباحات الخلفية للكوميونات الزراعية. كانت أكوام سبائك الحديد التي أنتجتها الكوميونات صغيرة جدًا وهشة، وعليه غير ملائمة للاستخدام في مصانع الدرفلة الحديثة، وكان ذلك منظرًا مألوفًا عبر أرجاء الصين.[36]

أدى ذلك إلى حدوث مشاهد مخجلة عبر أرجاء البلاد، حيث كان أعضاء الحزب يفتشون المنازل واحدًا تلو الآخر من أجل مصادرة المعدات الزراعية والمنزلية. "تم نقل وصهر أدوات المزرعة وحتى عربات المياه وكذلك أدوات الطبخ ومقابض الأبواب الحديدية وحتى مشابك الشعر النسائية." كان شعار النظام هو "تسليم معولٍ واحد للتخلص من إمبريالي واحد، وإخفاءُ مسمارٍ واحد يعني إخفاء أحد مناهضي الثورة."[37]

كان أي شخص يفشل في إظهار المستوى المطلوب من الحماسة يتعرض إلى "الإيذاء اللفظي أو عزله أو ربطه وعرضه في الاستعراضات" بشكلٍ علني.[38] كان يتم اضطهاد أصحاب الخبرة من الذين يدعون إلى تغليب لغة الاعتدال والعقل. "وضع ماو المعايير لتشويه سمعة العقلانية من خلال قوله 'ينبغي التعامل مع معرفة الأستاذ البرجوازي كأنها فضلات كلب، لا تساوي شيئًا وتستحق فقط الازدراء والسخرية والاحتقار'."[39]

في أواخر 1958، اضطر ماو للاعتراف بنفسه للحلقة المحيطة به أن "فقط 40 % من الحديد المنتج هو حديدٌ جيد"، وأتى جميعه من مصانع الصلب، بينما أنتجت أفران الصهر في الباحات الخلفية للكوميونات الشعبية ثلاثة ملايين طن من الحديد غير النافع، وكان ذلك "خسارة مهولة في المصادر والقوة العاملة، مما أدى إلى خساراتٍ أكثر."[40]

على الرغم من حقيقة أن أعدادًا متزايدة من الفلاحين قد تم تجنيدها للعمل في مشاريع الري وإنتاج الصلب الكبيرة بدلًا من العمل على الأرض، استمرت الكوميونات الزراعية بتقديم تقارير مُفرطة في المبالغة عن الغلة الزراعية. في أيلول (سبتمبر) 1958، أشارت صحيفة الحزب الشيوعي، "يوميات الشعب"، أن معدل إنتاج الحبوب كان 65000 كغم لكل ميو (660 متر مربع) في مقاطعة غوانغشي، في حين أن معدل 500 كغم هو التقدير الأقرب للحقيقة.[41]

كانت تلك الادعاءات المضخمة تعرف باسم "سبوتنيك." "كان يتم "تشكيل حقول سبوتنيك عادةً من خلال نقل محاصيل ناضجة من عددٍ من الحقول بشكلٍ مصطنع إلى قطعة أرضٍ مفردة بشكلٍ مُصطنع."[42] انتشرت تلك الحقول المُصطنعة عبر أرجاء الصين بشكلٍ كبير. ونتيجة لذلك، زادت الحكومة صادراتها من الحبوب من 1.93 مليون طن عام 1957، إلى 4.16 مليون في عام 1959. "في عام 1959 عندما أعلن ماو أن إنتاج الحبوب قد وصل 375 مليون طن في الصين، كان الإنتاج الحقيقي هو حوالي 170 مليون طن."[43]

وبسبب الضغوط الملحة التي كان يمارسها الحزب الشيوعي الصيني لتحقيق أهدافه الاقتصادية بأي ثمنٍ كان، اضطرت الكوميونات للتعهد بتقديم كميات أكبر من "فائض الحبوب" للدولة. "وبوجود بيانات مُضخمة حول المحاصيل، فرضت الدولة حصصًا عالية جدًا لتأخذها من الإنتاج، مما أدى إلى حصول شحة في المنتجات، ومجاعة بشكلٍ مباشر."[44] وما جعل الأمر أسوأ، أن الاقتصاد المُخطط قد أدى إلى خلق فوضى لوجستية، أدت بدورها إلى تدمير أجزاءٍ كبيرة من المحاصيل بسبب أمراض النباتات والفئران والحشرات.[45]

حاول ماو التعامل مع هذه المشكلة من خلال حملةٍ كبيرة أخرى، هذه المرة بهدف تخليص الصين

من "أربعة أنواع من الآفات": العصافير، والفئران، والبعوض، والذباب. ومن أجل ذلك، قام بتعبئة جميع السكان للتلويح بالعصي والمكانس في الهواء وصنع نوع من المضارب لإخافة العصافير حتى تصل لمرحلة الإنهاك من الطيران وتسقط على الأرض. أثبتت هذه الحملة تأثيرها الكبير بحيث إن الحشرات "التي كان عددها قليلًا نسبيًا لأن العصافير (والطيور الأخرى) كانت تأكلها تزايد عددها كثيرًا، مما أدى إلى نتائج كارثية. تم إهمال تحذيرات الباحثين المتخصصين من اختلال التوازن البيئي." في نهاية الأمر، أرسلت الحكومة الصينية طلبًا "شديد السرية" إلى السفارة السوفيتية في بكين من أجل جلب 200000 عصفور من شرق الاتحاد السوفيتي.(46)

على الرغم من اشتداد المجاعة، كان الصينيون مترددين أن يطلبوا من حلفائهم السوفيت أن يوقفوا استيرادهم للحبوب الصينية، أو أن يؤجلوا الدفعات على ديون الصين لهم؛ كي لا يظهروا بمظهرٍ سيء أمام حلفائهم. وبالمثل، كانوا فخورين جدًا مما جعلهم "يرفضون المساعدات التي أرادت دول الغرب تقديمها."(47) على العكس من ذلك، وحتى في فترات أكثر المجاعات حِدَّةً، قامت الصين وبسخاء بتزويد، وبعض الأحيان بشكلٍ مجاني، ألبانيا وحلفاء آخرين بالقمح. كانت سياسة "التصدير فوق كل شيء" التى تم تبنيها عام 1960، تعني أن، في قمة المجاعة، تم إجبار كل المقاطعات على تقديم كمياتٍ أكبر من الأغذية للدولة مما كانت تقدمه سابقًا.(48)

سواء كانت دعاية النظام الرسمية موجهة للاستهلاك الداخلي أم الخارجي، فإنها كانت محاولة يائسة من أجل المحافظة على صورته من خلال إنكار وجود مجاعة في نظام اشتراكي. بينت الحسابات التي تمت بعد ذلك أنه لو كان هناك تغيير في السياسات لكان بالإمكان الحفاظ على حياة ما يقارب من ستة ملايين إنسان.(49)

كتب مواطنون يائسون رسائل إلى ماو ورئيس الدولة شو إنلاي، على افتراض أنهم لا علم لهم بالمجاعة. تقول أحد تلك الرسائل: "الرفيق العزيز ماو، الرئيس شو إنلاي وقادة الحكومة المركزية. أفضل التمنيات بمهرجان الربيع! في عام 1958، حققت بلادنا قفزة عظيمة في كل مكان، لكن في الجزء الشرقي من هاينان، في مناطق يوتشنغ وزيابي، لم تكن حياة الناس جيدة خلال الأشهر الستة الماضية. الأطفال جوعى، والبالغون يعانون المحن. لقد أصابهم الهزال حتى أصبحوا مجرد جلدٍ على العظام. وسبب ذلك هي التقارير الكاذبة حول كميات الإنتاج. نرجوكم أن تستمعوا لندائنا من أجل المساعدة."(50)

واجه أعضاء الحزب الذين قاموا بالتحقيق عن الوضع القائم مشاهد مؤلمة. في مقاطعة غوانغشان،

وجدوا ناجين جالسين القرفصاء بين أنقاض بيوتهم يبكون بصمتٍ في البرد القارس. عبر جميع أرجاء الصين، كان يتم هدم المنازل من أجل توفير الوقود لأفران الصهر وإنتاج الأسمدة. هلك ربع السكان في مقاطعة هوانغشان البالغ عددهم 500000 إنسان وتم دفنهم في مقابر جماعية[51]. تفاقمت شحة الغذاء بسبب موت ملايين وملايين الحيوانات من الجوع.

كان ماو ورفاقه من قادة الحزب على علمٍ بالمشاكل، لكنهم، ولفترةٍ طويلة، حاولوا أن يقللوا من شأنها أو إنكارها. كان موقف الحزب الرسمي كما هو في حالة الحرب، إن هذه التضحيات ضرورية وخطوة لابد منها في البناء المجيد لمجتمعٍ شيوعي في المستقبل القريب. لا تُعد ثلاث سنوات من 'التضحيات ثمنًا باهظًا يُدفع لأجل تحقيق ألف عامٍ من العيش في جنةٍ شيوعية. في تموز (يوليو) 1959، ادعى ماو قائلًا: "الوضع العام ممتاز. هناك العديد من المشاكل، لكن مستقبلنا مُشرق."[52]

كان على علمٍ جيد بأن الملايين يمكن أن يموتوا من أجل تحقيق ذلك المستقبل المُشرق، حيث قال للقادة السوفيت في زيارته لموسكو عام 1957: "نحن مستعدون للتضحية بثلاثمئة مليون صيني من أجل انتصار الثورة العالمية."[53] في تشرين الثاني (نوفمبر) عام 1958، "وفي حديثه للحلقة المحيطة به حول المشاريع كثيفة العمالة مثل مشاريع الري وصناعة الحديد، قال ماو: 'قد يؤدي العمل بهذا الشكل في كل تلك المشاريع إلى موت نصف سكان الصين، إن لم يكن النصف فربما يكون الثلث أو العشر: أي قد يموت خمسون مليون إنسان.'"[54]

صاغ لين بياو، الذي اختاره ماو خليفةً له لولائه المطلق، شعارًا شعبيًا يقول: "الإبحار في البحار يعتمد على قائد الدفة، لكن خلق الثورة يعتمد على أفكار ماو تسي دونغ." لكنه في مذكراته الشخصية، أصرَّ أنه كان يؤمن بأن القفزة العظيمة للأمام كانت "مبنية على الخيال وعبارة عن فوضى عارمة."[55] في نهاية المطاف اضطر ماو للتخلي عن القفزة العظيمة للأمام التي بدأها هو بنفسه، لكن ذلك لم يمنعه من إطلاق برنامج سياسي كارثي آخر بعد بضع سنوات. كانت الثورة الثقافية التي تم إطلاقها عام 1966 محاولة أكثر تطرفًا لتحويل المجتمع الصيني، وتم اتهام ملايين الناس في فترة الثورة الثقافية تلك بأنهم ينشرون الأفكار الرأسمالية أو انتقاد القفزة العظيمة للأمام وتم الحكم عليهم بإرسالهم إلى معسكرات العمل أو تعذيبهم، وتم قتل مئات الآلاف من الناس.

لم تسبب خسارة عشرات الملايين من الأرواح نتيجة لتجربة اشتراكية أخرى أي مفاجأة للشيوعيين الصينيين، الذين كانوا قد خبروا كارثة على مستوى مماثل حدثت في الاتحاد السوفيتي في ثلاثينيات القرن العشرين. وكما هو الحال في الصين، سببت محاولات فرض الإنتاج الزراعي

التعاوني موت ملايين الناس من الجوع. للأسف تمتلئ كتب التاريخ بقصص تجارب اشتراكية فاشلة مما أدى بالشيوعيين في أماكن أخرى من العالم أن يؤمنوا أن تجاربهم الخاصة، في بلدٍ آخر أو عصرٍ آخر، محكومُ لها النجاح.

كان الفشل الاقتصادي بسبب حكم ماو كارثيًا. حقق اثنان من كل ثلاثة فلاحين دخلًا أقل عام 1978 مما كان عليه الأمر في الخمسينيات. لاحظ ثلث الفلاحين انخفاض دخلهم إلى مستوى أقل من مستوى ما كان عليه قبل الغزو الياباني. وبعد وفاة ماو عام 1976، كان خلفاؤه أكثر ميلًا للبراغماتية. أدركوا أن الشعب الصيني عانى ما فيه الكفاية من التجارب الاشتراكية الراديكالية، وعليه قام خليفة ماو المباشر السيد هوا غيوفنغ بتمهيد الطريق لرجلٍ كان سيلعب دورًا حاسمًا في عملية تحول الصين، ألا وهو السيد دنغ زياو بنغ. كان خلفاء ماو، وبالذات السيد دنغ، أذكياء بما يكفي لأن يسمحوا لكلمات كونفشيوس الحكيمة أن تملأ قلوبهم: "يمكن أن نتعلم الحكمة بطرقٍ ثلاث: الأولى من خلال التأمل، وهي أنبل الطرق، والثانية من خلال التقليد، وهي الأسهل، والثالثة من خلال التجربة، وهي الأقسى."

طريق الصين إلى الرأسمالية

بعد أن تعلموا الدرس بشكلٍ قاسٍ، بدأ الصينيون النظر إلى ما يحدث في البلدان الأخرى. بالنسبة للقياديين السياسيين والاقتصاديين، شكل عام 1978 بداية فترة مليئة بالسفر إلى خارج البلاد من أجل جلب أفكار اقتصادية قيمة وتطبيقها في البلاد. قامت الوفود الصينية بأكثر من عشرين رحلة إلى أكثر من خمسين بلدًا تضمنت اليابان وتايلند وماليزيا وسنغافورة والولايات المتحدة وكندا وفرنسا وألمانيا وسويسرا.[56] أثناء مرحلة التهيئة لأول زيارة من قِبل مسؤولين حكوميين صينيين إلى أوروبا الغربية منذ تأسيس جمهورية الصين الشعبية، التقى السيد دنغ مع رئيس الوفد السيد غومو وعددٍ من أعضاء الوفد البالغ عددهم أكثر من عشرين شخصاً، و"طلب منهم أن يلاحظوا أقصى ما يمكن لهم ملاحظته وأن يسألوا أسئلة حول كيفية إدارة البلدان المُضيفة لاقتصاداتها."[57]

انبهر أعضاء الوفد بشكلٍ كبير بما شاهدوه في أوروبا الغربية: مطارات حديثة مثل مطار شارل ديغول في باريس، ومصانع سيارات في ألمانيا وموانئ تعمل فيها آلات تحميل أوتوماتيكية. أصابتهم الدهشة من رؤية مستوى معيشي مرتفع يتمتع به حتى العمال الاعتياديون في البلدان الرأسمالية.[58]

سافر السيد دنغ نفسه إلى بلدانٍ من ضمنها الولايات المتحدة واليابان. وبعد زيارة مُبهرة إلى مصنع شركة نيسان في اليابان، علّق قائلًا: "الآن أصبحت أفهم ما يعنيه التحديث."[59] كان الصينيون مبهورين بشكلٍ خاص بالنجاحات الاقتصادية في بلدانٍ آسيوية أخرى، "على الرغم من الإشارة إليها بشكلٍ لا يذكر تقريبًا، فقد أخذت الديناميكية الاقتصادية للبلدان المجاورة بشكلٍ خاص على أنها مثلٌ أعلى. جعل الاقتصاد الصيني الذي تحوّل من حالة دمار عام 1945 ليحطم كل أرقام النمو السابقة من الخمسينيات وما بعدها، والذي خلق مجتمعًا استهلاكيًا بالإضافة إلى صناعاتٍ تصديرية منافسة، إنجازات ماو تبدو باهتة عند المقارنة."[60]

أثناء زيارته إلى سنغافورة، كان السيد دنغ مُنبهرًا بشكلٍ خاص بالاقتصاد المحلي، الذي كان أكثر ديناميكية بكثير من الاقتصاد الصيني. يتذكر السيد لي كوان يو، الأب المؤسس لسنغافورة ورئيس وزرائها المزمن حينها: "لقد أخبرت دنغ في حفل عشاء عام 1978 في سنغافورة أننا، أي السنغافوريين الصينيين، أحفاد فلاحين أميين لا يملكون أي أرضٍ من مقاطعات غواندونغ وفوجان في جنوب الصين. ليس هناك أي شيء عملته سنغافورة لا تستطيع الصين القيام به، وربما بشكلٍ أفضل. عندها صمت الرجل. عندما قرأت أنه قال للصينيين أن يقوموا بأفضل ما قامت به سنغافورة، تيقنت أنه قد قبل أن يواجه التحدي الذي وضعته أمامه بهدوء تلك الليلة قبل أربعة عشر عامًا خلت."[61]

تم نشر نتائج زيارة الوفد بشكلٍ واسع في الصين، ضمن دوائر الحزب الشيوعي وكذلك ضمن عامة الناس. بعد ما لاحظوا بأم أعينهم المستوى المعيشي المرتفع الذي يتمتع به العاملون في اليابان، على سبيل المثال، بدأ أعضاء الوفود بإدراك المدى الذي كانت فيه الدعاية الشيوعية حول منافع الاشتراكية بالمقارنة مع المآسي التي تعيشها الطبقات العاملة المحرومة في البلدان الرأسمالية مبنية على الأكاذيب والتلفيقات. كان واضحًا جدًا لأي شخصٍ زار تلك البلدان أن العكس هو الصحيح تمامًا. قال السيد دنغ: "كلما رأينا أكثر [من العالم]، كلما أدركنا أكثر كم نحن متخلفون."[62]

على أي حال، لم تؤدِ هذه الحماسة الجديدة حول نماذج البلدان الأخرى الاقتصادية إلى تحوّلٍ فوري إلى الرأسمالية، ولم تتخلص الصين مباشرةً من اقتصادها المُخطط لصالح اقتصاد سوقٍ حُر. بدلاً من ذلك، كانت هناك عملية انتقال بطيئة، بدأت مع جهودٍ مبدئية من أجل منح المنشآت العامة حرية أكبر، والتي أخذت سنوات، بل عقود، من أجل أن تنضج، والاعتماد على المبادرات من الأسفل للأعلى بالقدر نفسه من الاعتماد على إصلاحاتٍ قادها الحزب من الأعلى للأسفل.

بعد فشل القفزة العظيمة للأمام، بدأ الفلاحون وبأعدادٍ متزايدة من القرى بالتحايل على المنع الرسمي للزراعة الخاصة. وبسبب قدرتهم السريعة على تحقيق إنتاج أكبر بكثير من السابق، سمح لهم أعضاء الحزب بالاستمرار في ذلك. في البداية، كانت هذه التجارب محدودة بالقرى الأفقر، حيث كان أي إنتاج يتحقق هو أفضل من الحالة الراهنة. في إحدى تلك القرى، "المعروفة بشكلٍ واسع في المنطقة بأنها 'قرية المتسولين'، قرَّر أعضاء الحزب أن يخصصوا قطعة أرضٍ هامشية فقط للعوائل لتشكيل فريقي إنتاج، بينما أبقوا المزارع التعاونية كما هي في كل مكانٍ آخر. في تلك السنة، كان إنتاج الأرض الهامشية التي تم زراعتها بشكلٍ خاص ثلاثة أضعاف الأرض الخصبة التي تم زراعتها تعاونيًا. في السنة التي تلت ذلك، تم تخصيص أراضٍ أكثر لفرق إنتاجٍ أكثر."[63]

قبل وقتٍ طويلٍ من إلغاء المنع المفروض على الزراعة الخاصة عام 1982، انطلقت مبادرات قادها الفلاحون من أجل إعادة الملكية الخاصة ضد العقيدة الاشتراكية بالانتشار عبر أرجاء الصين.[64] كانت النتائج ناجحة بشدة: لم يعد الناس يعانون من الجوع وازدادت الإنتاجية الزراعية بشكلٍ سريع. بحلول عام 1983، أصبحت عملية إنهاء الزراعة التعاونية مكتملة تقريبًا. وأصبحت تجربة ماو الاشتراكية العظمى، التي كلفت ملايين الناس حياتهم، في حكم المنتهية.

لم تكن تجربة تحوُّل الصين مُحددة بالقطاع الزراعي بأي حالٍ من الأحوال. عبر أرجاء البلاد، عملت العديد من المنشآت المحلية وبشكلٍ متزايد كأنها منشآت خاصة، على الرغم من أنها كانت ما تزال رسميًا مملوكة للدولة. تجاوز أداء هذه الشركات التي تحررت من قيود الاقتصاد المُخطط، وبشكلٍ متكرر، أداء منافساتها الأقل مرونة والتي تديرها الدولة. ما بين عامي 1978 و1996، ارتفع عدد العاملين في هذه الشركات من ثمانية وعشرين مليونًا إلى مئة وخمس وثلاثين مليون شخصٍ، بينما نمت نسبة مشاركتها في الاقتصاد الصيني من 6 % إلى 26 %.[65]

شهد عام 1980 إنشاء عددٍ متزايد من المنشآت المملوكة تعاونيًا ومنشآت مملوكة من قِبل البلدات والقرى، لكنها كانت في واقع الأمر شركات تُدار بشكلٍ خاص تحت مُسمى منشآت تعاونية.[66]، جعلت هذه الشركات المملوكة قانونيًا من قِبل سلطات محلية التفريق بين الملكية العامة والملكية الخاصة أمرًا ضبابيًا.

ووفقاً لذلك، يُحاجج أستاذ العلوم السياسية الألماني والخبير في الشؤون الصينية الأستاذ توبياس تن برنك أن "السيطرة الحقيقية" حول الوصول إلى مصادر معينة أكثر أهمية من الملكية

الرسمية[67]. وفي تحليله للرأسمالية الصينية، يُفرّق الأستاذ تن برنك بين الوضعية القانونية الرسمية وبين الوظيفة الاقتصادية الحقيقية.[68] لكن في ضوء موجات الخصخصة المتعاقبة في الصين، أصبحت هذه المنشآت المملوكة تعاونيًا، أقل أهمية بكثير مقارنةً بالشركات الخاصة الحقيقية.

في بداية الأمر كان النمو في الملكية الخاصة في أرجاء الصين مدفوعًا بالزيادة في عدد رواد الأعمال الذين ينشؤون أعمالاً صغيرة الحجم والتي كان مسموحًا لها توظيف ما لا يزيد عن سبعة عاملين. تحت حكم ماو، كانت الصين حالها حال بقية البلدان الاشتراكية تفتخر بكون نسبة البطالة الرسمية صفرًا. تضمنت "الحلول" لمنع حصول البطالة إعادة توطين ملايين الشباب من أبناء المدن في الريف من أجل "إعادة تثقيفهم." في فترة الثمانينيات، استغل عدد متنامٍ من الناس الفرصة لإنشاء أعمال صغيرة بدلاً من ذلك.

في البداية عانى هؤلاء الناس من صعوباتٍ وتمييزٍ ضدهم. لم يسمح الآباء لبناتهم أن يتزوجن شخصًا يملك أو يعمل في أحد هذه الأعمال الصغيرة لأن مستقبلها الاقتصادي لم يكن يُعد مضمونًا. كان أي مالك عمل يُشغِّل أكثر من سبعة أشخاص يُعد رأسماليًا مُستغلاً وعليه فهو يخرق القانون. "ومن أجل تجنُّب هذا الأمر وغيره من القيود، اضطرت العديد من الشركات الخاصة أن ترتدي 'قبعة حمراء'، بمعنى أن تنسب نفسها بكونها منشأة تابعة لحكومة مدينة أو قرية، أو لجنة حي أو فرع حكومي محلي آخر وبالتالي تصبح منشأة تعاونية."[69]

في النهاية أدرك المزيد والمزيد من الناس أن إدارة عمل بصفة رائد أعمال يعمل لنفسه يمنح الشخص فرصة مالية هائلة، وكذلك مستوى أكبر من الحرية. في العديد من الحالات كان الحلاقون الذين يعملون لمصلحتهم الخاصة يحققون دخلاً أكثر مما يحققه الجراحون في المستشفيات الحكومية، ويحقق الباعة المتجولون أكثر مما يحققه المهندسون النوويون. ازداد عدد الأعمال العائلية التي يديرها أفراد العائلة وعدد الأفراد الذين يعملون لمصلحتهم الخاصة من 140000 في عام 1978 إلى 20.6 مليون عام 1981.[70]

لكن مؤيدي الاشتراكية رفضوا الاستسلام بسهولة، وفي عام 1982 أصدرت اللجنة الدائمة لمؤتمر نواب الشعب "قرار العقوبات المشددة ضد الجرائم الاقتصادية الكبرى"، والذي أدى لاعتقال أكثر من ثلاثين ألف شخص بنهاية ذلك العام.[71] في العديد من الحالات كانت جريمتهم الوحيدة هي تحقيق أرباح أو تشغيل أكثر من سبعة أشخاص.

تسارع التآكل المتزايد لهذا النظام الاشتراكي الذي سمح بوجود ملكية عامة بشكلٍ حصري

تحت إدارة سلطات التخطيط الاقتصادي التابعة للدولة، من خلال إنشاء المناطق الاقتصادية الخاصة. تم تعليق عمل النظام الاشتراكي في تلك المناطق وتم السماح للتجارب الرأسمالية بالعمل. تم إنشاء المنطقة الاقتصادية الأولى في شينزن، وهي مقاطعة مجاورة لهونغ كونغ الرأسمالية، والتي كانت حينها مستعمرة تابعة للتاج البريطاني. وكما كان الحال في ألمانيا حيث هرب عدد متزايد من الناس من شرق ألمانيا إلى غربها قبل بناء جدار برلين (كما سنرى في الفصل الثالث)، فإن العديد من الصينيين حاولوا أن يتركوا جمهورية الصين الشعبية إلى هونغ كونغ. كانت مقاطعة شينزن في إقليم غوانغدونغ هي الممر الرئيس لهذه الهجرة غير الشرعية.

عامًا تلو الآخر، خاطر الآلاف بحياتهم في محاولة عبور الحدود شديدة الحراسة من الصين الاشتراكية إلى هونغ كونغ الرأسمالية. أغلبية أولئك إما تم إلقاء القبض عليهم من قِبل دوريات حرس الحدود أو غرقوا أثناء محاولتهم السباحة عبر الحدود البحرية. كان معسكر الاعتقال القريب من الحدود الذي تم فيه إيداع أولئك المعتقلين من قِبل السلطات الصينية مكتظًا، وكان المعتقلون يائسين من الخروج منه.

وكما كان الحال في جمهورية ألمانيا الديمقراطية، فإن أي شخص حاول الهروب من الصين الشعبية يُدان بأنه عدو للدولة وخائن للاشتراكية. لكن السيد دنغ كان ذكيًا بما يكفي كي يدرك أن التدخل العسكري وسيطرة حدودية أكثر صرامة لن تحل هذه المشكلة المستمرة.

عندما حققت قيادة الحزب في مقاطعة غواندونغ في الحالة بشكلٍ أكثر تفصيلاً، وجدت لاجئين من البر الرئيس للصين يعيشون في قرية قاموا بإنشائها على الجانب المقابل من نهر شينزن على أراضي هونغ كونغ، حيث كانوا يحققون دخلًا بقدر مئة مرة من دخل أقرانهم من أبناء بلدهم على الجانب الاشتراكي.[72]

كان رد فعل السيد دنغ أنه حاجج أن الصين بحاجة لرفع المستوى المعيشي من أجل وقف ذلك التدفق البشري.[73] أصبحت شينزن، التي كانت مقاطعة يقطنها أقل من ثلاثين ألف شخص، موقع أول تجربة سوق حُر في الصين، التي تم السماح لها بالعمل من قِبل كوادر الحزب الذين زاروا هونغ كونغ وسنغافورة ورأوا بأم أعينهم أن الرأسمالية تعمل بشكلٍ أفضل بكثير من الاشتراكية. من مكانٍ خاطر العديد من الناس خلاله بحياتهم من أجل تركٍ البلاد، تحولت قرية صيادي الأسماك تلك إلى مدينةٍ عصرية مزدهرة يسكنها حوالي 18 مليون إنسان وبمعدل دخل أعلى من أي مدينة صينية أخرى ماعدا هونغ كونغ ومكاو. أصبحت صناعات الألكترونيات والاتصالات هي عصب الاقتصاد المحلي. بعد بضع سنواتٍ فقط من بدأ التجربة الرأسمالية،

اضطر مجلس مدينة شينزن لإنشاء حاجز من الأسلاك الشائكة حول المنطقة الاقتصادية الخاصة من أجل مواجهة تدفق المهاجرين من أجزاء أخرى من الصين.[74]

وسرعان ما اتخذت مناطق أخرى مسارًا مماثلاً، وبدأت في تجربة نموذج المناطق الاقتصادية الخاصة. جعلت الضرائب المنخفضة وأسعار إيجار الأراضي المنخفضة وقلة المتطلبات البيروقراطية، هذه المناطق الاقتصادية الخاصة جذابة بشكلٍ كبير للمستثمرين الأجانب.[75] كانت اقتصادات تلك المناطق تتميز بقلة ثقل التنظيمات وتوجهٍ أكثر نحو السوق من العديد من البلدان الأوروبية اليوم. وبعد تبني بعض الإصلاحات عام 2003، امتلكت الصين حوالي مئتي منطقة تنمية اقتصادية وتكنولوجية وطنية تحت سيطرة الحكومة وتمددت بعيدًا داخل البلاد، وكذلك حوالي ألفي منطقة تنموية تحت إشرافٍ محلي أو مناطقي وليس تحت السيطرة المباشرة من قِبل الحكومة المركزية. "بمرور الوقت، أصبحت الحدود ما بين المناطق الخاصة وبقية أرجاء البلاد غير واضحة المعالم بشكلٍ متزايد."[76]

ومع ذلك، فإن الإصلاحات الاقتصادية كانت فاترة. استمرت المنشآت العامة في الاقتصاد الاشتراكي المُخطط بالتواجد إلى جوار الشركات الخاصة من مختلف الأنواع والمناطق الاقتصادية الخاصة. في الاقتصاد الرأسمالي، يتلقى رواد الأعمال الإشارات من خلال تقلب الأسعار ويستثمرون بناءً على ذلك، بينما يتم تحديد الأسعار في الاقتصاد الاشتراكي من قِبل موظفين حكوميين يعملون لدى السلطات التخطيطية. في الصين، أدى التواجد المشترك لكلا النموذجين إلى حدوث وضعية تسعيرٍ مضطربة. في نهاية الثمانينيات، ارتفع التضخم بشكلٍ سريع، حيث ارتفع مؤشر الأسعار من 9.5 % في كانون الثاني (يناير) 1988 إلى 38.6 % في آب (أغسطس) من العام نفسه.[77]

فسر أولئك الذين يدعمون الإصلاحات تلك الأمور بأنها أدلة على أن ما تم اتخاذه من إجراءات لم تكن كافية، بينما تشبث منتقدو الإصلاحات بالإيمان بأن سبب المشاكل هو التخلي عن المبادئ الاشتراكية. أدى الاضطراب السياسي الذي بلغ ذروته في القمع الوحشي لمظاهرات الطلبة في بكين في حزيران (يونيو) 1989، والذي حصد أرواح المئات وربما حتى الآلاف من الأرواح حسب تقارير منظمة العفو الدولية[78] إلى مفاقمة الحالة. كذلك فعلت الأحداث التي قادت إلى انهيار الأنظمة الشيوعية في الاتحاد السوفيتي وعبر أرجاء أوروبا الشرقية الاشتراكية. خشيت القيادة الشيوعية الصينية من خسارة السلطة بشكلٍ مشابه.

في ظل هذه الظروف، عانى مؤيدو فرض إصلاحاتٍ أعم وأشمل في الدفاع عن أنفسهم ضد

الاتهامات بأنهم يريدون إلغاء الاشتراكية وتحويل الصين إلى بلدٍ رأسمالي. وعلى الرغم من أن السيد دنغ لم يكن يشغل منصبًا رسميًا في ذلك الوقت، إلا أنه قرر التدخل. استقطبت المقابلات التي أجريت معه أثناء زيارة قام بها إلى شينزن وشانغهاي الكثير من الاهتمام عبر أرجاء الصين. قضى السيد دنغ خمسة أيام في شينزن وأعرب عن دهشته البالغة عن مدى التحول الذي شهدته المنطقة منذ زيارته الأخيرة لها عام 1984. كان منبهرًا بالشوارع الرائعة، والعمارات الشاهقة المتألقة، وشوارع التسوق المزدحمة وبالذات العدد اللا متناهي من المصانع. كان الناس يرتدون ملابس حسب الموضة وفخورين بامتلاكهم ساعاتٍ عالية القيمة، وأشياء تدل على الرفاهية. كان دخلهم ثلاثة أضعاف الدخل في بقية أرجاء الصين.[79] كانت "زيارة الجنوب" من قِبل السيد دنغ زيارة تاريخية وظهرت انتقاداته العلنية لأولئك الذين كانوا يعارضون المزيد من الإصلاحات بشكلٍ بارز في وسائل الإعلام الصينية. في يوم 21 شباط (فبراير) 1992، أي قبل يومٍ من عودة السيد دنغ إلى بكين، نشرت صحيفة يوميات الشعب مقال رأي خلق الكثير من الجدال بعنوان "لنكن أكثر جرأة في الإصلاح."[80]

وعلى الرغم من استمرار السيد دنغ وأتباعه من مؤيدي إصلاحات السوق الحُر بالحديث المجرد عن الاشتراكية، فإنهم قاموا بإعادة تعريف المصطلح ليعني شيئًا لا يشبه بشكلٍ كبير اقتصادًا مُخططًا تسيطر عليه الدولة. بالنسبة لهم، كانت الاشتراكية هي "نظام مفتوح ينبغي له أن يستلهم من إنجازات كل الثقافات الأخرى ويتعلم من بلدانٍ أخرى، بما فيها البلدان الرأسمالية المتطورة."[81]

على العكس من القادة السياسيين في الاتحاد السوفيتي والبلدان الأخرى الأعضاء في الكتلة الشرقية، حيث أصبحت الأيديولوجية الماركسية هدفاً لانتقاداتٍ قاسية بعد انهيار الاشتراكية، فإن السيد دنغ ورفاقه من الإصلاحيين في الصين لم يندِّدوا بالماركسية. لكن نسختهم من الماركسية لم يكن فيها أي شيء مشترك مع النظريات التي شكلها كارل ماركس في الأساس: "إن جوهر الماركسية هو البحث عن الحقيقة من الوقائع. هذا ما ينبغي لنا أن ندعو له، وليس عبادة النصوص. كانت الإصلاحات وسياسة الانفتاح ناجحة ليس لأننا اعتمدنا على النصوص، ولكن لأننا اعتمدنا على الممارسة وبحثنا عن الحقيقة من الوقائع. الممارسة هي المعيار الوحيد لاختبار الحقيقة."[82]

بمرور الوقت، حقق الإصلاحيون ما يريدونه. ارتفع عدد المنشآت الخاصة بشكلٍ حاد من 237000 عام 1993 إلى 432000 في العام الذي تلاه. تضاعف الاستثمار الرأسمالي في

الأعمال الخاصة عشرين ضعفًا ما بين 1992 و1995. في عام 1992 وحده، ترك مئة وعشرون ألف موظف حكومي وظائفهم، وأخذ عشرة ملايين آخرين إجازات غير مدفوعة الأجر من أجل إنشاء منشآتٍ خاصة. الملايين من أساتذة الجامعات والمهندسين والخريجين قاموا بالأمر ذاته. حتى صحيفة يوميات الشعب نشرت مقالاً بعنوان: "إن كنت تريد أن تُصبح غنيًا، عليك أن تعمل كثيرًا."[83]

أثبت الإعلان الرسمي بتبني اقتصاد السوق الحُر في المؤتمر الرابع عشر للحزب الشيوعي الصيني في تشرين الأول (أكتوبر) 1992، وهي خطوة لم تكن تخطر ببال أحد قبل بضع سنين من ذلك الوقت، أنها خطوة جبارة على الطريق نحو الرأسمالية. استمرت الإصلاحات بتحقيق الزخم، وعلى الرغم من أن الحزب توقَّف قليلاً عن التخلص من التخطيط الاقتصادي بشكلٍ كامل، فقد تم تقليص قائمة الأسعار المفروضة من قِبل الدولة للمواد الأولية وخدمات النقل والسلع الرأسمالية من 737 سلعة إلى 89، ليتبعها تقليص إضافي إلى ثلاث عشرة سلعة فقط عام 2001. ارتفعت نسبة السلع الوسيطة (أي المنتجات التي يتم إنتاجها خلال عمليات الإنتاج والتي تستخدم أيضًا في إنتاج سلعٍ أخرى)، والتي يتم تداولها بأسعار السوق من 0 % عام 1978 إلى 46 % عام 1991 و78 % عام 1995.[84]

وفي تطورٍ موازٍ كانت هناك محاولات لإصلاح المنشآت المملوكة للدولة. أصبح العديد من هذه المنشآت التي كانت مملوكة سابقًا للدولة مملوكة بشكلٍ جزئي من قِبل مواطنين ومستثمرين أجانب. فقد الموظفون في هذه المنشآت ضمان العمل الدائم، لكنهم حصلوا على دفعة مالية واحدة على سبيل التعويض. تبنت الحكومة أيضًا برنامج منافع الضمان الاجتماعي.

كان أمل الإصلاحيين في البدء هو جعل المنشآت العامة أكثر كفاءة من خلال تبني مخططات رواتب مرتبطة بالأداء للمديرين التنفيذيين الكبار والموظفين. كذلك قاموا بجلب أصحاب الخبرة من المهنيين لاستبدال كوادر الحزب العليا الذين كانوا مسؤولين عن عملية صناعة القرارات.[85]

حققت هذه الخطوات بعض التقدم، وكذلك عززت معنويات العاملين. لكنها فشلت في التعامل مع القضايا الرئيسة، وبالذات أن المنشآت المملوكة للدولة لا يمكن أن تعلن إفلاسها. في اقتصاد السوق، هناك عملية ثابتة للانتقاء، مما يضمن بقاء الشركات ذات الإدارة الجيدة التي تُلبي طلب المستهلكين بينما تتجه الشركات ذات الإدارة السيئة والتي تنتج منتجات لا يرغب المستهلكون في شرائها لإعلان الإفلاس عاجلاً أم آجلاً، وتختفي من السوق. وبما أن المنشآت

العامة لا ينطبق عليها أيٌّ من ميزات عملية الانتقاء هذه، فإنها تكون في أغلب الأحيان في صحةٍ اقتصادية سيئة، حيث كان أقل من ثلث المنشآت المملوكة للدولة في الصين يحقق أرباحًا في منتصف التسعينيات.(86)

على أيٍّ حال، استمرت عمليات الخصخصة بسرعة أثناء سنوات التسعينيات، وتضمن ذلك طرح أسهم عدد من الشركات أمام المستثمرين. في عام 1978، شكلت الشركات المملوكة للدولة المعتمدة على الأجهزة الإدارية للحكومة المركزية أو الحكومات المحلية نسبة 77 % من الإنتاج الصناعي الكلي، بينما شكلت المنشآت المملوكة تعاونيًا، والتي وإن كانت مملوكة بالاسم من قِبل العاملين فيها، وتسيطر عليها الحكومات المحلية أو كوادر الحزب، نسبة 23 % المتبقية. بحلول عام 1996، انخفضت مساهمة المنشآت المملوكة للدولة إلى ثلث الإنتاج الصناعي الكلي، وارتفعت مساهمة المنشآت المملوكة تعاونيًا إلى 36 %، والمنشآت الخاصة إلى 19 % والشركات الممولة أجنبياً إلى 12 %. ومع انخفاض العدد الكلي للمنشآت المملوكة للدولة بحوالي 50 % ما بين عامي 1996 و2006، خسر ما بين ثلاثين إلى 40 مليون شخص من العاملين في المنشآت المملوكة للدولة وظائفهم.(87)

كان هناك تنافس قوي بين المناطق الصناعية والمناطق الاقتصادية الخاصة، والذي انتشر عبر أرجاء الصين. كان يتم الترحيب بالمستثمرين الأجانب بصدرٍ رحب وبدأوا باستكشاف الصين كقاعدة للتصنيع وكسوقٍ جديدة لصادرات البضائع الاستهلاكية المصنعة في أماكن أخرى.

كيف تم ذلك؟ لم تسعَ القيادة السياسية الصينية أبدًا لتطبيق سياسة رسمية لخصخصة المنشآت العامة.(88) بدلاً من ذلك، كان الأمل هو المحافظة على الملكية العامة من خلال منح مستوى كافٍ من الاستقلالية للمنشآت المعنية، وتحفيز أطقم إدارتها بشكلٍ ملائم. لكن هذه المقاربة فشلت لأسبابٍ قام الاقتصادي الصيني الشهير ويينغ زانغ بتحليلها: منذ منتصف التسعينيات وما بعدها، بدأ العديد من المنشآت العامة التي حصلت على مستوى عالٍ من الاستقلالية بحلول ذلك الوقت، ببيع منتجاتها بأسعارٍ مساومة، غالبًا أقل من تكلفة الإنتاج. تم تغطية الخسائر التي واجهتها هذه المنشآت من خلال الدعم الحكومي.(89)

في اقتصاد السوق القائم على الملكية الخاصة، هناك حوافز قوية للشركات لبناء سمعة جيدة والمحافظة عليها. لكن بالنسبة للمنشآت المملوكة للدولة في الصين، كان ذلك الأمر أقل أهمية بكثير. كان مديرو تلك المنشآت مهتمين أكثر برفع دخولهم على المدى القصير. وبسبب عدم امتلاك المستهلكين لأي وسيلة لمعاقبة الممارسات غير النزيهة من قِبل مديري المنشآت العامة،

أصبح الغش أمرًا متكرر الحدوث.[90] أدى عدم امتلاك الحرية لتداول قيمة الشركة، والتي تتضمن القيمة غير المادية لسمعة الشركة، في السوق الحر إلى مزيدٍ من نزع الحوافز لحماية سُمعة الشركة.

كان هناك أيضاً موجة من عمليات الخصخصة التي حصلت بشكلٍ تلقائي أو بتحريض من الحكومات المحلية. لم يكن العديد من المنشآت المملوكة للدولة قادرة على المنافسة بما فيه الكفاية كي تستطيع البقاء في ظروف السوق. وكما يوضح الاقتصادي السيد زانغ، فإن اللا مركزية وإدخال المنافسة الاقتصادية أطلقا ديناميكية أدت إلى انخفاض مساهمة الشركات المملوكة للدولة من حوالي 80 % في الإنتاج الصناعي الكلي عام 1978 إلى أكثر بقليل من الربع في عام 1997. مرةً أخرى، أثبتت قوى السوق في المنافسة الاقتصادية أنها "أقوى بكثير من الأيديولوجيا" على الرغم من حقيقة أنه لم يتم تبني الخصخصة كسياسة حكومية رسمية.[91]

من أجل فهم ديناميكية الإصلاحات الصينية، من المهم أن نلاحظ أن مدى الشروع بها "من الأعلى"، كان جزءًا واحدًا فقط من الحالة. حدث العديد من العوامل المساعدة بشكلٍ تلقائي، وكانت انتصارًا لقوى السوق على سياسات الحكومة. "تم التحريض على العديد من الابتكارات المؤسسية ليس في أروقة المكتب السياسي للحزب الشيوعي الصيني، لكن من قِبل عددٍ هائل من الفاعلين غير المعروفين الذين كانوا يقومون بذلك الفعل على المستوى المحلي، وفي حالاتٍ كثيرة ضد القواعد المعمول بها."[92]

حتى تحت حكم ماو، لم تسعَ الحكومة مطلقًا لفرض سياسة اقتصادية صارمة كما كانت السياسة الاقتصادية المفروضة في الاتحاد السوفيتي على سبيل المثال. وبينما لا يزال التخطيط الاقتصادي قائمًا بشكلٍ اسمي في الصين الآن، فإن الاقتصاد الصيني لم يكن أبدًا تحت السيطرة المتزمتة وأهداف تضعها الحكومة كما كان الحال في اقتصاداتٍ مُخططة تقليدية أخرى. "في الصين، لا تشكل المؤسسات السياسية التي تعمل بناءً على خطة بالضرورة الوضع الراهن. بدلاً من ذلك، تكون أفعالها عادةً على عكس الخطة، وتقوض أو تتصدى للتنظيمات. وعلى الرغم من مهنية العملية البيروقراطية، فإن الأشخاص الذين هم في مناصب عُليا يمتلكون قدرًا كبيرًا من السلطة يمكنهم من الالتفاف على التنظيمات أو تفسيرها بشكلٍ تفضيلي."[93]

يُصور هذا الوصف تحوُّل الصين من الاشتراكية إلى الرأسمالية. وبينما مازالت مصطلحات مثل "الاشتراكية" و"التخطيط الاقتصادي" و"الماركسية" و"أفكار ماو تسي دونغ" قيد الاستخدام، فإنها إما أصبحت خالية من المعنى في التفسيرات المعاصرة أو تم إضفاء معنى جديد عليها

معاكس تمامًا لمحتواها الأصلي. ربما ساهم ذلك بشكلٍ كبير في جعل التحول من الاقتصاد الاشتراكي المُخطط إلى رأسمالية السوق الحر تحولاً سلسلاً. كان هذا الأمر صحيحًا حتى بضع سنواتٍ خلت. لكن للأسف، في الآونة الأخيرة، أصبح من الواضح أن الدولة الصينية تُحكم قبضتها بشكلٍ متزايد على المجال الاقتصادي وتحد من حريات رواد الأعمال.

تُبين عملية التنمية في الصين في العقود القليلة الماضية أن زيادة النمو الاقتصادي، حتى وإن كان مصحوبًا بارتفاع عدم المساواة، أمرٌ نافعٌ لأغلبية السكان. أصبح مئات الملايين من الناس في الصين في وضعٍ أفضل الآن كنتيجة مباشرة لإرشادات السيد دنغ: "فلندع بعض الناس يصبحون أغنياء في البداية." تُثبت النتائج أن السيد دنغ كان مصيبًا في جعل التنمية الاقتصادية الأولوية القصوى لحكومته: "شهدت المناطق ذات النمو الأسرع للناتج المحلي الإجمالي أيضًا الانخفاض الأسرع في نِسب نسبة الفقر. وليس أقل لفتًا للنظر من ذلك هو المدى الذي ازداد به ارتفاع الدخل عبر أرجاء البلاد ككل."(94) كذلك اتسعت الفجوة بين الأغنياء والفقراء أثناء تلك الفترة، مما رفع من قيمة معامل جيني على المستوى الوطني، والذي يقيس فجوة الدخل، إلى0.47 بحلول عام 2012 (وهو مستوى استمر عليه المقياس ثابتًا حتى اليوم). ومن الجدير بالذكر أن توزيع الدخل أكثر تساويًا في المناطق الحضرية منه في المناطق الريفية.

ضمن هذا السياق، يُشير السيد زانغ إلى عددٍ من الاستنتاجات التي تبدو كأنها متناقضة بناءً على تحليله للإحصاءات المناطقية. تقلصت الفجوات النسبية في الدخل في المناطق ذات المعدل الأعلى للناتج المحلي الإجمالي، بينما شهدت "المناطق ذات نمو الدخل المنخفض نسبيًا أوسع فجوات الدخل النسبية."(95)

وبينما كان التوقع أن المناطق التي تمتلك فيها ما تبقى من المنشآت المملوكة للدولة حصة أكبر في الاقتصاد تكون مناطق ذات فجوات دخل أضيق من المناطق التي تمتلك المنشآت الخاصة حصة أكبر في اقتصادها، إلا أن الإحصاءات تُبين أن العكس هو الصحيح. وبشكلٍ مماثل، ربما كان من المتوقع أن يكون توزيع الدخل أكثر مساواة في المناطق التي تشهد إنفاقًا حكوميًا أكثر كنسبة من الناتج المحلي الإجمالي. مرةً أخرى، كان العكس هو الصحيح.(96) يُشير السيد زانغ إلى عددٍ آخر من الإحصاءات التي تخرق المألوف، ومن ضمنها الملاحظة أن فجوات الدخل هي أضيق في المناطق التي تكون فيها الأسواق أكثر انفتاحًا، وحيث الشركات تحقق أعلى الأرباح.(97)

مع كل التنمية الإيجابية التي شهدتها الصين في العقود القليلة منذ إصلاحات دنغ زياو بينغ، مازال هناك الكثير من العمل المطلوب القيام به. وعلى الرغم من أن نموها الاقتصادي قد

صاحبه زيادة كبيرة في الحرية الاقتصادية، لكن مازال هناك قصور في العديد من الاتجاهات. وكما ذكرنا سابقاً، فإن بعض ما تحقق سابقًا من خلال الحرية الاقتصادية في الصين قد تم خسارته في السنين القليلة الماضية، وتلك حقيقة انعكست في انخفاض نسب النمو الآن.

السيد زانغ، بالإضافة إلى كونه وبلا شك المحلل الأكثر فطنة للاقتصاد الصيني، فإنه ساهم بشكلٍ كبير في التنمية في البلاد، يُشدد على "بدأت الإصلاحات الصينية بوجود حكومة قوية تمامًا تحت ظل الاقتصاد المُخطط. السبب الذي جعل الصين قادرة على المحافظة على نموها الاقتصادي أثناء عمليات الإصلاح هو قلة تدخل الحكومة وتناقص نسبة المنشآت المملوكة للدولة، وليس العكس. كان السبب بالضبط هو تخفيف سيطرة الحكومة، مما أدى إلى بروزٍ لأسعار السوق والملكية الفردية والمنشآت المملوكة للقرى والمدن والمنشآت الخاصة والمنشآت الأجنبية والكيانات الأخرى غير المملوكة للدولة."(98) وبأخذ كل ذلك في الاعتبار، شكلت تلك الأمور أسس الصعود الاقتصادي الصيني غير المسبوق.

يُشير المعلقون بشكلٍ متكرر إلى التأثير القوي للدولة على التحول الاقتصادي للبلاد كدليل على أن طريق الصين نحو الرأسمالية كان طريقًا خاصًا. لكن بأخذ طبيعة هذا التحول من اقتصاد اشتراكي تسيطر عليه الدولة إلى اقتصادٍ رأسمالي بنظر الاعتبار، يتبين أنه طريق أقل استثنائية مما يبدو عليه لأول وهلة. من نواحٍ عِدة، لم يكن هناك أي شيء مميزًا بشكلٍ خاص حول الطريق الذي سلكته الصين، كما يبين السيد زانغ: "في الواقع، التنمية الاقتصادية التي حصلت في الصين بشكلٍ أساسي هي نفسها التي حصلت في بعض البلدان الغربية مثل بريطانيا أثناء الثورة الصناعية، والولايات المتحدة في نهاية القرن التاسع عشر وبداية القرن العشرين، وبعض بلدان شرق آسيا مثل اليابان وكوريا الجنوبية بعد الحرب العالمية الثانية. بمجرد السماح لقوى السوق بالعمل وتهيئة الحوافز المناسبة للناس كي يسعوا لتحقيق الثروة، ستأتي معجزة النمو عاجلاً أم آجلاً."(99)

في التحليل النهائي، السر في نجاح الصين كان التحرير التدريجي للاقتصاد من سيطرة الدولة وإعادة توجيه التطلعات من الوظائف الحكومية إلى ريادة الأعمال. هذا العامل الأخير بالذات هو درس لبقية الدول التي تريد الشروع في الطريق إلى الرأسمالية والنمو الاقتصادي والازدهار تُنصح أن تتخذه: وعليه، "يمكن لنا أن نستنتج أن توزيع مواهب ريادة الأعمال بين الحكومة والأعمال الخاصة هو واحد من المحددات الأكثر أهمية، إن لم يكن المُحدد الوحيد لتنمية الاقتصاد."(100)

لا يمكن المبالغة أكثر في أهمية هذه الملاحظة: قبل بدء الإصلاحات، كانت الدخول الأعلى

والمكانة الاجتماعية حصرًا على الذين يؤدون الأعمال الحكومية. وكما يشير السيد زانغ، "أثناء سنوات الثمانينيات، كانت ريادة الأعمال تُصنف بشكلٍ منخفض جدًا على سلم المكانة الاجتماعية والسياسية، وكان العمل الحكومي هو المهنة الأكثر استقطابًا لكل أبناء الصين."(101)

بدأت الأمور بالتغير أخيرًا في التسعينيات عندما بدأ تحرير الاقتصاد يكتسب زخمًا بالذات في أعقاب المؤتمر الرابع عشر للحزب الشيوعي الصيني. وبشكلٍ متزايد، أصبحت المواهب اللامعة غير متطلعة للحصول على وظائف آمنة كموظفين حكوميين، بل كان طموحهم الأعظم أن يصبحوا رواد أعمال، مما سيرفع من مكانتهم بالإضافة إلى دخلهم. كانت مناطق الصين الريفية أول من تبنت العمل الحر، وتبع ذلك موجة ثانية من الموظفين الحكوميين السابقين الذين بدؤوا بالاستحواذ على المنشآت التي أداروها سابقًا كموظفين حكوميين. أخيرًا، انضم العشرات من الآلاف من الشباب الصيني الذين عادوا من دراساتهم خارج البلاد إلى صفوف رواد الأعمال الجدد.(102)

لم يكن لأيٍّ من ذلك أن يحصل لو لم يتم تقنين الحق في الملكية الخاصة. لم يكن ذلك تحولاً بين ليلةٍ وضحاها إلى حقوق الملكية على الطراز الغربي، بل عملية سارت خطوة تلو الأخرى بدأت في أوائل الثمانينيات وبلغت ذروتها عام 2004 من خلال تبني دستور جديد، الذي أقر وبشكلٍ رسمي حقوق الملكية الخاصة.(103) كانت هناك العديد من الخطوات المؤقتة بما فيه التحول التدريجي للمنشآت العامة إلى ملكية إدارتها.

وكما يؤكد السيد زانغ، فإن هذه العملية أبعد من أن تكون قد اكتملت اليوم: "سيطرة الحكومة على كميات كبيرة من المصادر والتدخل المفرط في الاقتصاد هما السبب المباشر للمحسوبية بين المسؤولين الحكوميين ورجال الأعمال، وأرضٌ خصبة للفساد، مما يفسد الثقافة التجارية بشكلٍ خطير، ويدمر قواعد السوق التي تحكم التبادل." وبناءً على ذلك، فإنه يرى أن هناك حاجةً ماسة إلى مزيد من الإصلاحات "من أجل مزيد من السوقنة وتقليص سيطرة الحكومة على المصادر والتدخل في الاقتصاد وترسيخ سياسات مجتمع سيادة القانون والدمقرطة."(104) ويضيف بالقول: "من الخمسينيات ولغاية ثلاثين عامًا مضت، آمنا بالاقتصاد المُخطط. كانت النتيجة كارثة مهولة. إذا استمرينا بوضع آمالنا على خطة الحكومة واستخدام منشآت كبيرة مملوكة للدولة لتطوير الاقتصاد الصيني، فإننا وبشكلٍ مؤكد لا نملك أي آفاقٍ للمستقبل. فقط عندما نتحول إلى منطق السوق، سيكون مستقبل الصين مشرقًا."(105)

استنتجت ورقة بحثية نشرت عام 2019 من قِبل المنتدى الاقتصادي العالمي أن "القطاع

الخاص الصيني، والذي كان في حالة تسارعٍ إلى فترة الأزمة المالية العالمية، هو الآن المحرك الرئيس لنمو الاقتصاد الصيني. يتم استخدامٌ مزيج الأرقام 90/ 80/ 70/ 60 بشكلٍ متكرر لوصف مساهمة القطاع الخاص في الاقتصاد الصيني: يساهم بـ 60 % من الناتج المحلي الإجمالي الصيني، ومسؤول عن 70 % من الابتكارات، و80 % من التشغيل في المناطق الحضرية ويوفر 90 % من فرص العمل الجديدة. الثروات الخاصة أيضًا مسؤولة عن 70 % من الاستثمار و90 % من الصادرات."[106] اليوم، يساهم القطاع الخاص الصيني بحوالي ثلثي النمو في البلاد وتسعة أعشار فرص العمل الجديدة، حسب بيانات اتحاد الصين للصناعات والتجارة، وهي مجموعة أعمال رسمية.

في السنوات الأخيرة، أصبح تقدير السيد زانغ أكثر تشككًا، وللأسف فإن شكوكه قد تأكدت من خلال أرقام مؤشر الحرية الاقتصادية 2023. هبط تصنيف الصين من 59.5 عام 2020 إلى 48.3 فقط عام 2023، أي انخفاض إحدى عشرة نقطة.[107] هذا الانخفاض الكبير نادرٌ في تاريخ المؤشر. لم يكن المؤشر منخفضًا مثل ذلك بالنسبة للصين منذ بدأ المؤشر عام 1995 عندما حققت الصين 52.0 نقطة.

كان صعود الصين في الأربعين سنة الماضية بشكلٍ تام نتيجة لتبني الملكية الخاصة والإصلاحات الرأسمالية مما قلَّص من تأثير الدولة. في السنوات الأخيرة، على أي حال، بدأ هذا النمط بالانعكاس. لقد التقيت السيد وينغ زانغ في بكين، وطوال حديثنا كان يؤكد أن من الخطأ المؤكد افتراض أن الصين كانت ناجحة جدًا في العقود الأخيرة بسبب التأثير الكبير للدولة. "نجاح الصين الاقتصادي لم يكن بسبب الدولة، بل على الرغم من الدولة." قال ذلك مرارًا وتكرارًا.

حذَّر وينغ زانغ مؤخرًا في مقالٍ نشره في مجلة دراسات الأعمال والاقتصاد الصيني أن: "التقليل من شأن السوق وتبني تدخلاتٍ حكومية أكثر، أصبحت ممارسة سياسية مهيمنة" في السنوات الأخيرة. أطروحة السيد زانغ هي: "من وجهة نظري، اقتصاد السوق هو النظام الوحيد الذي يمكن من خلاله تحقيق الازدهار العام. إذا حاولت الصين تحقيق الازدهار العام من خلال تقليل السوقنة وسياسات إعادة التوزيع التي تهيمن عليها الحكومة بدلاً من الاستمرار في السوقنة، فإن النتيجة يمكن أن تكون فقط العودة إلى الفقر العام."[108] ولأن ازدهار العديد من دول العالم الرائدة معتمد الآن على التنمية الاقتصادية في الصين، فإن انخفاض الحرية الاقتصادية في البلاد يرسل رسائل تحذير إلى بقية أرجاء العالم كذلك.

الفصل الثاني

أفريقيا: الرأسمالية أكثر فعالية في محاربة الفقر من المساعدات التنموية

في عام 1999، تعهدت الأمم المتحدة لتقليص الفقر العالمي بنسبة 50 % خلال خمسة وعشرين عامًا. تحقق هذا الطموح، ويعود الفضل في ذلك بشكلٍ رئيس لنجاح الصين. أثناء الفترة ذاتها، انخفضت نسبة السكان الذين يعيشون تحت خط الفقر من 56.8 % إلى 24.7 % عبر أرجاء القارة الأفريقية.[109]

لكن بوجود معاناة لحوالي 20 % من سكان أفريقيا من الجوع، وهي نسبة أعلى من أي مكانٍ آخر من العالم، فإن هناك حاجة للمزيد من العمل.[110] بعد انخفاضها للعديد من السنوات، فإن أعداد الناس الذين يعانون من المجاعة قد ارتفعت مؤخرًا، وبالذات في أفريقيا. يُحلل مؤشر الجوع العالمي حالة التموين الغذائي في مئة وثمانية وعشرين بلدًا: سبعٌ وأربعون منها لن تُحقق حتى المستوى الأدنى من مؤشر الجوع بحلول عام 2030، ثمانية وعشرون منها في أفريقيا تحت الصحراء.[111]

تمتلك القارة الأفريقية سجلاً غير مسبوق يؤدي إلى خلق تصوراتٍ مشوهة عنها. في شهر آيار (مايو) من عام 2000، نشرت مجلة الإيكونومست البريطانية مقالاً رئيسًا بعنوان: "القارة اليائسة." أظهرت صورة الغلاف رجلاً أفريقيًا مُدججًا بالسلاح. بعد حوالي اثني عشر عامًا من ذلك التاريخ، في كانون الأول (ديسمبر) 2011، أظهر غلافٌ آخر للمجلة، في عددٍ مخصص لأفريقيا، صورة رجلٍ أفريقي يُطير طيارته الورقية ويصاحبها العنوان الرئيس: "أفريقيا تنهض."[112] اعترف رئيس تحرير المجلة وبنبرة أسف، "لقد تحمل بعض الناس الكثير من العناء كي يشيروا إلي بالقول إنك لو استثمرت في سلة من الأسهم الأفريقية في اليوم الذي أعلنت أن أفريقيا قارة يائسة، لحققت اليوم مردودًا جيدًا."[113]

تميل الأفكار الغربية حول الحياة في أفريقيا أن تستحضر صورًا من نوعٍ مختلف، مثل حيوانات مهولة الحجم أو بشرٍ يعيشون في فقرٍ مُدقع. يقول الخبير في شؤون افريقيا السيد جوناثان بيرمان في كتابه النجاح في أفريقيا: "الأفارقة الذين ليسوا بحيوانات، أو طغاة، أو نلسون مانديلا، يتم تصويرهم بأنهم يعانون من بؤس الفقر، والحروب، والأمراض. مجرد استحضار مشاهد آخر فيملين سينمائيين شاهدتهما، وكان فيهما أفارقة، وسترى ما أعنيه."[114] قام نجوم موسيقى البوب الغربيين الذين يحيون حفلاتٍ كبيرة في الملاعب الرياضية من أجل جمع الأموال ونشر

الوعي من أجل مكافحة الفقر في أفريقيا بدورهم في إشاعة هذه الصورة، والتي هي ليست فقط صورة خاطئة تمامًا، ولكنها مُضللة أيضًا لأنها تبين فقط جزءًا مما عليه الحال في أفريقيا. تبدو أجندتهم كأنها مجرد صدى لمطالب المنتقدين اليساريين للعولمة من أجل مزيدٍ من المساعدات المالية لأفريقيا. إنهم يؤمنون أن هذا هو الحل لمشاكل القارة.

هناك إطارٌ معنوي جميل للمساعدات التنموية. من وجهة نظر بعض الناس، فإنه يشكل نوعًا من شبه طقسٍ ديني لدفع كفارة مقابل خطايا الاستعمار "واستغلال العالم الثالث" من قِبل البلدان الرأسمالية. لكن هل فعلاً تُحقق هذه الفكرة ما يأمله المؤيدون لها؟ في عام 2002، قال الرئيس السنغالي حينها، الرئيس عبدو ديالي ويد: "لم أرَ أبدًا بلدًا يُطور نفسه من خلال المساعدات والقروض. البلدان التي تطورت في أوروبا، وأمريكا، واليابان، والبلدان الآسيوية مثل تايوان، وكوريا، وسنغافورة، كلها آمنت بالسوق الحر. ليس هناك لغزٌ في الأمر. لقد اتخذت أفريقيا المسار الخاطئ بعد الاستقلال."[115] المسار الذي أشار له الرئيس السنغالي، والذي اتخذته أغلب البلدان الأفريقية بعد حقبة الاستعمار، كان الاشتراكية بشكلٍ أو بآخر.

في مصر، تم اتخاذ "الناصرية" كنسخةٍ عربية من الاشتراكية. في أريتريا، تم تبني نمط ألباني من الماركسية اللينينية في بداية التسعينيات، بينما حذت غانا حذو النموذج السوفيتي من الاقتصاد الاشتراكي المُخطط والتعاونيات الزراعية. كانت الكونغو محكومة من قِبل حزبٍ واحد ذي أيديولوجية ماركسية لينينية، بينما تبنت مدغشقر دستورًا اشتراكيًا بناءً على النموذج الصيني والكوري الشمالي. كانت موزمبيق محكومة بحزبٍ ماركسي - لينيني وحيد. اتبعت كل من أنغولا، ومالي، وغينيا، وأوغندا، والسنغال، والسودان، والصومال، وزامبيا، وزيمبابوي، وتنزانيا، وبلدان أفريقية أخرى نماذج اشتراكية. حلم العديد من الأفارقة بنسخةٍ مميزة من "الاشتراكية الأفريقية"، مبنية على قيم محلية مثل مفهوم المجموعات القبلية والتي كان يُفترض أن تقدم بديلاً للرأسمالية، وكذلك لنسخ الاشتراكية التي كانت مطبقة في الاتحاد السوفيتي وبقية بلدان المجموعة الشرقية.

كانت النتائج كارثية أكثر من التي حصلت في دول المجموعة الاشتراكية في شرق أوروبا. أحد الأسباب العديدة للفقر في أفريقيا هو وجود نظام اقتصادي يتميز بالخلل، حيث مازالت المؤسسات السياسية المستقرة غير موجودة في العديد من بلدان القارة، بينما تستمر الحروب الأهلية بين القبائل المتعادية أو المجموعات العرقية المختلفة في تمزيق أوصال القارة.

المساعدات التنموية: في أحسن الأحوال لا طائل منها، وفي أسوأها تأتي بنتائج عكسية

تُحدد البروفسور دامبيسا مويو، المولودة في زامبيا والتي تلقت علومها في جامعة هارفارد وحصلت على الدكتوراه من جامعة أوكسفورد، المساعدات التنموية الغربية بأنها أحد أسباب فشل محاولات إنهاء الفقر في أفريقيا. "في الخمسين سنة الأخيرة، تم تقديم أكثر من ترليون دولار من المساعدات المتعلقة بالتنمية من قِبل البلدان الغنية إلى أفريقيا" كما تشير البروفسور مويو في كتابها "المساعدات الميتة" المنشور عام 2009. "لكن هل جعل تقديم أكثر من ترليون دولار من المساعدات التنموية خلال العقود العديدة الماضية الناس في أفريقيا في وضعٍ أفضل؟ الجواب هو النفي. في الحقيقة، وعبر أرجاء العالم، أصبح المُتلقون لهذه المساعدات في وضعٍ أسوأ، في الحقيقة وضعٍ أسوأ بكثير. ساعدت المساعدات في جعل الفقراء أكثر فقرًا، والنمو أبطأ. إن الفكرة القائلة إن المساعدات يمكن أن تُخفف الفقر الممنهج، وإنها حققت ذلك، ليست سوى أسطورة. الملايين في أفريقيا هم أفقرُ حالاً اليوم بسبب المساعدات، ولم ينتهِ البؤس والفقر، بل ازدادا. كانت المساعدات، ومازالت، ليست سوى كوارث سياسية واقتصادية وإنسانية قاسية في أغلب أجزاء العالم النامي."[116]

وكي نكون واضحين، فإن انتقادات البروفسور مويو ليست موجهة ضد المساعدات المُخصصة لعمليات الإغاثة ضد الكوارث، والتعامل مع المجاعات، لكن ضد المِنح المالية على المدى الطويل التي تهدف لدفع التنمية الاقتصادية. انتهت تلك الأموال غالبًا في جيوب طغاةٍ فاسدين، وليس في أيدي الفقراء. "حتى عندما لم يتم سرقة المساعدات، فإنها كانت غير منتجة. الدليل على وجود الشطيرة هو أكلها، وهناك وفرة من الدلائل على وضوح ذلك الأمر في هذا المجال. وبالنظر إلى حالة أفريقيا الاقتصادية الحالية، فإن من الصعب أن نرى أي نمو تم تحقيقه كنتيجة مباشرة للمساعدات. بل إن الدلائل في الخمسين سنة الماضية تشير إلى العكس من ذلك: نمو بطيء، وفقر أكثر، وسقوط أفريقيا من السلم الاقتصادي."[117]

وجدت دراسة من قِبل البنك الدولي أنه قد تم استخدام 85 % من المساعدات المُتدفقة "لأغراضٍ أخرى غير تلك التي كانت مستهدفة بالأساس، وفي أغلب الأحيان تم تحويلها إلى مشاريع غير منتجة، إن لم تكن مشاريع متنافرة."[118] حتى عندما تم إنفاق تلك الأموال على مشاريع تحقق نتائج إيجابية، فإن تبعاتها على المدى البعيد غالبًا ما فاقت أي منافع على المدى القصير. تذكر

البروفسور مويو قصة مصنع شبكات البعوض المحلي الذي يصنع حوالي خمسمئة شبكة في الأسبوع. يعيل كلٌ من عماله العشرة ما لا يقل عن خمسة عشر شخصًا من الأقارب. في الوقت ذاته، قام ممثلٌ بارز من ممثلي أفلام هوليوود، وبكل إخلاص، بإقناع بعض الحكومات الغربية لجمع وإرسال مئة ألف شبكة بعوض إلى المنطقة بتكلفة مليون دولار. عندما وصلت الشبكات، انهار مصنع شبكات البعوض المحلي في الحال، وأُجبر مئة وخمسون من أقارب العاملين فيه على العيش على الأعطيات.(119)

وكما تشير البروفسور مويو، ارتفعت نسبة الفقر في أفريقيا من 11 % إلى 66 % ما بين عام 1970 و1998، الفترة التي شهدت أقصى تدفق للمساعدات إلى أفريقيا.(120) تُحاجج البروفسور مويو أن المساعدات الأجنبية "تدعم الحكومات الفاسدة حيث توفر لها أموالًا سائلة لاستخدامها كما تشاء. تتدخل هذه الحكومات الفاسدة في أحكام القانون، وإنشاء المؤسسات المدنية الشفافة وحماية الحريات المدنية، مما يجعل البلدان الفقيرة غير جذابة للاستثمارات الأجنبية والمحلية."(121) وبالتالي، يمنع ذلك الأمر تطور اقتصاد رأسمالي فعال، ويؤدي إلى جمود اقتصادي و"ثقافة الاعتماد على المساعدات"، التى تشجع "الحكومات على دعم قطاعٍ عام كبير وغير عملي وغير منتج في أغلب الأحيان، وهو أسلوب آخر لمكافأة المُقربين من الحكومة."(122)

يؤكد السيد جيمس شيكاواتي، مدير الشبكة الاقتصادية المناطقية في نايروبي، كينيا: "لو قرر الغرب إلغاء تلك الدفعات، لن يشعر المواطن الأفريقي الاعتيادي بذلك. فقط الموظفون هم من سيصابون بقوة."(123) يوضح السيد شيكاواتي قائلًا: "يتم تمويل الأجهزة الإدارية المهولة، وتعزيز الفساد والتهاون، وتم تعليم الأفارقة على الاستجداء، لا أن يكونوا معتمدين على أنفسهم. بالإضافة إلى ذلك، تُضعف المساعدات التنموية الأسواق المحلية في كل مكان وتُخمد روح ريادة الأعمال التي نحن بأمس الحاجة لها. حتى وإن كانت هذه العبارة تبدو سخيفة، فإنها تصف الحال: المساعدات التنموية هي أحد أسباب مشاكل أفريقيا."(124)

يؤمن البروفسور وليم إيسترلي، أستاذ الاقتصاد والدراسات الأفريقية في جامعة نيويورك، أن المساعدات الأجنبية لا فائدة منها بشكلٍ عام وغالبًا ما تأتي بنتائج عكسية. على مدى عقدين من الزمان، "أنفق المتبرعون بالمساعدات الأجنبية ملياري دولار في تنزانيا لبناء الطرق." ويضيف قائلاً: "لم تتحسن شبكة الطرق. تدهورت حالة الطرق بوتيرةٍ أسرع مما كان المتبرعون يبنون بها طرقًا جديدة بسبب نقص الصيانة." وبينما ساءت حالة الطرق، انتعشت الأجهزة الإدارية. "قدمت تنزانيـا أكثر من 2400 تقرير سنويًا للمتبرعين بالمساعدات لها، الذين أرسلوا ألف بعثة

من مسؤولي التبرعات سنوياً، إلى ذلك البلد الذي يدور في دوامة." فشلت المساعدات الأجنبية في توفير الطرق التي كانت الحاجة مُلحة لها، على الرغم "من أنها قد وفرت أشياء كثيرة ربما كانت ذات نفعٍ قليل بالنسبة للفقراء."[125]

من سيطرة الدولة إلى اقتصاد السوق الحر

إذا كانت المساعدات التنموية التي قُدمت إلى البلدان الأفريقية قد أثبتت ألّا فائدة منها أو حتى أنها جلبت نتائج عكسية، فهل أدى التحول من النظام الاقتصادي الذي تسيطر عليه الدولة إلى نظام السوق الحر إلى الإتيان بنتائج أفضل؟ في نهاية الثمانينيات، عندما بين انهيار الاشتراكية في الاتحاد السوفيتي وبلدان المجموعة الشرقية، وبشكلٍ مُقنع غلبة الرأسمالية كنظام أفضل، بدأ العديد من البلدان الأفريقية بعمليات خصخصة في اقتصاداتها، وأدارت ظهورها لنماذج سيطرة الدولة على الاقتصاد. في عام 1990، وافق أربعون بلدًا أفريقيًا على برنامج إعادة هيكلة اقتصادية مُقترح من قِبل صندوق النقد الدولي. تضمن البرنامج خصخصة منشآت عامة كعنصرٍ أساسي، عبر كل القطاعات، من التصنيع والزراعة والسياحة والخدمات والتجارة والنقل والقطاع المالي والطاقة والتعدين والمياه والكهرباء والاتصالات، "انخفضت نسبة ملكية الدولة في الشركات من حوالي 90 % إلى 10 % فقط خلال ستة سنوات."[126]

قامت بلدان مثل نيجيريا، التي تعد اليوم من البلدان الرائدة اقتصاديًا في القارة الأفريقية، إلى جانب جنوبِ أفريقيا، بالتحرير الكامل لكل المنشآت الاحتكارية المملوكة للدولة سابقًا من أجل تبني نظام السوق الحر. فيما عدا استثناء واحد فقط، أريتريا، التي حافظت على اقتصاد تسيطر عليه الدولة، هيمنت الأنظمة ذات توجه السوق الحر قليلاً أو كثيرًا عبر أرجاء القارة الأفريقية الآن.[127] على الرغم من ابتلائها بمشاكل كبيرة تعيق عملية النمو الاقتصادي، وبينما خلقت الخصخصة ظروفًا مُسبقة مهمة لحل تلك المشاكل، فإنها أثبتت كونها مجرد شرط ضروري من أجل نموٍ أكثر، لكنها ليست كافية بذاتها لتجاوز الأسباب الأكثر تعقيدًا للفقر عبر أرجاء أفريقيا. في العديد من البلدان، تُثبط الديون المهولة عملية التنمية الاقتصادية، بينما قامت عمليات الخصخصة بالقليل من العمل لمعالجة الفساد والعقليات الثقافية التي تُشكل عقباتٍ أمام النمو.

يقدم البروفسور إيسترلي العديد من الأدلة الواقعية من أجل توضيح مهم لفهم التطور الطبيعي للرأسمالية: "تنجح السوق الحر، لكن إصلاحات السوق الحر لا تنجح غالبًا."[128]

وبسبب طبيعتها، على النقيض تمامًا من النماذج الاشتراكية للتخطيط الاقتصادي، الرأسمالية هي نظام اجتماعي ينشأ نتيجة لتطورٍ تلقائي، وليس نظامًا يعتمد على ابتكارٍ وتصميمٍ بشري.
كانت محاولات البنك الدولي وصندوق النقد الدولي فرض اقتصادات السوق الحر من الأعلى للأسفل على بعض البلدان الأفريقية في التسعينيات محاولات محكومٌ عليها بالفشل بالطريقة ذاتها التي تفشل بها أي محاولة لفرض الديمقراطية في بلدٍ لا يمتلك تقاليد ديمقراطية عضوية.
"أخلّت محاولات تغيير القواعد المعمول بها بشكلٍ كلي مرةً واحدة من خلال التبني السريع للأسواق الحرة بالروابط القديمة، بينما كانت المؤسسات الرسمية الجديدة ما تزال ضعيفة جدًا كي تجعل نظام السوق الحر يعمل جيدًا. كان يمكن للتحرك التدريجي نحو أسواقٍ أكثر حرية أن يمنح المشاركين وقتًا أكثر من أجل تعديل علاقاتهم وتبادلاتهم." [129]
على عكس المفهوم الشائع الخاطئ، هناك الكثير من الأبعاد في الرأسمالية غير الخصخصة. يستخدم مؤشر الحرية الاقتصادية، الذي تنشره مؤسسة هيرتج سنويًا، اثنا عشر معيارًا لقياس الحرية الاقتصادية.[130] يُبين مؤشر 2023 مظهرًا سوداويًا للأغلبية الساحقة من بلدان القارة الأفريقية. باستثناء فنزويلا وكوريا الشمالية، فإن الفئة ذات الدرجات الأدنى تتكون بشكلٍ كبير من بلدانٍ أفريقية، ومن ضمنها الجزائر، وجمهورية أفريقيا الوسطى، وإريتريا، وبروندي، وزيمبابوي، والسودان.
حدد تحليلٌ أقرب للعوامل التي تؤدي إلى نقص الحرية الاقتصادية في هذه البلدان ثلاثة أمور رئيسة. في مؤشر مؤسسة هيرتج، سجلت بلدان أفريقيا جنوب الصحراء أدنى الدرجات في "حقوق الملكية"، و"الكفاءة القضائية" و"النزاهة الحكومية." [131] بمعنى آخر، إن حقوق الملكية غير مضمونة بمستوى كافٍ، وليس هناك ضمان في وجود إجراءاتٍ قانونية عادلة.

الفساد: الأسباب والنتائج

مازال الفساد الإداري والسياسي مُنتشرًا في تلك البلدان. تُسلط التحليلات من قِبل منظمة الشفافية الدولية المناهضة للفساد الضوء على جذور أسباب مشاكل أفريقيا. طورت المنظمة مؤشرًا لقياس ومقارنة التصورات عن الفساد في بلدانٍ مختلفة.[132] لم يحقق أيٌّ من البلدان الأفريقية الأربعة والخمسين درجة تؤهله أن يكون في صفوف البلدان العشرين العليا. قال تقرير عام 2022: "يدلُ معدل درجة المنطقة بمقدار 32 درجة من مئة على عامٍ آخر من الجمود على مؤشر الفساد لمنطقة أفريقيا جنوب الصحراء. أربعٌ وأربعون بلدًا من البلدان التسعة

والأربعين حققت درجة أقل من خمسين. حققت بعض البلدان تحسنًا تغلبت عليه انخفاضات كبيرة في أمورٍ أخرى."(133)

أمضى عالِم الاجتماع الألماني يورن سومر العديد من السنوات في دراسة الفساد في أفريقيا، واتخذ من دولة بنين مثالاً. إنه يُلقي اللوم في الصعوبات في كشف ومحاربة الفساد على ما يُسميه "الثقافة القمعية للمجتمع"، والتي تُفسر حتى عمليات التدقيق المحاسبي الروتينية للشركات، والتي تُعد ممارسات عادية في كل مكانٍ من العالم، بأنها شكل من أشكال "خلق المتاعب." وبناءً عليه، فإن أبناء المجتمع يبتعدون عن المخالفين لهذا الفهم، حيث يُصبح أي شخصٍ يكشف عن أفعال الفساد منبوذًا وليس الشخص الذي يقترف أفعال الفساد. يتم كبت أي انتقادٍ بداعي الحاجة "للتناغم" و"الاتفاق الجمعي." في أسوأ الحالات، يتم "توزيع" الأموال المُختلسة، بمعنى استخدامها كرشوى، من أجل الحفظ على السلام المجتمعي.(134)

في البلدان الأفريقية، يُنتظر من الرجال أن يكونوا قادرين على إعالة عوائل كبيرة يصل عددها أحيانًا أربعين شخصًا. إن رفض موظف حكومي تلقي رشوى، فإنه سيواجه غضبًا عارمًا من قِبل عائلته ومن المجتمع حوله الذي سيفسر ذلك الأمر بأنه تخلٍ عن المسؤولية. عندما تم سؤال طلبة جامعة نيجيريا عن رأيهم بشخصٍ عاد إلى منزله المتواضع في مدينةٍ صغيرة بعد أن أنهى مهمته كوزير للمالية، كان جوابهم بأنه "مغفل"، و"متخلف عقليا"، و"غير كفء."(135)

يقول السيد جميس موريا، المدير التنفيذي لشركة سنتوريوم للاستشارات، وهي أكبر شركة استشارات مدرجة في سوق الأسهم في شرق أفريقيا: "لماذا لم يكن ستيف جوبز من كينيا؟ لأن ستيف جوبز الأفريقي لم يكن ليتمكن من النجاة في بحر الفساد. ربما هناك المئات من مثل رائد الأعمال العظيم هذا وأفكار عظيمة لم تستطع الازدهار لهذا السبب."(136)

بسبب الفساد والنظام الاقتصادي غير الكفء، فإن تأثير تدابير تخفيف أعباء الديون بالنسبة لبلدان أفريقيا حسب الخطوط العامة لوزراء مالية مجموعة الثمان لعام 2005 تأثيرٌ محدود. ومن أجل أن تكون هذه التدابير فعالة حقًا، لابد لها أن تسير جنبًا إلى جنب تكوين مؤسسات فاعلة وتدابير فعالة ضد الفساد وإصلاحات منهجية داعمة للسوق. من دون ذلك، ستحقق تدابير تخفيف أعباء الديون شيئًا قليلاً جدًا، كما تبين ذلك من محاولاتٍ عديدة في الماضي. في حقيقة الأمر، كان تأثيرها عكسيًا في بعض الحالات، وخلقت حوافز سلبية. فلنأخذ أوغندا على سبيل المثال: في عام 2000، كان الدين الكلي لأوغندا 3.2 مليار دولار وكانت مُنتفعة من

برنامج تخفيف أعباء الديون بحوالي ملياري دولار. بعد ستة سنواتٍ من ذلك، وصلت ديون أوغندا حوالي خمس مليارات دولار. في الوقت ذاته، أهدى رئيس البلاد، الرئيس يويري كاغوتا موسيفيني، نفسه طائرة خاصة قيمتها خمسة وثلاثون مليون دولار وزاد من عدد موظفيه إلى مئة وتسعة مستشارين وتسعة وستين وزيرًا.(137)

وكما أوضح البروفسور إيسترلي، فشلت مبادرات تخفيف أعباء الديون وقروض صندوق النقد الدولي والبنك الدولي المتكررة في تحقيق النتائج المرجوة. وعندما أصبح حمل الديون مُفرطًا جدًا، اضطر البنك الدولي وصندوق النقد الدولي ولأول مرة في تاريخهما لإطفاء جزءٍ من قروضهما، وأدى ذلك إلى إلغاء أي حافز من قِبل البلدان المدينة لتحقيق النمو الذي كان سيجعلها قادرة على خدمة ديونها.(138)

أحد مشاكل أفريقيا الكبرى هي عدم وجود ضمانات قانونية، مما يؤثر على صغار رواد الأعمال بالتحديد. من خلال بحوثه المُعقدة حول أسباب المشاكل الاقتصادية التي تواجهها البلدان النامية، يُسلط الاقتصادي هيرناندو دي سوتو الضوء على حجم المشكلة.(139) في هذه البلدان، تُشكل التبادلات التجارية غير الرسمية الجزء الأكبر من الاقتصاد. وعلى الرغم من عدم كونها شرعية تمامًا، فإنها توفر أسباب المعيشة لجزءٍ كبير من السكان. يتحمل رواد الأعمال الصغار الذين يتاجرون بالسلع أو يديرون أعمالاً صغيرة من دون موافقات حكومية المسؤولية كاملة من دون وجود أي ملاذٍ قانوني أمام أي نوعٍ من المخاطر مما يجعلهم عرضة للابتزاز من قِبل الموظفين الفاسدين. يعني عدم وجود الضمانات القانونية لحقوق الملكية، إنهم غالبًا ما يكونون غير قادرين على الحصول على قروض.

من الصعب عدم المبالغة في أهمية هذا الاقتصاد غير الرسمي في البلدان الأفريقية. وحسب تخميناتٍ نُشرت ما بين عامي 2000 و2006، خلق هذا القطاع 42 % من الناتج المحلي الإجمالي الكلي لأفريقيا، ووفر أعمالاً لـ 78 % من القوة العاملة في بلدان أفريقيا جنوب الصحراء (باستثناء جنوب أفريقيا). في المناطق الريفية، حصل حوالي 90 % من العمال غير الزراعيين على فرصة معيشتهم من خلال الاقتصاد غير الرسمي.(140) عندما باشرت شركة سيلتيل للاتصالات في مشروعها الجديد في الكونغو عام 2007، توقعت أن تُحقق مردودًا منخفضًا بسبب انخفاض معدل الناتج المحلي الإجمالي للبلاد. لكنها تفاجأت عندما وقَّع عشرة آلاف زبون جديد عقود اشتراك أثناء الشهر الأول، كان منهم ألفان في الأسبوع الأول، دفع جميعهم رسوم الاشتراك نقدًا.(141) وعليه، فإن أرقام الناتج المحلي الإجمالي الرسمية التي يتم الإشارة إليها في هذا الفصل لا تحكي القصة كاملة.

أفريقيا: القارة المتغيرة

لا يُدرك الكثير من الناس الحجم الهائل لأفريقيا، الذي تم تحريفه على خرائط العالم الأكثر استخدامًا. يستغرق الطيران من شمال القارة إلى جنوبها الوقت نفسه الذي تستغرقه الرحلة من لوس أنجلوس إلى فرانكفورت. أفريقيا أكبر من مجموع مساحات الولايات المتحدة والصين والهند وإسبانيا وألمانيا وفرنسا وإيطاليا وأوروبا الشرقية.(142)

على مدى السنوات الخمس عشرة الماضية، مرت بعض البلدان الأفريقية بتطوراتٍ مهمة. تُظهر وسائل الإعلام الغربية بشكلٍ أساسي صور لاجئين بائسين يأتون إلى أوروبا بحثًا عن حياةٍ أفضل، لكن مرةً أخرى، هذا مجرد وجهٍ واحد من القصة. أفريقيا قارة هائلة مليئة بالتناقضات والمتضادات. بناءً على تصنيف مؤسسة هيرتج للبلدان حسب درجة الحرية الاقتصادية التي يمتلكونها، تُقسّم بلدان أفريقيا جنوب الصحراء إلى أربع مجموعات: ليس هناك بلدٌ مصنف على أنه "حر." في فئة "حر على الأغلب"، هنالك بلدٌ وحيد هو موريشيوس، الذي يمتلك أعلى مستوى من الحرية الاقتصادية في المنطقة. الفئة التالية هي "حرة بشكلٍ مُعتدل"، وتتضمن الرأس الأخضر وبوتسوانا وكوت ديفوار وسيشيل وبنين وساوتومي والسنغال. هناك خمس وعشرون بلدًا أفريقيًا مُصنفة على أنها "غير حرة على الأغلب" وأربعة عشر بلدًا مصنفة على أنها "قمعية"، ومن ضمن هذه الأخيرة تقع إريتريا وبروندي وزيمبابوي والسودان. الصومال هي أحد البلدان التي لا تتوافر لها درجة في التصنيف.(143)

في عددٍ من البلدان الأفريقية، وبالذات تلك التي تشهد نموًا في الحرية الاقتصادية، هنالك علامات لا يمكن إهمالها عن التطورات الإيجابية. حتى في بلدٍ مثل موزمبيق، وهو من ضمن البلدان غير الحرة اقتصاديًا، ويواجه مشاكل اقتصادية جمة، هنالك دلائل تشير إلى أن الأمور تتغير. يقول السيد هانز ستويسر، وهو مُستشار في مجال الأعمال ولديه خبرة تمتد لعديدٍ من السنوات من العمل في أفريقيا، "عندما أتيت أول مرة إلى موزمبيق في بداية التسعينيات، كانت الشوارع ما تزال مليئة بأشخاص هزيلين وفقراء يلبسون ملابس رثة، ونساء تطبخ في الشارع خارج المنازل وينتقل الجميع تقريبًا على الأقدام. الآن، الصورة مُختلفة تمامًا، حيث هناك متاجر ومقاهٍ وازدحامات مرورية ومكاتب حديثة ومراكز تسوق، وهي أماكن جديدة يلتقي فيها أبناء النخبة الأفريقية، ونوادٍ ليلية براقة. وبالطبع يُعلن ازدهار البناء عن نفسه من خلال مواقع بناء كثيرة جدًا تقطع الطرق وتسد الأرصفة. المدن الموزمبيقية المعاصرة تسير في مسار ثقافة الأعمال العالمية ولديها القليل من المشتركات مع موزمبيق التسعينيات."(144) أصبحت هذه التغيرات

ممكنة فقط بعدما قطعت حكومة فريليمو صلاتها مع الماركسية عام 1989، وتبنت دستورًا يضمن (نظريًا على الأقل)، انتخابات حرة واقتصاد السوق الحر عام 1990، وانتهاء الحرب الأهلية عام 1992.

الموارد الطبيعية: نعمة أم نقمة؟

نتيجة للازدهار الاقتصادي العالمي والطلب الصيني الهائل، ارتفعت أسعار الموارد الطبيعية بشكلٍ حاد في العقد الأول من القرن الحادي والعشرين، مما عزز من النمو الاقتصادي في أفريقيا. في عام 2010، تجاوز النمو الاقتصادي في اثنين وعشرين بلدًا أفريقيًا نسبة 6 %. وبالمثل، كان لانخفاض أسعار الموارد الطبيعية من عام 2011 وما بعدها تأثيرٌ صادم على الأداء الاقتصادي في العديد من البلدان في أرجاء المنطقة. في عام 2015، سجلت تسعة بلدانٍ فقط نسبة نمو أعلى من 6 %، بينما ارتفع عدد البلدان الأفريقية التي واجهت تضخمًا في خانة العشرات من أربعة إلى عشرة في الفترة ذاتها.[145]

ينبغي أن تكون الأرقام التالية كافية لتُبين الفرق النوعي بين النمو الاقتصادي في آسيا وأفريقيا: بين عامي 2000 و2010، شهدت القارتان نسبة نمو 500 % في الصادرات. لكن، بينما شكلت الزيادة في السلع المُصنعة أربعة أخماس النمو الآسيوي، فإن النسبة نفسها من النمو عبر أرجاء أفريقيا كانت نتيجة ارتفاعات كبيرة في أسعار الموارد الطبيعية.[146]

تُشكل الموارد الطبيعية حوالي 50 % من كل الصادرات الأفريقية و10 % فقط من كل صادرات آسيا وأوروبا والولايات المتحدة.[147] بوجود 12 % من كل احتياطيات النفط المعروفة في أفريقيا، وقد تكون نسبة الاحتياطيات غير المكتشفة لحد الآن أكبر، فإن الموارد الطبيعية في القارة الأفريقية تمثل أصولاً هائلة. وحسب تقديراتٍ من قِبل إدارة معلومات الطاقة في وزارة الطاقة في الولايات المتحدة، شهدت أفريقيا ارتفاع احتياطياتها النفطية بنسبة 120 % خلال السنوات الثلاثين الماضية إلى مستوى 126 مليار برميل الحالية، مع تقدير اكتشاف مئة مليار برميل إضافية. تمتلك القارة أيضًا حصة كبيرة من كل احتياطات الذهب (40 %) والبلاتينيوم (80 %) والكوبالت (60 %) المعروفة.[148]

لكن مساواة الاحتياطيات الهائلة من الموارد الطبيعية مع فرصة اقتصادية كبيرة سيكون أمرًا تبسيطيًا للغاية. بعيدًا عن اعتبارها تقود بشكلٍ تلقائي إلى الازدهار، فإن المصادر الطبيعية يمكن لها أن تُعيق التنمية وتخلق أمورًا جديدة. التاريخ مليء بأمثلة عن بلدانٍ مصدرة على نطاقٍ واسع

للموارد الطبيعية، لكنها وقعت في مآسٍ اقتصادية لأنها اعتمدت على هذه الأصول وفشلت في تنويع اقتصاداتها. وما جعل الأمر أسوأ أن الفوائض التجارية الناتجة عن التصدير قد رفعت قيمة عملات تلك البلدان، حيث أصبح الأمر أصعب لبيع سلعٍ تم إنتاجها من قِبل قطاعات اقتصادية أخرى، وبالتالي فاقمت من اعتماد اقتصاداتها على تصدير الموارد الطبيعية.[149] أخيرًا، يمكن لوجود احتياطيات كبيرة من الموارد الطبيعية أن تُغرى نخبة البلاد بقوة كي تجعل نمط معيشتها معتمدًا على الأعطيات الريعية حيث تأتي ثرواتها من نقص المعروض من سلعٍ معينة، وليس من الربح الذي تأتي به الأعمال. والأمر ليس مصادفة ألَّا تشكل البلدان الأفريقية الأغنى بالمصادر الطبيعية قصص النجاح الاقتصادي الأعظم في القارة.

بناءً على أبحاثه، يشير الاقتصادي المعروف بول كوليير إلى احتياطيات الموارد الطبيعية الهائلة كأحد أسباب فشل العديد من البلدان الأفريقية في التطور. يُشخص الأستاذ كوليير "فخ الموارد الطبيعية"، بأنه مزيج من العوامل التي تتضمن ما تم ذكره أعلاه. الدخول المتذبذة لا تؤدي إلى نجاحٍ اقتصادي مستدام. بينت العشرون سنة الماضية أن أسعار الموارد الطبيعية يمكن أن تكون متذبذبة بشكلٍ كبير. أثناء فترات ازدهار الأسعار، تميل الوزارات الحكومية لزيادة الإنفاق إلى مستوياتٍ فاحشة.[150] سوف يناقش الفصل السادس التأثير الكارثي للزيادات الحادة في أسعار الموارد الطبيعية على فنزويلا (البلد الذي يمتلك أكبر احتياطيات النفط في العالم)، والتي مولت إنفاق الحكومة الهائل.

في غانا كذلك، أثبت وجود احتياطيات هائلة من الموارد الطبيعية أنها نقمة وليست نعمة. كان البلد على مسارٍ جيد لتحقيق نجاحٍ اقتصادي في الوقت الذي تم فيه اكتشاف احتياطيات كبيرة من النفط على بعد أربعين ميلاً من الساحل الغاني عام 2007. بدأ الاستغلال التجاري بعد ذلك بثلاث سنوات. توقع الرئيس الغاني حينذاك الرئيس جون كوفور، وبـبهجة، مستقبلاً مشرقًا لبلاده: "بوجود النفط على مرمى حجر، سوف ننطلق"، كما أخبر هيئة الإذاعة البريطانية حينها. كشف السيد إيمانويل غراهام، الخبير في شؤون الموارد الطبيعية في مركز أفريقيا لسياسات الطاقة، أن جزءًا كبيرًا من الأرباح من إنتاج النفط ذهبت إلى خزائن الرئيس. نشرت صحيفة سويسرية مرموقة أقوال السيد غراهام في لوم "النوعٍ من لعنة الموارد الطبيعية الفكرية"، حيث فقدت الحكومة أي نوعٍ من المحددات على الميزانية بمجرد بدء عمليات استخراج احتياطيات النفط.[151] عندما بدأت أسعار الموارد الطبيعية في الانخفاض، أصبحت المشاكل واضحة. اضطرت غانا في نيسان (أبريل) 2015 إلى التفاوض للحصول على ضمانٍ مالي على مدى طويل بقيمة 920 مليون دولار من صندوق النقد الدولي.

تقدم كينيا دليلاً لإبطال فريضة أن الموارد الطبيعية متطلبٌ للنمو الاقتصادي في البلدان الأفريقية.[152] لطالما كانت هذه المستعمرة البريطانية السابقة ضمن القوى الاقتصادية في شرق أفريقيا إن لم يكن ضمن القارة الأفريقية كلها. وعلى الرغم من مرور خط الاستواء خلال أراضيها، تتمتع كينيا بمناخٍ أقل قسوة من غرب القارة الأفريقية. وبسبب أن مساحات كبيرة من البلاد تقع على ارتفاعات ما بين ستة آلاف وسبعة آلاف قدم فوق سطح البحر، تبقى درجات الحرارة على مستوى لطيف على مدار السنة. يجعل مناخها المعتدل وارتفاع أراضيها البلاد مكانًا مثاليًا لزراعة الشاي والقهوة، وهو أسلوب حياةٍ اقتنصته كارين بلكسن بشكلٍ لا يُنسى في روايتها "الخروج من أفريقيا"، وقدمتها على أنها شبه سيرة ذاتية. وفرت عمليات تربية المواشي في مناطق السافانا، وزراعة الصادرات التي أدخلها المستعمرون مثل الأناناس، تدفقات دخلٍ إضافية.

رواد الأعمال في كينيا هم أكثر أصول البلاد أهمية. وضع استقلال البلاد عام 1963 نهاية للقيود المفروضة على حرية سفر المواطنين واستقرارهم وعملهم، وسرعان ما تبعها نمو اقتصادي مرتفع دعَّمه وجود آلافٍ من رواد الأعمال المحليين، وتدفقٍ لرأس المال الأجنبي. وعلى الرغم من ابتلائها بفسادٍ منتشر في حكومتها وإداراتها، كانت كينيا قادرة على المحافظة على هذا النمط الاقتصادي الإيجابي منذ ذلك الحين بوجود قاعدة ريادة أعمال صلبة ومتنامية على الرغم من الاضطرابات السياسية المستمرة، من قِبل أشخاص تجاريين يوظفون بعض العاملين عندما يكون لديهم الكثير من الأعمال المستقبلية أو شركات كبيرة يتجاوز مدى تأثيرها الحدود الوطنية عبر المنطقة برمتها.

في عام 1984، أنشأ رائد الأعمال الكيني بيتر مونغا بنك إكويتي كمشروعٍ لتقديم خدمات التوفير والقروض الصغيرة من أجل مساعدة العوائل الفقيرة لشراء منازلَ متواضعة لأول مرة. كان رأس مال المشروع خمسة آلاف شيلن، أي ما يعادل مئة دولار في ذلك الوقت. بعد تجاوز حالات إعلان الإفلاس بالكاد لعدة مرات، أثبت قرار السيد مونغا بإسناد إدارة البنك للسيد جميس موانغي البالغ من العمر إحدى وثلاثين عامًا في سنة 1993 ليس سوى الصدفة الصحيحة. نما بنك إكويتي حتى أصبح البنك الأكبر في شرق أفريقيا، وأحد أهم الشركات التي يتم تداول أسهمها في سوق نايروبي للأسهم، ومازال محافظًا على تعهده الأصلي كملجأ للعملاء الذين لا يحصلون على أي خدماتٍ مالية من مؤسساتٍ أخرى.

في بداية القرن الحادي والعشرين، أصبحت كينيا القوة الاقتصادية في المنطقة بسبب سرعة نموها، وبدون وجود النفط أو الماس أو الذهب أو معادن الأرض النادرة. انطلقت تلك الطفرة من خلال

مزيج تكنولوجيا النطاق العريض للإنترنيت والهواتف النقالة وانبعاث خدمة أم بيسا، وهي نوعٌ جديد من الخدمات البنكية، باستخدام الهواتف النقالة التي أدخلتها شركة سفاري كوم لخدمات الاتصالات النقالة. كانت الخدمات البنكية على الهاتف النقال نقلة كبيرة للاقتصاد الكيني، لأنها وفرت سُبل إرسال النقود، والقيام بالدفعات من دون استخدام الأموال السائلة للملايين من الكينيين الذين كانوا فقراء جدًا بالنسبة للبنوك مما جعلها لا تتعامل معهم.

تعتمد خدمة أم بيسا على التعرف على وجود خدمة هاتف نقال مدفوعة مقدمًا بناءً على الأساس نفسه الذي يقوم عليه الحساب البنكي: يدفع المستخدمون مبلغًا في حسابهم، وبعدها يصبحون قادرين على إنفاق ذلك المبلغ على المكالمات الهاتفية والرسائل النصية حتى ينتهي رصيدهم. لكن ما العبرة في تحديد إنفاقهم على المكالمات الهاتفية والرسائل النصية فقط؟ بدلاً من ذلك، تسمح خدمة أم بيسا للعملاء أن يحولوا رصيدهم إلى رصيد مستخدمي هواتف نقالة آخرين من خلال رسائل نصية.

يعمل العديد من الرجال الكينيين ويعيشون في نايروبي لأسابيع أو حتى أشهر في بعض الأحيان. قبل انطلاق خدمة أم بيسا، كانت الوسيلة الوحيدة أمامهم لإرسال الأموال إلى عوائلهم في المناطق الريفية هي إعطاء مغلف مليء بالنقود إلى أحد سائقي مركبات نقل الركاب الصغيرة، ودفع رسوم باهظة من أجل ضمان وصول المبالغ إلى أحد أفراد العائلة في مكانٍ متفقٍ عليه مُسبقًا. وعلى الرغم من كونها عملية يمكن الاعتماد عليها، إلا أنها كانت نظامًا مكلفًا ومعقدًا. بوجود خدمة أم بيسا، أصبح المستخدمون الآن قادرين على تحويل الأموال في أقل من ثوانٍ معدودة وبتكلفة بسيطة جدًا.

يستخدم الكينيون اليوم خدمة أم بيسا ليس لدفع إيجار المساكن وفواتير الخدمات والضرائب فحسب، لكن أيضًا لتداول الأسهم أو حتى شراء بوليصة تأمين. رفعت خدمة أم بيسا من القدرة الإنفاقية للسكان، مما جعل الكينيين قادرين على شراء الهواتف النقالة والضمان الصحي الأساسي، وشراء الأدوية وحاجاتٍ يومية أساسية أخرى. حسب أحد التقديرات، أخرجت خدمة أم بيسا 2 % من سكان كينيا من الفقر المدقع.[153] يمر اليوم حوالي 40 % من قيمة الناتج المحلي الإجمالي لكينيا عبر خدمة أم بيسا ومنصات الخدمات البنكية الأخرى على الهواتف النقالة.[154]

فوق كل ذلك، أدى مزيج تقنيات النطاق العريض للإنترنت والهواتف النقالة إلى ازدهارٍ غير مسبوق للأعمال الجديدة. عبر أرجاء نايروبي، في مواقع الأعمال الجديدة مثل منطقة 88 ميل[155]، ينشغل مطورو برامج الكومبيوتر في تصميم تطبيقات الهواتف المستقبلية. وبينما لازالت الشركات الأوروبية تبني مواقع لاستخدامها على الحواسب الشخصية وحواسب

المكاتب، فإن نظيراتها من الشركات الأفريقية استطاعت أن ترى ما هو قادم وأصبحت تستهدف بشكلٍ أساسي مستخدمي الإنترنيت على الهواتف النقالة. في كينيا، أصبحت المواقع الألكترونية شيئًا من الماضي، وتطبيقات الهواتف النقالة هي موضة اليوم. استقطبت مواقع الأعمال الجديدة المزدهرة في نايروبي المستثمرين المجازفين ورؤوس الأموال للاستثمار في الأعمال المغامرة والعديد جدًا من مقدمي الخدمات الأخرى، مما يدعم ازدهارًا أكثر استقرارًا من أي اقتصادٍ آخر معتمد بشكلٍ أساسي على الموارد الطبيعية.

رواد الأعمال الأفارقة والطبقة الوسطى الجديدة

عند النظر على الأمثلة الواقعية التي تم مناقشتها في القسم السابق، سيكون من الخطأ افتراض أن الأنماط الاقتصادية الإيجابية في عموم القارة الأفريقية هي نتيجة ارتفاع أسعار المعادن فحسب. لقد أدى توسع تكنولوجيات النطاق العريض للإنترنيت والهواتف النقالة إلى تقليل سيطرة الدولة في العديد من القطاعات الاقتصادية، ومكَّنت رواد الأعمال من الازدهار بشكلٍ مستقل عن الدعم الحكومي والصلات السياسية. درس العديد من أبناء هذه الطبقة الجديدة الناشئة من الشباب الأفارقة الواثقين من أنفسهم خارج البلاد، عادةً في الولايات المتحدة أو أوروبا، وبشكل متزايد في الصين والهند كذلك. يعمل العديد منهم في شركاتٍ عالمية قبل أن يعودوا إلى بلدانهم الأصلية. يُعلِّق الكاتب كريستيان هللر فون غايرتين في كتابه الذي يروي القصة من عنوانه (أفريقيا هي آسيا الجديدة) قائلاً: "من دون أن تلاحظ ذلك دول الشمال الغنية، تشهد أفريقيا نشوء طبقة من رواد الأعمال الذين يقودون ويشكلون الصعود الاقتصادي عبر أرجاء القارة."[156] يقدم الكاتب في كتابه أمثلة بانورامية مثيرة للإعجاب عن نمط ريادة الأعمال التي اعتبرها جوزيف شومبيتر شرطاً جوهرياً مسبقاً لنجاح الرأسمالية.

من ضمن تلك الأمثلة المشهورة هو السيد مو إبراهيم، الذي حقق مكانة فائقة في أفريقيا.[157] ولد السيد إبراهيم في عام 1946 في السودان وكان القوة الدافعة لتطوير تكنولوجيات الهواتف النقالة في أفريقيا، وساعد من خلال ذلك في تحقيق ما يمكن تسميته التنمية الأكثر انفجارًا منذ نهاية حقبة الاستعمار. حصل السيد إبراهيم على شهادة الدكتوراه في اتصالات الهواتف النقالة من جامعة بيرمنغهام في المملكة المتحدة، وساعد في تطوير شبكة شركة تيلكوم البريطانية لخدمات الهواتف النقالة. اقترح السيد إبراهيم نقل هذه التكنولوجيا الجديدة إلى أفريقيا، لكن وكما يبدو أنه من حسن حظ السيد إبراهيم، فشلت شركة تيلكوم أن تلاحظ الإمكانات العظيمة لهذه الفرصة

الفريدة. ترك رائد الأعمال المبتدئ شركة تيلكوم من أجل تأسيس شركة استشارية أسماها أنظمة الهواتف النقالة الدولية، والتي استطاع أن يبيعها بمبلغ 900 مليون دولار إلى شركة ماركوني الإنجليزية عام 2000. لكن قبل قيامه بذلك، قام بفصل قسم الاستثمارات في الهواتف النقالة عن الشركة (والذي تم تسميته لاحقًا شركة سيلتيل) كمشغل للهواتف النقالة، واستخدمه لتمويل تطوير شبكة الهواتف النقالة في أفريقيا والتي وصلت قيمتها عدة مليارات من الدولارات. بدأت شركته وبسرعة بالانتشار في نيجيريا وكينيا وأوغندا وتنزانيا وملاوي وزامبيا وجمهورية الكونغو الديمقراطية والكونغو برازافيل وتشاد والنيجر وبوركينا فاسو وسيراليون والغابون ومدغشقر، وعملت تحت اسمٍ تجاري مختلف في غانا والسودان. في عام 2005 قام السيد إبراهيم ببيع شركته إلى شركة زين الكويتية المنافسة بمبلغ 3.4 مليار دولار. بعد بضعة سنوات، استطاعت شركة زين أن تحصل على مبلغ 10.7 مليار دولار مقابل أعمالها في أفريقيا.

يمثل سوق الهواتف النقالة مثالاً واضحًا على سوء الفهم الأوروبي والأمريكي عن التنمية الاقتصادية في أفريقيا. عبر أرجاء القارة، ارتفعت نسبة انتشار تكنولوجيا الهواتف النقالة (التي يتم قياسها بعدد عقود الهواتف النقالة لكل مئة من السكان) من 15.3 % إلى 84.9 % (عام 2015)، أثناء عقدٍ من الزمن[158]. وكانت النسبة أكثر من 100 % في أربعة عشر بلدًا أفريقيًا عام 2014.[159] ومن خلال النظر على تلك التحولات، يتحدث رجل أعمالٍ أفريقي عن سائقه الخاص الذي كان مُضطرًا لأخذ إجازة ما بين ثلاثة إلى أربعة أيام من العمل كي يوصل المال إلى عائلته، لكنه يحتاج اليوم إلى إرسال رسالة نصية واحدة للقيام بذلك.[160] وبالمثل، سهلت الهواتف النقالة وبشكلٍ كبير عمل بائعي الخضار الذين بدلاً من أن ينتقلوا من منزلٍ لآخر لبيع بضاعتهم، أصبحوا الآن يتلقون الطلبات عبر الهاتف ويحصلون على المقابل المادي عبر الهاتف كذلك.[161] هذه هي أفريقيا القرن الحادي والعشرين.

عندما تم سؤال الأوروبيين عن أكثر نظرة إيجابية لديهم عن أفريقيا، ذكر واحد من ثلاثة من المستطلعين لاستطلاع تي أن أس في عموم أوروبا حسب طلب المفوضية الأوروبية أنها الموارد الطبيعية، وذكر واحدُ من أربعة المناظر الخلابة. فقط 4 % ذكروا نماذج الأعمال الجديدة مثل الخدمات البنكية على الهواتف النقالة، بينما ذكر 3 % المنشآت الجديدة.[162] على الجانب الآخر، استقبل برنامج مؤسسة توني اليوميلو لريادة الأعمال، والتي أسسها المستثمر ورائد الأعمال النيجيري المعروف السيد اليوميلو 45000 طلب من أرجاء القارة الأفريقية عام 2016، وتم اختيار ألف منها للتمويل والدعم للتطوير الاحترافي.[163]

بالرغم من الأنماط الإيجابية التي تم ذكرها أعلاه، مازال هناك العديد من العوائق التي تمنع حصول المزيد من النمو في أفريقيا. وبناءً على الإحصائيات من قِبل البنك الدولي، تأخذ عملية إنشاء شركة جديدة وقتًا أطول في أنغولا (ستة وثلاثين يومًا)، ونيجيريا (إحدى وثلاثين يومًا)، وجنوب أفريقيا (ستة وأربعين يومًا)، مما هو عليه في المملكة المتحدة (خمسة أيام) أو الولايات المتحدة (ستة أيام). ومن الجدير بالملاحظة أن الوقت المطلوب لإنشاء شركة قد تم خفضه خلال السنوات العشر الماضية، من مئة وستة وعشر يومًا عام 2006 إلى تسعة عشر يومًا في الوقت الحاضر في موزمبيق، ومن ستة وثلاثين يومًا إلى تسعة أيام في زامبيا أثناء الفترة نفسها. تتمتع ريادة الأعمال بمنزلة اجتماعية إيجابية ومستوى عالٍ من القبول لدى المجتمع عبر أرجاء دول أفريقيا جنوب الصحراء، وفي بوتسوانا وغانا ورواندا[164].

تتميز أفريقيا بكونها قارة المتناقضات الصارخة. على جانبٍ من الأمر، يعاني عدد أكبر من الناس في أفريقيا من المجاعة من أي مكانٍ آخر في العالم. وعلى الجانب الآخر، تم بيع قناني شمبانيا في أفريقيا عام 2011 أكثر من أي مكانٍ آخر في العالم باستثناء أوروبا والولايات المتحدة. تم بيع أكثر من 750 ألف قنينة شمبانيا من ضمن عشرة ملايين تم تصديرها إلى أفريقيا في نيجيريا وحدها.[165]

سجلت أفريقيا نموًا أسرع في عدد الأشخاص الأثرياء (وهم الأشخاص الذين تصل ثرواتهم الخالصة ما لا يقل عن ثلاثين مليون دولار)، من أي قارةٍ أخرى. وبناءً على تقرير مؤسسة نايت فرانك للثروة عام 2016، كان أكثر من نصف البلدان العشرين التي شهدت النمو الأعلى في عدد الأشخاص الأثرياء خلال السنوات العشر الماضية في أفريقيا. في كينيا على سبيل المثال، نما عدد الأشخاص الأثرياء بنسبة 93 % بين عامي 2006 و2016، وعلى مستوى العالم، لم تسجل سوى فيتنام والهند والصين نسبة نموٍ أعلى في عدد الأشخاص الأثرياء. وحسب توقعات مؤسسة فرانك نايت عام 2016، فإن النمو في عدد الأشخاص الأثرياء في أفريقيا في السنوات العشر بعد ذلك التاريخ سيبقى أعلى مما هو في الولايات المتحدة وأوروبا.[166] وفي تقريرها لعام 2023، وجدت مؤسسة فرانك نايت أن الثروة المجتمعة للأشخاص الأثرياء حول العالم قد انخفضت بنسبة 10 % عما كانت عليه عام 2022، وبحوالي 17 % في أوروبا، لكن في أفريقيا كان الانخفاض أقل من أي جزءٍ آخر من العالم (5 %) فقط.[167]

وكما هو الحال في الصين، توافقت زيادة أعداد الأشخاص الأثرياء مع نمو الطبقة الوسطى. تضع بعض التقديرات الآن عدد أفراد الطبقة الوسطى في أفريقيا في حدود 350 مليون فرد، أي حوالي ثلث عدد السكان الكلي للقارة، بارتفاع أكثر من 200 % أثناء السنوات الثلاثين

الماضية. لكن نصف هؤلاء يعيشون بالكاد فوق خط الفقر.[168] وفي هذا السياق، فإن من الضروري أن نُدرك أن الدراسات المهتمة بهذا الموضوع تُعرّف "الطبقة الوسطى" من ناحية مختلفة عن تلك المطبقة في البلدان الصناعية. في البلدان الناشئة، يتضمن التعريف الأشخاص الذين يتجاوز مستواهم المعيشي خط الفقر بقليل.[169]

ولكن، حتى لو تم استخدام تعريف أضيق، تبقى الطبقة الوسطى الأفريقية بحدود 150 مليون فرد ممن يعيشون بعيدًا عن قلقٍ وجودي، ويمتلكون قدرات الحصول على الرعاية الصحية، والذهاب في إجازات وامتلاك ممتلكات وتعليم أفضل بكثير لأبنائهم مما حصلوا عليه أنفسهم. يمثل النمو الهائل في عدد الهواتف النقالة والسيارات مؤشرًا على نمو الطبقة الوسطى.[170] "تقوم المطاعم الجديدة وصالونات الأظافر ووكالات السيارات ودور السينما والأندية الليلية بتحويل مناظر المراكز الحضرية عبر أرجاء أفريقيا من يومٍ لآخر. يتزايد عدد الأفارقة الذين يرتدون ملابس من علاماتٍ تجارية شهيرة في مجال الموضة. يقود الناس هناك سيارات غالية الثمن من مناشئ يابانية وكورية بالذات. الإشارات واضحة هناك للجميع كي يروها: الطبقة الوسطى الأفريقية في حالة نمو."[171]

يُعجل نمو الطبقة الوسطى من عملية التوسع الحضري عبر أرجاء القارة. أحد أكبر المدن في العالم تقع في أفريقيا: مدينة لاغوس في نيجيريا، بعدد سكان أكثر من ستة عشر مليون إنسان، ويتوقع أن تصبح أكبر مدينة في العالم بحلول عام 2100.[172] هناك أكثر من أربعة عشر مليون من القاطنين في مدينة كينساشا عاصمة جمهورية الكونغو الديمقراطية. يبلغ عدد المدن ذات السكان الذين يصلون مليونًا أو أكثر ستة وأربعين مدينة في أفريقيا أي مرتين أكثر من عدد مثلها في أوروبا.[173]

دور الصين في أفريقيا

بالإضافة إلى نشوء ونمو طبقة وسطى أفريقية وتطور مبادرات ريادة الأعمال، فإن الاهتمام الشديد في الاقتصادات الأفريقية من قِبل دولٍ مثل الهند والصين والبرازيل هو سبب آخر للتنمية الاقتصادية الإيجابية في العديد من البلدان الأفريقية. وبعد أن نجحت الصين في تحقيق تحولها من بلدٍ اشتراكي زراعي فقير إلى قوة اقتصادية رأسمالية، تُطبق الصين الآن النموذج نفسه في القارة الأفريقية.

يتبع تطور اهتمام الأعمال في أفريقيا مبدأً بسيطًا من أربع خطوات. كان التركيز في البداية هو ضمان الوصول إلى الاحتياطيات الأفريقية الهائلة من الموارد الطبيعية، ومن ضمنها النفط

وخامات الحديد والماس والقطن والأخشاب والرز وقصب السكر. بالمقابل، مول الصينيون مشاريع بِنى تحتية هائلة في أفريقيا، وجعلوا تكنولوجيتهم متاحة لشركائهم الأفارقة. في الخطوة الثانية، بدؤوا بتصدير البضائع الاستهلاكية إلى أفريقيا من أجل الوصول إلى السوق غير المستغلة الأكبر في العالم الذي يوجد فيه عدد سكان حوالي 1.2 مليار نسمة، ومن ضمنهم حوالي 250 مليون من أبناء الطبقة الوسطى الجديدة الناشئة. كانت الصين من بين أوائل الدول التي لاحظت إمكانيات هذه السوق، على الرغم من كون الجزء الأكبر من صادراتها إلى أفريقيا في البداية كانت تتشكل من منتجات ذات نوعية منخفضة وبأسعار متوسطة.[174]
في الخطوة الثالثة، بدأت الشركات الصينية في إنتاج بعض منتجاتها في أفريقيا من أجل تقليل تكلفة الإنتاج، حيث الأجور في أفريقيا أقل من تلك التي يتم دفعها في الاقتصاد الصيني الثري الجديد، بينما تقوم في الوقت نفسه بتلميع صورتها على أنها تخلق فرص عملٍ للأفارقة. شهدت الخطوة الرابعة قيام الشركات الصينية بتصنيع البضائع للأسواق الأفريقية في أفريقيا نفسها.
أثبت مؤتمر تم التخطيط له من قِبل الزعيم الصيني في ذلك الوقت هو جينتاو في تشرين الثاني (نوفمبر) 2006، بأنه خطوة مهمة في المشاركة الاقتصادية عبر أرجاء أفريقيا. لم يوفر المضيفون الصينيون جهدًا لجعل أعضاء الوفود الأفريقية يشعرون أنهم موضوع ترحاب. تزينت شوارع بكين بأعلام الدول الأفريقية الثمانية والأربعين التي كانت مدعوة للمؤتمر. وبينما تميل الأحداث المماثلة التي تنظم في أوروبا للتركيز على المساعدات التنموية، كان مؤتمر بكين مُركزًا بالكامل على المنافع المتبادلة للتعاون الاقتصادي بين الصين والبلدان الأفريقية. "تنفذ الصين إستراتيجيتها بما يتعلق بالموارد الطبيعية بثقة كبيرة، وتقوم بكل شيء ممكن لضمان أن صفقات السلع تنفع الطرفين. في الحقيقة، دوافع البلدان الأفريقية ليست معقدة كذلك: إنهم بحاجة إلى البِنى التحتية، ويحتاجون لتمويل مشاريع يمكن أن تطلق عنان النمو الاقتصادي. ولتحقيق ذلك، فإنهم مستعدون لبيع ما يملكون من الأصول لمن يدفع أكثر. هذه هي عبقرية الإستراتيجية الصينية: يحصل كل بلدٍ على ما يريده."[175] ما بين عامي 1998 و2012، قامت حوالي ألفي شركة صينية بالاستثمار في تسعة وأربعين بلدًا أفريقياً.[176]
في تشرين الثاني (نوفمبر) 2014، وقَّعت الصين عقدًا لإنشاء خط سكة حديد على طول ساحل نيجيريا. تبلغ تكلفة هذا المشروع لوحده اثنا عشر مليار دولار. إنشاء هذا الخط الذي يبلغ طوله 875 ميل، خلق مئتي ألف فرصة عمل أثناء عمليات الإنشاء وثلاثين ألف فرصة عمل محلية دائمة.[177] من دون الحاجة لذكر تأثير مشروعٍ من هذا النوع على المدى البعيد على الاقتصاد

الأكبر في أفريقيا، تتعهد شركة إنشاء خطوط السكك الحديدية الصينية في الوقت الحاضر بتنفيذ مئة واثني عشر مشروعًا بتكلفة كلية قدرها ثلاثون مليار دولار في نيجيريا وحدها.[178]

لا يمكن المبالغة أكثر في أهمية هذه المشاريع على قارةٍ تفتقد للبنى التحتية الملائمة، حيث ندرة الطرق ورداءة نوعيتها، وشبكات الطيران وسكك الحديد المتخلفة، وفوق كل ذلك إمدادات الطاقة غير الكافية وغير الموثوقة، وذلك أحد العوائق الرئيسة لتحقيق نمو أكثر بناءً على ما تقوله الدراسات.[179] وبالطبع فإن الصينيين مدركون تمامًا لذلك الأمر ويتعاملون معه من خلال الاستثمار الكثيف في مشاريع البنى التحتية عبر أرجاء أفريقيا.

على الرغم من أن استراتيجية الأعمال الصينية في أفريقيا يتم انتقادها بشكلٍ متكرر لأنها تخدم مصالح الصين الخاصة، لكن هذه الاتهامات غير مُقنعة. في نهاية الأمر، بعد أن فتحت أسواقها للمستثمرين الأجانب، انتفعت الصين نفسها من الاستثمارات، وبالذات من قبل شركات من أوروبا وهونغ كونغ، كانت مدفوعة بذكاء القيام بالأعمال من أجل الربح وليس من دوافع الإيثار الخالصة. وفي الآونة الأخيرة، أنتج انغماسها الاقتصادي عبر أرجاء أفريقيا منافع مشتركة للطرفين. وحسب رأي السيدان أندرياس سيرين وفرانك سيرين، الخبيرين في الشؤون الصينية، "قام عقدان من الاستثمارات الصينية في أفريقيا بعملٍ أكثر لمساعدة القارة من نصف قرنٍ من المساعدات التنموية من قبل بلدانٍ غربية."[180]

تُبين الاستطلاعات أن الأمر أخذ بضع سنين فقط حتى يتم النظر لتأثير الصين بشكلٍ أكثر تفضيلاً عبر أغلب أرجاء أفريقيا من تأثير الولايات المتحدة.[181] وفي الآونة الأخيرة، على أي حال، كان الصينيون قريبين من أن يفقدوا ثقة المستهلكين الأفارقة بسبب النوعية الرديئة للبضائع المُصدَّرة إلى الأسواق الأفريقية والفشل المتصور حول خلق فرص العمل المحلية. هذا هو أحد الأسباب التي دفعت الشركات الصينية للقيام ببعض عمليات إنتاجها في أفريقيا. أنشأت الصين عددًا كبيرًا من المناطق الاقتصادية الخاصة عبر أرجاء أفريقيا، وبذلك فإنها نجحت في نقل نموذجٍ ساهم بشكلٍ كبير في نهضتها الاقتصادية والتحول إلى الاقتصاد الرأسمالي، كما تم مناقشته في الفصل الأول.[182]

هل أفريقيا هي آسيا الثانية؟

هل سيكون للاستثمارات التي تقوم بها الصين والهند وبلدان أخرى التأثير نفسه الذي قامت به الاستثمارات الأجنبية في الصين بعدما فتحت تلك البلاد اقتصادها؟ هل أفريقيا هي آسيا ثانية كما

يُجب أن يقول بعض المعلقين؟ هنالك أسبابٌ معقولة تجعلنا نشكك في هذا الادعاء. الاستثمارات الأجنبية وتكوين أنظمة اقتصادية موجهة للسوق بشكلٍ أكثر في بلدانٍ محددة ليست الشروط المُسبقة الوحيدة للنمو والازدهار. الوضع في أفريقيا مليء بالتحديات التي لم تكن موجودة في الصين بعد الإصلاحات: الحروب الأهلية والنزاعات القبلية والمستوى غير الكافي من المؤسساتية. السؤال الآخر هو هل سيستطيع السكان الأفارقة من حشد وتطوير انضباطٍ قوي ورغبة في العمل اللتين تميزان الكثير من السكان الآسيويين حتى بالمقارنة مع المنافسين الأوروبيين والأمريكيين الشماليين.

أحد الأمور الأساسية هو استمرار تأثير الدولة على المنشآت الخاصة، حيث بينت الدراسات أنه أقوى في العديد من البلدان الأفريقية من أجزاءٍ أخرى من العالم.[183] يوضح السيد سام جونا، المدير التنفيذي السابق لشركة أنجلو غولد أشانتي، أول شركة افريقية تم تبادل أسهمها في سوق نيويورك للأسهم، لماذا يكون الدور المهيمن للدولة في العديد من الاقتصادات الأفريقية ضارًا جدًا: "تتدفق الأموال الأفريقية، كما هو حال الأموال في أي مكان آخر، إلى حيث أقل المخاطر الممكنة للاستثمار. لو أن الدافع الأساسي لأي صفقة هو العلاقات السياسية ويمكن للمستثمر أن يتعرض للخطر بشكلٍ أقل نتيجة ذلك، سيقوم العديد من الناس بذلك بدلاً من تمويل مشروع يحمل كل أنواع المخاطر المالية والتشغيلية التي يحملها أي مشروع إنتاجي."[184]

تقليدياً، تميل الحكومات الأفريقية أن تقيم علاقاتها مع المنشآت الكبيرة على أنها لعبة ذات محصلة صفرية. وكما يضعها المدير التنفيذي لشركة عائلية سنغالية: "عندما تصبح شركتك كبيرة جدًا أو قوية جدًا، سيشعر أحدٌ ما في الحكومة بالتهديد بسبب ذلك، وتلك معركة لا يمكن لك أن تربحها."[185]

لكن هناك أسبابًا تدعو للتفاؤل أن الحكومات ربما بدأت تفقد خوفها من أن "خسارة السيطرة على أي جزءٍ مهم من الاقتصاد يعني أضعاف سيطرة الحزب الحاكم" تحت تأثير وقع الأدلة التي تقول بعكس ذلك القادمة من الصين ودولٍ أخرى.[186]

ناقشنا في الفصل الأول أهمية ملاحظات الاقتصادي الصيني السيد وينغ زانغ حول تخصيص مواهب ريادة الأعمال ما بين الحكومة والأعمال الخاصة كونه عاملاً رئيسًا في التحول الناجح نحو الرأسمالية.[187] ومن أجل تطوير طموحات رواد الأعمال بشكلٍ ملائم، يحتاج الشباب الموهوبون وجود قدوات قوية يتبعونها ويعجبون بها. تتواجد هذه القدوات في أفريقيا المعاصرة كما بين ذلك السيد موكي ماكورا في كتابٍ مُثير للإعجاب شرح فيه ستة عشر حالة من قصص رواد الأعمال الأكثر نجاحًا في القارة.[188] إنهم شباب لم يطمحوا أن يقضوا حياتهم على أمل الحصول على الرشاوى كموظفين حكوميين، بل امتلكوا الطموح لتحقيق المال من خلال الأعمال الخاصة.

بمعنى آخر، تقدم أفريقيا وفرة من الفرص الاقتصادية. لكن بعض التوقعات بحدوث طفرة هائلة عبر أرجاء القارة أصبحت متضاربة من قِبل الباحثين بناءً على نماذج لا ترقى إلى مستوى التقدير الواقعي للحقائق على الأرض. تبدو محاولات استنساخ قصص النجاح الآسيوية في أفريقيا من دون الأخذ بعين الاعتبار الفروقات بين القارتين أمرًا تبسيطيًا جدًا. ناقش هذا الفصل لماذا الأفكار القائلة "لكون أفريقيا تمتلك احتياطيات هائلة من الموارد الطبيعية، لذلك لابد لها من تحقيق نموٍ هائل" هي ليست سوى أمنيات. أولاً، تواجدت هذه الموارد في أفريقيا لدهورٍ خلت وفشلت حتى الآن في أن تتحول إلى نموٍ كبير. ثانيًا، وكما رأينا، يمكن أن تصبح الاحتياطيات الكبيرة من الموارد الطبيعية أكثر من نقمة في بعض الأحيان بدلاً من كونها نعمة للتنمية الاقتصادية للبلاد.

لكنْ هناك أساس للحقيقة في حجة "العائد الديموغرافي"، التي تفترض أن السكان الأفارقة الشباب سيكونون محرك نموها. على المدى المستقبلي المنظور، سوف تنتفع القارة من وجود عمالة غير محدودة بينما تبقى نسبة السكان اليافعين جدًا أو الكبار في السن جدًا كي يعملوا ثابتة.[189] وبناءً على تقديرات الأمم المتحدة، فإن التأثير الإيجابي للسكان الشباب على النمو الاقتصادي سيصل قمته ما بين عامي 2025 و2030 بحوالي 0.5 %، ويتوقع أن ينخفض بعد ذلك لكنه يبقى موجبًا على المدى البعيد.

لكن هناك فرضيات أخرى بناءً على الافتراض أن النمو السكاني سوف يتجاوز قدرة الاقتصاد الأفريقي في خلق فرص العمل. وبناءً على تقديرات الأمم المتحدة، سوف يعادل سكان بلدين متجاورين هما النيجر ونيجيريا بحلول عام 2050 عدد سكان الاتحاد الأوروبي كاملاً.[190] هناك أيضاً عدم يقين حول مستقبل أنماط الهجرة من أفريقيا إلى أوروبا والتأثيرات بعيدة المدى من خسارة أعداد كبيرة من المواطنين الذين يملكون الموارد المالية إن تركوا القارة.

وبسبب الضبابية حول تلك الأمور، فإن من الصعب توقع التنمية المستقبلية في أفريقيا. لكن هناك شيء واضح: أفريقيا، كما هو حال مناطق العالم الأخرى، أكثر احتمالاً أن تشهد نموًا وازدهارًا تحت ظل الظروف الرأسمالية، وليس تحت ظل الاقتصادات المُخططة التي تسيطر عليها الدولة من طراز "الاشتراكية الأفريقية." وبينما قد يؤدي إدخال الرأسمالية إلى نجاحٍ أكبر في بعض البلدان دون غيرها، فإنها عاملُ محفز للنمو الاقتصادي أينما حلت.

حتى عضو فرقة يوتو الغنائية السيد بول هيوسون (المعروف باسم بونو)، والذي كان سابقاً مُنظماً لمهرجانات "المساعدة لأفريقيا" التي تتميز بخطاباتٍ مناهضة للرأسمالية والإيمان الذي لا يتزعزع بالمساعدات الأجنبية كونها حلاً للفقر والمجاعة في أفريقيا، قد غيرَّ لهجته تحت وطأة الأدلة التي تقول عكس ذلك. قال السيد هيوسون في كلمة ألقاها في جامعة جورج تاون عام 2013: "المساعدات

مجرد حلٍ لسد الرمق. التجارة وريادة الأعمال الرأسمالية تُخرج أعدادًا أكثر من الناس من الفقر مما تعمله المساعدات. نُريد أن تُصبح أفريقيا قوة اقتصادية."[191] وبالمثل شارك السير بوب غيلدوف، المؤسس المشارك لمؤسسة المساعدات الحية، مع اثنين من المديرين التنفيذيين الكبار السابقين في المؤسسة لإنشاء صندوق استثمارات خاصة. يبدو أنه أيضًا قد أدرك أن التبرعات الخيرية لن تكون كافية لحل مشاكل أفريقيا.[192]

يتوقع الخبير في الشؤون الأفريقية السيد فيجاي مهاجان أن "ريادة الأعمال وتطوير الأسواق الاستهلاكية ربما تكون مُحركًا أنظف وأقوى وأكثر استقرارًا للتقدم بعيد المدى من الإصلاح السياسي. اقترح البروفسور باترك يوتومي من كلية لاغوس لإدارة الأعمال يومًا ما، فقط كجزءٍ من دعابة، أنه لو تم منح كل النفط في نيجيريا للسياسيين والعسكريين بشرط أن يتركوا البلاد لحالها، ستصبح البلاد في حالٍ أفضل."[193] التصورات حول أفريقيا في أوروبا والولايات المتحدة تصوراتٌ منحرفة نحو نقيضين: يرى البعض فقط أطفالاً يتضورون جوعًا وفقرًا يؤلم القلب وفسادًا ومشاكل جِدِّية أخرى. بينما يُفضِّل البعض الآخر نظرة متفائلة جدًا، وربما حد الابتهاج، إذ يرون أفريقيا بأنها أرض الفرص الذهبية متوجهة نحو نموٍ على درجة الاقتصادات الناشئة المنافسة في آسيا. يستطيع مؤيدو كلا النظرتين أن يحشدوا الكثير من الدلائل لدعم مواقفهما. وبالنسبة للمستثمرين المستعدين لمواجهة المخاطر، فإن وجهة النظر السلبية عن أفريقيا تمثل مصدرًا غنيًا للفرص. وكما يضعها السيد مو إبراهيم: "في مجال الأعمال، عندما تكون هناك فجوة بين الواقع والتصور، فإن هناك أعمالاً جيدة يمكن القيام بها."[194]

أحد المشاكل في أفريقيا هي أن رؤى الناس وحُججهم تعتمد على الماضي بشكلٍ عام تقريبًا. إنهم يرون جذور أسباب مشاكل القارة الاقتصادية في العبودية والاستعمار ويلقون اللوم على الغرب. فيتنام على سبيل المثال، تمتلك موقفاً مختلفًا تماماً، حيث كانت قبل حلول عام 1990 أفقر بلد في العالم، أفقر حتى من كل بلدان أفريقيا. لم يُلقِ الفيتناميون اللوم إطلاقًا على الاستعمار، ولا على الحروب التي شنتها اليابان وفرنسا والصين والولايات المتحدة على البلاد. لقد أدركوا أن مشاكلهم نتجت عن فقدان الحرية الاقتصادية، وأطلقوا عام 1986 برنامجًا للإصلاحات، عُرف باسم إصلاحات دوي موي، التي حسَّنت بشكلٍ كبير من حياة الناس. يمكن للناس عبر أرجاء أفريقيا أن يتعلموا بشكلٍ جيد من أبناء فيتنام، وألا يحاولوا إلقاء اللوم على بلدانٍ أخرى أو أحداثٍ أخرى من الماضي بشكلٍ مستمر على مشاكلهم، لكن أن ينظروا على الأسباب في الوقت الحاضر وضمن بلدانهم هم.

الفصل الثالث

ألمانيا: لا يمكن تجاوز المرسيدس بسيارة ترابانت

أصبحت ألمانيا من غير قصد موقعًا لتجربةٍ كبرى تم اعتمادها لتحديد ما إذا كانت حياة الناس تزدهر على الأرجح تحت ظل نظام اقتصادي تسيطر عليه الدولة أم اقتصاد السوق الحر. بدأت التجربة، التي استغرقت أكثر من أربعين عامًا، مع نهاية الحرب العالمية الثانية واحتلال قوات الحلفاء لألمانيا وانتهت مع انهيار النظام الاشتراكي في ألمانيا الشرقية وإعادة توحيد ألمانيا في الفترة 1989 - 1990.

بعد نهاية الحرب، تم تقسيم ألمانيا إلى أربع مناطق، كل واحدةٍ منها تحت سيطرة أحد قوات التحالف. في فترة 1947-1948، توحَّدت المناطق الغربية الثلاثة التي كانت محتلة من قِبل الولايات المتحدة وبريطانيا وفرنسا لتشكيل "المنطقة الثلاثية." عانى الجزء الشرقي من ألمانيا والذي سيطر عليه الاتحاد السوفيتي دمارًا اقتصاديًا أقل من بقية أرجاء البلاد، حيث تحطَّم 15 % فقط من المنشآت الصناعية بسبب قصف الغارات الجوية لقوات الحلفاء.(198) لكن هذا الدمار تضاعف بسبب تفكيك المصانع عبر أرجاء شرق ألمانيا ونقلها إلى الاتحاد السوفيتي على أنها "تعويض" عن الخسائر التي تحملها الاتحاد السوفيتي أثناء الحرب.

لم يكن تقسيم ألمانيا الذي استمر عقودًا من الزمن جزءًا من خطة قوى الاحتلال الأصلية، بل نتيجة للحرب الباردة التي نشبت بين الاتحاد السوفيتي والحلفاء الغربيين في أعقاب انتصارهم المشترك على ألمانيا.

الاقتصاد الاشتراكي المُخطط في ألمانيا الشرقية

سرعان ما برز الحزب الشيوعي الألماني كقوة سياسية مهيمنة في المنطقة التي يحتلها الاتحاد السوفيتي. قبل اندماج الحزب مع الحزب الديمقراطي الاجتماعي لتشكيل حزب الوحدة الاشتراكي في نيسان (أبريل) عام 1946، أصدر الحزب الشيوعي الألماني بيانًا في حزيران (يونيو) 1945 يُعد، بالمقاييس الشيوعية مُعتدلاً بشكلٍ يثير الاستغراب، أعلن من خلاله ضمان "التطوير الكامل بدون أي عائق للتجارة الحرة وريادة الأعمال الخاصة على أسس الملكية الخاصة." وعلى الرغم من التأكيد أنه "سيكون من الخطأ فرض النظام السوفيتي على ألمانيا"(196)، فإن ذلك هو ما حدث بالضبط على مدار السنوات التي تلت.

بدأ الأمر مع عمليات الإصلاح الزراعي التي شهدت مصادرة الممتلكات التي تفوق مئة هكتار (247 إيكر) من دون تعويض والممتلكات التي سبق أن امتلكها كبار قادة الحزب القومي الاشتراكي (أي الحزب النازي). تم تقسيم الأراضي الزراعية التي تم مصادرتها إلى قطع صغيرة وتوزيعها على الفلاحين. تم تسويغ تقسيم المقاطعات الكبيرة على أساس "اجتثاث النازية" مع تحقيق منافع إضافية من خلال توفير سُبل العيش للأشخاص المشردين واللاجئين من المناطق الواقعة شرق حدود ألمانيا الجديدة مع بولندا وتشيكوسلوفاكيا، الذين تمت الإشارة إليهم مجازًا بأنهم "مستوطنون" في التعبير القانوني الرسمي لجمهورية ألمانيا الديمقراطية. بحلول عام 1950، تم منح ثلثي الأراضي التي تم مصادرتها إلى الأشخاص المستفيدين.

حصلت تأميمات صناعات ألمانيا الشرقية على عِدة مراحل، حيث بدأت في المنطقة التي يحتلها الاتحاد السوفيتي كجزءٍ من "المعركة ضد الفاشية." تعتبر النظرية الشيوعية الرأسمالية بأنها السبب الأساسي للفاشية (وهو المصطلح الشيوعي المُستخدم لوصف النازية)، ويجب إنهاؤها من أجل تخليص العالم من الفاشية إلى الأبد. ووفقاً لذلك، كانت مصادرة الممتلكات بالنسبة لحزب الوحدة الاشتراكي آلية من آليات الصراع الطبقي، وليست وسيلة لمعاقبة مُلَّاك الأراضي من الأفراد بسبب تعاونهم مع النظام النازي.[197]

بحلول نهاية عام 1948، ساهمت المنشآت العامة بحوالي 60 % من حجم الإنتاج الكُلِّي في المنطقة المحتلة من قِبل الاتحاد السوفيتي. بحلول عام 1955، ارتفع ذلك الرقم إلى 80 %. أصبحت المنشآت الخاصة المتبقية عرضة لأنواعٍ متنوعة من الضغوطات والتمييز ضدها عندما يتعلق الأمر بتخصيص موارد الإنتاج[198] والتي أدَّت جميعًا إلى خسارة كبيرة في إمكانيات ريادة الأعمال عبر أرجاء المنطقة المحتلة سوفيتيًا. بحلول عام 1953، نقلت واحدة من كل سبع منشآت صناعية في ألمانيا الشرقية، أي أكثر من أربعة آلاف شركة، مقراتها إلى غرب ألمانيا، وأخذت معها المديرين التنفيذيين الكبار والخبراء الفنيين وكذلك مواهب ريادة الأعمال.[199]

وتطبيقًا للشعار الاشتراكي بمنح السلطة للعمال، تم عزل المُلاك أو المديرين في العديد من المنشآت التي تم تأميمها من مناصبهم وتم استبدالهم بعمال. بحلول منتصف عام 1948، أصبح أكثر من نصف المنشآت العامة العاملة في منطقة ساكسونيا تُدار من قِبل عُمَّالٍ سابقين، لم يمتلك 80 % منهم تعليماً يتجاوز التعليم الابتدائي.[200] تم إنشاء أقسام إدارية هائلة ضمن الشركات من أجل التعامل مع طوفان الأوراق المتعلقة بالتنظيمات وتطبيق الأوامر والترتيبات والتقارير والإحصاءات وأهداف الإنتاج والتمويل والاستثمار. كان على كل منشأة تُديرها الدولة أن

تقدم ما لا يزيد على خمسة وستين تقريرًا تفصيليًا مُركّبًا كل شهر إلى سُلطة التخطيط الاقتصادي، والوزارات الحكومية، والإدارات المحلية، ومكتب تحديد الأسعار والدوائر العامة الأخرى.(201) وبشكلٍ مشابه للاتحاد السوفيتي نفسه، كان اقتصاد المنطقة التي يحتلها الاتحاد السوفيتي يُصبح اقتصادًا مُخططًا من قِبل موظفي الحكومة. وكما يوضح السيد فريتز سيلبمان، الاقتصادي الشيوعي المعروف: "في الاقتصاد المُخطط، يتم السيطرة على كل تفاصيل التصنيع من قِبل الخطط، وكل عملية اقتصادية من تخصيص المواد الأولية إلى النقل والمعالجة والتوزيع يتم تخطيطها مسبقاً."(202)

وبينما تتحدد الأسعار في اقتصاد السوق الحُر من خلال تفاعل قوى العرض والطلب، أصبحت الحكومة هي من تحددها في ألمانيا الشرقية. ولأسبابٍ سياسية، كانت أسعار المواد الغذائية والمواد الأساسية اليومية الأخرى بالذات أقل، وبشكلٍ متكرر، من تكلفة المواد الأولية المطلوبة لإنتاجها. أصبحت "الخطة" كلمة سحرية. عندما كان أعضاء منظمة الطلائع الشبابية، ومن ضمنهم أطفال بعمر السادسة يتعلمون ترديد الأناشيد للثناء على الاقتصاد المُخطط بأناشيد حماسية إلى "عزيزتنا الخطة" التي منحتهم "الأحذية والملابس ووفرت المنازل والمدارس"، وجعلت "القطارات تُسرع ذهابًا وإيابًا، وأرسلت السفن عبر البحار"، ووعدت بتوفير "المزيد من الفحم والحديد وخاماته وأن تُفرح قلوبكم."(203)

في يوم 7 تشرين الأول (أكتوبر) 1949، بعد بضعة أشهر من تأسيس جمهورية ألمانيا الاتحادية في المناطق الغربية، أصبحت المنطقة التي يحتلها الاتحاد السوفيتي جمهورية ألمانيا الديمقراطية. كان التعافي الاقتصادي بطيئًا. كان معدل الاستهلاك الشخصي في جمهورية ألمانيا الديمقراطية عام 1950 يتراوح ما بين الثلث والنصف ما كان عليه عام 1936، ووصل إلى ما بين 50 % و75 % بحلول عام 1952 من مُعدَّل مستويات الاستهلاك في ألمانيا الغربية.(204)

تم اتباع طلبات الدكتاتور السوفيتي جوزيف ستالين من خلال حديثه مع قيادة حزب الوحدة الاشتراكي في نيسان (ابريل) 1952 بما يتعلق بإنشاء "التعاونيات الإنتاجية" في المناطق الريفية وإطلاق "تقبّل" البلاد" للسير على الطريق إلى الاشتراكية"(205) بشكلٍ سريع من خلال جهودٍ مُنسقة لجعل الإنتاج الزراعي في جمهورية ألمانيا الديمقراطية إنتاجًا تعاونيًا. حصلت التعاونيات الزراعية المُنشأة حديثاً على معاملة تفضيلية بالمقارنة مع الفلاحين المستقلين. وكما يصفها رئيس جمهورية ألمانيا الديمقراطية في ذلك الوقت الرئيس والتر أولبرخت: "تأتي التعاونيات الإنتاجية أولاً وثانيًا، وبعد ذلك فقط يأتي دور المزارع الصغيرة ومتوسطة الحجم."(206) هرب العديد من المزارعين إلى ألمانيا الغربية بدلاً من البقاء وتحمل الضغط المتزايد.

استخدمت الحكومة السياسة المالية أداةً لتطبيق التأمينات وزيادة الضغط على المعاملات التجارية والصناعية المملوكة بشكلٍ خاص. تم فرض ضريبة قدرها 78.5 % على الشركات التي حققت ربحًا قدره مئة ألف مارك ألماني شرقي وازدادت النسبة إلى 90 % كاملة على الشركات التي حققت ربحًا قدره خمسمئة ألف مارك ألماني شرقي أو أكثر.[207]

وعليه فليس من المُستغرب أن تزداد أعداد الألمان الشرقيين من الفلاحين والتجار ورواد الأعمال بالذات الذين هربوا إلى ألمانيا الغربية: أثبت المعدل الشهري للهروب البالغ خمسة عشر ألفًا للفترة من 1950 إلى 1952 أنه مجرد قطرات مقارنة بالمعدل الشهري البالغ 37500 شخص الذين تركوا البلاد خلال الأشهر الستة الأولى من عام 1953.[208] كانت تلك الخسارات الجسيمة ضربة قوية لاقتصاد ألمانيا الشرقية. ردت الحكومة من خلال رفع الأهداف الإنتاجية، وعلى الرغم من كونها ضرورية، فإنها أدت إلى استياءٍ أكبر من قِبل السكان وأطلقت شرارة الانتفاضة الشعبية يوم 17 حزيران (يونيو) عام 1953، عندما نزل مئات الآلاف من الألمان الشرقيين إلى الشوارع من أجل الاحتجاج وقاموا بالإضراب. تم قمع الانتفاضة في نهاية الأمر من قِبل القوات السوفيتية باستخدام الدبابات وقتل ما بين 51 وأكثر من مئة شخص، حسب مصادر مختلفة.[209]

صوّر الموقف الرسمي الذي نُشر في جريدة حزب الوحدة الاشتراكية "ألمانيا الجديدة" الإضرابات والمظاهرات بأنها "أعمالُ شغبٍ فاشية من قِبل عملاء أجانب"، حيث قالت الصحيفة: "بعد تلقيهم تعليمات من واشنطن، تقوم الوكالات الأمريكية في ألمانيا الغربية بتطوير خُطط من أجل إشعال الحرب والحرب الأهلية."[210] ولعدم رغبتها بالاعتراف أن المنشقين والمعارضة موجودة ضمن حدود البلاد ذاتها، تلجأ الأنظمة الديكتاتورية من نظام ستالين السوفيتي إلى الأنظمة الموجودة حاليًا بشكلٍ دائم وسريع لإلقاء اللوم على "الجواسيس الأجانب" بأنهم العقول المدبرة لكل انتفاضة.

لكن في الحقيقة أن هناك العديـد من الأدلة الموثوقة التي تُبين أن الحكومات الغربية ووكالات الأنباء كانت غير مُتهيئة تمامًا لأحداث السابع عشر من حزيران (يونيو). كانت ردة فعلها الأولية على التقارير حول الانتفاضة هي عدم التصديق، والتي أدّت في بعض الحالات إلى بروز فكرة سخيفة أن المظاهرات ربما كانت محاولة من قِبل الروس لوضع الرئيس أولبرخت تحت الضغط.[211]

ظلت صدمة الانتفاضة تقلق الحكام الشيوعيين لعقودٍ من الزمن. جعلهم تصميمهم لتجنب حدوث انتفاضة أخرى بأي ثمن مترددين أكثر في فرض ضغط أعلى على العمال. ويعود الفضل

للتقارير التي كانت تقدمها وكالة الأمن الوطني سيئة السمعة المعروفة باسم ستاسي، حيث أصبح الحزب مُدركًا بشكلٍ وثيق بالمزاج الشعبي. لعبت المعلومات التفصيلية حول الاستياء الشعبي والانتقاد للنظام دورًا في تعامل حكومة ألمانيا الشرقية مع الاتحاد السوفيتي، إذ عززت مطالبها من أجل الحصول على دعمٍ مادي ومالي لغرض منع الوضع الاقتصادي في ألمانيا الشرقية من الانهيار.

وبينما كانت كل هذه الأمور تحصل، عاشت إعادة هيكلة الزراعة في ألمانيا الشرقية بناءً على العقيدة الاشتراكية فسادًا في سلسلة إمدادات الغذاء في البلاد. ما بين عامي 1952 و1961، ارتفعت نسبة التعاونيات الزراعية، بالإضافة إلى الإدارة التعاونية للحقول، حيث كانت كل المعدات والحيوانات والمراعي مملوكة تعاونيًا، من أكثر من 10 % بقليل إلى أقل من ثلثين بقليل. استمر الفلاحون بترك البلاد بأعدادٍ متزايدة. ما بين عامي 1952 و1961 فقط، تم إنهاء سبعين ألف عملية زراعية، وكان 30 % منها "مزارع كبيرة" بحجم ما بين عشرين إلى مئة هكتار، لأن مالكيها قد هربوا من البلاد.(212)

تمايل نظام ألمانيا الشرقية بشكلٍ كبير في محاولاته لجعل الإنتاج الزراعي إنتاجًا تعاونيًا. بدأ الأمر بفترة أولية مُتشددة من زيادة الضغط على الفلاحين، وتبعتها فترة من التراجع الكامل في حزيران (يونيو) 1953 بوعد أن الفلاحين الذين غادروا يمكن لهم العودة والحصول على أراضيهم مجددًا. من بين أحد عشر ألف فلاح غادر البلاد في الأشهر الستة الأولى من عام 1953، قَبِلَ 10 % منهم فقط ذلك العرض. على الجانب الإيجابي، تم إلغاء 2500 قرار قضائي ضد الفلاحين الذين لم يحققوا حصصهم الإنتاجية المستهدفة، وتم إطلاق سراح عدد كبير من الفلاحين الذين كانوا يقضون أحكامًا بالسجن.(213)

لإدراكه الكلفة الهائلة للإنتاج التعاوني، كان نظام ألمانيا الشرقية يتعزى بمعرفة أن البلدان الاشتراكية الأخرى قد تحمَّلت أعباء مماثلة. وكما يقول السيد إيرك موكنبرغر، عضو اللجنة المركزية لحزب الوحدة الاشتراكي، المسؤول عن القطاع الزراعي: "دائمًا يُكلف إنشاء مجتمعٍ اشتراكي في المناطق الريفية أموالاً ولم ينجح أي بلد إطلاقًا في تحقيق ذلك بتكلفة قليلة."(214)

على النقيض من الاهتمام المُعلن للنظام للتفوق على اقتصاد ألمانيا الغربية، كان معدل الاستهلاك في جمهورية ألمانيا الديمقراطية في فترة نهاية الخمسينيات 12 % أقل من مستويات ما قبل الحرب و50 % أدنى من مُعدَّل الاستهلاك في ألمانيا الغربية.(215) كان ذلك قَبل إنشاء جدار برلين، عندما كان الألمان الشرقيون مازالوا قادرين على المرور إلى غرب برلين وتصيبهم الدهشة من

النوعيات الأفضل والأسعار الأرخص للسلع (بحوالي 20 % إلى 30 %) والإمدادات الأكثر موثوقية من البضائع التي توفرها المتاجر.[216]

وبينما كانت المواد الغذائية الأساسية تُباع بأسعارٍ أقل من تكلفة إنتاجها في اقتصاد جمهورية ألمانيا الديمقراطية المُخطط، كانت أسعار "الأغذية الفاخرة" والملابس أعلى بكثير. كان سعر كيلو القهوة 19.40 مارك ألماني في ألمانيا الغربية و80 مارك ألماني شرقي في ألمانيا الشرقية. كان زوج من الأحذية الرجالية يكلف المشتري 32 ماركًا ألمانيًا في ألمانيا الغربية ومُعدَّل سعر 73 مارك ألماني شرقي في ألمانيا الشرقية.[217] على جانبٍ آخر، كان الخُبز ولفَّات الخبز رخيصة بشكلٍ يؤدي إلى السخرية. يتذكر السيد روديغير فرانك، الخبير في شؤون كوريا الشمالية والذي ترعرع في ألمانيا الشرقية، كيف كان بعض مواطني ألمانيا الشرقية يُسيئون استخدام نظام التسعير بالقول: "لابد أن يكون المُخططون الحكوميون في جمهورية ألمانيا الديمقراطية قد شعروا باليأس تقريبًا من تقارير أرقام المبيعات التي كانت تقدمها المخابز عبر أرجاء ألمانيا الشرقية إلى السلطات في برلين، والتي كانت تُبين أن جميع مواطني ألمانيا الديمقراطية يأكلون كميات هائلة من الخبز. لكن ما لم يكونوا يعرفونه، أو أنهم لم يكونوا قادرين على القيام بأي شيء حياله لو عرفوا عنه، أن بعض الفلاحين كانوا يشترون الخبز الطازج لتغذية الخنازير في مزارعهم، لأنه كان أرخص بكثير من غذاء الخنازير الحقيقي. وبعد ذلك كانوا قادرين على بيع اللحوم وتحقيق أرباح كبيرة لأن الأسعار كانت مدعومة من قِبل الحكومة."[218]

كان الشيوعيون الألمان الشرقيون مؤمنين إيمانًا لا يتزعزع بالاشتراكية كونها نظامًا أفضل. في مؤتمر حزب الوحدة الاشتراكي عام 1958، عرّف الرئيس أولبرخت أهم مهمات السياسة الاقتصادية للنظام: رفع معدل الاستهلاك "للشعب العامل" من كل أصناف "المواد الغذائية الأساسية والسلع الاستهلاكية" أي مستوى أعلى من مستوى استهلاك" جميع سكان ألمانيا الغربية" بحلول عام 1961.[219]

من ضمن الإجراءات التي اتخذتها حكومة الرئيس أولبرخت لتحقيق هذا الهدف الطموح، أن أصبح تسريع عمليات الإنتاج التعاوني مرة أخرى أولوية للنظام. شكل شهر تموز (يوليو) 1958 نهاية نهج النظام الأكثر استرضاءً وبداية هجوم جديد على الملكية الخاصة للعمليات الزراعية، وهو أسلوب سخيف وفاشل بذاته ومدفوع بالأيديولوجيا بشكلٍ خالص حيث حقق الفلاحون المستقلون غلاتٍ أفضل من المزارع التعاونية. كان الفلاحون الذين يديرون عمليات زراعية متوسطة الحجم مازالوا صامدين أمام ضغوط الانضمام للتعاونيات.[220]

في شهر كانون الأول (ديسمبر) عام 1959، أطلق حزب الوحدة الاشتراكي برنامجًا وطنيًا للإلزام بالإنتاج التعاوني، ودفع قادة الحزب المحليين إلى تنافسٍ مع بعضهم البعض لتحقيق الإنتاج التعاوني الكامل قبل الآخرين. تم تعبئة كتائب تُثير الحماس إلى القرى من أجل كسب السكان المحليين من خلال موسيقى صاخبة وشعارات دعائية. الأشخاص الذين لم تقنعهم الدعاية تلك كان يتم تهديدهم أو ببساطة اعتقالهم.(221) كان رفض الإنضمام إلى التعاونية المحلية بشكلٍ "طوعي" يُعد فعلاً "مضادًا للثورة"، وهو اتهام خطير يمكن أن يقود المتهم به إلى السجن لسنوات.(222)

بحلول شهر نيسان (أبريل) عام 1960، أرسلت جميع المقاطعات عبر أرجاء ألمانيا الشرقية تقاريرها بتحقيق الإنتاج التعاوني بالكامل. على الرغم من هروب حوالي خمسة عشر ألف فلاح إلى ألمانيا الغربية أثناء فترة تلك الحملة، والتي عدّها الحزب بأنها "ربيع الاشتراكية."(223) ومع بقاء عدد قليل جدًا من المزارع المستقلة، "انتصرت الثورة عبر أرجاء المناطق الريفية، وشعر الأيديولوجيون بالنصر، وصارت هناك طوابير طويلة أمام محلات القصابين ومحلات بيع الخضراوات في كل أرجاء البلاد."(224) ولولا زيادة استيراد مواد غذائية إضافية من الاتحاد السوفيتي، لكان نظام توريد الغذاء في ألمانيا الشرقية قد انهار تمامًا.

استمرت الحال بالتدهور. ومن أجل القيام بعمليات الحصاد، كان يتم جلب عمال إضافيين وإبعادهم عن أعمالهم الاعتيادية في المنشآت المحلية. وبسبب نقص المعدات والمرافق الملائمة المطلوبة للعمليات الزراعية كبيرة الحجم، انخفض مستوى استخدام الميكنة في حصاد الحبوب من 68 % إلى 39 % فقط. من نهاية عام 1960 وما بعدها، حاول عددٌ متزايد من الفلاحين ترك التعاونيات، حتى وصل البعض منها حد الإغلاق. وحسب تقديرات اللجنة الوطنية للتخطيط، كلفت التعاونيات جمهورية ألمانيا الديمقراطية حوالي مليار مارك، وهي تكلفة مذهلة في ذلك الوقت.(225)

في الوقت ذاته، تدهورت إمدادات السلع المتوفرة للسكان بشكلٍ متزايد. كان هناك نقصٌ في كل شيء تقريبًا من اللحوم إلى منتجات الألبان إلى الأحذية وجميع أنواع الأقمشة ومنظفات الملابس. كانت رفوف المتاجر خالية في أغلب الأحيان، وكانت الحالة العامة تبدو أسوأ مما كانت عليه في نهاية الخمسينيات.(226) بدأ اقتصاد جمهورية ألمانيا الديمقراطية أكثر بُعدًا من أي زمنٍ مضى عن تحقيق الهدف الذي أعلنه الرئيس أولبرخت لتجاوز مستوى المعيشة في ألمانيا الغربية الرأسمالية.

في أوائل عام 1961، أخبر الرئيس أولبرخت القادة السوفيت: "لم تتضاءل الفجوة بيننا وبين ألمانيا الغربية في عام 1960. بل على العكس ازدادت الصعوبات الداخلية بسبب عدم الالتزام بالمواعيد النهائية بالإضافة إلى نقص توريدات المواد والأمور الفنية. سببت حالة عدم التمكن من ضمان استمرار عمليات الإنتاج في العديد من الشركات استياءً شديدًا ضمن صفوف العمال والمثقفين." وضمن الحلقة المحيطة به، عبر الرئيس أولبرخت عن الخوف من تدهور الحالة أكثر وحدوث نزوح جماعي من قِبل الألمان الشرقيين إلى ألمانيا الغربية بلا هوادة.(227)

يقول السيد ستيفن وولي في دراسته عن الحياة اليومية وسلطة الحكومة في ألمانيا الشرقية قبل إنشاء جدار برلين أن "المحاولة المحمومة لتحقيق الإنتاج التعاوني بالقوة خلقت حلقة مفرغة في جمهورية ألمانيا الديمقراطية. أدت الإجراءات الإلزامية إلى تدهور مستوى المعيشة مما حفَّز أعدادًا متنامية من السكان إلى ترك البلاد. خلق نزوحهم الجماعي بالتالي صعوبات اقتصادية أكثر، والتي أدت إلى تدهورٍ أكثر في مستوى المعيشة."(228)

أصبح من الواضح وبشكلٍ متزايد أن مبدأ الاقتصاد المُخطط كما هو معروف، أي نظام يتم فيه السيطرة على تخصيص الموارد من قِبل هيئة تخطيط حكومية، بدلاً من نظام الأسعار التي تعكس النقص في العلاقة بين العرض والطلب، كان يسبب أمورًا جلل. وكما يوضح المؤرخ أندريه ستاينير: "تبدأ الشركات بالقيام بأي مشروع تم تضمينه في الخطة (أي تم تخصيص ميزانية له)، سواء كانت المُعدات المطلوبة متوفرة أم لا، لأن الشركات كانت تخاف أن يتم سحب الأموال منها إن لم تقم بذلك. ولذلك فإن العديد من المشاريع قد بدأ العمل فيها ولم يتم إكمالها ولم تنتج أي شيء. الأموال التي كانت مربوطة مع هذه المشاريع غير المكتملة عبر أرجاء قطاع التصنيع في فترة 1960 - 1961 كانت مساوية تقريبًا، وأصبحت أكثر في سنواتٍ لاحقة، لحجم الاستثمار السنوي."(229) في عام 1961، انخفض الاستثمار إلى ربع مستوى ما كان عليه عام 1959.(230) فاقمت الأعداد المتزايدة من الناس الذين يتركون البلاد الوضع.

في شهر آب (أغسطس) عام 1961، اتخذت قيادة ألمانيا الشرقية الخطوة اليائسة بإنشاء جدار لمنع المزيد من الناس من الانضمام إلى 2.74 مليون ممن تركوا البلاد بالفعل منذ 1949. وحسب أرقام اللجنة الوطنية للتخطيط، خسر اقتصاد ألمانيا الشرقية ما مجموعة 963000 عامل، أي 13 % من القوة العاملة الكلية.(231)

في المصطلح الرسمي، كان جدار برلين "دفاعًا ضد الفاشية" مُصممٌ لمنع الفاشيين والعملاء الغربيين من التسلل إلى البلاد. كان الجميع يعلم أن تلك كذبة كما هو إنكار الرئيس أولبرخت

الشهير عن وجود أي نية لبناء جدار في حزيران (يونيو) 1961، قبل شهرين فقط من بدء العمل في الجدار. الحقيقة هي أن الجدار كان اعترافًا بالفشل. من خلال الهروب من البلاد في أسراب، عبَّر الناس عن إرادتهم بشكلٍ واضح جدًا ولم يتركوا أي شك حول رؤيتهم عن مزايا اشتراكية ألمانيا الشرقية واقتصاد السوق الحر في الجزء الغربي من البلاد.

وبالطبع لم يكن ذلك هو الاستنتاج الذي كانت قيادة ألمانيا الشرقية ترغب في الوصول إليه. لكن عندما أصبح الأمر واضحًا أن إنشاء الجدار قد حقق القليل لحل الأزمة، أطلقت الحكومة برنامج "نظام اقتصادي جديد"، منح استقلالية أكثر للمنشآت المفردة. "بشكلٍ أساسي، كان الإصلاحيون يحاولون تنشيط آليات اقتصاد السوق الحر من دون وضع الأُسس لاقتصاد سوق حر."(232) فشلت الإصلاحات في تحقيق أي تأثيرٍ مهم وكانت عرضة للعديد من التعديلات والتغييرات. بعد كل شيء، بقي النظام محافظًا على نواياه لتحقيق أهدافه المعلنة، والتي تم تعريفها عام 1964 بأنها: "قفزة في تطوير التكنولوجيا والقاعدة الإنتاجية." وبناءً على ما ورد في وثائق داخلية، كان الافتراض هو أن اقتصاد ألمانيا الشرقية سيتجاوز الإنتاج ومستوى المعيشة في ألمانيا الغربية بحلول أو قبل عام 1980.(233)

ارتفع مستوى المعيشة عبر أرجاء ألمانيا الشرقية إلى حدٍ ما. ما بين عامي 1960 و1970، تضاعفت نسبة الأُسر التي تمتلك سيارة من 3.2 % فقط إلى 15.6 %، بينما شهد عدد الأُسر التي تمتلك غسالة ملابس وثلاجة ارتفاعًا أكثر حِدة من 6 % إلى50 %. كانت تلك السلع تُعد سلعًا كمالية، وكان يتم استخدام 40 % من أسعارها لدعم أسعار السلع الأساسية. بأسعار 1350 و1200 مارك ألماني شرقي للغسالة والثلاجة على التوالي، كانت تلك السلع عام 1965 تكلِّف أكثر من ضعف مُعدَّل راتب العاملين الشهري الخالص البالغ 491 مارك ألماني شرقي.(234) على الرغم من تحقيق نسبة نمو بحدود 2 % سنويًا أثناء فترة الستينيات، تخلفت الأجور الحقيقية في ألمانيا الشرقية أكثر وأكثر عن نسبة نمو الأجور في ألمانيا الغربية التي كانت ما بين 5 % و6 % سنويًا.(235) تعقدت المشكلة بسبب النقص في سلعٍ معينة أو الطوابير الطويلة للحصول عليها، ومن بينها الملابس الداخلية الواقية من البرد، وملابس الأطفال ومُعدَّات الرياضة والأحذية الشتوية والبطاريات ومكواة الملابس والأثاث الاعتيادي وفرشاة الأسنان وشمعات الاحتراق لمحركات السيارات.(236)

من أجل توفير المرافق والمُعدات المطلوبة لتحديث قطاع التصنيع، بدأت جمهورية ألمانيا الديمقراطية باقتراض أموال من ألمانيا الغربية وبلدانٍ رأسمالية أخرى. قال الرئيس أولبرخت

للزعيم السوفيتي ليونيد بريجنيف في آيار (مايو) 1970: "نحن نقترض على قدر المستطاع من الرأسماليين لمجرد أن نضمن بقاءنا على قيد الحياة."[237] تم إرغام الرئيس أولبرخت على الاستقالة بعد عامٍ من هذه المحادثة، وواجهت محاولاته لدفع برنامجٍ إصلاحي معتدل معارضة من قِبل الاتحاد السوفيتي وكذلك من داخل حزبه.

اتخذ خليفة أولبرخت، الرئيس إريك هونيكر مسارًا جديدًا، والذي عرّفه بأنه: "دمج السياسات الاقتصادية والاجتماعية." بدلاً من محاولة إرساء القواعد الاقتصادية من أجل تحسين مستوى المعيشة أولاً، كانت فكرته هي البدء بتطبيق سياسات اجتماعية سيكون لها تأثير مباشر على حياة الناس، وبالتالي ستؤدي إلى زيادة الإنتاجية.

كان هذا التغيير مدفوعًا بشكلٍ جزئي من الخوف من حدوث أحداث مشابهة للتظاهرات والإضرابات واحتجاجات العمال التي عمَّت أرجاء بولندا في كانون الأول (ديسمبر) 1970 في ألمانيا الشرقية. وكجزءٍ من السياسة الجديدة، تم رفع الحد الأدنى للأجور، وبدلات الإجازات السنوية ودفعات التقاعد بشكلٍ متكرر، وفي الوقت ذاته تم تقليل ساعات العمل الإلزامية للأمهات اللاتي لديهن عدة أطفال. كان برنامج تطوير الإسكان الطموح الذي تم إطلاقه عام 1973 حجر زاوية آخر في سياسة الرئيس هونيكر الجديدة.[238]

تم تجاهل تحذيرات اللجنة الوطنية للتخطيط من أن الاقتصاد لم يكن ينمو بسرعةٍ كافية كي يتمكن من تمويل هذه التدابير الشاملة، حيث قال رئيس الوزراء السيد ويلي ستوف في ربيع 1972: "لم تأخذ حسابات اللجنة الوطنية للتخطيط بنظر الاعتبار النمو في الإنتاجية الذي سينتج من تشجيعنا للعمال من خلال إعلان إجراءات هذه السياسة الاجتماعية."[239] كانت مثل تلك العبارات تعبيرًا عن خداعٍ للذات من قِبل نظام غير كفء اقتصاديًا.

حتى المحاولات المتواضعة للإصلاح من زمن الرئيس أولبرخت وصلت إلى طريقٍ مسدود. أصبح أداء المنشآت المنفردة يُقاس بحجم الإنتاج بدلاً من الربح. كلما أنتجت الشركة أكثر، بغض النظر عن الكفاءة، كلما كان تقرير أدائها أفضل.[240] لم يكن لهذا الأمر أي منطق اقتصادي وخلق حوافز مضللة.

في الوقت ذاته، زاد النظام الشيوعي من الضغط على المنشآت الصغيرة ومتوسطة الحجم المتبقية. أثار الرئيس هونيكر مشاعر حسد ضد "الرأسماليين الصغار" سابقًا الذين "تحولوا إلى مليونيرات." في عام 1971، حقق مُلاك المنشآت الخاصة أو المملوكة بشكلٍ جزئي من قِبل الدولة المتبقية ثلاثة أضعاف ونصف بعد خصم الضرائب من مُعدل ما كان يحققه الموظفون

والعمال. شهد عام 1972 إطلاق حملة تأميمات هائلة أثرت على حوالي أحد عشر ألف شركة، ومنها تعاونيات تجارية منخرطة في الإنتاج الصناعي، ومنشآت مملوكة للدولة بشكلٍ جزئي ومنشآت خاصة. كان ذلك غير عقلاني كذلك وكان مدفوعًا بالأيديولوجيا بشكلٍ خالص حيث إنه كان مُناقضًا للهدف المعلن لتحسين وضعية الإمدادات. بدلاً من ذلك، أصبحت سلع استهلاكية أكثر غير متوفرة مما خلق نقصًا إضافياً.(241)

تم حفظ الرسائل التي كان يتلقاها الرئيس هونيكر كل عام والبالغة خمسة عشر ألف رسالة تحت مسمى "طلبات"، وتم تحليلها من قِبل إحصائيين. جاءت مسائل الإسكان والسفر إلى ألمانيا الغربية ونقص الإمدادات اليومي في مقدمة الاهتمامات في تلك الرسائل.(242) أرسل أحد الأباء برتقالة جافة إلى الرئيس هونيكر برفقة ملاحظة تقول: 'عندما كانت زوجتي موجودة في مركز البيع المحلي لمنطقتنا هذا الأسبوع، كانت محظوظة أن تحصل على برتقالة لابنتنا لأن الكمية كانت 'كبيرة' جدًا لتخصيص برتقالة واحدة لكل طفل في المدينة. كنا سنُعطي البرتقالة اليوم لابنتنا لكننا أصبنا بالفزع لأننا اكتشفنا أنها كانت جافة تمامًا تقريبًا وغير صالحة للأكل. كل يوم، كما هو حال العديد من العمال في بلدنا، نعمل من أجل المصلحة العامة لشعبنا، ونقدم إنتاجًا بنوعية عالية. بالمقابل سنكون ممتنين جدًا لو أننا استطعنا أن نشتري شيئًا من نوعية جيدة ولو لمرة واحدة."(243)

اتخذ البعض الآخر أساليب أكثر جرأة للتعبير عن استيائهم، كما تبين من تقرير قدمته إدارة المقاطعة في مدينة هال بما يتعلق بأحداثٍ وقعت أثناء الليل بين يومي 18 و19 آيار (مايو) 1961 عندما ظهرت "كتابات استفزازية" على واجهات عددٍ من المتاجر. ومن ضمن أشياء أخرى، تضمنت الكتابات التي كتبها "جُناة غير معروفين حتى الآن" الإشارة إلى "عدم وجود خُبز أيام السبت"، و"القشدة الطازجة" و"الموز والطماطم والخيار" وما شابه على واجهة متجر يعمل بالخدمة الذاتية. تم العثور على هذه الكتابات في اثني عشر موقعًا عبر أرجاء المدينة. "استخدم الجناة زيت رسمٍ أبيض. فتحت قوات الأمن تحقيقًا في الأمر كما هو مطلوب."(244)

أدَّت سياسات الرئيس هونيكر الاجتماعية إلى حالة جعلت البلاد تعيش أبعد مما لديها بشكلٍ متزايد. فشلت البلاد في استقطاب الاستثمارات المطلوبة بشكلٍ عاجل، وتخلفت معدات المصانع عن التكنولوجيا الحديثة، ولم يكن هناك أموال كافية لدعم البحوث والتطوير في مجالات العلوم والتكنولوجيا. تخلفت الإنتاجية في جمهورية ألمانيا الديمقراطية خلف مستويات الإنتاجية في ألمانيا الغربية أكثر مما مضى، مما ضاعف الفجوة بينهما من الثلث في بداية الخمسينيات إلى الثلثين في فترة الثمانينيات.(245)

على المدى القصير، على أي حال، حقق التوجه السياسي الجديد النتائج المرجوة. زيادة إنتاج البضائع الاستهلاكية، بالإضافة إلى تقليص التصدير وزيادة حجم الاستيراد، جعل الحكومة بحلول منتصف السبعينيات قادرة على النجاح في تحسين إمدادات السلع لتلبية الطلب على اختيارات أكثر ونوعيات أفضل وأسعار أكثر تنافسية. ومع ذلك لم تصل السلع المتوفرة للمستهلكين في ألمانيا الشرقية بأي شكلٍ من الأشكال إلى معايير السلع في ألمانيا الغربية. كانت نوعية السلع الاعتيادية مثل السيارات والتليفزيونات الملونة أقل بكثير من نوعية مثيلاتها المتوفرة في ألمانيا الغربية الرأسمالية.

استطاع الرئيس هونيكر من تحقيق هدفه الأكثر أهمية وهو رفع مستوى المعيشة من خلال اقتراض أموال أكثر من البلدان الرأسمالية. بحلول عام 1982، تجاوزت المبالغ التي اقترضتها ألمانيا الشرقية من البلدان الرأسمالية، التي كانت بحدود مليار فالوتا مارك (وهي وحدة عملة تم استخدامها في ألمانيا الشرقية من أجل معادلة أسعار التجارة الخارجية، وتعادل 0.95 مارك ألماني) عندما تسلم الرئيس هونيكر منصبه في بداية السبعينيات، خمسة وعشرين مليار فالوتا مارك.[246] حذر الاقتصاديون في جمهورية ألمانيا الديمقراطية من أن ديون البلاد لم تُعد مستدامة: الإجماع الدولي هو ألا يتم دفع أكثر من 25 % من دخل البلاد بالعملة الصعبة لدفعات خدمة الديون. في جمهورية ألمانيا الديمقراطية ارتفعت تلك النسبة إلى 115 %، بينما ذهبت نسبة مهولة قدرها 168 % من كل دخل البلاد المهم القابل للتحويل إلى عملة صعبة إلى دائنيها.[247] جلب رفض بعض البلدان الغربية تقديم قروضٍ جديدة إلى بلدان اشتراكية اقتصاد جمهورية ألمانيا الديمقراطية إلى حافة الإفلاس، والتي تم تخطيها فقط من خلال تقديم حكومة ألمانيا الغربية لضمان قرضين بحدود مليار مارك ألماني غربي لكل واحدٍ منها.[248]

أصبحت الفجوة التكنولوجية المتزايدة بالاتساع بين جمهورية ألمانيا الديمقراطية والعالم الغربي واضحة من خلال مشروع الرئيس هونيكر الطموح في مجال الألكترونيات الدقيقة، والذي التهم حوالي أربعة عشر مليار مارك ألماني شرقي من الاستثمارات ما بين 1986 و1989 فقط. كذلك تم استثمار أربعة عشر مليار مارك ألماني شرقي أخرى في الأبحاث والتطوير في هذا الحقل، ناهيك عن أربعة مليارات فالوتا مارك تم إنفاقها على الاستيرادات من البلدان الغربية.[249] ورغم هذا الإنفاق الهائل، كانت النتائج مخيبة للآمال: كانت تكلفة إنتاج شريحة ذاكرة بحجم 256 كيلو بايت في جمهورية ألمانيا الشرقية هي 534 مارك ألماني شرقي، بينما كانت الشريحة نفسها متوفرة بسعر أربعة أو خمسة فالوتا مارك في الأسواق العالمية. تخلفت جمهورية ألمانيا الديمقراطية ثمان سنوات عن مستوى أحدث التقنيات وحققت 15 % فقط من مُعدَّل الكميات التى كان الغرب قادراً على تصنيعها.[250]

كانت صناعة السيارة قطاعاً آخرًا حيث كانت الفجوة بين جمهورية ألمانيا الديمقراطية وألمانيا الغربية واضحة بشكلٍ خاص. عندما انهار جدار برلين عام 1989، كان حوالي نصف الألمان الشرقيين فقط يمتلكون سيارة، وكان أكثر من نصف تلك السيارات من ماركة ترابانت، السيارة الألمانية الشرقية سيئة السمعة ذات محرك بأسطوانتين وقدرة 26 حصان على الأكثر، بينما كان 0.1 % فقط من السيارات مستوردة من دولٍ غربية. كان على المواطنين الانتظار ما بين 12.5 إلى 17 سنة للحصول على سيارة جديدة. قدَّم الجميع تقريبًا طلبات للحصول على سيارة، وكان يتم بيع الطلبات لأولئك الذين لا يملكون الصبر للانتظار ويريدون تخطي دورهم في طابور الانتظار بمبلغ يتراوح ما بين ألفين وأربعين ألف مارك ألماني شرقي. في الوقت ذاته، كانت السيارة المستعملة تباع بأسعار تصل مرتين أو ثلاث مرات سعر السيارة الجديدة في السوق السوداء المزدهرة.[251]

أثناء فترة أواخر الثمانينيات، أصبح الفارق في مستوى المعيشة في ألمانيا الشرقية ومستوى المعيشة في "ألمانيا الغربية الرأسمالية" واضحاً بشكلٍ لا يقبل الشك بالنسبة للأعداد المتزايدة من الألمان الشرقيين الذين تم منحهم الإذن بالسفر إلى ألمانيا الغربية. وعلى الرغم من أن مشاهدة قنوات التليفزيون الغربية أمرًا غير قانوني في ألمانيا الشرقية، فإن أغلبية الناس كانت تقوم بذلك، وتلقَّى العديد منهم طرودًا من الأقارب أو الأصدقاء في ألمانيا الغربية. كانت السلع الغربية تُعرض أيضًا في متاجر انترشوب الحكومية، لكنها متوفرة للبيع لأولئك المحظوظين ممن يمتلكون ما يكفي من العملات الصعبة. هذه التذكارات المستمرة بوجود حياة أفضل على الجانب الآخر من الحدود الألمانية الداخلية لم تؤدِ إلى شيء سوى زيادة الاستياء.

لم تفشل جمهورية ألمانيا الديمقراطية في تحقيق هدفها المعلن باللحاق بألمانيا الغربية ومن ثم تجاوزها فحسب، بل إن الفجوة بين النظامين ازدادت اتساعًا. لم تمتلك ألمانيا الشرقية أي فرصة للحاق بجارتها الغربية إذ أعاقتها الإخفاقات المنهجية لاقتصادها المُخطط، حيث أثبت نموذج "اقتصاد السوق الاجتماعي" المختلف على الجانب الغربي أنه أفضل بكثير في تحقيق الازدهار.

اقتصاد السوق الاجتماعي في ألمانيا الغربية

أصاب دمار الحرب مناطق ألمانيا الغربية الثلاث أكثر مما أصاب مناطق الشرق. لكن من حسن حظها أن تفكيك البِنى التحتية لم يصل بأي شكلٍ من الأشكال إلى مستوى التفكيك الذي حصل في الشرق الذي يسيطر عليه السوفييت.

بعد نهاية الحرب مباشرةً، عانى الكثير من الألمان في جزئي البلاد من الجوع. في أواخر عام 1945، كان مُعدَّل السُّعرات الحرارية التي يتلقاها الناس من خلال الغذاء في المملكة المتحدة حوالي 2800 سعرة حرارية، وكان ذلك ضعف ما كان يتلقاه الناس في اليوم في ألمانيا الغربية. استغرق الأمر حتى النصف الثاني من عام 1948 للعودة إلى المستويات المقبولة. وما جعل الأمر أسوأ، أن عمليات القصف أثناء الحرب قد جعلت ما بين 22 % إلى 25 % من مجموع المساكن في ألمانيا الغربية غير صالحة للسكن.[252]

وفيما يتعلق بالوضع السياسي، كان الألمان الغربيين في حالٍ أفضل بكثير من أبناء وطنهم في منطقة الاحتلال السوفيتي، حيث لم يُصر أي من الحلفاء الغربيين على تبني اقتصاد مُخطط. ومع ذلك، كانت المشاعر المناهضة للرأسمالية منتشرة عبر أرجاء أوروبا بعد الحرب. في عام 1945، وصلت حكومة حزب العمال التي يرأسها الزعيم اليساري السيد كليمنت آتلي إلى السلطة في المملكة المتحدة، بينما فاز الحزب الشيوعي بنسبة 28.6 % من الأصوات في الانتخابات الفرنسية عام 1946، وأصبح مكونًا أساسيًا من التحالف الثلاثي الذي حكم البلاد في الفترة من 1944 إلى 1947.

انعكست هذه المشاعر القوية المناهضة للرأسمالية عبر أرجاء جزأي ألمانيا. وكما هو الحال الآن، كان المشهد السياسي في ألمانيا في ذلك الوقت يهيمن عليه حزبان رئيسان، الحزب الديمقراطي الاجتماعي والاتحاد الديمقراطي المسيحي، والذي تم تأسيسه بعد نهاية الحرب العالمية الثانية مباشرةً. كان الحزب الديمقراطي الاجتماعي أكثر التزامًا بالعقيدة الاشتراكية مما هو عليه الآن. استمر الأمر حتى عام 1959 كي يتبنى الحزب مبادئ السوق الحر من خلال "إعلان غودسبرغ." انعكست المشاعر المناهضة للرأسمالية في الاتحاد الديمقراطي المسيحي من خلال "بيان آهلين" عام 1947، الذي تبناه فرع الحزب المحلي في مقاطعة شمال الراين - وسيتفاليا. تم نشر البيان تحت شعار "الاتحاد الديمقراطي المسيحي يتجاوز الرأسمالية والماركسية"، وأشاد مؤيدو الحزب بالبيان باعتباره تعبيرًا عن مبادئ الديمقراطيين المسيحيين. بينت الأسطر الأولى من البيان بما لا يدعو للشك أولويات الحزب: "فشل النظام الاقتصادي الرأسمالي أن يحقق المصالح الوطنية والاجتماعية للشعب الألماني. بعد الانهيار السياسي والاقتصادي والاجتماعي الفظيع نتيجة لسياسات السلطة الإجرامية، أصبح من الضروري القيام بإعادة هيكلة شاملة. لا يمكن لمحتوى وهدف هذا النظام الجديد أن يكون السعي الرأسمالي للربح والسلطة، لكن رفاهية شعبنا فحسب." يذهب البيان أبعد من ذلك ليطالب بالتأميم الجزئي للصناعات الرئيسة ومشاركة واسعة للعمال في إدارتها.

بعد انتخاب السيد كونراد ايديناور لمنصب المستشار الفيدرالي في أيلول (سبتمبر) 1949، بدأ الاتحاد الديمقراطي المسيحي في تبني سياسات اقتصادية أكثر دعمًا للسوق.
خالفت ألمانيا الغربية التوجه السائد حينها من خلال تبنيها لاقتصاد السوق الحر في وقتٍ ساد فيه التخطيط الاقتصادي الذي تسيطر عليه الدولة في أماكن أخرى عبر أرجاء أوروبا بجهود رجلٍ واحد. كان ذلك الرجل هو لودفيغ إيرهارد، وهو سليل عائلة من رواد الأعمال وأسس عام 1942 معهد البحوث الصناعية لتحديد إستراتيجيات إقامة نظام اقتصادي مبني على قوى السوق في ألمانيا بعد الحرب. وعلى الرغم من أن النازيين كانوا قريبين جدًا من إلغاء الملكية الخاصة لوسائل الإنتاج، فإنهم تدخلوا بشكلٍ متزايد في الشؤون الاقتصادية وفرضوا محددات سياسية وأيديولوجية حسب رأي الحزب النازي على الشركات. كان نموذج السيد إيرهارد المبني على قوى السوق يتميز برفضٍ صريح لسياسة الرايخ الثالث الاقتصادية.
أصبح السيد إيرهارد، الذي لم يكن عضوًا في أي حزب، وزيرًا للشؤون الاقتصادية في مقاطعة بافاريا بعد الحرب ومديرًا للدائرة الخاصة بالنقود والاعتمادات التي أنشأها الأمريكيون من أجل الإعداد لإصلاح العُملة. في وقتٍ مبكر من تشرين الأول (أكتوبر) 1946، قدَّم حُججه ضد اقتصادٍ مُخطط تسيطر عليه الدولة مفضلاً اقتصاد السوق مع منافسةٍ حرة ونظام أسعارٍ حرة من خلال مقال صحفي كتبه بعنوان: "اقتصاد حر أم اقتصاد تسيطر عليه الدولة."[253]
لازال مصطلح "اقتصاد السوق الاجتماعي" الذي صاغه الاقتصادي ألفرد مولر - آرماك عام 1947 مستخدمًا اليوم لوصف النظام الاقتصادي الألماني، على الرغم من أن استخدامه الحالي يمتلك القليل من المشتركات مع مفهوم إيرهارد للفكرة. بعيدًا عن تحديد "علاقة ذهبية" ما بين منافسة السوق الحر والسياسة الاجتماعية، رأى السيد إيرهارد اقتصاد السوق الاجتماعي فرصة لتجاوز المقاربات التقليدية للسياسة الاجتماعية من خلال نظام اقتصادي يُعزز من خلق الثروة.[254] آمن السيد إيرهارد بقوة أن حرية اقتصادية أكثر كانت هي الطريق إلى رفاهية اجتماعية أكبر.[255] ربما كان المؤرخان الاقتصاديان مارك سبويرر وجوشن ستريب مصيبين بالقول إنه في نهاية الأربعينيات، كانت صيغة اقتصاد السوق الاجتماعي مصممة أساسيًا من أجل "جعل العودة لنظام اقتصاد رأسمالي، والتي كانت بعيدة من أن تكون محتومة حسب ظروف ذلك الوقت، أمرًا مستساغًا من قِبل شعبٍ محروم ماديًا وغير مستقر أيديولوجيًا بشكلٍ عميق."[256] بعد كل شيء، كان الألمان معتادين على الخطاب النازي المناهض للرأسمالية بشكلٍ صريح، بينما كانت مفاهيم "الرعاية الاجتماعية"، ولوقتٍ طويل عنصرًا أساسيًا في الخطاب السياسي في ألمانيا.

وعلى النقيض من التفسيرات السارية في ذلك الوقت، اعتبر السيد إيرهارد اقتصاد السوق الحر محركًا للرفاهية الاجتماعية بذاته وبغض النظر عن أي محاولات لاحقة لإعادة التوزيع، التي كان منتقدًا لها. وكما قال، فإنه من السهل جدًا "منح كل فرد قطعة أكبر من كعكة متنامية الحجم مع الاستمرار في الصراع حتى مرحلة الإنهاك حول توزيع الأجور بينما يحصل الانجراف عن المسار الوحيد للنجاح، ألا وهو زيادة الناتج المحلي الإجمالي."[257] وبناءً على ذلك سوف تتجنب سياسة اقتصادية ناجحة بمرور الوقت الحاجة إلى سياسات رعاية اجتماعية بالمفهوم التقليدي.[268]

كان السيد إيرهارد قادرًا على وضع رؤيته حول السياسة الاقتصادية موضع التطبيق. من خلال منصبه كمدير للإدارة الاقتصادية للمناطق الألمانية تحت السيطرة الأمريكية والبريطانية، التي تم تأسيسها أثناء فترة دمج تلك المناطق في الأول من كانون الثاني (يناير) 1947 أثناء فترة احتلال ألمانيا بعد الحرب العالمية الثانية، أعلن السيد إيرهارد عبر المذياع قبل يومٍ واحد من إعلان برنامج إصلاح العُملة يوم 20 حزيران (يونيو) 1948، من دون استشارةٍ قوات التحالف.أولاً، إنهاء التحكم في الإنتاج والأسعار للعديد من السلع الغذائية الأساسية. كانت ألمانيا ما تزال بلدًا محتلاً، وادعى السيد إيرهارد لاحقاً أنه قد تم استدعاؤه من قِبل الحاكم العسكري لوشيوس كلي، الذي اعترض على قراره المنفرد في تخفيف الأنظمة التي وضعها الحلفاء. ردَّ السيد إيرهارد بالقول "أنا لم أخففها، أنا ألغيتها"، مما حدا بالسيد كلي بالرد قائلاً: "يُخبرني مستشارو إدارتي أنك قمت بخطأ جسيم." ردَّ السيد إيرهارد بالقول: "يُخبرني مستشارو إدارتي الشيء نفسه."[259] سواء حدثت تلك المحادثة أم لا، فإن مبادرة السيد إيرهارد أدَّت بلا شك إلى الكثير من علامات الاستغراب في ذلك الوقت.

ازدرت السيدة ماريون فون دونهوف، الصحفية التي أصبحت لاحقًا أحد أشهر المثقفين اليساريين الألمان، اقتراحات السيد إيرهارد قائلة: "حتى لو لم تكن ألمانيا قد وصلت مرحلة الدمار، فإن هذا الرجل سيقودنا إلى ذلك بدون شك من خلال خطته السخيفة لإنهاء كل أنواع التحكم في الإنتاج. نسأل الله أن يحمينا مما يمكن أن يكون كارثة ثالثة بعد هتلر وتقطيع أوصال ألمانيا."[260]

كان إلغاء السيد إيرهارد للتحكم في الإنتاج والأسعار خطوة شجاعة وشرطًا أساسياً للصعود الاقتصادي اللاحق. خلق النازيون شبكة مكثفة من أنظمة الأسعار والأجور، والتي أبقت عليها إدارات قوات الحلفاء في البداية. "جعلت تلك الشبكة من الصعب

على الشركات الحصول على سلع وسيطة مهمة من خلال استعدادها لدفع أسعار عالية. وعلى العكس من ذلك، جعلت أسقف الأسعار المفروضة من المستحيل بالنسبة للشركات الاستفادة من استعداد المستهلكين لدفع أسعارٍ عالية. فقدت الأسعار والأجور وظيفتها الأساسية في سياق اقتصاد السوق، أي قدرتها على تبيان حالة الندرة النسبية، ولم تعد قادرة على موازنة العرض والطلب في أسواق السلع والعمل."[261]

في يوم الأحد 20 حزيران (يونيو) 1948، حصل كل مواطن ألماني غربي على أربعين ماركًا ألمانيًا مقابل كل أربعين رايخ مارك، وعشرين ماركًا ألمانيًا إضافياً خلال الشهرين اللاحقين. تم تحديد سعر تغيير المبالغ التي تتجاوز هذه المقادير بسعر 6.50 مارك ألماني لكل مئة رايخ مارك، والتي سيتم تغييرها عندما تنتهي فترة الشهرين الأوليين.

بعد أن تم تعويم العُملة وتخفيف التحكم بالأسعار، امتلأت رفوف المتاجر بسرعة بالبضائع التي كانت مُخزّنة سابقاً. وفي الوقت ذاته، ارتفعت الأسعار بشكلٍ حاد مما أثار احتجاجات حادة اللهجة. دعت النقابات لإضرابٍ عام، كان الوحيد في تاريخ ألمانيا بعد الحرب. جال المتظاهرون الشوارع حاملين لافتات تطالب "بإرسال إيرهارد إلى المقصلة."[262] وكما تُعلق الاقتصادية كارين إلسي هورن: "لم يكن اقتصاد السوق الاجتماعي مقبولاً بشكلٍ واسع في ذلك الوقت."[263] وبسبب ارتفاع البطالة كذلك في بداية الأمر وبروز تحفظات قوية حول توجه إيرهارد لاقتصاد السوق من قِبل الحلفاء الغربيين والأحزاب السياسية في ألمانيا معًا، لم يكن هناك استنتاج واضح بأي شكلٍ من الأشكال أن ذلك المسار سينجح.

في ضوء ارتفاع الأسعار والبطالة، تم صياغة خطط من أجل إعادة العمل بالتحكم في الإنتاج والأسعار وكانت جاهزة للتطبيق وموجودة على طاولة الإدارة الاقتصادية.[264] "كانت تجربة السوق الحر على وشك أن تُترك لكي تفشل حتى قبل أن تحصل على فرصة كي تبين إمكانياتها بشكلٍ ملائم."[265] على الرغم من الانتقادات من اليسار السياسي، كان السيد إيرهارد أشهر سياسي في المناطق الغربية من ألمانيا في ذلك الوقت. وفي عام 1949 دخل الاتحاد الديمقراطي المسيحي الانتخابات تحت شعار "الاقتصاد المُخطط أم اقتصاد السوق"، وفاز، ولو بهامشٍ بسيط، إذ حصل على 31 % من الأصوات بالمقارنة مع 29.2 % لصالح الحزب الديمقراطي الاجتماعي.

ليس هناك شك في أن مسار السياسة الاقتصادية الذي حددته مبادرة السيد إيرهارد للسوق الحر كان أكثر فعالية في تعزيز "المعجزة الاقتصادية" لجمهورية ألمانيا الاتحادية من خطة

مارشال (التي تم تسميتها على اسم وزير الخارجية الأمريكي في ذلك الوقت السيد جورج مارشال)، والتي قدمت مساعدات للمجتمعات الأوربية المُعانية والتي وصلت بعض الأحيان إلى الجوع بعد الحرب. ذهب حوالي 25 % من حجم البرنامج الكلي البالغ 13.1 مليار دولار أمريكي إلى المملكة المتحدة، و20 % إلى فرنسا، و10 % لكل من ألمانيا وإيطاليا. تم توزيع المتبقي على مجموعة دول أخرى. وبناءً على حسابات المؤرخ الاقتصادي بيري ايخنغرين، رفعت تلك الأموال من الناتج المحلي الإجمالي للدول المستفيدة بمعدل 0.5 % ما بين عامي 1948 و1951.[266]

يتم الإشارة إلى الفترة التي بدأت حينها في ألمانيا الغربية وبشكلٍ متكرر على أنها فترة "المعجزة الاقتصادية الألمانية." ما بين عامي 1948 و1960، نما الناتج المحلي الإجمالي بمعدل 9.3 % واستمر في النمو بنسبة 3.5 % في الفترة ما بين 1961 و1973.[267] وعلى الرغم من حدوث ركودٍ اقتصادي في عام 1967 مع انخفاض الناتج المحلي الإجمالي بنسبة 0.5 %، فإن اقتصاد ألمانيا الغربية سرعان ما عاد إلى مسار الارتفاع مرةً أخرى. انخفضت البطالة، والتي كانت مرتفعة جدًا بعد الحرب، خلال بضعة أعوام وأفسحت المجال لتحقيق مستوى العَمالة الكاملة. وعلى الرغم من حدوث فترات ركودٍ متعددة أخرى، ومن ضمنها ركودٌ حصل بعد صدمة أسعار النفط العالمية في نهاية عام 1973، كان من الواضح أن الظروف الاقتصادية في ألمانيا الغربية تتحسن بأسرع مما كان الحال في شرق ألمانيا.

تم كسب السباق بين النظامين ليس من قِبل نظام الشرق الاشتراكي كما كان طموح السيدين أولبرخت وهونيكر العلني، بل من قِبل نظام ألمانيا الغربية ذي توجه السوق. عززت الدلائل الحاسمة التي قدمتها كل البيانات الاقتصادية المتوفرة ما كان يعرفه المواطنون الألمان بالفعل. عندما وصل الحال إلى اللحظة الحاسمة لتأخذ الأمور نصابها عام 1989[268]، كان 67.8 % من الألمان الغربيين يمتلكون سيارة بالمقارنة مع 54.3 % من الألمان الشرقيين. كانت السيارات الألمانية الغربية مثل بي أم دبليو ومرسيدس وفولكسفاغن وغيرها ذات جودة أعلى بكثير من السيارات الألمانية الشرقية من ماركات ترابانت ووارتبرغ. وبينما كان الألمان الغربيون قادرين على زيارة وكالة بيع سيارات في أي وقتٍ يشاؤون لشراء سيارة مُنتجة محليًا أو من منشأ أجنبي، كان على مواطني جمهورية ألمانيا الديمقراطية الانتظار لما لا يقل عن عقدٍ من الزمن للحصول على سيارة.

في عام 1989، امتلك 12 % من الألمان الشرقيين جهاز كمبيوتر بينما كانت النسبة ثلاثة

أضعاف في ألمانيا الغربية (37.4 %). في جمهورية ألمانيا الديمقراطية، كان هناك هاتف في منازل الفئة ذات الامتيازات، والتي تشكل 16 % من كل السكان، وكان أغلبهم من الموظفين الحكوميين وكبار المسؤولين. لكن عبر أرجاء ألمانيا الغربية كانت نسبة تغطية الخدمات الهاتفية 99.3 %. وبعد تبني نظام السوق الحر في ألمانيا الشرقية السابقة، تلاشت الفجوة بسرعة. بحلول عام 2006، تضاءلت الفروقات في نِسب امتلاك السيارات (72.9 % في ألمانيا الشرقية السابقة مقابل 78 % في ألمانيا الغربية السابقة)، والكمبيوترات (66.6 % مقابل 69 %)، والهواتف الأرضية (99.8 % مقابل 92.2 %) إلى ما يقرب من مستوى ضئيل جدًا. وعلى الرغم من أن نظام الرئيس هونيكر قد جعل مسألة الإسكان أولوية، فإن الفرق بين النظامين الاقتصاديين لم يكن أكثر وضوحًا مما كان عليه في سوق الإسكان.

قامت جمهورية ألمانيا الديمقراطية بتجميد الإيجارات. لكن ذلك لم يكن سياسة أوجدتها جمهورية ألمانيا الديمقراطية، بل تعود إلى زمن نظام أدولف هتلر. في يوم 20 نيسان (أبريل) 1936، والذي صادف عيد ميلاد أدولف هتلر السابع والأربعين، قرَّر الحزب النازي تجميد الإيجارات في ألمانيا. وفي الخمسينيات، بدأت حكومة تحالف الاتحاد الديمقراطي المسيحي والاتحاد المسيحي الاجتماعي والحزب الديمقراطي الاتحادي الائتلافية في غرب ألمانيا بإلغاء الاقتصاد الموجه تدريجيًا الذي كان قائمًا حتى ذلك الوقت. وفي جمهورية ألمانيا الديمقراطية أصبح نظام تجميد الإيجارات الهتلري قانونًا اشتراكيًا من خلال قانون الأسعار رقم 415 في آيار (مايو) 1955، وبقي كذلك حتى زوال جمهورية ألمانيا الديمقراطية.

وبينما كانت الإيجارات مُحددة على مستويات في المتناول بشكلٍ كبير، كان على الألمان الشرقيين الانتظار سنين من أجل الحصول على شقة، والتي كانت مطمعًا كبيرًا لهم، في إحدى البنايات الجديدة التي يتم إنشاؤها باستخدام ألواح الكونكريت الجاهز.

كان الركنان الأساسيان في سياسة الإسكان في جمهورية ألمانيا الشرقية هما القناعات أن الدولة ينبغي أن تمتلك أغلب الشقق وتجميد الإيجارات. كانت النتائج كارثية. في عام 1989، عندما وصلت جمهورية ألمانيا الديمقراطية إلى نهايتها، كان يتم تدفئة 65 % من كل الشقق، ومن ضمنها 3.2 مليون بناية من زمن ما بعد الحرب، باستخدام مواقد الفحم، ولم تمتلك 24 % منها مرافق صحية وافتقد 18 % وجود حمام. كانت المصاعد الكهربائية والشرفات والمطابخ الحديثة أقل شيوعًا من ذلك. كان حوالي 40 % من بنايات الشقق متضررة بشدة و11 % غير صالحة للسكن تمامًا.(269)

كانت بنايات السكن العائلي الموجودة في مُدن لايبزج ودرسدن وشرق برلين وإيرفرت وغيرها من مُدن ألمانيا الشرقية متهالكة بشكلٍ كبير، واحتاج الأمر إلى عمليات إعادة تأهيل بمبالغ هائلة تم تمويلها من أموال الضرائب بحدود عدة مليارات من اليوروات لغرض إعادة تأهيلها من الصفر بعد الوحدة الألمانية. بحلول ذلك الوقت، احتاجت بنايات الشقق التي بُنيت بأسلوب البناء الجاهز، والتي تعود لحقبة ما بعد الحرب إلى عمليات إعادة تأهيل ضخمة بالإضافة إلى نشاطات بناء البنايات الجديدة الموسَّعة التي كانت مطلوبة من أجل حل مشكلة نقص المساكن في الأجزاء الشرقية من ألمانيا.

من خلال نظام حوافز ضريبية، تم إنشاء 838638 منزل في جمهورية ألمانيا الديمقراطية السابقة أثناء فترة التسعينيات بتكلفة بلغت ثمانٍ وأربعين مليار يورو.[270] ويُعد هذا أمرًا بارزًا بالأخذ بعين الاعتبار أن مسالة الإسكان كانت سياسة أساسية أثناء حِقبة الرئيس هونيكر. تمت السخرية من المستشار الالماني هيلموت كول بسبب وعوده في خلق "مشاهد طبيعية مزدهرة"، لكن المقارنة ما بين المُدن في شرق ألمانيا أثناء حِقبة الاقتصاد المُخطط لجمهورية ألمانيا الديمقراطية والمُدن الآن تبين بما لا يقبل الشك أفضلية نظام السوق.

في مجال حماية البيئة أيضًا، تؤكد المقارنة بين جمهورية ألمانيا الديمقراطية وجمهورية ألمانيا الاتحادية أفضلية الرأسمالية. على الرغم من أن الادعاء المناهض للرأسمالية القائل إن سعي الشركات الكبيرة للربح هو ما يلام على التلوث البيئي والتغير المناخي، لكن المقارنة توضح أن التدمير البيئي الأسوأ قد حصل تحت ظل الاشتراكية. فيما يلي بعض الحقائق لغرض المقارنة:

التهديد المناخي: يقول المؤرخ هيوبرتوس نابي، الخبير البارز في تاريخ جمهورية ألمانيا الديمقراطية، "إن أحد أكبر قتلة المناخ في العالم في حقيقة الأمر هو بلدٌ تخلَّى عن الرأسمالية، ألا وهو جمهورية ألمانيا الديمقراطية."[271] في عام 1989، سببت جمهورية ألمانيا الديمقراطية انبعاثات من ثاني أوكسيد الكربون لكل وحدة من الناتج المحلي الإجمالي أكثر من ثلاث مرات من الانبعاثات من جمهورية ألمانيا الاتحادية.[272]

تلوث الهواء، وثاني أوكسيد الكبريت: في عام 1988، سببت جمهورية ألمانيا الديمقراطية انبعاثات من ثاني أوكسيد الكبريت لكل كيلو متر مربع عشرة مرات مما سببته جمهورية ألمانيا الاتحادية من انبعاثات (48.1 طن / كم2 مقابل 4.6 طن / كم2).[273]

تلوث الهواء، والجسيمات الهائمة: كان مُعدل الحمل البالغ 20.3 طن/ كم2 في جمهورية

ألمانيا الديمقراطية أكثر من عشر مرات من مُعدل الحمل في جمهورية ألمانيا الاتحادية البالغ 1.8 طن/ كم2.[274]

المواقد التي تعمل بالفحم: في المساكن العائلية، كان يتم تدفئة حوالي ثلثي الشقق في جمهورية ألمانيا الديمقراطية باستخدام الوقود الصلب مثل الفحم الحجري في وقت توحيد الألمانيتين[275]

تلوث الأنهار: كان حوالي نصف أنهار جمهورية ألمانيا الديمقراطية الرئيسة ميتة حيويًا في عام 1989، وكان 70 % منها لا يُسمح باستخدام مياهها للشرب.[276]

حصل حوالي نصف سكان جمهورية ألمانيا الديمقراطية على مياهٍ غير نظيفة بشكلٍ مؤقت أو دائم عندما كانوا يفتحون صنبور الماء. كان ذلك بسبب المُدخلات العالية من النايتروجين والفسفور والمعادن الثقيلة والملوثات الأخرى في المياه.[277]

يقول المؤرخ الأستاذ نابي: "مثل العديد من نشطاء المناخ اليوم، تبنت قيادة جمهورية ألمانيا الديمقراطية وجهة النظر القائلة إنه فقط من خلال إلغاء الرأسمالية، يمكن حل مشاكل البيئة. لقد آمنوا أن جشع الشركات هو الذي أدَّى إلى التدمير الشرس للطبيعة. من خلال هذا المنطق، كان لابد من استبدال دافع الربح بالتفكير والتخطيط للمجتمع ككل. وكان ذلك كما رأوه، هو الأمر الوحيد الممكن تحت ظل الاشتراكية."[278]

مع كل الإنجازات المبهرة لنظام السوق في ألمانيا، فإن هناك القليل من الرضا عنه. أصبح نظام إيرهارد لاقتصاد السوق الاجتماعي، الذي تبنته جميع الأحزاب الألمانية الحالية تقريبًا في بياناتها، بعضها بشكلٍ أكثر علانية من الأخرى، موضوعًا لإعادة التفسير بشكلٍ تدريجي عبر السنوات. والآن يتم إساءة فهمه بأنه يعني إعادة توزيع الثروة على مستوى واسع من قِبل دولة الرعاية الشاملة. حذَّر السيد إيرهارد نفسه من هذه النزعة في كتابه المنشور عام 1957 بعنوان: "الازدهار للجميع" قائلاً: 'المثال الذي أحمله في فكري يعتمد على قوة الفرد أن يقول 'أريد أن أثبت قدرتي من خلال إمكانياتي، أريد أن أتحمل مخاطر الحياة بنفسي، أريد أن أكون مسؤولاً عن مستقبلي. وأنتِ أيتها الدولة عليك أن تضمني أني قادر على القيام بذلك.' لا يجب أن تكون مناشدة الفرد للدولة هي: 'تعالي لنجدتي، أحميني وساعديني'، بل العكس: 'ابقي بعيدًا عن شؤوني، لكن امنحيني القدر الأكبر من الحرية واتركي لي ما يكفي من دخلي؛ كي أشكل وجودي ومستقبلي ومستقبل عائلتي'."[279]

أدارت الحكومات الألمانية المتعاقبة ظهورها وبشكلٍ متزايد لهذه المبادئ. في بداية القرن

الحادي والعشرين، أدّى توسع برامج الرعاية الاجتماعية بشكلٍ مُفرط إلى انفجار في الإنفاق الحكومي وتفريط كبير في الأداء الاقتصادي. ارتفع الإنفاق على برامج الرعاية الاجتماعية بشكلٍ هائل من 15.5 % من الناتج المحلي الإجمالي عام 1970 إلى 27.2 % عام 2005، بالمقارنة مع 20.6 % في المملكة المتحدة و15.8 % في الولايات المتحدة.(280)

كونها قوة أوروبا الاقتصادية، فقد أصبح دور ألمانيا مُحددًا برفع النمو الاقتصادي المتخلف والذي يعاني من العوائق. جعلت أرقام البطالة المتزايدة الحاجة ماسة إلى تعاملٍ عاجل مع مشكلة كان المستشار الألماني السابق من الحزب الديمقراطي الاجتماعي السيد غيرهارد شرويدر مدركًا لها لوقتٍ طويل. في بيان نُشر في الصحيفة الألمانية هاندلشبلات في كانون الأول (ديسمبر) عام 2002، قال السيد شرويدر: "لم تعد المسألة هي توزيع الفائض. لم يعد من الممكن تحقيق توقعات إضافية بعد الآن. بدلاً من ذلك، إن كنا نريد الحفاظ على ازدهارٍ قوي وتنمية مستدامة وإنصافٍ جديد، فإننا نحتاج لخفض بعض التوقعات الحالية وخفض أو حتى إلغاء منافع الرعاية التي كانت مبررة قبل نصف قرنٍ من الزمان، لكنها فقدت ضرورتها الآن وبالتالي فقدت أسباب وجودها."(281)

على امتداد أربع سنوات من "الحوار الساخن"، حاول المستشار شرويدر أن يسوّق مقترحه للإصلاح للمشغلين ونقابات العمال. لكن نقابات العمال بقيت مترددة بعناد. أصيب السيد شرويدر بالسأم من المطالبات المتواصلة لفرض ضرائب أعلى على أصحاب الدخول العالية، وزيادة الاقتراض الحكومي ومشروع استثماري بمبلغ مليار يورو، وفقد الرجل صبره واستجاب بقساوة للانتقادات من قِبل زعيم إحدى النقابات السيد فرانك بسيرسك أثناء حديث أخير في يوم 3 آذار (مارس) 2003، قائلاً: "هذه أسخف ثرثرة سمعتها في حياتي."(282)

بعد أقل من أسبوعين، في يوم 14 آذار (مارس) 2003، طرح السيد شرويدر أجندة مشروعه 2010 في خطاب استغرق تسعين دقيقة أمام البرلمان الألماني: "يجب علينا أن نُخفِّض من منافع الرعاية ونكافئ المبادرات وأن نتوقع من كل فرد المساهمة أكثر." تضمنت حزمة إصلاحات السيد شرويدر الصارمة وغير المهادنة دمج دفعات ضمان الباحثين عن عمل ومنافع الضمان الاجتماعي على مستوى هذه الأخيرة من أجل ضمان ألا "يقوم أحدٌ في المستقبل بالاسترخاء وأن يدع الآخرين القيام بالعمل. أي شخص يرفض قبول عمل مقبول، وسوف نعدل المواصفات لما يُعد عملاً مقبولاً، سوف يواجه تبعات ذلك."(283)

كانت أجندة 2010 من قِبل السيد شرويدر مصممة للتعامل بإنصاف مع التوازن ما بين الرعاية الاجتماعية واقتصاد السوق الحر من خلال تخفيف الضوابط حول الحماية ضد الفصل غير المنصف للعاملين ومنافع العمال الأخرى. تم تحديد فترة منافع البطالة باثني عشر شهراً، وتم إلغاء دفعات الباحثين عن عمل ووضع قواعد أكثر صرامة لتحديد ما إذا كانت فرصة العمل فرصة مقبولة. في السنوات التي سبقت ذلك، قامت حكومة السيد شرويدر بخفض الضرائب على الأفراد والأعمال. ما بين عام 1999 و2005، تم خفض نسبة الضريبة على شريحة الدخل الأعلى بشكلٍ تدريجي من 53 % إلى 42 %. وكما هو الحال مع المحاولات المشابهة لإصلاح نظام الرعاية الاجتماعية المنتفخ في بلدانٍ أخرى، واجهت أجندة 2010 معارضة قوية من قِبل الجمهور، ليس أقلها من قِبل حزب السيد شرويدر نفسه، ونقابات العمال، الذين رأوا الإصلاحات بأنها هجوم على حقوق العمال مدفوعة من قِبل قوى "الليبرالية الجديدة" و"تطرف السوق" لكن هذه الإصلاحات أثبتت فاعليتها الشديدة على المدى المتوسط، وساعدت في خفض البطالة عبر أرجاء ألمانيا بأكثر من 50 %، من 11.7 % عام 2005 إلى 5.4 % عام 2022.[284] وبشكلٍ جزئي، تم تحقيق ذلك عن طريق تحسين قدرة ألمانيا بشكلٍ كبير للحفاظ على تنافسيتها في الأسواق العالمية والتي ترجمت في زيادة الناتج المحلي الإجمالي من 2130 مليار يورو عام 2003 إلى 4481 مليار يورو عام 2023.

أصبحت إصلاحات السوق الحر في ألمانيا بعمر عشرين عاماً الآن. لم تكن هناك أي إصلاحات إضافية في حقبة السيدة أنجلا ميركل، بل العكس. تم التخلي بشكلٍ جزئي عن إصلاحات السيد شرويدر، وتحت شعار التخفيف من التغير المناخي، اتبعت السيدة أنجلا ميركل سياسات عززت بشكلٍ متزايد من دور الدولة وأضعفت بشكلٍ متزايد من دور السوق.

أضعفت هذه السياسات الاقتصاد الألماني. كانت تحسينات الإنتاجية هي العلامة الألمانية المميزة لوقتٍ طويل، لكن تكلفة وحدة العمل كانت تتزايد لسنوات. لم تعد ألمانيا ضمن البلدان العشر الأعلى في أوروبا من ناحية معدل الناتج المحلي الإجمالي. لم تعد البلاد ضمن البلدان العشرين الأكثر تنافسية في العالم.

في عام 2023، طرح أحد أفضل المديرين التنفيذيين الألمان في مجال الأعمال، السيد ولفغانغ ريتزل (المدير السابق لشركات بي أم دبليو، وفورد، وليندي) فكرة يحملها العديد من رواد الأعمال في ألمانيا: "ستة عشر عامًا من حكم المستشار أنجلا ميركل كانت فترة طويلة حتى بالنسبة لبلدٍ قوي كألمانيا. أثناء حقبة السيدة ميركل لم يكن هناك أي إصلاح هيكلي كان

يمكن أن يجعل البلاد أكثر كفاءة. لكن كان هناك قراران أساسيان سيكون لهما تأثير طويل المدى: التحول في مجال الطاقة وفتح الحدود أمام الهجرة غير المقيدة."

اتهم السيد ريتزل الحكومة الألمانية بأنها وسعت بشكلٍ هائل من نظام الرعاية لديها في حين فشلت في الاستثمار في المستقبل. في بلدٍ غني مثل ألمانيا، يستمر السيد رتزل بالقول، البِنى التحتية "في وضعٍ مُشين." وينتقد كذلك سياسة الاتحاد الأوروبي بفرض تنظيماتٍ جديدة بشكلٍ مستمر على الشركات الأوروبية. على سبيل المثال، يشير السيد ريتزل إلى شركة الكيمياويات الرائدة، باسف، التي كان عليها أن تُكافح أمام أربعة عشر ألفًا من صفحات تنظيمات الصناعات الكيماوية.

أعلنت شركة باسف مؤخرًا خططًا لتسريح الآف من العاملين في ألمانيا واستثمار المليارات في الصين. ألقت الشركة باللوم في قرارها على التكلفة الهائلة للكهرباء في ألمانيا والخطوط الحمراء المبالغ فيها والروتين الحكومي. أعلنت شركات عديدة أخرى كذلك أنها سوف تغادر ألمانيا وتوسع عملياتها في الولايات المتحدة وآسيا.

نمت نسبة القطاع الحكومي في الاقتصاد الألماني الآن إلى نسبة 50 %: "الإيمان بالدولة في تصاعد، بينما الدعم لاقتصاد السوق في طريقه للتلاشي." تمتلك ألمانيا أقل ساعات عمل سنوية في العالم إلى حدٍ كبير بعدد ساعات قدرها 1344 ساعة (بينما تبلغ في الولايات المتحدة 1791 ساعة). ويضيف السيد ريتزل: "ونحن الآن في مرحلة نقاش حول أسبوع عمل من أربعة أيام، ولو كان ممكنًا أن يكون منها يومان للعمل من المنزل من أجل موازنة أفضل للحياة والعمل."

بالنسبة للسيد ريتزل، المشكلة الأساسية هي أن صناعة السياسات في ألمانيا تخضع بشكلٍ كامل لمسألة "حماية المناخ." "ليس هناك بلد آخر في العالم يمتلك سياسات مناخية طائشة أكثر من ألمانيا، والتي يبدو أنها تؤمن أنه يمكن لها أن تُنقذ مناخ العالم وحدها بشكلٍ فعلي."

تخلت ألمانيا عن الطاقة النووية، وقامت بإغلاق محطات طاقة نووية تعمل بشكلٍ مثالي في وقت نقص طاقة هائل. تم استبدال الكهرباء من هذه المحطات النووية باستيراد كهرباء مولدة من الطاقة النووية من فرنسا ومن محطات طاقة كهربائية تعمل بالفحم في ألمانيا من ضمن مصادر أخرى. يقول السيد ريتزل "لسنين قادمة، سيكون لدينا الكهرباء الأقذر في أوروبا بعد بولندا، ولن نقوم بأي مساهمة كبيرة في حماية المناخ."

العيب في سياسة الطاقة الألمانية وسياسات المناخ هو القول السائر ""الطاقة المتجددة فقط."

تطبيق هذه السياسة سيعني إنتاج أكثر من ضعف كمية الكهرباء المنتجة، والقيام بذلك بشكلٍ سريع. إمكانيات محطات طاقة الرياح والطاقة الشمسية لابد أن تصبح أربعة أضعاف. ولكون طاقة الرياح والطاقة الشمسية متذبذبة، فإن ألمانيا ستحتاج إلى قدرات خزن وقدرات احتياطية. ويوضح السيد ريتزل "لكن هذا الأمر ليس ممكنًا تقنيًا وليس في متناول بلدٍ مثل ألمانيا من ناحية التكلفة. إنه ببساطة جنون."[285] ألمانيا هي مثالٌ آخر حول كيف، بعد فترةٍ من الزمن، ينسى الناس لماذا كان بلدهم ناجحًا اقتصاديًا بشكلٍ كبير.

الفصل الرابع

كوريا الشمالية وكوريا الجنوبية: كيم إل سونغ مقابل حكمة السوق

مثل ألمانيا، خرجت كوريا من الحرب العالمية الثانية بلدًا مُقسماً بنظامين اقتصاديين متنافسين. قبل تقسيمها إلى جنوبٍ رأسمالي وشمالٍ شيوعي عام 1948، كانت كوريا أحد أفقر البلدان في العالم، على مستوى بلدان أفريقيا جنوب الصحراء. بدأ ذلك الأمر يتغير في بداية الستينيات. الآن، كوريا الجنوبية الرأسمالية هي سادس أكبر بلد مصدر في العالم(286)، ويضعها معدل الناتج المحلي الإجمالي البالغ 33393 دولارًا متقدمة على بلدانٍ مثل إسبانيا (31223 دولارًا)، وخلف اليابان بقليل (35385 دولارًا).(287) تُعد شركات مثل سامسونج وهيونداي وأل جي من ضمن أنجح وأشهر العلامات التجارية الكورية.

تم تقدير معدل الناتج المحلي الإجمالي الاسمي لكوريا الشمالية في عام 2022 بمقدار 1.43 مليون وون (أي معدل 1116 دولارًا للفرد)، وهو ما يكافئ 3.4 % من معدل الناتج المحلي الإجمالي لكوريا الجنوبية البالغ 42.49 مليون وون.(288) تعصف المجاعاتُ بهذا البلد بشكلٍ متكرر وتقتل الآلاف من سكانه. من الصعب تخيل إثباتاً أكثر إقناعًا حول تفوق النظام الاقتصادي لرأسمالي على النظام الاقتصادي الشيوعي. يبدو أن السوق قادر على التفوق على كيم إل سونغ، مؤسس البلاد، والذي يعده الكوريون الشماليون كائنًا شبيهًا بالآلهة.

أي شخصٍ يتفوه بهذه الفكرة في كوريا الشمالية، سواء كان شجاعًا أو متهورًا بما فيه الكفاية، يكون معرضًا للاعتقال والسجن. تحظر كوريا الشمالية أي طرحٍ في أن "الزعيم الخالد" وولده كيم جونغ إل وحفيده كيم جونغ أون ليسوا الرجال الأكثر حكمة على هذه الأرض. تنص مقدمة دستور "جمهورية كوريا الديمقراطية الشعبية" على : "يجب تسمية الدستور الاشتراكي لجمهورية كوريا الديمقراطية الشعبية، بناءً على تقنين الأفكار ذات توجه الجوشي [والتي تُسلم بأن البلاد هي من تقرر مستقبلها] للقادة الأعلى الرفيق كيم إل سونغ والرفيق كيم جونغ إل حول بناء الدولة ومآثرهم فيها، دستور كيم إل سونغ وكيم جونغ إل."(289)

ليس هناك نظير ولا سابق للطائفة المحيطة بقادة كوريا الشمالية في أي مكانٍ من العالم، حتى ستالين وماو تسي دونغ لم يتمتعا بهذا المستوى من الإخلاص من قِبل رفاقهم. يتم الاحتفال بعيد ميلاد كيم إيل سونغ (19 نيسان "أبريل") سنويًا على أنه "يوم الشمس"، وهي العطلة الأهم على التقويم الوطني. بالإضافة إلى ذلك، فإن تقويم كوريا الشمالية الذي تم تبنيه في نهاية

التسعينيات يحتسب الزمن من السنة التي وُلد فيها كيم إل سونغ عام 1912.

وبناءً عليه، فإن كوريا الشمالية تعيش الآن عام 112 وليس عام 2024.[290] أي شيء وضع كيم إل سونغ يده عليه أو نظر إليه يُعد شيئًا مقدسًا، وتوضع حوله لوحة حمراء أو نقوش من الذهب لإحياء هذه الواقعة المهمة جدًا وغالبًا ما يتم إعلان الموقع أو الشيء المقدس ممنوعًا بالنسبة للبشر العاديين. ولذلك لا يسمح لأي شخص أن يستقل المصعد الرئيسي في البناية الشاهقة في جامعة كيم إل سونغ في عاصمة كوريا الشمالية بيونغ يانغ، والذي استخدمه القائد الأعلى يومًا ما في مجموعة أكثر من ثلاثة أشخاص. الصخور التي استراح عليها كيم إل سونغ أثناء إحدى جولات المشي التي قام بها تم وضع سياج حولها لحمايتها، بينما تم تزيين المواقع الأجمل في سلاسل جبال كوريا الشمالية باقتباسات من أحاديث القائد الأعلى، وحفرت الشعارات بعمقٍ في واجهات الصخور.[291]

هناك تنظيمات مشددة تحكم العرض الإلزامي لصور كيم إل سونغ وولده كيم جونغ إل في كل منزلٍ في كوريا الشمالية. الأدب الكوري الشمالي مليء بقصص الأعمال البطولية للرجال والنساء المخلصين الذين يخاطرون بحياتهم من أجل إنقاذ هذه الصور في حالات الكوارث، مثل الحرائق أو غرق السفن.[292] وحسب الدعاية الرسمية، يمتلك كيم إل سونغ وخلفاؤه القدرة على شفاء الآخرين من الأمراض، وإن حدث ميلاد كيم جونغ إل اقترن بظهور نجمٍ براق بشكلٍ غير اعتيادي، وعندما مات، توجهت رافعات البناء إلى الأعلى بشكلٍ لا إرادي.[293]

في الغرب، يبدو الزعيم الكوري الشمالي موضوعًا للخوف والسخرية، بينما الكوريون الشماليون مقتنعون بأن العالم بأسره يحسدهم على وجود القادة الأعلى. وكما تقول مقدمة سيرة كيم جونغ إل: "إن حبه عظيم حقًا، إنه يُشفي المرضى، ويمنح حياة جديدة، مثل مطر الربيع الذي يشربه البلد المقدس .... يثير كل ذلك الإعجاب من قِبل الناس حول العالم، مما يجعلهم يحسدوننا."[294]

يستمر الكاتب بالقول، ومع كل هذه المزايا الرائعة، يبقى القائد الأعلى رجلًا متواضعًا بحيث اختار أن تكون تماثيله المنتشرة عبر أرجاء البلاد والتي هي أهم من الحياة مصنوعة من البرونز العادي وليس الذهب.[295]

هنالك شركة متخصصة لصناعة النصب والتماثيل والصور لتمجيد الزعيم الأعلى يعمل بها أكثر من أربعة آلاف شخص. يستمر الإنتاج حتى أثناء الفترات التي يعاني أثناءها الكوريون الشماليون من المجاعة. تمتلك الشركة مردودًا مربحًا من خلال استجابتها لطلبات أعمالٍ مشابهة من قِبل ديكتاتوريين في أرجاءٍ أخرى من العالم، ومن ضمنهم روبرت موغابي حاكم زيمبابوي السابق.[296]

يعود تاريخ عبادة الشخصية للزعيم كيم إل سونغ إلى أيام حرب التحرير من الاحتلال الياباني وإنشاء كوريا الشمالية والحرب الكورية ما بين عامي 1950 و1953. وكما تم احتلال ألمانيا من قِبل الحلفاء الغربيين والاتحاد السوفيتي في نهاية الحرب العالمية الثانية، تم شطر كوريا إلى منطقة تحت الاحتلال السوفيتي وأخرى تحت الاحتلال الأمريكي عام 1945. وكما تم تقسيم ألمانيا إلى قسمين، جمهورية فدرالية في الغرب وجمهورية ألمانيا الديمقراطية في الشرق، تم تقسيم كوريا لتشكيل جمهورية كوريا الديمقراطية الشعبية في الشمال وجمهورية كوريا في الجنوب.

في حزيران (يونيو) 1950، هاجمت قوات كوريا الشمالية كوريا الجنوبية، وبدأت الحرب الكورية التي وضعت الصين والاتحاد السوفيتي ضد تحالف لبعض الدول الأعضاء في الأمم المتحدة بقيادة الولايات المتحدة. انتهت الحرب من خلال اتفاق هُدنة عام 1953، بعدما قتلت 940000 جندي وحوالي ثلاثة ملايين مدني، وحطَّمت كل قطاعات اقتصاد البلاد تقريبًا. بقي كيم إل سونغ في السلطة حتى وفاته عام 1994. خلفه ولده كيم جونغ إل، الذي توفي عام 2011 وخلفه ولده كيم جونغ أون.

كوريا الشمالية وعقيدة كيم إل سونغ وكيم جونغ إل

التزمت كوريا الشمالية في البداية بعقيدة ماركسية - لينينية، وانحازت بشكلٍ قوي إلى جانب الصين والاتحاد السوفيتي. بعد أن احتل الجزء الشمالي من البلاد، بدأ الاتحاد السوفيتي بإعادة هيكلة الاقتصاد المحلي على خطى اقتصاده، كما فعل في ألمانيا الشرقية وبلدان أوروبية شرقية أخرى من قبل ذلك. بالذات، كان ذلك يعني التأميم الإلزامي للعمليات الصناعية، والتي كان أغلبها مملوكاً سابقًا لليابانيين، وكذلك الإصلاح الزراعي.

منذ أوائل الستينيات وما بعدها، بدأ قادة كوريا الشمالية، من خلال سعيهم لإثبات استقلاليتهم، بنشر فكرة طريقٍ مختلف للاشتراكية مبنية على أفكار كيم إل سونغ وكيم جونغ إل، وأصبحت تعرف باسم "عقيدة كيم إل سونغ وكيم جونغ إل." يستخدم الكوريون الشماليون مصطلح جوشي (Juche) للتعبير عن الأيديولوجية الخاصة التي تجمع عناصر أساسية من الاشتراكية مع نمطٍ متطرف من القومية، وعبادة الشخصية.[297] تم إزالة الجداريات الكبيرة لصور كارل ماركس ولينين المعروضة في ساحة كيم إيل سونغ في بيونغ يانغ عام 2012، ربما من أجل ضمان ألا يرى الكوريون الشماليون أي أحدٍ سوى زعيمهم الأعلى، الذي هو وحده فقط من يُقرر الطريق السليم للسير لتحقيق الاشتراكية.

يُعرّف دستور كوريا الشمالية الاشتراكية على أنها نظام البلاد الاقتصادي المنصوص عليه، حيث تنص المادة العشرون من الدستور على أن وسائل الإنتاج تملكها الدولة أو، في حالة الإنتاج الزراعي، من قِبل التعاونيات. وتنص المادة الثالثة والأربعون أن اقتصاد كوريا الشمالية هو اقتصادٌ مُخطط.(298) وطالما كان الاتحاد السوفيتي والصين يقدمان الدعم الاقتصادي، كانت كوريا الشمالية قادرة على تحقيق أهدافها بناءً على ما هو مُخطط. من خلال اللعب على وتر المنافسة بين القوتين الشيوعيتين، واستخدام العروض التي يقدمها أحد الطرفين للحصول على تنازلاتٍ مماثلة من الطرف الآخر، حققت كوريا الشمالية منافع من المنافسة بين الطرفين.

من أوائل الستينيات وما تلاها، بدأت كوريا الشمالية تحرير نفسها من تأثير القوتين الشيوعيتين الكبيرتين. لكن من دون دعمهما المالي، لم تصبح قادرة على تحقيق أهدافها المُخططة. ابتدأ تمديد السنوات الثلاثة للخطة السباعية الأولى في كوريا الشمالية للفترة من 1961 إلى 1967، وهو نمط استمر لعقودٍ قادمة: تمديد الخطة السداسية من 1971 إلى 1976 لمدة عامين، وكذلك الخطة السباعية الثانية (من 1978 إلى 1984). بعد الخطة السباعية الثالثة (من 1987 إلى 1993)، فرض النظام إيقافًا مؤقتاً على نشر الخطط الاقتصادية التفصيلية.(299) كانت تعبيرات الخطة العشرية الإستراتيجية التي أعلنت عام 2011 غامضة وعامة، وحتى الخطة الخمسية التي تم تبنيها عام 2016 أثناء مؤتمر الحزب لم تتضمن سوى بضعة أرقام.(300) بعد كل شيء، كان عدم الإعلان عن أهداف الخطط هو السبيل الأسلم بالنسبة لنظام كوريا الشمالية لضمان ألّا يبدو أنه لم يحققها.

وكما هو الحال مع الاقتصادات المُخططة الأخرى، فإن كوريا الشمالية مبتلاة بنقصٍ في أغلب البضائع والسلع. يتذكر السيد روديغير فرانك، وهو أحد أشهر الخبراء في شؤون كوريا الشمالية، أنه سافر إلى بيونغ يانغ عام 1991 في زيارة دراسة كان يفترض أن تستمر لعدة أشهر. ومن أجل ألا يزيد وزن حقيبته عن وزن عشرين كغم المسموح به، لم يجلب معه كوب شرب القهوة. يقول السيد فرانك: "أحد الأشياء التي اعتقدت أني أعرفها، إن لم تكن مهتماً جدًا بالجماليات، فينبغي لك ان تستطيع إيجاد تلك الأشياء حتى في اقتصادٍ يتميز بظاهرة النقص. في اليوم الأول بعد وصولي هناك، ذهبت إلى المتجر رقم واحد، وهو المتجر الأفضل في المدينة في ذلك الوقت. لم يستغرق الأمر طويلاً حتى وجدت هرمًا كاملاً من أكواب القهوة المزخرفة في الطابق الثاني. نظرت الرفيقة المسؤولة عن المتجر إليّ بابتسامة غامضة وقمت باستخدام أفضل ما أمتلكه من القدرة للتحدث باللغة الكورية كي أطلب شراء واحدة من تلك الأكواب التي تبدو كتحفٍ

فنية مصغرة معروضة على الرف أمام عيني. كان جوابها مباشرًا ومفاجئًا: 'ليس لدينا أي منها.' كان افتراضي أن هناك نوع من سوء الفهم، وقمت بإعادة صياغة سؤالي واستخدمت لغة الإشارة من أجل تأكيدٍ إضافي، مما سبب اختفاء هدوء السيدة الزائف والمتقن بإحكام، وتغيرت الابتسامة على وجهها إلى تعبيرٍ من الذعر التام. ابتعدت عني من دون أن تقول كلمة أخرى، وعدت أنا إلى سكني الجامعي حاملاً العديد من الأسئلة في ذهني، لكن من دون كوبٍ لشرب القهوة."(301)

وجد السيد فرانك بعد ذلك تفسيرًا قد يكون ملائمًا لهذه الحادثة الغريبة. أثناء إحدى "تعليماته الآنية" قبل بضع سنوات، بيّن كيم إل سونغ كم آلمه مظهر وجود فراغاتٍ عديدة على رفوف متاجر بلده الجميل. من المفترض أن تلك العبارة كانت مقصودة كتذكير لشعب كوريا الشمالية لزيادة الإنتاج، لكن الحاشية المحيطة به في كل الأوقات، الذين كتبوا كل كلمة يقولها وحولوها إلى تعليمات، والتي يتم عرضها بعد ذلك على الرايات وبثها عبر مكبرات الصوت في المناسبات العامة عبر أرجاء البلاد، أخذوا العبارة بشكلٍ حرفي: لم يرغب الزعيم الأعلى أن يرى أي فجوات على رفوف محلات بلده الجميل مرةً أخرى. "وعليه، منذ ذلك الوقت، أصبحت الرفوف في مرافق البيع العامة ممتلئة دائمًا. لم يستطع أي زائرٍ أجنبي أن يعرف فيما إذا كانت أي سلعة معينة متوفرة أم لا. ولسوء الحظ لم يعرف الكوريون الشماليون ذلك أيضًا، على الأقل ليس من أجل النظر إلى الرفوف التي كانت ممتلئة جيدًا في جميع الأوقات. عندما تصل البضائع إلى المتاجر، توضع تلك البضائع في حزمٍ على الأرض، أو تعرض على طاولة البيع ويتم بيعها مباشرة." (302)

لكن، كما يقول السيد فرانك، تغير الكثير من الأمور منذ محاولته الفاشلة لشراء كوب شرب القهوة. أدى الإدراك المتزايد لضعف التخطيط الاقتصادي إلى بروز محاولات مبدئية "لإصلاحاتٍ اقتصادية مصغرة"، منذ عام 2002 وما تلاها. كانت عبارة عن محاولات لتشجيع إصلاحات لمحاكاة آليات عمل اقتصاد السوق في جمهورية ألمانيا الديمقراطية، كما تم تبيانها في الفصل الثالث. لكن، كما كان الحال في جمهورية ألمانيا الديمقراطية، وليس كما في الصين التي يُعد نظامها الاقتصادي الحالي اشتراكيًا بالاسم فقط، كان لتلك الجهود تأثيرٌ محدودٌ في أفضل الأحوال بسبب رفض نظام كوريا الشمالية إعادة النظر بشكلٍ جِدي في التزامها بنظامٍ اشتراكي، والمبادرة في التحول إلى الرأسمالية.

تضمنت الإصلاحات الثانية التى تبنَّاها النظام تحولاً طفيفًا نحو حوافز أكثر لتحسين أداء العاملين

الأفراد. اعتمد النظام قبل ذلك بشكلٍ أساسي على الدعاية في جهوده لزيادة الإنتاج. كل عام، يتم استخدام عيد ميلاد كيم إل سونغ مناسبة لحث العمال لزيادة جهودهم. مكبرات الصوت التي تبث الشعارات التحفيزية الجديدة هي صفة واسعة الانتشار في أماكن العمل في كوريا الشمالية على أي حال. في مواقع البناء، تُردد مكبرات الصوت الموضوعة على العربات مقاطع صوتية مستمرة لتعليماتٍ رسمية تتخللها أغانٍ ثورية من أجل إبقاء العاملين متحفزين.[303]

أحد الأمور التي تم تبنيها أثناء الفترة القصيرة للمحاولات المبدئية لإصلاح اقتصاد كوريا الشمالية، كان إصلاح الأسعار عام 2002، والذي أدى إلى تسعيرٍ أكثر واقعية للسلع. لكن كما كان حال مثيلتها في ألمانيا الشرقية، ابتعدت قيادة كوريا الشمالية السياسية عن اتخاذ الخطوة التالية والسماح للأسعار بأن تتحدد عن طريق تفاعل قُوى العرض والطلب، والتي هي متطلبات اقتصاد السوق الفعال لأن التقلبات في الأسعار هي المؤشر الأكثر موثوقية لحالات النقص والفائض في الإنتاج.

يبدو أن حكام كوريا الشمالية يعيشون في حالة خوفٍ دائم من خسارة سلطتهم، كما حدث مع القادة السوفيت ورفاقهم الشيوعيين في بلدان أوروبا الشرقية الأخرى الذين بادروا بإصلاحاتٍ اقتصادية شاملة في نهاية الثمانينيات وبداية التسعينيات. عندما بيّن إصلاح الأسعار في كوريا الشمالية المستوى الحقيقي للتضخم، والذي كان مخفيًا ومقموعًا قبل ذلك، أصبح الحكام وبشكلٍ مفهوم يشعرون بالفزع، ووصلت رغبتهم في إصلاح الاقتصاد إلى نهايتها بسرعة.

يحتوي كتاب الأستاذ فرانك على سجل محاضرة حول مكافحة التضخم، كان قد ألقاها في بيونغ يانغ عام 2005. وفي محادثاتٍ لاحقة أجراها مع خبراء من كوريا الشمالية، أدرك أنهم على معرفةٍ جيدة حول المبادئ الاقتصادية الغربية، لكنهم يفتقرون تمامًا للوعي أن الأمر يتطلب نظامًا اقتصاديًّا مختلفًا، بالذات اقتصاد السوق الحر، من أجل جعل تلك المبادئ تعمل. سعى الخبراء للحصول على نصائحه بما يتعلق بخطواتٍ عملية محددة، لكنهم رفضوا الاستماع للمحاضرات حول الآليات التي تقود نظام اقتصاد السوق الحر.[304]

مات تعهد النظام بإصلاح الاقتصاد بشكلٍ مبكر، والذي كان تعهدًا مترددًا على أي حال، وبدأت الصحافة المملوكة للدولة بنشر تحذيراتٍ متكررة عن مخاطر الاستسلام "للسموم الجذابة للرأسمالية."[305] في شهر تشرين الثاني (نوفمبر) 2009، تم خفض قيمة العُملة إلى سعر صرفٍ قدره مئة وون كوري للدولار الواحد. وعلى الرغم من تعرُّض الأسعار والدخول والمدخرات لمعامل الانخفاض ذاته، كان يحق للكوريين الشماليين تبديل مدخرات بقيمة لا تتجاوز مئة

دولار. بمعنى آخر، كانت عملية إصلاح العملة، عبارة عن عملية مصادرة لمدخرات أولئك الذين يمتلكون أكثر من تلك الكمية ولم يقوموا بتغييرها إلى عملةٍ أجنبية.[306]

سبب ذلك الأمر الكثير من الغضب لدى الناس، حيث كان من ضمن أولئك الذين تضرروا عوائل اعتيادية، كانت تقوم بالادخار من أجل زواج بناتهم، وكذلك الذين يعدون أغنياء فعلًا بالمقاييس الكوري الشمالي. فقد الناس أي ثقة كانوا يمتلكونها من قبل ذلك بعملتهم تمامًا بسبب هذه الإصلاحات السيئة. ومن أجل الحفاظ على مدخراتهم، بدأ الكوريون الشماليون باستثمار أموالهم في أصولٍ مادية مثل الرز والذهب، أو حاولوا الحصول على عملاتٍ أجنبية. استجابت الحكومة لذلك بمنع أي عمليات تبادل للعملات الأجنبية، لكن نظام العملة المزدوج بحكم الواقع استمر في الوجود في كوريا الشمالية المعاصرة: العملة الرسمية التي تستخدم لشراء السلع حسب الحصص المقررة، والعملات الأجنبية التي تُمكن مالكيها المحظوظين من شراء بعض السلع الكمالية الطفيفة. يبدو سائقو سيارات الأجرة والعاملون في المطاعم وأحواض السباحة سعداء بقبول الدولارات مقابل خدماتهم.[307]

لكن على الرغم من أن جميع الخطوات حتى الصغيرة منها نحو إصلاح الاقتصاد لم تحقق أي شيء في نهاية الأمر، إلا أن المناطق الاقتصادية الخاصة في كوريا الشمالية قد استطاعت البقاء. وكما ذكرنا في الفصل الأول، لعبت هذه الأماكن التجريبية للإصلاحات الاقتصادية عندما تم إنشاؤها في الصين دورًا مهمًا في تيسير التحول من الاشتراكية إلى الرأسمالية من خلال توفير فضاء لتجارب على مستوى صغير للملكية الخاصة واقتصاد السوق الحر والتعاون الدولي ضمن رقعة جغرافية محددة. قامت كوريا الشمالية أيضًا بإنشاء العديد من المناطق الاقتصادية الخاصة، لكن بالمقارنة بمثيلاتها في الصين لم تكن مساهمتها في الاقتصاد مؤثرة. استمر بعضها في الوجود لعقودٍ من الزمن من دون تحقيق أي نتائج ملحوظة، بينما تم إغلاق البعض الآخر. ويبدو أن السيد فرانك، الذي يُعد متفائلًا بما يتعلق بالتنمية الاقتصادية في كوريا الشمالية، أقل تفاؤلًا حول آفاق منطقة راسون الاقتصادية الخاصة: "كوريا الشمالية تفتح بابًا لكن لا أحد يدخل ماعدا بعض المضاربين الصينيين. الاستثمارات التي تمت حتى الآن في هذا 'المثلث الذهبي في الشمال الشرقي' لا تصل حتى مستويات مدينة صينية صغيرة." تم التخلي عن مدينة اقتصادية خاصة أخرى، وهي منطقة كايسونغ الصناعية، عام 2016 بعد أن ألغت كوريا الجنوبية اتفاقية تجارية بعد قيام كوريا الشمالية بتجارب صاروخية.[308]

والأكثر من الاقتصاد المُخطط، يَبرز الإنفاق العسكري الهائل لكوريا الشمالية كعاملٍ آخر

يساهم في الحالة الاقتصادية المُزرية للبلاد. استطاع النظام البقاء في السلطة فقط من خلال فرض حالة مستمرة من الحصار والطوارئ عبر أرجاء البلاد. الكوريون الشماليون مستعدون باستمرار لحدوث هجوم من قِبل "القُوى الإمبريالية"، وبالذات الولايات المتحدة. تحافظ كوريا الشمالية على أحد أكبر الجيوش في العالم، وتستمر فترة الخدمة العسكرية الإلزامية ما بين ثلاث إلى عشر سنوات.[309] المجتمع الكوري الشمالي مجتمعٌ معسكرٌ بشكلٍ شامل: بدلاً من الذهاب إلى العمل والمدارس، يسير الكوريون الشماليون في الاستعراضات العسكرية. الزي الموحد موجود في كل مكان، والتدريبات العسكرية أمرٌ متكرر في الشركات والمدارس والدوائر الحكومية. يضع تمويل المشروع النووي الطموح للبلاد إجهادًا كبيرًا على الاقتصاد.

تمتلك كوريا الشمالية مستوى معيشي منخفض جدًا على الرغم من الاحتياطيات الهائلة من المعادن التي تمتلكها، ويعود السبب الأساسي في ذلك لإصرار قيادتها السياسية على الإبقاء على نظامٍ اقتصادي اشتراكي. تشعر كوريا الشمالية بفخرٍ كبير في بقائها مخلصة لمبادئ الاشتراكية، مع محاولات مؤقتة وهامشية للإصلاح، بينما انجذبت الصين والدول الاشتراكية السابقة إلى"إغراءات" الرأسمالية.

على الرغم من كون القطاع الزراعي في كوريا الشمالية يُشغّل حوالي ستة أضعاف من الناس بالمقارنة مع قرينتها كوريا الجنوبية، إلا أن الإنتاج الزراعي للبلاد بالكاد يغطي احتياجاتها حتى في السنوات الجيدة.[310] عندما ينخفض إنتاج الغلال بسبب الجفاف أو أسباب طبيعية أخرى، تكون النتيجة نقصًا في الغذاء، ومجاعات متكررة على مستوى المجاعات التي كانت تحدث في الصين ما قبل التحول نحو الرأسمالية.

حدثت أسوأ تلك المجاعات عام 1996، عندما تجمعت تأثيرات إساءة إدارة الموارد وحدوث جفافٍ وفيضاناتٍ أدت إلى وفاة حوالي 200000 من الكوريين الشماليين بسبب الجوع حسب الإحصاءات الرسمية. من الصعب تحديد العدد الحقيقي للوفيات، وتضع تقديرات من قِبل وكالات أجنبية العدد الكلي بحدود ثلاثة ملايين، أي واحد من كل ثمانية كوريين شماليين. وكما قامت قيادة الصين الشيوعية في وقتٍ ما بإلقاء اللوم في وفاة الملايين من الصينيين بسبب الجوع على الكوارث الطبيعية (انظر الفصل الأول)، يقوم نظام كوريا الشمالية بالشيء نفسه، ويلقي باللوم على أي نقص في الغذاء وأي مشاكل اقتصادية أخرى إما على العقوبات الغربية أو الحوادث الطبيعية.

كما يوضح مثال الصين، فإن المواسم الزراعية السيئة، التي يمكن أن تحدث في أي نظام سياسي

أو اقتصادي، بسبب فترات جفاف طويلة على سبيل المثال، ليس من الضروري أن تؤدي إلى موت السكان بسبب الجوع. ليس الجفاف بحد ذاته هو ما يسبب موت الآلاف من الناس، بل العيوب في نظام الاقتصاد المُخطط الذي يكون الإنتاج الزراعي فيه بالكاد يغطي حاجة الناس حتى في الظروف الطبيعية، مما يعني أن تذبذب إنتاج الغلال الذي تسببه التغيرات في أنماط المناخ، يمكن أن تكون له نتائج كارثية.

كوريا الجنوبية

لا يمكن أن تكون المقارنة بين كوريا الشمالية وكوريا الجنوبية أكثر وضوحًا مما هي عليه. حسب مؤشر الحرية الاقتصادية لعام 2023، شغلت كوريا الجنوبية المرتبة الخامسة عشرة بين البلدان الأكثر حرية في العالم، متقدمة على بريطانيا (المرتبة الثامنة والعشرين)، والولايات المتحدة الأمريكية (المرتبة الخامسة والعشرين).[311] بالمقارنة، وقعت كوريا الشمالية في مؤخرة التصنيف بالمرتبة 176.[312]

في أعقاب الحرب العالمية الثانية، وجدت كوريا الجنوبية نفسها في وضع صعب في البداية من دون دعم ماليٍّ من الولايات المتحدة، بينما تلقَّت كوريا الشمالية دعمًا كبيرًا من الاتحاد السوفيتي والصين. كانت كوريا الجنوبية بلدًا زراعيًا من دون وجود احتياطيات معدنية كبيرة، حيث إن كل احتياطيت شبة الجزيرة الكورية من الموارد الطبيعية تقريبًا، ومن ضمنها خامات الحديد والذهب والنحاس والرصاص والزنك والكربون والموليبدنيوم والرخام وأحجار الكلس تقع في كوريا الشمالية.[313] نما عدد سكان كوريا الجنوبية بشكلٍ سريع جدًا من ستة عشر مليون إلى إحدى وعشرين مليون ما بين عامي 1945 و1947، فقط نتيجة لتدفق اللاجئين من الشمال الشيوعي. عاش العديد من الناس على حد الكفاف أو دون ذلك.[314]

في شهر تموز (يوليو) 1961، أدرجت الحكومة اليابانية سبعة أسباب تجعل الاستقلالية الاقتصادية لكوريا الجنوبية مستحيلة: الاكتظاظ السكاني ونقص الموارد وعدم وجود التصنيع والمسؤوليات العسكرية المهولة ونقص الكفاءات السياسية ونقص رأس المال ونقص المهارات الإدارية.[315] بدا فشل كوريا الجنوبية في تحقيق أي تقدم اقتصادي ذي معنى في الخمسينيات بعد الحرب الكورية مباشرة كأنه يؤكد وجهة النظر هذه. كان معدل الدخل في كوريا الجنوبية 79 دولارًا أمريكيًا، وهو أحد أقل معدلات الدخول في العالم.

بدأت آفاق البلاد تتحسن أخيرًا مع صعود بارك جونغ - هي للسلطة عام 1961. بحلول الوقت

الذي تم فيه اغتيال الحاكم الاستبدادي من قِبل وكالة المخابرات المركزية الكورية عام 1979، فإنه كان قد أصبح الأب المؤسس للمعجزة الاقتصادية لكوريا الجنوبية. فضَّل الرئيس بارك في البداية نظامًا اقتصاديًّا مركزيًّا تسيطر عليه الدولة، لكنه اقتنع بعد ذلك بوجهة نظر مؤسس شركة سامسونج السيد لي بيونغ - جل، الذي تقول التقارير أنه نصح الرئيس "إن اقتصاد سوق حر نسبيًا فقط سوف يستطيع إطلاق عنان مبادرات ريادة الأعمال والتفكير الخلاق المطلوبين لتحقيق المنافسة في الأسواق العالمية، وضمان وجود منتجات على أعلى طراز."(316) المصطلح الكوري الذي يستخدم لوصف الشركات العملاقة مثل سامسونج هو مصطلح جايبول "Chaebol"، الذي يمكن ترجمته إلى "عوائل الأعمال." ساهمت هذه المنشآت القوية المملوكة من قِبل عائلات بشكلٍ حاسم في صعود كوريا الجنوبية إلى الازدهار الاقتصادي. ليس من قبيل الصدفة أن يكون لمؤسس أحد تلك الشركات تأثير حاسم في سياسة الرئيس بارك الاقتصادية. كانت العلاقة الوثيقة ما بين الحكومة وهذه المنشآت الكبيرة المملوكة من قِبل عائلات صفة مميزة للاقتصاد الكوري الجنوبي في ذلك الوقت. على الرغم من أن الحكومة قد أصدرت خططاً لأهداف التنمية والإنتاج، فإنها كانت مختلفة تمامًا عن التخطيط الاقتصادي في الأنظمة الاشتراكية. بدلاً من أن تأمر الحكومة الشركات فيما ينبغي لها القيام به، كما هو الحال في الاقتصاد المُخطط، فإن الشركات نفسها كان لها تأثير كبير على سياسات الحكومة. كان الفساد متفشيًا في النظام. من أجل بناء قاعدة سلطته، اعتمد الرئيس بارك على دعم شركات الجايبول القوية، التي سبقت وجود نظامه، حيث يعود تاريخ سبع وعشرين من ثلاثين تكتلاً كبيرًا موجودًا اليوم إلى ما قبل عام 1961.(317)

على عكس المنشآت الخاصة في كوريا الشمالية، والتي تم تأميمها، فإن نظيراتها الكورية الجنوبية قد تم تعويضها عن خسائرها في زمن الحرب. تم تحقيق ذلك عن طريق خصخصة الأصول اليابانية، والتي تم بيعها حينها إلى بعض مُلاك المنشآت التي تديرها عائلات. نصف المُلاك الجُدد تقريبًا كانوا من عائلات مُلاك أراضٍ بحيازات كبيرة أو متوسطة الحجم. "كانت تلك هي جذور التطور السريع للشركات المنظمة تراتبيًا والمملوكة عائليًا وهيكيلية الشركات التي شكلتها الروابط العائلية من أجل الاستفادة من رؤوس الأموال المُقترضة من أجل التمدد المزمن إلى قطاعات اقتصادية مختلفة من أجل تحقيق أهداف السياسة الصناعية التي تم وضعها."(318)

أصبحت علامات شركات الجايبول الكورية الكبرى اليوم، بشكلٍ حرفي، علامات منتجات

للمستهلكين عبر أرجاء العالم: سامسونج هي المنافس الرئيس لشركة أبل، واصبحت أجهزة التلفزيون والأجهزة الألكترونية المنزلية التي تنتجها شركة أل جي منتشرة حول العالم. مجموعات الأعمال هذه المملوكة عائليًا متنوعة الأعمال أكثر من أغلب الشركات الأمريكية، باستثناء البعض منها مثل شركة جنرال إلكتريك. تتكون العديد من تكتلات الجايبول من عشرات الشركات المنفردة التي تعمل في مجالات اقتصادية مختلفة. في منتصف التسعينيات، كانت أكبر خمس تكتلات منها نشطة في معدل 142 سوقًا مختلفًا لكل واحد منها (حسب فئة المنتج)، بينما عملت التكتلات السادسة والعاشرة والحادية عشرة والخامسة عشرة (من حيث الحجم) في تسع وثلاثين إلى ثلاثة وستين سوقًا مختلفًا.[319]

كانت المنشآت الصغيرة ومتوسطة الحجم تعاني على الجانب الآخر من أجل المنافسة ولم تلعب دورًا مهمًا في كوريا الجنوبية حتى ثمانينيات وتسعينيات القرن الماضي. ارتفعت نسبة القوة العاملة الكلية التي تشغلها المنشآت الصغيرة ومتوسطة الحجم (إلى حد مئة شخص) من 35 % عام 1970 إلى حوالي 58 % عام 1998.[320] ماتزال علامات تكتلات الجايبول الكبرى اليوم مهمة في اقتصاد كوريا الجنوبية. طالما كان لتلك التكتلات تركيز قوي على الأبحاث والتطوير. طورت شركتي هيونداي وسامسونج أقسام البحث لديهما بشكلٍ مطّرد ما بين عامي 1980 و1994، مع زيادة قدرها ستة أضعاف من العاملين من 616 إلى 3840 شخصًا بالنسبة لشركة هيونداي وارتفاع مذهل بثلاثة عشر ضعفًا من 690 إلى 8919 شخصًا بالنسبة لشركة سامسونج.[321]

من بين الاضطرابات العديدة التي هددت بإبطاء التنمية في الاقتصاد الكوري الجنوبي كانت الأزمة المالية 1997-1998 هي الأكثر حِدة. أصابت الأزمة كوريا الجنوبية بشدة، مع فقدان 25 % من معدل الدخل الكلي للفترة من 1996-1997 إلى 1997-1998، وارتفاع البطالة وانخفاض الأجور الحقيقية، مما أدى إلى آثارٍ سلبية على الرفاهية بنسبة 45 % أثناء تلك الفترة حسب تقديرات الاقتصاديين.[322] يودُّ منتقدو الرأسمالية أن يشيروا إلى الأزمات من هذا النوع على أنها برهان على ضعف النظام الرأسمالي، بينما في حقيقة الأمر إنها أجزاء ضرورية من الدورة الاقتصادية، وغالبًا ما يكون لها تأثير تطهيري من خلال ضمان اختفاء الشركات غير المربحة من السوق.

يمكن اعتبار انهيار مجموعة دايوو مثالاً واضحًا على هذه الحالة. وصلت الشركة التي أسسها رائد الأعمال الناجح جدًا السيد كيم وو - جونغ الذي بدأ ممارسة أعماله في مجال صناعات النسيج، ثم دخل لاحقًا إلى مجالات الصناعات المعدنية الثقيلة والسيارات والألكترونيات إلى مرحلة

الإفلاس عام 1999، في أعقاب أزمة 1997-1998.[323] تعمل الشركات التي انبثقت من تفكك رابع أكبر مجموعة اقتصادية كورية جنوبية كمنشآتٍ مستقلة الآن، وبعضها ناجح جدًا.

نتيجة للأزمة الحادة 1997-1998، تم وضع كوريا الجنوبية مؤقتًا تحت رقابة صندوق النقد الدولي. وعلى الرغم من تلقِّي الإصلاحات الهيكلية التي فرضها صندوق النقد الدولي الكثير من الانتقادات، لكنها سرعان ما أنتجت نتائج إيجابية مما مكَّن البلاد من تجاوز الأزمة في وقتٍ قصير يدعو للدهشة. الأكثر أهمية من ذلك أن الإصلاحات خلقت تأثيرات إيجابية طويلة المدى من خلال إضافة زخم إلى مبادرات تحرير الاقتصاد الكوري الجنوبي التي بدأت في ثمانينيات القرن الماضي. تم تفكيك العديد من مجموعات الجايبول أو تجريدها من العمل في مجالات غير مجالاتها الأساسية، وفي الوقت ذاته بدأ انفتاح الاقتصاد الكوري الجنوبي على المستثمرين الأجانب إلى درجةٍ لم يسبق لها مثيل. شهد عام 1998 أيضًا التحرير الكامل للأسواق المالية، وتقنين عمليات الاندماج والاستحواذ بين الشركات، ومن ضمنها الاستحواذات غير الودية، التي تتضمن الشركات الأجنبية.[324]

باعت مجموعة سامسونج عشرات من شركاتها التي كانت تعمل في مجالات ليست من مجال عملها الأساسي، وسرَّحت حوالي ثلث العاملين المتبقين لديها أثناء تلك الفترة. كانت تلك الإجراءات نافعة، وجعلت سامسونج أحد أسرع العلامات التجارية الكورية الجنوبية نموًا بعد الأزمة.[325] تُعد سامسونج الآن أحد أكبر عشرين شركة في العالم من ناحية القيمة السوقية، وتقع مباشرة بعد شركة ولمارت الأمريكية العملاقة ومتقدمة على شركة أي تي آند تي.[326]

وبينما كان الصعود الاقتصادي لكوريا الجنوبية مدفوعًا بالتحرير الاقتصادي، لكن ذلك لم يكن متزامنًا، على الأقل في البداية، مع تحول البلاد نحو الديمقراطية، والذي لم يبدأ حتى عام 1987. ربما تتزامن إصلاحات السوق الحر مع التحرر السياسي في بعض الحالات لكن، كما تثبت حالات الصين وتشيلي (انظر الفصل الأول والفصل السادس) فإن من الممكن في بعض الحالات أن تحدث إصلاحات السوق الحر من غير حدوث الحرية السياسية. منذ أوائل الثمانينيات وما تلاها، بدأت الحكومة الكورية الجنوبية بالتخلي تدريجيًا عن تأثيرها القوي على الاقتصاد. كانت عملية خصخصة البنوك خطوة في ذلك الاتجاه. انخفضت نسبة القروض التي يديرها صندوق الاستثمار الوطني الكوري من 25 % عام 1979 إلى 5 % عام 1991. في عام 1980، تم إنشاء هيئة التجارة العادلة الكورية ضمن قانون جديد لمكافحة الاحتكار. استمرت عمليات تحرير الاقتصاد أثناء التسعينيات مما مكن كوريا الجنوبية من الانضمام إلى منظمة التعاون الاقتصادي والتنمية عام 1996.[327]

في كتابه الذي يُعد مرجعًا قياسيًا حول الاقتصاد الكوري الذي نشر عام 2013، يقول الاقتصادي الألماني ديتير شنيدوند: "تنسحب الحكومة بشكلٍ متزايد من الإدارة اليومية للنشاطات الاقتصادية لكنها تستمر في وضع أهداف، وتمنح قروضًا ومحفزات ضريبية لدعم التنمية الواعدة. مع إطلاق العنان لاقتصاد السوق الحر المحلي، فقد تم تخفيف التنظيمات التي كانت تسيطر على وتحد من التجارة الدولية سابقًا إلى حدٍ كبير، مما سمح لريادة الأعمال والأفكار الخلاقة بالتطور بشكلٍ قوي لتصل إلى أبعد مدياتها."[328] يُحاجج السيد فيرنر باشا، وهو أقل انبهارًا بسجل البلاد في التحرر الاقتصادي، أن رؤساء كوريا الجنوبية لمعاصرين جميعًا، ومن ضمنهم الرئيسة بارك غوين - هي، وهي ابنة الرئيس بارك جونغ - هي، التي تسلمت المنصب ما بين 2013 و2017، فرضوا وبشكلٍ فعال أجندات سياسة صناعية. وبينما لم تكن سياستها تدخلية بقدر ما كانت سياسة والدها الاقتصادية، إلا أن حكومتها قد أثرت في التنمية الصناعية من خلال تعزيز "الاقتصاد الإبداعي" ومنح دعم مالي للأعمال في مجال تكنولوجيا المعلومات.[329]

يُبين مثال كوريا الجنوبية، وبالذات حين مقارنتها مع جارتها الشيوعية، قوة الرأسمالية المتفوقة. وعلى المنوال نفسه، فإنها تُبين كذلك أن النظام الاقتصادي هو أحد الشروط المُسبقة، من ضمن العديد منها، لصعود أي بلدٍ للنجاح الاقتصادي. على الرغم من أن إعادة هيكلة الاقتصاد على النمط الرأسمالي تضع الأسس للنجاح، لكن العوامل الثقافية ساهمت دائمًا وبشكلٍ كبير في درجة ذلك النجاح. وأشير هنا بالذات إلى استعداد الكوريين البطولي للعمل والدراسة بشكلٍ جدي. أتذكر عودة أحد الأساتذة الذين عملتُ معهم مساعد أبحاث في جامعة برلين الحرة، البروفسور يورغن فالتر، من زيارته إلى كوريا الجنوبية. يبدو أن عدد الطلبة الذين كانوا يدرسون في مكتبة الجامعة هناك في منتصف الليل، في الوقت الذي كانت المكتبة في جامعتنا تغلق أبوابها الساعة السادسة والنصف مساءً، كان له تأثيرٌ هائل عليه.

يتم أخذ التعليم بشكلٍ أكثر جدية في كوريا الجنوبية من أي مكانٍ آخر في العالم تقريبًا. يمثل الإنفاق على التعليم البالغ 20 % من الميزانية الحكومية، وهي نسبة بقيت ثابتة نوعًا ما خلال السنوات الثلاثين الماضية، البند الأكبر في الميزانية الحكومية.[330] أضف إلى ذلك الإنفاق الحكومي الاستثمار الخاص في التعليم الذي يصل إلى 3 % من الناتج المحلي الإجمالي، مما يجعل كوريا الجنوبية تنفق على التعليم أكثر من أي بلد آخر. بوجود حوالي 80 % من مؤسسات التعليم العالي في ملكية القطاع الخاص، فإن نظام التعليم في كوريا الجنوبية يمتلك تركيزًا أعلى بكثير من أغلب البلدان الأخرى فيما يتعلق بالسوق الحر. نوعية تلك المؤسسات ممتازة جدًا. تم

تصنيف ثماني جامعات كورية جنوبية ضمن أكثر مئة جامعة إبداعية في العالم، والمعهد الكوري الجنوبي المتقدم في العلوم والتكنولوجيا هو الجامعة الوحيدة خارج الولايات المتحدة الذي يقع ضمن العشرة الأعلى.[331]

على الرغم من جودتها العالية، فإن هذه الجامعات لا تُشبع حماس الطلاب الكوريين. تُرسل العوائل الغنية بالذات أبناءها وبناتها بشكلٍ متكرر للدراسة خارج البلاد، ويُفضل أن تكون جامعات أمريكية، لإكمال تعليمهم. ومع كون من يشغلون المناصب القيادية في السياسة والأعمال كلها تقريبًا هم أشخاص يحملون شهادة الدكتوراه من جامعات أمريكية، أصبحت شهادة من جامعة كورية جنوبية نخبوية يتبعها دراسات عليا في الولايات المتحدة عمليًا أمرٌ واجب لأي كوري جنوبي يطمح لتحقيق مسارٍ مهني ناجح.[332]

على مستويات التعليم الابتدائي والثانوي، تلعب المدارس الخاصة أيضًا دورًا مهمًا. بالاضافة إلى الدروس الاعتيادية، يُنفق 77 % من طلاب المدارس 10.2 ساعة إضافية في المعدل كل أسبوع في واحدة من 100000 هاغون، أي مدارس خاصة. تُنفق العائلة الكورية المتوسطة حوالي ثمانمائة دولار شهريًا لدفع الرسوم الدراسية الخاصة[333] على الرغم من أن المدارس الحكومية في البلاد هي ضمن أفضل المدارس تجهيزًا وتقدمًا في العالم. منذ عام 2001، تم ربط جميع المدارس الابتدائية والثانوية بشبكة الإنترنيت، ويمتلك جميع المدرسين في كوريا الجنوبية البالغ عددهم 340000 مدرس كمبيوتر خاص. بحلول عام 2003، انطلقت أربع عشرة "جامعة سيبرانية" على الإنترنيت.[334]

انعكست نتائج هذا الحماس التعليمي في التصانيف العالمية. تم تصنيف أداء الطلاب الكوريين الجنوبيين من خلال برنامج تقييم الطلاب الدوليين لمنظمة التعاون الاقتصادي والتنمية عام 2018 بالمرتبة السابعة من ضمن سبعين بلدًا في العلوم (متقدمين على المملكة المتحدة بالمرتبة الرابعة عشرة وألمانيا في المرتبة السادسة عشرة والولايات المتحدة بالمرتبة الثامنة عشرة)، والمرتبة السابعة في الرياضيات. قد يكون ما هو أكثر إبهارًا هي نسبة البلاد العالية من المتفوقين في مادةٍ واحدة على الأقل، والتي بلغت 26.6 % متجاوزة بكثير معدل دول منظمة التعاون الاقتصادي والتنمية البالغ 15.2 %. وعلى العكس من ذلك، فإن نسبة كوريا الجنوبية من أدنى الناجحين في المواد الثلاثة كلها البالغة 7.5 % أقل بكثير من المعدل البالغ 13.4 %.[335]

تعكس هذه النتائج الميل الهائل للعمل الجاد من قِبل الطلاب الكوريين. النشيد الذي يتم غناؤه أمام الطلاب الذين يستعدون لأداء امتحان القبول في الجامعات يسمى "سادانغ أوراك"

(ويعني: "انهض بعد أربع، خمس تفشـل")، أي أن التلميذ الذي ينام أكثر من أربع ساعات في اليوم بدلاً من الدراسـة سوف يفشل في الامتحان.[336] تبدأ المدارس الساعة التاسعة صباحًا وتنتهي الخامسة مساءً، وبعدها يؤدي التلاميذ واجباتهم الدراسية، ويقضون بعض الوقت في تصفح الإنترنيت. ما بين أعمار عشر واثني عشر عامًا، ومرة أخرى ما بين السادسة عشر والثامنـة عشر، تذهب الأغلبية العظمى من الطلبة إلى مدارس الهاغون كي تساعدهم في الدخول إلى أفضل المدارس الثانوية والجامعات.[337]

يعمل الكوريون الناضجون لساعاتٍ طويلة. يقول الأستاذ شنيدوند "المتوقع من الكوريين هو الاستمرار بالعمل الجدي حتى إنهاء العمل. يعمل الكثير من الكوريين ساعاتٍ طويلة طالما كانوا قادرين على ذلك، ويبقى العديد من كبار السن في العمل حتى الممات تقريبًا، ونادرًا ما ينظرون للوقت أو اليوم، ناهيك عن استخدام الإجازات السنوية." أولئك الذين يمتلكون وقتًا إضافيًا، على سبيل المثال العاملون في الشركات الكبيرة، نادرًا ما ينفقونه على نشاطات التسلية. بدلاً من ذلك، يحضرون دورات تطوير مهني أو يعملون في عملٍ ثانٍ.[338]

على الرغم من أن هذه التصرفات الثقافية قد لعبت دورًا محوريًا في النجاح الاقتصادي لكوريا الجنوبية وبلدان آسيوية أخرى، فإن ذلك النجاح كان ممكنًا فقط بالاجتماع مع نظام رأسمالي. بعد كل شيء، تتشارك كل من كوريا الجنوبية وكوريا الشمالية في التقاليد من سالف الزمن، لكن في نظام اقتصادي غير كفء مثل نظام كوريا الشمالية، فإن تأثيراتها الإيجابية على التنمية الاقتصادية تتم إعاقتها أو توجيهها إلى احتفالاتٍ أيديولوجية وتمارين عسكرية وإنتاج الأسلحة.

الفصل الخامس

من أجل رأسمالية أكثر: إصلاحات تاتشر وريغان الداعمة للسوق في المملكة المتحدة والولايات المتحدة

من وقتٍ لآخر، تحتاج الأنظمة الرأسمالية إصلاحاتٍ شاملة؛ لأن الناس يفقدون بصيرتهم حول أُسس نجاحها. في البلدان الديمقراطية، غالبًا ما يفوز السياسيون في الانتخابات من خلال وعودهم بمنحٍ مجانية لناخبيهم. عادةً ما تتضمن محاولاتهم للتعامل مع "عدم المساواة الاجتماعية" المُفترضةً اقتراض مبالغ أكبر من الأموال للإنفاق على خطط الرعاية الاجتماعية. يميل السياسيون والموظفون الحكوميون للتدخل في الاقتصاد بسبب إيمانهم المُضلل بأنهم يستطيعون توجيه الاقتصاد أفضل من السوق، وهو إيمانٌ يشتركون فيه مع أتباع الاقتصاد الاشتراكي المُخطط.

إصلاحات تاتشر الداعمة للسوق في المملكة المتحدة

في عام 1966، نشرت فرقة البيتلز الغنائية أغنية بعنوان "رجل الضرائب"، تبدأ الأغنية بالكلمات التالية:

دعني أخبرك كيف سيكون الأمر
لك واحدة ولي تسعة عشر
وإن كانت 5 % تبدو قليلة جدًا
كن شاكرًا إني لا آخذها كلها..

كُتبت هذه الكلمات احتجاجًا ضد الضرائب الباهظة في المملكة المتحدة، والتي كانت حتى سبعينيات القرن الماضي أشبه ما تكون بمصادرة أموال الأشخاص ذوي الدخل العالي، بنسبة ضريبة وصلت 83 % بالنسبة لمن هم ضمن الشريحة الأعلى في الدخل، بينما تم فرض ضريبة قدرها 98 % على الأرباح الرأسمالية.

بعد نهاية الحرب العالمية الثانية، اتخذت المملكة المتحدة مسارًا مختلفًا جدًا عما تبنته ألمانيا الغربية في "اقتصاد السوق الاجتماعي" تحت إدارة لودفيغ إيرهارد الذي وضع أُسس "المعجزة الاقتصادية" في الخمسينيات والستينيات (انظر الفصل الثالث). في المملكة المتحدة، أدى فوز حزب العمال ذي التوجه اليساري في الانتخابات العامة عام 1945 إلى تطبيق شكلٍ من الاشتراكية الديمقراطية تحت إدارة رئيس الوزراء حينذاك السيد كليمنت آتلي، وكان في

صلبها حملة واسعة من التأميمات. وعندها تم تأميم البنوك والطيران المدني وصناعات التعدين وقطاع الاتصالات، تبعتها خطوط السكك الحديدية والنقل البحري والنقل البري وقطاعات الطاقة والبترول، وكذلك قطاع التصنيع ومن ضمنها صناعات الحديد والصلب. في المجمل تم تأميم حوالي 20 % من اقتصاد المملكة المتحدة. وفي حالاتٍ كثيرة، بقي المديرون التنفيذيون في مناصبهم، لكنهم أصبحوا موظفين حكوميين.

حاولت الحكومة أيضًا أن تُحكم السيطرة على ما تبقى من القطاع الخاص. في مذكراتها، تشير السيدة مارغريت تاتشر، رئيسة الوزراء من حزب المحافظين إلى ما قاله الاقتصادي الليبرالي آرثر شنفيلد، الذي سخر من ذلك: "الفرق بين القطاع العام والقطاع الخاص كان أن القطاع الخاص تسيطر عليه الحكومة، بينما القطاع العام لا يسيطر عليه أحد."[339] لو تمكَّن حزب العمال من تحقيق ما كان يريده، لأصبحت المملكة المتحدة مثالاً دراسيًا للاشتراكية الديمقراطية كمسارٍ ثالث ما بين الشيوعية والرأسمالية.

حتى بعد عودة حزب المحافظين (المعروف باسم توريس) إلى السلطة بعد الانتخابات العامة في تشرين الأول (اكتوبر) 1951، أبقت الحكومة الجديدة بقيادة ونستون تشرشل على أغلبية السياسات الاشتراكية التي طبقتها سابقتها الحكومة العمالية. استمر توافق ما بعد الحرب هذا حتى عقد السبعينيات، حيث شارك العديد من السياسيين المحافظين الإيمان بأنه ينبغي أن تسيطر الدولة على الاقتصاد.

أثناء عقدي الخمسينيات والستينيات، تمتعت المملكة المتحدة بتحسُّنٍ في المستوى المعيشي وانخفاض في مستوى البطالة، وزيادة في الاستهلاك، لكنها تخلفت عن بلدانٍ أوروبية أخرى، وبالذات ألمانيا الغربية، فيما يتعلق بعدد الهواتف والثلاجات وأجهزة التليفزيون وغسالات الملابس لكل مئة من السكان. استمرت الفجوة بالنمو لأن الإنتاجية كانت منخفضة جدًا في المملكة المتحدة.

أثناء عقد السبعينيات، أصبح ضَعف المملكة المتحدة واضحًا بشكلٍ قاسٍ. كانت النقابات العمالية قوية جدًا، وكانت الإضرابات المتكررة تعصف بالبلاد. صور تقرير نشرته مجلة دير شبيغل الألمانية في كانون الثاني (يناير) 1974 بلدٌ فيه الملايين من العاطلين أو يعملون دون مؤهلاتهم، وعاصمة تغرق في الظلام ليلاً.[340] "بسبب ما يبدو أنها أسباب ثانوية جدًا، تَحول خلافٌ حول الأجور ما بين عمال المناجم وإدارات مناجم الفحم التي تم تأميمها إلى مواجهة ما بين الحكومة والنقابات، مما جرَّ البلاد إلى 'عصرٍ مظلمٍ جديد' (مجلة نيوزويك). شهد الأسبوع

الماضي انخفاضًا في إنتاج الفحم بحدود 40 %، وانخفاض إنتاج الحديد بمقدار 50 %. هناك أكثر من مليون شخص بلا عمل، وأكثر من مليوني شخص يعملون بدوامٍ جزئي فقط، ويمكن لأكثر من عشرة ملايين شخص، حوالي نصف القُوى العاملة البريطانية، أن يواجهوا المصير ذاته في الأسابيع القليلة القادمة. يكلف كل أسبوع عمل قصير المجتمع البريطاني ما يعادل 2.5 مليون مارك ألماني." وفي محاولة لتقليل استهلاك الفحم، قررت الحكومة تبني أسبوع عمل من ثلاثة أيام.

استمر التقرير بالقول: "أصبحت لندن المتذبذبة في الستينيات كئيبة، كما كانت في زمن تشارلز ديكنز، وأزقتها الإمبراطورية مضاءة بشكلٍ أقل من شوارع أحياء حضرية فقيرة في المستعمرات البريطانية السابقة. تومض الشموع في المكاتب في الحي المالي، بينما توفر مصابيح حالات الأعاصير إضاءة طارئة لمحلات التسوق. يتم إضاءة مخازن البضائع بأنوار عربات النقل. يتم تشغيل واحدة فقط من أربع مدفئات في منزل رئيس الوزراء في 10 داوننغ ستريت، وتنصح اللوحاتُ الإرشادية في محطات قطار الأنفاق الركابَ باستخدام الدرج حيث تم وضع السلالم المتحركة خارج الخدمة لتقليل استهلاك الطاقة."

جعلت تلك الإضرابات وحالات الطوارئ المشاكل العويصة لدولة الرعاية الاجتماعية واضحة للعلن. حتى مجلة دير شبيغل التي تميل لليسار، ولا يُعرف عنها التعاطف مع الرأسمالية، اضطرت للاعتراف: "لم يسمح أي بلدٍ في التاريخ لنقابات العمال أن تنمو على نطاقٍ واسع كما حصل في بريطانيا منذ السنوات الأولى للعصر الصناعي. تم اختراع الصراع الطبقي في هذه البلاد، وكذلك أفعال الإضراب كسلاحٍ فعال لذلك الصراع. أصبحت قوة كانت يومًا ما في مقدمة حركة التصنيع غير صالحة صناعيًا. أصبح مراقبو العمل، أي المتحدثين باسم النقابات ضمن الشركات، قادرين على الدعوة لإضراب وأن يخرقوا اتفاقيات جماعية متى شاؤوا، من دون الحاجة إلى التصويت على الإضراب. لم تكن النقابات أو المسؤولون فيها عرضة للمساءلة عن أي أضرارٍ تسببها تلك الإضرابات الجامحة. استغل المشرفون على العمل الإذن الممنوح لهم بإشغال مناصب ذات سلطات غير مسبوقة ضمن الشركات. بالنسبة لبعض مسؤولي النقابات، كانت مصالحهم الشخصية وحسدهم لزملائهم في العمل أكثر أهمية بالنسبة لهم من الكفاح ضد مالكي الشركات. في العديد من الحالات، كانت تصرفات المشرفين على العمل على أرض المصانع تصرفات متعجرفة كما هي تصرفات المديرين في الشركات في مكاتبهم. لعدة أشهر، حرم التنافس بين نقابتي العمال في صناعة الصلب، حيث كان كلاهما يحاولان الحفاظ على الأعمال ذات

الرواتب الجيدة لمشغلي الماكينات الجديدة، من القيام باختبار عملية تصنيع جديدة. تظاهر أعضاء نقابة عمال الموانئ ضد بناء أرصفة حاويات على أعلى مستوى، حيث كانت عمليات التحميل ستتم من قِبل عمال من قطاع آخر في قطاع النقل. بقي القطار البريطاني السريع الأكثر تطورًا واقفًا على سكة حديد غير مستخدمة لما يقرب من نصف عام؛ لأن نقابة عمال سكك الحديد أصرت على تعيين سائقين، على الرغم من أن كابينة مشغل القطار تتسع لسائقٍ واحد فقط."

كانت المملكة المتحدة ذات سمعةٍ سيئة بسبب قوة نقابات العمال، بعدد 466 نقابة، وميل أعضائها للقيام بالإضرابات. أثناء فترة السبعينيات، شهدت البلاد أكثر من ألفي إضراب كل عام بمعدل خسارة حوالي ثلاثة عشر مليون يوم عمل.[341] في عام 1972 وحده، تم خسارة حوالي أربعة وعشرين مليون يوم عمل، وهو مستوى لم تشهده البلاد منذ الإضراب العام عام 1926. كان الشيوعيون ونشطاء يساريون آخرون يُهيمنون على نقابات العمال البريطانية وكانوا أقل اهتمامًا بشكلٍ كبير بما تبقى من اقتصاد السوق الحر. أجبرت الظروف المعيشية السيئة العمال أن يوافقوا على مطالب النقابات.

كانت المناطق المحرومة اقتصاديًا في المملكة المتحدة، وهي شمال بريطانيا واسكتلندا وويلز، هي مناطق حصول العمال على أقل الأجور في أوروبا الغربية، حيث كانوا يحققون 25 % أقل من أقرانهم في الدول الأعضاء الآخرى في المجموعة الأوروبية. قالت مجلة دير شبيغل: "كانت لندن وجنوب شرق بريطانيا هما الأجزاء الوحيدة من البلاد حيث الدخول أعلى من معدل الدخل العام في المجموعة، وضمن تسعة أعضاء في المجموعة الأوروبية، كان الإيطاليون والإيرلنديون فقط في حالٍ أسوأ من البريطانيين. وبينما كان أسوأ عمال المناجم دخلاً (في مناجم الفحم الألمانية) يحقق أجرًا أساسيًا حوالي 220 مارك ألماني أسبوعيًا، كان أقرانهم البريطانيون يحققون فقط (ما يعادل) 170 مارك ألماني. وبمعدل ناتج محلي إجمالي قدره 9240 مارك ألماني، كان تصنيف المملكة المتحدة السابع ضمن أعضاء المجموعة الأوروبية عام 1972 (بينما كان تصنيف جمهورية ألمانيا الاتحادية الثاني بمعدل ناتج محلي إجمالي قدره 13345 مارك ألماني). استنزف ارتفاع الأسعار زيادات الأجور التي صارع من أجلها العمال بشكلٍ قوي جدًا في السنوات الماضية، حيث ارتفعت الأسعار إلى مستوى أعلى من البلدان الأخرى. ما بين عامي 1968 و1972، ارتفعت القدرة الشرائية لأجورهم بشكلٍ هزيل قدره 8 %، بينما ارتفعت الأجور الحقيقية للعمال الألمان الغربيين أكثر من 26 %، وكان الفرنسيون والهولنديون أفضل بحوالي 17 % زيادة في القوة الشرائية."

وبينما كانت حكومة حزب المحافظين بقيادة إدوارد هيث تحاول إظهار اهتمامها اللفظي بفكرة تقليص تأثير الحكومة في الاقتصاد وتحديد قوة النقابات، فإنها فشلت في القيام بأي تغييراتٍ ذات معنى في الوضع القائم. ومع ارتفاع التضخم عام 1972، اعتمدت حكومة السيد إدوارد هيث إجراءاتٍ مؤقتة في زمنٍ كان فيه النمط الاشتراكي طاغيًا. وبكلمات السيدة تاتشر: "بعد بدء الإصلاحات، اقترحت حكومة إدوارد هيث (وكانت هي عضوًا في تلك الحكومة)، وتقريبًا طبقت الشكل الأكثر تطرفًا من الاشتراكية مما يمكن تخيله من قِبل حكومة بريطانية منتخبة. من ضمن ذلك كان سيطرة الدولة على الأسعار والأرباح، ورقابة مشتركة على السياسة الاقتصادية من قِبل هيئة ثلاثية تمثل مجلس نقابات العمال واتحاد الصناعات البريطانية والحكومة، في مقابل إذعان نقابات العمال فيما يتعلق بسياسات الأجور. لقد تجاوزنا هذه الأعمال البغيضة من خلال السياسات المحافظة وعدم الثقة بمجلس نقابات العمال، الذي ربما لم يستطع تصديق أن 'عدوهم الطبقي' كان جاهزًا للاستسلام من دون قتال."[342]

لم تكبت السيدة تاتشر انتقاداتها للنقابات وحزب العمال فحسب، بل نبذت حزبها بسبب عدم قيامه بأي شيء لوقف تحوُّل المملكة المتحدة إلى دولة رعاية اجتماعية. "نحن نتفاخر بإنفاقنا أموالاً أكثر من حزب العمال، وليس من أجل إعادة الناس إلى استقلاليتهم والاعتماد على الذات."[343] كان قرارها لاذعًا: "لم تحصل أي نظرية للحكم على اختبارٍ عادل أو تجربة مطولة في بلدٍ ديمقراطي أكثر مما حصلت عليه الاشتراكية الديمقراطية في بريطانيا. ومع ذلك كانت فشلاً ذريعًا على جميع الأصعدة. بدلاً من عكس التراجع النسبي البطيء لبريطانيا مقارنةً بمنافساتها الصناعية الرئيسية، فإنها قامت بتسريعه. أصبحنا خلفهم بمسافة أكبر، وحتى عام 1979 كنا ما يطلق عليه على نطاقٍ واسع اسم 'رجل أوروبا المريض'."[344]

يتذكر الاقتصادي الألماني هولغر شميدنغ الذي زار بريطانيا لأول مرة في نهاية السبعينيات عندما كان شابًا أنه شعر بالصدمة "من الحالة المعيشية السيئة عبر أرجاء البلاد. افتقدت العديد من العوائل الأجهزة المنزلية التي نمتلكها نحن في المطبخ وغرفة الخدمات وغرفة المعيشة في منازلهم. بدت أجزاء كبيرة من البلاد متداعية بشكلٍ مذهل. جعل نظام النقل الذي عفا عليه الزمن والنوعية المتهالكة للعديد من السلع والخدمات الأمور أسوأ. في ذلك الوقت كانت المملكة المتحدة بعيدة كثيرًا عن المستويات التي كُنت متعودًا عليها في بلدي أو تلك التي حالفني الحظ أن أعيشها لبضع سنوات قبل ذلك عندما كنت طالبًا في المدرسة الثانوية في الولايات المتحدة. لولا الذكريات عن العديد من الجنود البريطانيين الذين كانوا يقيمون

في المعسكرات القريبة من منزل والدي قرب مدينة أوسانبروك في ذلك الوقت، لكانت زيارتي الأولى قد جعلتني أتساءل أي بلدٍ قد ربح الحرب في حقيقة الأمر."[345]

تفاقمت الأوضاع أثناء شتاء 1978-1979 عندما أصيبت البلاد بالشلل بسبب موجة جديدة من الإضرابات من قِبل عمال الخدمات العامة وقطاع النقل. انهار نظام النقل العام في العديد من المناطق وتراكمت أكوام القمامة المتعفنة على أرصفة الطرق وكان نظام الخدمات الصحية الوطني على شفا الانهيار. "بدت البلاد وكأنها تنجرف إلى الفوضى، ومنح عدم قدرة حكومة حزب العمال على تحجيم النقابات المصداقية لمناشدات السيدة تاتشر المُلحة لتغيير التوجهات."[346]

في يوم 3 آيار (مايو) 1979، فاز حزب المحافظين بالانتخابات العامة بأغلبية 339 مقعد من مجموع 635 من مقاعد البرلمان. تبلورت رؤية السيدة تاتشر الاقتصادية أثناء فترة السبعينيات. وبينما لم تصل انتقاداتها أثناء الستينيات لدولة الرعاية الاجتماعية إلى الدعوة لتفكيكها بالكامل، إلا أنها قد أظهرت مخاوف قوية حول "متسللين" يستغلون النظام ومخاطر الإنفاق المتزايد بشكلٍ كبير.[347] في الوقت ذاته كانت قد درست كتابات المفكرين الليبراليين، وبالذات كتابات فردريك أوغست فون هايك، وكذلك انتقادات الفيلسوف كارل بوبر، النمساوي المولد الحادة للأفكار الاشتراكية، وكانت منبهرة بانتقاداتهم الحادة للاشتراكية ودولة الرعاية الاجتماعية. أصبح لديها الفرصة لوضع تلك الأفكار موضع التطبيق على الرغم من أنها كانت مدركة للمقاومة الهائلة التي يمكن أن تواجهها من قِبل الاشتراكيين والنقابات.

بدت التحديات هائلة وكان النجاح غير مضمون بأي شكلٍ من الأشكال. ضمت حكومة السيدة تاتشر عددًا من المحافظين التقليديين الذين لم يكونوا راغبين في دعم إصلاحاتٍ قوية، وكانت السيدة تاتشر تطلق عليهم تسمية "مُخمرين"، أي "أصحاب حسابات سياسية يرون مهمتهم كمحافظين التراجع بحكمة أمام تقدم اليسار المحتوم."[348]

وصل التضخم إلى 10 % بحلول الوقت الذي تسنمت فيه السيدة تاتشر منصبها، وكان في طريقه للارتفاع. من خلال مقاومتها لإغراء البقاء على سياسة السيطرة على الأسعار والآليات التقليدية الأخرى، كما فعل أسلافها، استخدمت السيدة تاتشر المناظرة التي تلت خطاب الملكة الأول في زمن حكومتها، أي خطاب الملكة الرسمي لافتتاح جلسات البرلمان وتحديد الخطوط العامة لأولويات سياسة الحكومة، من أجل الإعلان عن نيتها لإلغاء السيطرة على الأسعار: "ربما أدرك معارضونا لأول مرة بشكلٍ حقيقي أن تعهد الحكومة الشفوي بسياسات السوق سوف يوافقه فعلٌ عملي كان في اليوم الذي أعلنا فيه إلغاء [هيئة الأسعار]."[349]

ركزت إصلاحات السيدة تاتشر في البداية على محاربة التضخم، والتي أدت، كما هو متوقع، إلى ارتفاع حاد في البطالة من 1.3 مليون في عام 1979 إلى ثلاثة ملايين عام 1983، والذي نتج بشكلٍ جزئي من فوضى الاقتصاد العالمي وجزئيًا بسبب إصلاحات حكومتها الداعمة للسوق، كما اعترفت السيدة تاتشر بذلك. "لمُعطيات التي لم تكن النقابات البريطانية ولا الاشتراكيون متهيئين لقبولها كانت هي أن زيادة الإنتاجية ستؤدي، على الأرجح، لخفض عدد فرص العمل قبل أن تقوم بخلق الثروة التي ستديم فرص العمل الجديدة."[350] انخفض التضخم إلى أقل من 10 % على المدى القصير، ورافق ذلك تحسنٌ كبير في نسبة الإنتاجية المتعثرة التي اعتبرتها السيدة تاتشر السبب الأساسي في كل المشاكل الأخرى التي ابتلي بها اقتصاد المملكة المتحدة.

كانت أحد أولى خطواتها نحو اقتصاد صديق للأعمال هي خفض نسبة الضرائب الحدية من 33 % إلى 30 % للشرائح الأقل دخلاً، ومن 83 % إلى 60 % للشرائح الأعلى دخلاً (وتبع ذلك تخفيضات إضافية إلى 25 % و40 % على التوالي عام 1988). وبمواجهة حالة الميزانية الكارثية، فإنها اضطرت لرفع نسبة ضريبة القيمة المضافة من 12.5 % إلى 15 %، بينما أبقت على الاستثناءات القائمة بما يتعلق بالمواد الغذائية والسلع الأساسية الأخرى. كذلك اتخذت خطوات لتقليل البيروقراطية من خلال التعجيل في منح رخص التخطيط للتطوير الصناعي وأبنية المكاتب وتبسيط أو إلغاء عدد من مُحددات التخطيط.[351]

رأت السيدة تاتشر أن التحدي الأكبر أمامها هو تحديد قوة النقابات، وهو أمرٌ ابتليت به طيلة فترة حكمها وشكَّل أحد الصراعات الأساسية في فترة ترؤوسها للوزارة. وعلى الرغم من اشمئزاز حزب العمال والنقابات، استغلت السيدة تاتشر خطاب الملكة الأول الذي كتبته الحكومة للإعلان عن اقتراحاتٍ لثلاثة قوانين كانت مُنتظرة منذ مدةٍ طويلة للهجوم على ركائز تقليدية لقوة النقابات: الإضرابات الثانوية، وإغلاق الأعمال والاقتراع السري. أولاً، من خلال حظر الاضرابات الثانوية اقترحت تحديد الحق بالإضراب بالنسبة "لأولئك الذين لديهم خلاف مع مشغليهم في موقع عملهم." ثانياً، كانت حكومتها "ملتزمة لتغيير القانون فيما يتعلق بإغلاق أماكن العمل، الذي كان العاملون من خلاله مجبرين بشكلٍ عملي على الانضمام إلى نقابة إذا كانوا يرغبون المحافظة على عملهم، والذي غطى في ذلك الوقت حوالي خمسة ملايين من العاملين." وثالثاً، اقترحت السيدة تاتشر مرسوم قانونٍ لجعل التمويل الحكومي "مُتاحًا لتمويل الاقتراع عبر البريد لانتخابات النقابات وقرارات النقابات المهمة الأخرى."[352] تم تبني الخطوات الأولى نحو تطبيق هذه التغييرات في بداية عام 1980.

تضمنت الإجراءات التالية تحديدًا للحق بالقيام بإضرابات تضامنية. في الفترة 1984 - 1985، قاد السيد آرثر سكارغل، وهو قيادي نقابي بارز ومنتقد كبير لسياسات السيدة تاتشر والذي رفض "قبول أن نبقى تحت حكم هذه الحكومة للسنوات الأربعة القادمة"[353] عمالَ المناجم إلى إضرابٍ كبير ضد مخططات خصخصة وإغلاق بعض المناجم. وعلى الرغم من كون ثلاثة من كل أربعة مناجم كانت تعمل بخسارة "كانت صناعة المناجم تستلم 1.3 مليار جنيه إسترليني من الدعم من أموال الضرائب في فترة 1983-1984"[354]، إلا أن النقابات حاربت بشكلٍ شرس ضد إغلاق أي منجم.

ولكون العديد من عمال المناجم لم يؤيدوا الإضراب، فقد قرر السيد سكارغل عدم القيام بتصويتٍ حول الإضراب. تفاقم الوضع عندما تم استخدام إجراءات عنيفة لمنع عمال المناجم الذين كانوا راغبين بالاستمرار بالعمل من عبور خطوط الدخول إلى المناجم. أدت حالات الهجوم على رجال الشرطة من قِبل العمال المضربين أو المتضامنين معهم إلى حدوث إصاباتٍ قوية في العديد من الحالات. تم تهديد عوائل عمال المناجم الذين لم يشاركوا في الإضراب والتنمر عليهم. كانت هناك حالات عنف متزايدة ومتكررة، ومن ضمنها مقتل سائق سيارة أجرة ويلزي من قِبل اثنين من عمال المناجم المضربين اللذين أسقطا كتلة كونكريتية من أعلى جسر مشاة على سيارته بينما كان ينقل عامل مناجم غير مضرب إلى عمله.

تقوّض تأييد عمال المناجم المُضربين لدى الناس بشكلٍ عام بسبب اتهامات بوجود رشاوى سرية من قِبل ديكتاتور ليبيا معمر القذافي ونقابات وهمية في أفغانستان تحت الاحتلال السوفيتي. ومع ذلك استمر الإضراب لمدة تقرب من العام. وعلى الجانبين، كان هناك الكثير على المحك، وليس فقط إغلاق المناجم. على جانب النقابات، كان الإضراب تعبيرًا عن القوة ومحاولة لتحجيم سلطة السيدة تاتشر. وعندما رفضت الخضوع، اضطرت النقابات في نهاية الأمر لإنهاء الإضراب عندما نفدت أموالها.

كان لخسارتهم تأثيرٌ معنوي، حيث كَسر موقف السيدة تاتشر الصلب قوة النقابات، التي خسرت ثلث أعضائها والكثير من تأثيرها السياسي بحلول الوقت الذي تركت فيه منصبها. أثناء السنة الأخيرة من رئاستها للوزارة، كانت هناك إضرابات أقل من أي عامٍ مضى منذ 1935. تم خسارة مليوني يوم عمل بسبب الإضرابات وهو عدد أقل بكثير من معدل ثلاثة عشر مليون يوم عمل أثناء السبعينيات.

لم يقم أي سياسي أوروبي آخر بتطبيق برامج إصلاحات داعمة للسوق بشكلٍ غير مُهادن كما

قامت بذلك السيدة تاتشر. أثناء فترة حكمها الثانية، دفعت للقيام بخصخصة المنشآت المملوكة للدولة. رأت السيدة تاتشر الخصخصة أنها "أحد الوسائل الرئيسة لعكس التأثيرات الفاسدة والقهرية للاشتراكية." وبعيداً عن منح السلطة للناس، كانت الملكية العامة ببساطة "ملكية من قِبل كيان قانوني معنوي: ملكية ترقى أن تكون سيطرة من قِبل السياسيين وموظفي الحكومة" كما كانت تُحاجج. "لكن من خلال الخصخصة، وبالذات نوع الخصخصة الذي يقود إلى أوسع ملكية ممكنة للحصص من قِبل عموم الناس، فإن سلطة الدولة ستنخفض وتتعزز قوة الناس."[355]

نمت عمليات الخصخصة من كونها وضعًا هامشيًا لتصبح العمود الأساس لأجندة السيدة تاتشر السياسية وإرثها. كانت شركة بريتش تليكوم التي كانت تشغل 250000 شخص أول شركة تقدم خدمات يتم تخصيصها. من بين مليونين من البريطانيين الذين اشتروا أسهمًا في الشركة في عملية كانت توصف بأنها أكبر عملية إدراج أولي لأسهم شركة في التاريخ الاقتصادي، لم يمتلك حوالي نصفهم أي أسهم قبل ذلك. أثناء فترة وجود السيدة تاتشر في المنصب، ارتفعت نسبة البريطانيين الذين يملكون أسهمًا من 7 % إلى 25 %.[356]

أدت عمليات خصخصة الخطوط الجوية البريطانية، وبريتش بتروليوم، وشركات صناعة السيارات ومن ضمنها رولز رويس وجاغوار، وشركات بناء السفن، والبريد الملكي، وعدد من شركات المرافق العامة المحلية، إلى فقدان الدولة للتأثير المهيمن في الاقتصاد البريطاني. وتحت نظام الحق في الشراء، باعت المجالس المحلية الكثير من أسهمها في المنازل إلى المستأجرين مما خلق مليون مالك منزلٍ جديد.[357] ولكن ربما كان الأمر الأكثر عقلانية في هذه الحالة هو بيع العقارات العامة إلى شركات إدارة عقارات متخصصة، أو ربما طرح أسهمها في سوق الأوراق المالية كما تم فيما يتعلق بالأصول التي تم خصخصتها.

ارتفعت الإنتاجية بشكلٍ ملحوظ في الأعمال التي تم خصخصتها. وبعد عشر سنوات من عمليات الخصخصة، انخفضت أسعار خدمات الاتصالات حوالي 50 %، وكذلك انخفضت أسعار منتجات وخدمات الشركات الأخرى التي تم خصخصتها. أظهرت الدراسات كذلك تحسنًا في جودة خدمات الأعمال التي تم خصخصتها في كل القطاعات. يقول السيد كرس أدواردز في مقالٍ له بعنوان: "إرث مارغريت تاتشر في الخصخصة"، أنه "قبل الخصخصة، كان الأمر يأخذ شهورًا وربما دفع رشوة في بعض الأحيان للحصول على خط هاتفٍ جديد." ولكن في العقد الذي تلى عمليات الخصخصة، ارتفعت نسبة الحصول على خدمات الاتصالات الهاتفية التي تتم خلال ثمانية أيام من 59 % إلى 97 %.[358]

كان النموذج البريطاني ناجحًا إلى حد أنه أثار "ثورة خصخصة مستمرة اجتاحت العالم منذ الثمانينيات"، حيث سارت حكومات أكثر من مئة بلد على مسار المملكة المتحدة، وخصخصت منشآت كانت مملوكة للدولة بقيمة أكثر من 3.3 ترليون دولار.[359]

وبرغم ذلك، فإن السيدة تاتشر قالت في مذكراتها عن أيامها في داوننغ ستريت، أنه "لازال هناك الكثير مما كنت أود القيام به"، وكان تقييمها الشامل لفترة حكمها تقييماً إيجابيًا: "كانت بريطانيا في أيام رئاستي للوزارة أول بلدٍ يقوم بعكس السير نحو الاشتراكية. وبحلول الوقت الذي تركت فيه منصبي، انخفض حجم القطاع الصناعي الذي تمتلكه الدولة بحوالي 60 %. امتلك حوالي ربع السكان أسهمًا، وتم نقل حوالي 600 ألف من الوظائف من القطاع العام إلى القطاع الخاص."[360] أدت سياساتها إلى ارتفاع الربحية والإنتاجية التي بالتالي أدت إلى خلق 3.32 مليون فرصة عمل ما بين آذار (مارس) 1983 وآذار (مارس) 1990.[361]

حررت السيدة تاتشر القطاع المالي إلى درجةٍ كبيرة، مما جعل المملكة المتحدة أحد أول البلدان التي تُلغي السيطرة على العملة وحركة رأس المال. وخلال فترة بضع سنواتٍ قليلة، رسّخت مدينة لندن سمعتها وبشكلٍ قوي كمركزٍ عالمي لشركات إدارة الأصول. حرر قانون الخدمات المالية الذي صدر عام 1986 قواعد سوق لندن للأوراق المالية، وألغى الفصل بين من يتاجر بالأسهم والأوراق المالية وأولئك الذين يقدمون الاستشارات للمستثمرين، وأنهى المُحددات على البنوك الأجنبية. كانت تلك التغييرات شاملة وتحويلية بشكلٍ كبير إلى حد وصفها "بالانفجار العظيم" من قِبل وسائل الإعلام. جعلت تلك التغييرات لَندن المركز المالي العالمي الرائد، تنافسها نيويورك فقط، وخلقت مئات الآلاف من فرص العمل الجديدة، وكان العديد منها في فروع البنوك الأجنبية التي نمت بشكلٍ سريع.

ومن خلال العوائد الضريبية التي خلقتها هذه الزيادات في الإنتاجية، أصبحت المملكة المتحدة قادرة على خفض دينها العام بشكلٍ كبير. في عام 1976، كانت البلاد قريبة من التخلف عن سداد ديونها، واضطرت لاقتراض مبلغ 3.9 مليار دولار من صندوق النقد الدولي.[362] في عام 1978، وصل العجز إلى نسبة 4.4 % من الناتج المحلي الإجمالي (مقارنة مع 2.4 % في ألمانيا). بعد عقدٍ من الزمان في عام 1989، خلق اقتصاد المملكة المتحدة فائضًا قدره 1.6 % من الناتج المحلي الإجمالي. انخفض الدين العام من 54.6 % من الناتج المحلي الإجمالي عام 1980 إلى 40.1 % عام 1989.[363]

كانت بريطانيا قبل عهد السيدة تاتشر بلدًا فيه أعلى نسبة ضريبة حدية في أوروبا (تصل إلى

نسبة 98 %). في الوقت الذي تركت فيه منصبها، كانت أعلى نسبة ضريبة في المملكة المتحدة هي 40 %، أقل من أي بلدٍ أوروبي آخر ما عدا الملاذات الضريبية مثل ليخنشتاين وموناكو. تم استبدال ثقافة الحسد الاشتراكية الخانقة ببيئةٍ داعمةٍ للأعمال والسوق حيث يتم مكافأة المبادرات بشكلٍ وافر، والتي تؤدي بالنتيجة إلى زيادة حادة في عدد الأعمال الخاصة والأعمال الحرة. ارتفع عدد الأعمال المسجلة في المملكة المتحدة من 1.89 مليون عام 1979 إلى أكثر من ثلاثة مليون بحلول عام 1989، بينما نما عدد الأشخاص المسجلين على أنهم يمارسون أعمالاً حرة من 1.9 مليون إلى 3.5 مليون أثناء الفترة نفسها.(364)

تم انتقاد السيدة تاتشر بسبب توسع فجوة الدخل، لكنها لم تعد في أي وقتٍ من الأوقات الناخبين لتحقيق مساواةٍ أكبر. لقد تم انتخابها للمنصب بناءً على تفويضٍ لتحرير الاقتصاد من أصفاد هيمنة الدولة. ونتيجة لتلك الإصلاحات، حقق عمال الإنتاج نموًا قدره 23.8 % في الدخل الحقيقي الصافي ما بين عام 1979 و1994.(365) أثناء الفترة نفسها، ارتفعت الأجور الصافية في ألمانيا وفرنسا بنسبة 2.5 % و1.8 % على التوالي. كرّم الناخبون البريطانيون السيدة تاتشر من خلال إعادة انتخابها، ليس لمرةٍ واحدة، بل لمرتين. استمرت في منصبها لمدة أحد عشر عامًا، أطول من مدة أي رئيس وزراء بريطاني في القرن العشرين.

بالنسبة للعديد من اليساريين، ربما كانت السيدة تاتشر شخصًا مكروهًا بسبب سياساتها المناهضة للاشتراكية. لكن العديد من نتائج إصلاحاتها كانت ناجحة جدًا إلى الحد الذي جعل حكومة جديدة برئاسة السيد توني بلير لا تحاول أي محاولة لعكس الإصلاحات عندما عاد حزب العمال للسلطة عام 1997. وبشكلٍ مشابه جداً لما قام به المستشار الألماني من الحزب الديمقراطي الاجتماعي في ذلك الوقت (المستشار غيرهارد شرويدر، وهو حليف قريب من السيد بلير)، أنهى السيد بلير تقاليد حزبه في دعم اقتصاد تهيمن عليه الدولة ووضع نفسه بدلاً من ذلك كداعمٍ قوي لرأسمالية السوق الحر.

إصلاحات رونالد ريغان الداعمة للسوق في الولايات المتحدة

يميل المؤيدون والمنتقدون على حدٍ سواء إلى ذكر مارغريت تاتشر ورونالد ريغان في الإطار نفسه، وهم محقون في ذلك كون كلا السياسيين يشتركان في أجندة يمكن تلخيصها في أفضل الأحوال أنها "منح فرص أكبر للرأسمالية." أبتليت الولايات المتحدة في سبعينيات القرن العشرين بسلسلة من المشاكل المتنامية، كان أغلبها نتيجة التدخل الحكومي المفرط، وتضخم

برامج الرعاية الاجتماعية، بما يناقض التصور الشعبي الأوروبي عن الولايات المتحدة على أنها مثال الاقتصاد الحر الخالي من أي برامج ومؤسسات رعاية اجتماعية.

في حقيقة الأمر، ازدادت نفقات الرعاية الاجتماعية من 3.57 مليار دولار إلى 66.7 مليار دولار في الفترة ما بين 1940 و1970، وتضاعفت أكثر من أربعة أضعاف إلى 292 مليار دولار بحلول عام 1980. وبأخذ التضخم والنمو السكاني بنظر الاعتبار، فإن معدل الإنفاق الفيدرالي على برامج الرعاية الاجتماعية تضاعف تقريبا من 1293 دولار عام 1970 إلى 2555 دولار عام 1980.[366]

وصل معدل النمو السنوي للإنفاق على الرعاية الاجتماعية إلى 12.5 % سنويًا تحت إدارة الرئيس جونسون (1963 - 1969)، و8.3 % سنويًا في زمن إدارة الرئيس نيكسون والرئيس جيرالد فورد (1969–1977)، و3.2 % أثناء زمن إدارة الرئيس جيمي كارتر (1977–1981).[367]

تراجعت الحالة الاقتصادية للعديد من مواطني الولايات المتحدة قبل وصول الرئيس ريغان إلى البيت الأبيض، على الرغم من أن الانحدار الاقتصادي لم يكن قريبًا بأي شكلٍ من الأشكال من الوضع القاسي في بريطانيا قبل زمن السيدة تاتشر.[368] بالقياسات الحقيقية، انخفض دخل العوائل الأمريكية البيضاء بنسبة 2.2 % ما بين 1973 و1981، بينما شهد الأمريكيون السود تقلصًا في دخول عوائلهم بنسبة 4.4 %. كان الأسوأ هو حالة أفقر 25 % من السكان الذين انخفضت دخولهم بحوالي 5 %. وعلى الجانب الآخر من طيف الدخول، واجه الذين يحققون دخولاً عالية ضغطًا من نِسب ضرائب عالية وصلت إلى 70 %.

ارتفعت نسبة البطالة إلى 7.6 % في وقت تسنم الرئيس ريغان منصبه، بينما وصل التضخم إلى أكثر من 10 % لثلاث سنواتٍ متعاقبة، وارتفع إلى 13.5 % عام 1980، وهي أعلى نسبة تضخم منذ عام 1947. تضرر أصحاب المنازل والمستثمرون العقاريون بشكلٍ قوي عندما ارتفعت نسبة الفائدة المرتفعة أساسًا من 15 % عام 1980 إلى مستوى غير مسبوق قدره 18.9 % في السنة التي تلتها.[369]

بمعنى آخر، تسنم الرئيس ريغان منصبه في وقتٍ كان فيه وضع الاقتصاد وضعًا كئيبًا. ولكونه نشأ في بيئةٍ متواضعة، إذ بدأ حياته المهنية كمذيع إذاعة قبل أن ينتقل إلى السينما بأدوارٍ تمثيلية في أكثر من خمسين فيلمًا من إنتاج ستوديوهات هوليوود. ما بين 1967 و1975، كان حاكمًا لولاية كاليفورنيا لدورتين حيث استطاع موازنة ميزانية الولاية وحقق تعافيًا اقتصاديًا ملموسًا.

فاز الرئيس ريغان بأصوات أربع وأربعين ولاية، أي أغلبية كبيرة من أصوات الجمعية الانتخابية

(حصل على 489 صوتًا مقابل 49 صوت لمنافسه) و50.75 % من أصوات الناخبين في فوزه الكاسح أمام منافسه الرئيس جيمي كارتر يوم 4 تشرين الثاني (نوفمبر) 1980. وبدلاً من أن يُركز حملته الانتخابية على القيم المُحافظة، فإنه "وببساطة قام بسؤال الناخبين إن كانوا في حالٍ أفضل أو أسوأ عام 1980 مما كانوا عليه قبل أربع سنوات مضت."(370) في خطاب تنصيبه يوم 20 كانون الثاني (يناير) 1981 بث رسالة بسيطة، والتي كررها العديد من المرات في السنوات اللاحقة: "في هذه الأزمة الحالية، الحكومة ليست الحل لمشكلتنا، الحكومة هي المشكلة."(371) بعد ذلك، وفي مؤتمرٍ صحفي في آب (أغسطس) 1986، قال مقولة شهيرة: "الكلمات الأكثر رعبًا في اللغة الإنجليزية هي: 'أنا من ضمن أعضاء الحكومة، وأنا هنا من أجل المساعدة'."(372)
كانت أجندة الرئيس ريغان السياسية بسيطة: تحديد تأثير الدولة في الفضاء الاقتصادي وزيادة دور السوق الحر. ومن أجل استعادة نسخة أكثر حيوية من الرأسمالية، فإنه قام بتقليص البيروقراطية وألغى التحديدات غير الضرورية وخفّض الضرائب.
في عام 1981، صوت حوالي ستين عضوًا ديمقراطيًا من أعضاء الكونغرس مع الأقلية الجمهورية لإقرار قانون ضرائب التعافي الاقتصادي الذي قدمه الرئيس ريغان، والذي أقر تخفيضًا قدره 25 % في نسبة الضرائب للسنوات الثلاث القادمة، بالإضافة إلى إدخال تحفيزات للأعمال الصغيرة والادخار الشخصي. تضمن مشروع القانون أيضًا نصًا لتعديل الضرائب بناءً على مستوى التضخم من عام 1985 وما بعدها من أجل تجنب تخطي الشرائح الضريبية (وهي عملية يدفع بها التضخم الدخل إلى شريحة ضريبية أعلى، مما يؤدي إلى فرض ضريبة أعلى لكن من دون زيادة في القوة الشرائية الحقيقية). اقترح الديمقراطيون أيضًا خفضًا ضريبيًا من ناحيتهم يمتد على مدى أربع سنوات بدلاً من ثلاثة، لكن الخبراء قاموا بحسابات لو أن التضخم بقي كما هو عند 8 % للسنوات الأربعة المقبلة، فإن 98 % من نسبة الخفض الضريبي البالغة 25 % سوف يتم فقدانها بسبب تخطي الشرائح الضريبية، إلا إذا تم تعديل نسبة الضرائب استجابةً لمستوى التضخم.(373)
كانت تلك هي التخفيضات الضريبية الأكبر في التاريخ الأمريكي حتى ذلك الوقت، وكانت ستحفظ لدافعي الضرائب الأمريكيين مبلغًا كليًا قدره 7.8 مليار دولار ما بين 1981 و1986 حسب توقعات وزارة الخزانة الأمريكية. لكن الرئيس ريغان كان يأمل أنها ستساعده في تحقيق وعوده الانتخابية بزيادة الريع الضريبي من خلال تحفيز النمو. وفي مؤتمرٍ صحفي في تشرين الأول (أكتوبر) 1981، أشار إلى مقولة الفيلسوف المسلم ابن خلدون الذي عاش في القرن

الرابع عشر والذي سبق نظرية منحنى لافير، كما تسمى في المصطلحات الاقتصادية: "إعلم أن الجباية أول الدولة تكون قليلة الوزائع كثيرة الجملة، وآخر الدولة تكون كثيرة الوزائع قليلة الجملة." أضاف الرئيس ريغان بالقول: "ونحن نحاول الوصول إلى النسب الضريبية القليلة والعائدات الكبيرة." وذلك بالضبط هو ما قام به.[374]

حلل الاقتصاديان وليم نسكانين وستيفان مور عشرة مؤشراتٍ أساسية من اقتصاد جانب العرض من أجل مقارنة الأداء الاقتصادي لسنوات الرئيس ريغان مع الفترات التي سبقتها مباشرةً (1974 إلى 1981)، والسنوات التي لحقتها (1989 إلى 1995).[375] أدناه ما توصلا إليه.

كان النمو الاقتصادي أثناء سنوات الرئيس ريغان 3.2 % سنويًا، بالمقارنة مع 2.8 % أثناء فترة إدارة الرئيس كارتر والرئيس فورد و2.1 % أثناء سنوات الرئيسين بوش وكلينتون. أكد السيدان نكسانين ومور أن نسبة النمو لسنوات الرئيس ريغان تتضمن سنوات الركود الاقتصادي في بداية الثمانينيات، والتي كانت نتيجة لعكس سياسات التضخم المرتفع في فترة الرئيس كارتر. من عام 1983 إلى عام 1989، نما الناتج المحلي الإجمالي بنسبة 3.8 % سنويًا، وفي نهاية فترة الرئيس ريغان الثانية كان الاقتصاد الأمريكي أكبر بحوالي الثلث من حجمه عندما تنسم المنصب لأول مرة.[376]

كان هذا النمو نتيجة مباشرة لتخفيف الرئيس ريغان للضوابط وسياسات الإصلاح الضريبي بالتزامن مع انخفاض أسعار النفط. كانت نسبة النمو في الثمانينيات أعلى من نسبتها في الخمسينيات والسبعينيات، لكن أقل من نسبة النمو البالغة 5 % التي تحققت بعد التخفيضات الضريبية بنسبة 30 % من قِبل الرئيس جون كينيدي عام 1964.

نما متوسط دخل العائلة بحوالي أربعة آلاف دولار من 37868 دولارًا عام 1981 إلى 42049 دولارًا عام 1980 بعد أن أصابه الركود في فترة السنوات الثمانية التي سبقت تلك الفترة. وانخفض الدخل في فترة خليفة الرئيس ريغان الرئيس جورج بوش الأب بحوالي 1438 دولار. وصلت نسبة البطالة إلى 7.6 % عندما تسنم الرئيس ريغان منصبه، وارتفعت إلى ما يقرب من 10 % أثناء فترة الركود الاقتصادي 1981 - 1982. وبعد ذلك استمرت بالانخفاض إلى 5.5 % في نهاية فترته الرئاسية الثانية. ما بين عامي 1981 - 1989، تم خلق سبعة عشر مليون فرصة عمل، أي ما يقرب من مليوني فرصة عمل كل عام.

كان التضخم على مستوى العشرات عندما وصل الرئيس ريغان إلى البيت الأبيض. وبحلول

السنة الثانية له في المنصب، انخفض التضخم بأكثر من النصف إلى 6.2 %. وبنهاية فترته الرئاسية الثانية، كان التضخم 4.1 % فقط. ويعود ذلك بشكلٍ أساسي إلى السياسة النقدية الحصيفة للسيد بول فولكر، الذي كان رئيس بنك الاحتياطي الفيدرالي من 1974 إلى 1984. وعلى الرغم من معرفته أنها يمكن أن تسبب ركودًا مؤقتًا، إلا أن الرئيس ريغان دعم استراتيجية السيد فولكر. وبشكلٍ مناقض للتوقعات القاسية للعديد من منتقديه، فإن قراراته الحاسمة في تخفيض الضرائب لم تؤدِ إلى ارتفاعات إضافية في التضخم.

وكما أوضح مقال نُشر في صحيفة وول ستريت جورنال في تشرين الثاني (نوفمبر) 1981، فإن هذه التركيبة من التحفظ المالي والخفض الكبير في الضرائب كانت السر في نجاحات الرئيس ريغان اللاحقة: "يمكن مكافحة التضخم من خلال سياسة نقدية متشددة، ويمكن معادلة التأثير الركودي المحتمل للسياسة النقدية المتشددة من خلال تأثيرات حوافز التخفيضات في نسب الضرائب. وبما أننا نواجه ركودًا الآن، يمكن الادعاء أن هذه الصيغة قد فشلت ما عدا تفصيل واحد: كانت لدينا سياسة نقدية متشددة بلا شك، لكن لم يكن لدينا أي تخفيضات ضريبية."[377] بدأت التخفيضات الضريبية بالعمل في اليوم الأول من شهر كانون الثاني (يناير) 1983، معلنةً البدء في عصرٍ جديد يعرف الآن باسم "السنوات السبعة السمان."

انخفضت نِسب الفوائد بشكلٍ حاد أثناء سنوات الرئيس ريغان. انخفضت نسبة الفائدة على قروض المنازل لفترة ثلاثين عامًا من 18.9 % عام 1981 إلى 8.2 % عام 1987، بينما انخفضت نِسب الفوائد على سندات الحكومة من 14 % سنة 1981 إلى 7 % سنة 1988.

ألقت أرقام إيجابية أقل في ثلاثة من حقول التحليل ظلالها على هذه الإنجازات بشكلٍ طفيف. نمت الإنتاجية بنسبة 1.5 % فقط سنويًا، وكانت أقل مما كانت عليه في العقود الثلاثة التي سبقت رئاسة الرئيس ريغان، على الرغم من كونها أعلى بكثير من نسبة 0.3 % من النمو السنوي الذي تحقق في فترة رئاسة الرئيس بيل كلينتون. انخفضت نسبة الإدخار الشخصي من 8 % إلى 6.5 % أثناء الثمانينيات.

يُحب منتقدو الرئيس ريغان أن يشيروا إلى إحدى الإحصائيات بشكلٍ خاص لتبيان ما كان خاطئًا في سياسته الاقتصادية: عجز الميزانية، الذي كان 101 مليار دولار في 1981[378] بنسبة 2.7 % من الناتج المحلي الإجمالي، وارتفع إلى 236 مليار دولار بنسبة 6.3 % من الناتج المحلي الإجمالي بحلول عام 1983. عندما ترك الرئيس ريغان البيت الأبيض كان عجز الميزانية 141 مليار دولار (2.9 % من الناتج المحلي الإجمالي). تضاعف حجم الدين العام من 1004 مليار

دولار إلى2026 مليار دولار أثناء فترة رئاسته، وهو نمو كبير مقارنة بالسنوات السابقة، ومع ذلك فهو مستوى متواضع نسبيًا بالمقارنة مع نسبة نموه الأحدث تحت إدارة الرؤساء بوش الأب وباراك أوباما ودونالد ترمب وجو بايدن.

كانت حملة الرئيس ريغان الانتخابية مبنية بناءً على برنامج تضمن التعهد بخلق فرص عمل جديدة، ومحاربة التضخم، وضرائب أقل، وتعزيز النمو الاقتصادي، وفي الوقت ذاته زيادة الإنفاق العسكري، وتخفيض عجز الميزانية. أثبتت محاولة تحقيق كل تلك الأهداف في آنٍ واحد أنها محاولة مستحيلة حتى بالنسبة له، ليس لأن إدارته كانت قد وعدت بحماية "برامج شبكة الضمان الأساسية" ومن ضمنها الضمان الاجتماعي، ومنافع البطالة، والدفعات النقدية لكبار السن من الفقراء، وبرامج دعم المحاربين السابقين، والتي شكلت ثلثي قيمة المدفوعات التحويلية الفيدرالية.[379] بالإضافة إلى تكلفة خططه الطموحة لتسريع الإنفاق الدفاعي، فإن تلك التكاليف أضافت حوالي 70 % من الميزانية الكلية لعام 1981، والتي تركت له حيزًا صغيرًا جدًا للمناورة لتخفيض مستوى الإنفاق.[380]

واجهت محاولة خلق صلة مباشرة بين العجز المتنامي وتخفيضات الضرائب من قبل الرئيس ريغان الحقائق الواضحة. على الرغم، أو ربما بسبب، نسب الضرائب المنخفضة، نما الريع الضريبي بنسبة 58 % من 374 مليار دولار عام 1981 إلى 549 مليار دولار عام 1989. كان النمو في الريع الضريبي أثناء فترة رئاسته أقل بشكلٍ طفيف مما تحقق من قبل إدارة خلفه الرئيس بوش الأب والرئيس كلينتون، اللذين قاما برفع نسبة الضرائب بينما قام الرئيس ريغان بخفضها.

كان سبب نمو الدين التراكمي هو قرار الرئيس ريغان بالإنفاق العسكري الكبير، حيث تضاعفت الميزانية العسكرية من 158 مليار دولار عام 1981 إلى 304 مليار دولار عام 1989. بيَّن السيدان نسكانين ومور أن هذه الزيادة التراكمية في ميزانية الدفاع تفوقت على الزيادة التراكمية في عجز الميزانية. ولولا هذه الزيادة الهائلة في الإنفاق العسكري، لكان الرئيس ريغان قد نجح في خفض الضرائب والدين العام وفي الوقت ذاته خلق فرص عمل والسيطرة على التضخم.[381]

لكن المسألة الأساسية الثانية التي واجهت إدارة الرئيس ريغان، ألا وهي الحرب الباردة التي عزم الرئيس ريغان على إنهائها من خلال تصعيد سباق التسلح، جعلت تحقيق تلك الأهداف أمرًا مستحيلاً. سبق قرار حلف الناتو المسمى "المسار المزدوج" في كانون الأول (ديسمبر) 1979 (وهما مساران لتحديث القوات النووية والحد من التسلح) الغزو السوفيتي لأفغانستان مباشرة. ولكون الاتحاد السوفيتي كان يواجه بالفعل مشاكل اقتصادية جدية أثناء الثمانينيات،

فإن الرئيس ريغان كان مصممًا على العمل لتحطيم القوة الشيوعية العظمى التي كان يحلو له أن يسميها "إمبراطورية الشر." وكما يشير الأستاذان نسكانين ومور، فإن ذلك الأمر يطرح مسألة أساسية في السياسات: "لو أن التراكم الكلي للدين في الثمانينيات ذهب إلى تمويل التصعيد الدفاعي للرئيس ريغان، فإن المسألة الأساسية بما يتعلق بالسياسات ستتحول إلى ما إذا كان من الملائم الاستدانة من أجل تحقيق الإنفاقات العسكرية الكبيرة. هل كانت إدارة الرئيس ريغان مُحقة في تمويل هذه الزيادة التي حدثت مرة واحدة في 'الاستثمار العام'، من خلال الاستدانة بدلاً من رفع الضرائب؟ أو لنضعها بشكلٍ آخر، هل كان من الملائم أن نطلب من أبنائنا وأحفادنا أن يساعدوا في تحمل تكلفة هزيمة التهديد السوفيتي؟"[382]

الأمر الآخر الذي لا أساس له من الصحة بشكلٍ مماثل هو الافتراض أن التصاعد الاقتصادي أثناء سنوات الرئيس ريغان قد تم تحقيقه من خلال تخفيضات قاسية في الرعاية الاجتماعية. في واقع الحال، ارتفع الإنفاق الفيدرالي الكلي على برامج الرعاية الاجتماعية من 339 مليار دولار عام 1981 إلى 539 مليار عام 1989.[383] وبأخذ النمو السكاني والتضخم بنظر الاعتبار، فإن ذلك يمثل زيادة سنوية قدرها 0.9 %، أقل من أي فترة زمنية أخرى في التاريخ الأمريكي بعد الحرب.[384] ارتفعت الدخول بالنسبة لكل شرائح الدخل، من الأغنى للأفقر أثناء رئاسة الرئيس ريغان.[385]

كان الحلم الأمريكي في تحقيق الانتقال إلى شرائح دخلٍ أعلى، والذي أصبح اليوم بالنسبة للعديد من الناس كابوسًا من السخط، حيًا وبحالٍ جيد في الثمانينيات: تمكن 86 % من العوائل التي كانت في الشريحة الأفقر في الدخل في عام 1981 من الانتقال إلى شرائح أعلى على سلم الدخل بحلول عام 1990. كانت نسبة العوائل الفقيرة التي انتقلت بشكلٍ تام إلى الشريحة الأغنى دخلاً ما بين عامي 1981 و1990 أكبر بشكلٍ طفيف من نسبة العوائل التي بقيت ضمن الشرائح الأفقر. انخفض عدد الأمريكيين الذين يحققون دخلاً أقل من عشرة آلاف دولار سنويًا بنسبة 5 % أثناء الثمانينيات، بينما ارتفع عدد أولئك الذين يحققون دخلاً أكثر من خمسين ألف دولار سنويًا بنسبة صاعقة قدرها 83 %. ومن ضمن الأساطير التي حطمها السيدان نساكنين ومور كان الادعاء بأن الأغنياء البيض كانوا المُستفيدين الوحيدين من سياسات الرئيس ريغان على حساب الأمريكيين السود الأفقر أحد أكثر الادعاءات خبثًا واستمرارًا. في الحقيقة، شهدت العوائل الأمريكية السوداء نموًا أقوى في دخولها الحقيقية الصافية ما بين عامي 1981 و1988 من أقرانها من العوائل الأمريكية البيضاء.[386]

من بين أكثر النجاحات المذهلة لإدارة الرئيس ريغان هي حقيقة أنه طبّق وبنجاح تلك الإصلاحات الداعمة للسوق بوجود أغلبية ديمقراطية هيمنت على الكونغرس لأغلب فترتي رئاسته. وكانت قدرته على القيام بذلك تعود بشكلٍ كبير إلى عاملين أساسيين. أولاً: وغالبًا ما كانت الحالة، أن التغييرات السياسية قد سبقتها تغييرات في الثقافة والبيئة الفكرية التي انعكست في الخطاب العام حول الاقتصاد. وجد أنصار الأفكار الكنزية التي كانت مهيمنة لوقتٍ ما (حتى أن الرئيس نيكسون قد اعترف أنه كنزي) أنفسهم في محنة لتفسير الارتفاع المتزامن في التضخم والبطالة. في كانون الثاني (يناير) 1977، نشرت صحيفة وول ستريت جورنال مقالاً بعنوان: "مات كينز."[387] وبالمقارنة، فإن التفكير غير المهادن الداعم للسوق، الذي تبنّاه ميلتون فريدمان من مدرسة شيكاغو بالذات، يعيش حالة الارتقاء.[388]
تغير الرأي العام، وحتى الديمقراطيون كانوا حينها يفضلون خفض الضرائب. وكما تمت الإشارة إليه أعلاه، كانت مبادرتهم الرئيسية عام 1981 هي طرح مشروع قانون لخفض نسب الضرائب بالنسبة لأولئك الذين هم ضمن الشرائح الأعلى في الدخل بنسبة 25 % على مدار أربع سنوات.[389] كان ذلك هو السبب الثاني لنجاح الرئيس ريغان: كان قادرًا على تحقيق توافق بين الحزبين لدعم العديد من مقترحاته للإصلاحات.
بعد عقدٍ من سياسة تحديد الأسعار والتدخل الحكومي في السبعينيات، بدأ الأمريكيون الآن يضعون ثقتهم في السوق مرةً أخرى. ساعد الرأي العام المتفائل في دعم الاقتصاد، وساعد التصاعد الاقتصادي في دعم التفاؤل. شهدت أعوام الثمانينيات ثورة في تكنولوجيا الاتصالات. من مجرد 1 % فقط في عام 1980، ارتفعت نسبة العوائل الأمريكية التي تمتلك جهاز فيديو إلى 58 % في نهاية العقد.[390] شهدت أعوام الثمانينيات كذلك ارتفاعًا مهولاً في أعدادالكمبيوترات الشخصية من أكثر من مليونين بقليل عام 1981 إلى خمسة وأربعين مليون عام 1988، وكان حوالي نصفها تقريبًا في منازل العوائل. تضمنت قصص النجاح الاقتصادي العظيمة في عقد الثمانينيات شركة مايكروسوفت (التي طرحت أول أسهمها للتداول العام سنة 1986)، وشركة أبل وشركة صن مايكرو سيستمز، وشركة يونغ، وشركات ابتكارية جمعت رؤوس أموال من مستثمرين مخاطرين أو من طروحات أولية لأسهمها. في الوقت نفسه، انتشرت ثورة فيما يتعلق باللياقة البدنية وانتشرت صالات التمارين الرياضية عبر أرجاء البلاد، وأطلق آرنولد شوارتنزغر، وهو من المعجبين بالرئيس رونالد ريغان وميلتون فريدمان، حملة جبارة لممارسة التمارين البدنية.

بينت بيانات الاستطلاع عام 1977 أن 53 % من المستطلعين وضعوا التضخم بأنه أهم مشكلة تواجه الولايات المتحدة، ويتبعه الركود أو البطالة بنسبة 39 %. في عام 1981، كانت نسبة مؤهلة من الأمريكيين، 70 %، ترى أن التضخم هو أكثر ما يقلقهم. بحلول عام 1987، انخفضت تلك النسبة إلى 13 %، وكان 11 % يشيرون إلى أن عجز الميزانية هو قلقهم الأكبر.[391]

تضمن فريق مستشاري الرئيس ريغان الاقتصادي أثناء فترتي رئاسته الأستاذ ميلتون فريدمان، الذي أعطى في مذكراته تقييمًا شاملاً إيجابيًا جدًا لإرث الرئيس ريغان السياسي مادحًا إياه "لالتزامه بشكلٍ واضح جدًا بمبادئ مُحددة مكرسة من أجل تعزيز ودعم مجتمعٍ حر."[392]

لكن الأستاذ فريدمان ينتقد إدارة الرئيس ريغان لانحرافها عن المبادئ الداعمة للسوق من خلال دخولها في مفاوضات حول اتفاقية حمائية مع اليابان لفرض "حصة طوعية" على تصدير السيارات إلى الولايات المتحدة.[393] ويستمر الأستاذ فريدمان بالقول إن فترة الرئيس ريغان الرئاسية الثانية، كانت "أقل إنتاجية بكثير من دورته الرئاسية الأولى"، لأن حملته الرئاسية الانتخابية الثانية عام 1984 افتقرت أي "تعهدٍ مُحدد للقيام به."[394]

وبرغم هذه التحفظات الثانوية، فإن إصلاحات الرئيس ريغان أثبتت وبشكلٍ مقنع أن العودة إلى قيم السوق الحر الرأسمالي التقليدية كان هو الطريق لجعل أمريكا قوية مرةً أخرى. لكن لسوء الحظ فشل من خلفوه بالتقيد بهذا الدرس والحفاظ على إصلاحاته. بدلاً من ذلك، كانت الإصلاحات أكثر قليلاً من وقفةٍ قصيرة على الطريق نحو تدخلٍ حكومي متزايد وازدهار دولة الرعاية الاجتماعية. يصف الكاتب صاموئيل غريغ في كتابه "أن نُصبح أوروبا" النتائج المحتملة "لأوربة" الاقتصاد الأمريكي المتزايدة بمصطلحاتٍ قاسية.[395] بينما يحذر الأستاذ وليم فوغل في كتابه "لا يكفي أبدًا" أنه برغم كل إنجازاته التي حققها، فإنه حتى الرئيس ريغان نفسه لم يكن قادرًا على عكس الانحدار الكارثي نحو نظام دولة الرعاية الاجتماعية، على الرغم من نجاحه في إبقاء النمو الحقيقي في الإنفاق الفيدرالي على الرعاية الاجتماعية أقل من 1 %.

كان الرئيس ريغان والسيدة تاتشر والمستشار إيرهارد الداعمين الأهم والمعجبين الأقوى برأسمالية السوق الحر ضمن القادة السياسيين الغربيين في القرن العشرين. رفض الثلاثة نظام دولة الرعاية الاجتماعية من قِبل الاشتراكيين الديمقراطيين ومعها الاشتراكية في نسختها الماركسية الأصلية، وساهم الثلاثة بشكلٍ كبير في نمو الازدهار للبلدان التي حكموها.

الفصل السادس

أمريكا الجنوبية: لماذا يعيش التشيلُّيون أفضل من الفنزوليين؟

لا يمكن أن تكون المقارنة بين هذين البلدين الأمريكيين اللاتينيين أكثر وضوحًا: تُصنف تشيلي في المرتبة الثانية والعشرين من 176 بلدًا على مؤشر الحرية الاقتصادية، بينما تصنف فنزويلا في المرتبة 174. فقط كوبا وكوريا الشمالية أقل حرية اقتصادية من فنزويلا.(396) وعلى الرغم من أن تشيلي قد واجهت تحدياتٍ اقتصادية واجتماعية في السنوات الأخيرة، إلا أن وضع الناس في تشيلي أفضل مما هو الحال في فنزويلا بلا جد ل. معدل الناتج المحلي الإجمالي في تشيلي عام 2022 (17782 دولار)، كان حوالي خمسة مرات أعلى من ذلك في فنزويلا (3640 دولار).(397)

يعاني الفنزويليون من التضخم، والتراجع الاقتصادي والقمع السياسي. أثناء القرن العشرين، تغيرت فنزويلا من كونها أحد أفقر البلدان في أمريكا اللاتينية إلى أغناها. في عام 1970، كانت تُصنف على أنها واحدة من أغنى عشرين بلدًا في العالم حيث كان معدل الناتج المحلي الإجمالي فيها أعلى من إسبانيا واليونان وإسرائيل، و13 % فقط أقل مما هو عليه في المملكة المتحدة.(398)

فنزويلا: اشتراكية القرن الحادي والعشرين

بدأ انعكاس فنزويلا عن الثروة الاقتصادية في السبعينيات، ولازالت الأسباب التي أدت لذلك محل نقاشٍ حاد ومستمر في صفوف الخبراء والأكاديميين.(399) أحد العوامل الرئيسة في ذلك ربما هو اعتماد فنزويلا الشديد على النفط بالإضافة إلى عددٍ من العوامل الأخرى، وأولها وأهمها هي الدرجة العالية غير المعتادة للتنظيمات الحكومية لسوق العمل. منذ عام 1974 وما بعده، تم تضييق القواعد المُطبقة أكثر من السابق إلى مستوى لم يكن مسبوقًا في أي مكانٍ آخر في العالم، ناهيك عن أمريكا اللاتينية. ارتفعت تكاليف توظيف شخصٍ ما عام 1972 من خلال إضافة ما يعادل 5.35 أجور شهرية، وقفزت تكلفة العمالة الدائمة كثيرًا من خلال إضافة ما يعادل 8.98 أجور شهرية عام 1992.(400)

فاقمت هذه العوامل المشاكل المتكررة التي تواجهها بلدان تعتمد اقتصاداتها بشكلٍ كبير على تصدير الموارد الطبيعية (انظر النقاش حول الاقتصادات الأفريقية في الفصل الثاني). وضع العديد من الفنزوليين ثقتهم في الزعيم الاشتراكي الكارزمي هوغو شافيز على أنه المُنقذ الذي سوف يُخلص بلادهم من الفساد والفقر والتراجع الاقتصادي. بعد محاولة انقلابٍ فاشلة من

أجل السيطرة على السلطة عام 1992[401]، تم انتخاب شافيز للرئاسة عام 1998. بعد ذلك بعام، تم إعادة تسمية الجمهورية الفنزويلية باسم جمهورية فنزويلا البوليفارية بناءً على توصيته. وكونه كان منارة للأمل بالنسبة للعديد من الفقراء الفنزويليين، كان شافيز يدعو إلى نوعٍ جديد من "اشتراكية القرن الحادي والعشرين"، وأيقظ أحلام تحقيق الفردوس المثالي ضمن صفوف اليسار الأوربي وفي أمريكا الشمالية.

بعد انهيار الاقتصادات الاشتراكية في الاتحاد السوفيتي والكتلة الشرقية في نهاية الثمانينيات، وتحول الصين نحو الرأسمالية، احتاج اليساريون في الغرب إلى مثالٍ واقعي من أجل دعم أشواقهم الطوباوية. لم تملأ كوريا الشمالية وكوبا، الدولتان الشيوعيتان المتبقيتان، تلك الفجوة بشكلٍ تام. وهنا برز شافيز، الذي اعتبره العديد من اليساريين بأنه المُنقذ. رآه أعضاء مهمون في الحزب اليساري في ألمانيا بأنه مثالُ يُحتذى به حيث إن "معركته من أجل العدالة والكرامة" هي دليلٌ على "إمكانية وجود نظام اقتصادي بديل"، وكانت تبين لهم "الطريق نحو حل مشاكل ألمانيا الاقتصادية."[402]

كان لشافيز العديد من المعجبين ضمن صفوف المثقفين اليساريين في الولايات المتحدة كذلك، حيث أعلن الراحل توم هايدن بحماس "بمرور الوقت، فإني أتوقع أن اسم هوغو شافيز سيبجله الملايين."[403] كذلك أعلن كورني وست أنه من المؤيدين: "أنا معجب بأن هوغو شافيز قد جعل محاربة الفقر أولوية رئيسية. أتمنى أن تعتبر أمريكا محاربة الفقر أولوية."[404] اتفقت السيدة باربرا والترز، الإعلامية المثقفة الشهيرة ومقدمة برامج اللقاءات المعروفة بالقول: "إنه مهتم جدًا بمحاربة الفقر، إنه اشتراكي. إن ما يحاول القيام به لكل أمريكا اللاتينية، هو ما كانوا يحاولون القيام به لسنوات، ألا وهو إنهاء الفقر. إنه ليس الرجل المجنون الذي سمعنا عنه... إنه رجلٌ ذكي جدًا."[405]

يعود الفضل لاحتياطيات فنزويلا من النفط، وهي الأكبر في العالم، وارتفاع أسعار النفط التي توافقت مع رئاسة شافيز، التي ملأت خزائن حكومته حد التخمة. وعندها انطلقت تجربته الكبرى في اشتراكية القرن الحادي والعشرين بداية واعدة، على الرغم من أنها تحولت في نهاية الأمر إلى كارثة اقتصادية وتضخمٍ مفرط ومجاعة وديكتاتورية.

في بداية حكمه، استخدم شافيز خطابًا تصالحيًا بشكلٍ غير متوقع، وقدَّم نفسه على أنه معجبٌ كبير بالقيم الغربية، ورحب بقدوم المستثمرين الأجانب، وتم تسميته "توني بلير منطقة الكاريبي."[406] وكما وعد الحزب الشيوعي في ألمانيا الشرقية عام 1945 بالمحافظة على حقوق

الملكية ومبادرات ريادة الأعمال والامتناع عن فرض نظامٍ شبيه بالنظام السوفيتي (انظر الفصل الثالث)، فإن شافيز تعهد في البداية أنه لن "يصادر أي شيءٍ من أيٍ كان" أبداً. لكن ذلك لم يمنعه من شجب "الرأسمالية النيوليبرالية المتوحشة" وتعظيم الاشتراكية الكوبية على أنها "بحرٌ من السعادة."[407]

تم تأميم صناعة النفط، وهي أهم مصدر للدخل في فنزويلا إلى حدٍ بعيد، في عام 1976 مع تأسيس شركة بتروليوس دي فنزويلا للنفط والغاز الطبيعي، والتي شغلت قوة عاملة قدرها 140000 شخص عام 2014. وعلى الرغم من كونها مملوكة من قِبل الدولة، فإن شركة بتروليوس عملت كشركة تبحث عن الربح و "تم تصنيفها على أنها واحدة من أفضل شركات النفط الكبرى في العالم." وبفضل صلات الشراكة القوية مع المنشآت الخاصة حول العالم، استطاعت فنزويلا من زيادة إنتاج النفط إلى ثلاثة مليون برميل نفط في اليوم أثناء التسعينيات.[408]

كانت شركة بتروليوس مستقلة بشكلٍ كبير لم يُعجب شافيز. في عام 2002، أتخم شافيز مجلس إدارة الشركة بحلفائه السياسيين وجنرالات عسكريين لا يملكون أي خبرة في الأعمال. وفي احتجاجٍ على تدخلات شافيز، أعلن الآلاف من العاملين في شركة بتروليوس الإضراب لمدة شهرين مما أدى إلى شل صناعة النفط الفنزولية. رد الرئيس شافيز على ذلك بطرد 19000 من العمال المضربين من العمل ووصمهم بأنهم "أعداء الشعب."

ومع ذلك فإن الصراع بين العمال والحكومة الاشتراكية لم يتوقف. في عام 2006، هدد وزير الطاقة الفنزويلي السيد رافائيل راميرز، والذي كان رئيساً لشركة بتروليوس، العمال بأنهم سيفقدون أعمالهم إن لم يؤيدوا الرئيس شافيز في الانتخابات القادمة: "شركة بتروليوس حمراء، حمراء من الأعلى للأسفل." أكد الرئيس شافيز كذلك: "عمال شركة بتروليوس يقفون مع هذه الثورة، وأولئك الذين لا يقفون معه ينبغي لهم أن يذهبوا إلى مكانٍ آخر، اذهبوا إلى ميامي."[409]

تم استخدام أرباح الشركة لتمويل برامج الرعاية الاجتماعية، وإبقاء الشركات الفاشلة على قيد الحياة، وبناء مساكن للفقراء بتكلفة مليارات الدولارات سنويًا."[410]

بالإضافة إلى ذلك، تم إلزام شركة بتروليوس بتمويل برامج رعاية اجتماعية في الولايات المتحدة. في شهر تشرين الثاني (نوفمبر) 2005، أمر الرئيس شافيز الشركة بتوفير زيت التدفئة لعوائل منخفضة الدخل في بوسطن بسعر أقل 40 % من سعر السوق من خلال فرعها في الولايات المتحدة، شركة سيتغو. تم تحقيق صفقات مشابهة لذلك مع مُدن ومجموعات سكانية أخرى عبر أرجاء شمال شرق الولايات المتحدة. وحسب أرقام شركة سيتغو نفسها، قدَّم

البرنامج ما بين 2005 و2014 ما مجموعة 235 مليون غالون من زيت التدفئة إلى 1.8 مليون شخص. استلمت كوبا الاشتراكية وحلفاء آخرون أيضًا تبرعات من زيت التدفئة.(411)

في عام 2007، وفي محاولة لضمان السيطرة على حصة لا تقل عن 60 % من مشاريع النفط الفنزولية لشركة بتروليوس، أجبرت حكومة الرئيس شافيز شركات النفط الأجنبية لتملك حصص أقل أو مواجهة التأميم.(412) رفضت شركة أكسون موبل ذلك وتقدمت بطلب تحكيم أمام محكمة التحكيم التابعة للبنك الدولي، أي المركز الدولي لتسوية خلافات الاستثمار. وفي الوقت ذاته اتخذت إجراءات قانونية في المحاكم في الولايات المتحدة والمملكة المتحدة. وبعد أن قررت محكمة في المملكة المتحدة تجميد أصول لشركة بتروليوس بقيمة اثني عشر مليار دولار، توقفت الشركة المملوكة للدولة عن بيع النفط لشركة أكسون موبل عام 2008، وأوقفت العلاقات التجارية معها. في عام 2014، أمر المركز الدولي لتسوية خلافات الاستثمار فنزويلا بدفع 1.6 مليار دولار تعويضات لشركة أكسون موبل.(413) عندما وصل الرئيس شافيز للسلطة أول مرة، ذهب أكثر من 50 % من أرباح إنتاج النفط للحكومة. بحلول وقت وفاته عام 2013، كانت الحكومة تأخذ أكثر من 90 % من الأرباح، وهي واحدة من أعلى النسب في العالم.(414)

انتفع الرئيس شافيز من ارتفاع أسعار النفط الهائلة أثناء فترة رئاسته. بحلول وقت وفاته في 2013، وصل سعر النفط إلى 111 دولار للبرميل، أكثر من عشرة أضعاف السعر الأقل تاريخيًا للنفط الذي بلغ 10.53 دولار للبرميل عام 1998 عندما تسنم منصبه. وكما تم ذكره في الفصل الثاني، تميل أسعار الموارد الطبيعية المرتفعة أن تُغري الحكومات بالقيام بتوزيع الأعطيات شمالاً ويمينًا، بدلاً من تكوين احتياطيات نقدية كاحتياطي لحالات الركود المستقبلية في أسواق الموارد الطبيعية.

أثبت ذلك بأنه أمرٌ خطير بشكلٍ خاص في بلدٍ يعتمد بشكلٍ كبير على تصدير النفط والذي كان رئيسه الاشتراكي منشغلاً في توزيع المنافع يمينًا وشمالاً بشكلٍ مسرف، وإعادة هيكلة الاقتصاد بناءً على المبادئ الاشتراكية. لم يبذل الرئيس شافيز جهدًا من أجل تنويع الإنتاج. وكما ذكر الخبير الألماني بشؤون أمريكا اللاتينية السيد هانز - يورغن بوخارت في عام 2009، إن الرئيس شافيز بدل من أن يقلل اعتماد بلده على تصدير النفط واستيراد السلع الأساسية، "فإن العكس هو ما حدث أثناء السنوات العشر الماضية: انخفض الإنتاج الزراعي والصناعي للبلاد بشكلٍ أكثر. وسجل هذا الأخير أسوأ أداء في أربعة عقود، حتى أن بعض المراقبين بدؤوا يُشيرون

إلى شبح تلاشي التصنيع. ومع بلوغ الثورة البوليفارية عامها العاشر، كان 85 % من حجم التصدير و60 % من ريع الحكومة يأتي من قطاع النفط الخام، الذي يُشغل فقط 1 % من القوة العاملة. لم يتناقص اعتماد فنزويلا على النفط، بل نما أثناء وجود الرئيس شافيز في منصبه."[415]

بعد إعادة انتخابه عام 2006، أمم الرئيس شافيز عددًا متزايدًا من المنشآت الصناعية مبتدءًا بصناعات الحديد والصلب. تبع ذلك سيطرة الدولة على قطاعات الأسمنت والأغذية، ومرافق الطاقة والموانئ بوقتٍ قصير. ما بين عامي 2007 و2010 فقط، تم نقل حوالي 350 من الشركات من الملكية الخاصة إلى ملكية الدولة. في العديد من الحالات، تم منح المناصب التنفيذية في هذه المنشآت المؤممة حديثًا لأعضاء الحزب الموالين.[416] انتفخ جدول رواتب الحكومة حيث كان واحد من كل ثلاثة من العاملين يعمل في القطاع العام بحلول عام 2008.[417]

عندما قررت حكومته حوافز خفض ضريبي وتمويل هائلة إلى الشركات التي تديرها تعاونيات العمال، ارتفع عدد هذه الشركات من 820 عام 1994 إلى 280000 عام 2009. كانت أغلبية هذه الشركات عبارة عن أوعية فارغة غير منتجة، وجدت فقط كي تستطيع الحصول على الدعم والقروض منخفضة التكلفة.[418]

أصبح تدخل الرئيس شافيز في الشؤون الاقتصادية بشكلٍ متزايد عبئًا ثقيلاً. أثبت "مرسوم الحصانة" ضمن قانون العمل الطبيعي في فنزويلا بالنسبة للعمال، والذي منع التسريح الجماعي للعمال لأسبابٍ تشغيلية، أنه كارثي بالنسبة لبعض الشركات. فرضت الحكومة أيضًا أسعارًا ثابتة منخفضة جدًا، أقل من تكلفة الإنتاج بعض الأحيان، للحوم ومواد غذائية أساسية أخرى. تم وصف الشركات التي رفضت أن تبيع منتجاتها بتلك الأسعار أنها تضارب في السوق، وتم تهديد أصحابها بعقوبات السجن.[419]

عندما كانت أسعار النفط مرتفعة، لم يبدُ أن هناك حدودًا لكرم اشتراكية القرن الحادي والعشرين الفنزولية اللانهائي. أبدى منتقدو الرأسمالية حول العالم إعجابهم بالرئيس شافيز بسبب برامج الرعاية الاجتماعية التي مولها من ريع النفط المتدفق: منح نقدية للفقراء، ودعمٍ حكومي للمواد الغذائية، ومشاريع الإسكان، وخدمات المياه، والطاقة، والهاتف. كان ملأ خزان وقود السيارة يكلف شيئًا قريبًا من المجان، وكان ما يتم منحه لعامل المحطة من قِبل الزبائن بعض الأحيان يكلف أكثر من الوقود نفسه. كان يتم صرف الدولار الأمريكي، الذي كان متوفرًا بشكلٍ كبير من خلال الريع النفطي بسعر صرفٍ تفضيلي.

تلقت المنشآت العامة سيئة الإدارة دعمًا سخيًا، مما مكنها من الإبقاء على عاملين أكثر مما

تحتـاج. توقفت الدفعات من الريع النفطي لصنـدوق التحوط للأيام الصعبـة في عام 2001، وتم التضحية بالاستثمار في الصناعة النفطية، وهي عصب حياة البلاد الأساسي، من أجل خطط إنفاقٍ اجتماعي طموحة.[420]

اعتقد المعجبون بالرئيس شافيز أنهم يشهدون معجزة اشتراكية، حيث نجحت سياساته الاجتماعية في خفض الفقر المدقع بنسبة 50 % حسب الأرقام الرسمية. وفيما إذا كان من الممكن الثقة بهذه الأرقام أم لا فهو أمرٌ آخر. على سبيل المثال، ادعاء الرئيس شافيز أنه استطاع تحسين معدل محو الأمية لنحو مليون ونصف من الناس هو مجرد "مبالغة تامة"، حيث إن العدد الحقيقي قريب من 140000 حسب حسابات الخبير في شؤون فنزويلا السيد أي سي كلارك.[421] وبالمثل، تستثني إحصاءات جرائم القتل المنشورة من قِبل نظام شافيز ضحايا عنف العصابات، وكذلك أولئك الذين قتلوا بسبب "مقاومة السلطات." وحسب البيانات التي جمعتها منظمة حقوق الإنسان الفنزويلية، فإن العدد الكلي لحوادث الموت بسب الجرائم كان حوالي 15000 ضحية سنويًا ما بين عامي 2000 و2005.[422]

بدأ بعض الأكاديميين الميالين لليسار بانتقاد برامج الرئيس شافيز للرعاية الاجتماعية، لأنها "تخدم مصالح خاصة"، بينما قام بشيء قليل لضمان حصول نتائج متينة ومستدامة في محاربة الفقر: "في أوقات الازدهار، يُحرّف نمط المعيشة القائم على أساس الاستهلاك شكل الاستقطاب الاجتماعي، حيث يتم استخدام السياسات الاجتماعية والاقتصادية لإعادة التوزيع من أجل تخفيف تأثير أسوأ التجاوزات الاجتماعية لاقتصادٍ اعتمادي، لكن من دون التأثير في أي تغييرات هيكلية أساسية للظروف التي يعيش فيها الفقراء."[423] وبناءً عليه، بدلاً من إنهاء الفقر، خلقت إصلاحات الرئيس شافيز "شبه طبقة من الإداريين في 'اشتراكية الدولة' الذين كان صعودهم السريع خلال التراتبية الاجتماعية مدعومًا من الرواتب العالية والممارسات الفاسدة."[424]

بعد وفاة الرئيس شافيز عام 2013، عجّل خلفه والرجل الثاني في القيادة سابقًا الرئيس نيكولاس مادورو من عمليات تأميم مصانع الألبان، ومنتجي القهوة، ومحلات السوبر ماركت، ومصنّعي الأسمدة ومصانع الأحذية. انهار الإنتاج أو توقف تمامًا.[425] وبعد ذلك انهارت أسعار النفط، حيث خسرت حوالي 50 % من قيمتها خلال سنةٍ واحدة من 111 دولار للبرميل في نهاية 2013 إلى 57.60 دولار ثم انخفضت إلى 37.60 دولار بعد سنةٍ من ذلك التاريخ، ثم تذبذبت بين 27.10 دولار و57.30 دولار للبرميل سنة 2016.

وبينما كان ذلك يمكن أن يسبب مأزقاً لأي بلدٍ منتجٍ للنفط، فإن هذه المشاكل قد تضخمت في

بلدٍ باقتصادٍ اشتراكي غير كفء للغاية وسياسة تحديد أسعار صارمة. أصبحت التأثيرات المميتة لسياسات الرئيس شافيز الاشتراكية واضحة بشكلٍ لا لبس فيه. تهاوى النظام بالكامل. وكما كان الحال في بلدانٍ أخرى، فإنه أصبح واضحًا، بعيدًا عن كونها رسائل كفوءة لمحاربة التضخم، جعلت سياسات تحديد الأسعار الوضع أسوأ. وصل التضخم إلى 225 % في 2016، وهي نسبة أعلى من أي مكانٍ آخر في العالم، ماعدا جنوب السودان. كان مستوى التضخم تقريبًا 800 % مجتمعًا مع انخفاضٍ قدره 19 % في الناتج الاقتصادي عام 2016 حسب بيانات تقرير داخلي من قِبل محافظ البنك الوطني.[426] في آيار (مايو) 2018، تضخمت نسبة التضخم إلى حوالي 14000 %.

على الرغم من امتلاك فنزويلا مطابع عملة من الطراز الأول، ومن ضمنها ماكينات سوبر سيمولتان 4 ألمانية الصنع، إلا أنها كانت غير قادرة على مواكبة الحاجة لطبع الأعداد المهولة من أوراق العملة المطلوبة. اضطرت فنزويلا إلى الاستعانة بشركاتٍ في المملكة المتحدة وألمانيا وبنوك مركزية في بعض البلدان الصديقة للقيام بجزءٍ من هذا العمل. كانت طائرات بوينغ 747 محملة ما بين 150 و200 طن من أوراق العملة تهبط في فنزويلا كل أسبوعين.[427]

في كانون الثاني (يناير) 2017، ارتفع سعر سلة سلع غذائية أساسية بحوالي 481 % بالمقارنة مع السنة السابقة، بقيمة 15.3 مرة من الحد الأدنى للأجور.[428] ولفهم ماذا يعني ذلك تمامًا، فإنه من الضروري أن نعرف أن راتب المعلم هو ضعف الحد الأدنى للأجور، بينما أصبح سائقو سيارات الأجرة يحققون دخولاً أكثر من الأطباء والمهندسين المعماريين. وبناءً على بعض التخمينات، ترك حوالي 1.2 مليون من أفضل المهنيين ذوي التدريب الممتاز البلاد إلى الولايات المتحدة أو أوروبا بحلول عام 2014.[429]

ولأن العديد من السلع كانت عرضة للسيطرة السعرية، بينما كان يتم شراء المواد الأولية والسلع الإنتاجية بالدولار الأمريكي، فإن انخفاض سعر العملة المحلية أدى إلى نقصٍ متزايدٍ مهول في العرض. بدأ الناس في ادخار كل شيء يتم بيعه بسعرٍ رخيص، وكانوا يقفون في الطوابير بالساعات لشراء أي شيء يمكن لهم أن يبيعوه لاحقاً بسعرٍ أعلى بكثير في السوق السوداء.

هذا ما حدث مع أوراق الحمام، التي كانت بالكاد متوفرة في الأسواق بعد ذلك. تم إجبار الشركات التي تنتجها أن تبيعها بسعرٍ ثابت أقل من تكلفة الإنتاج بكثير والتي ارتفعت عاليًا بسبب التضخم. وعندما تم وقف الإنتاج بسبب نقص المواد الأولية، بقي العاملون يستلمون أجورهم لأن الشركات لم يكن مسموحًا لها أن تُقلل عدد العاملين لديها بدون موافقة حكومية.[430] لكن رئيس معهد

الإحصاءات الوطنية استطاع أن يحول نقص ورق الحمام إلى قصة خبرية مضحكة بالإشادة بالأمر بأنه إثبات لوجود نظام غذائي وطني وفير.(431)

في الحالات النادرة التي كانت تتوفر فيها أوراق الحمام بسعرٍ حكومي ثابت، فإنها كانت تنفد من الأسواق بسرعة. ترك العديد من الفنزوليين أعمالهم لأن الأجور فشلت بالتوافق مع ارتفاع الأسعار، وأصبح بيع السلع المفتقدة في السوق ومن ضمنها أوراق الحمام في السوق السوداء خيارًا مربحًا بشكلٍ كبير. اختفت منتجات الرعاية الصحية النسائية من المحلات كذلك. بدلاً من توفير تلك المنتجات، تم حث النساء الفنزوليات أن يتابعن برنامج يتم بثه على قناة التلفزيون الرسمية حول كيفية صناعة المنتجات الصحية الأنثوية التي يمكن غسلها وإعادة استخدامها. وفوق ذلك، وضعت مقدمة البرامج لافتة مناهضة للرأسمالية مرتبطة مع الحالة تقول بحماس: "نحن نتجنب أن نكون جزءًا من الدورة التجارية للرأسمالية المتوحشة. نحن أكثر وعيًا وتناغمًا مع البيئة."(432)

في شهر تموز (يوليو) 2016، قامت 500 امرأة فنزويلية باتخاذ خطوة نادرة بعبور الحدود إلى كولومبيا المجاورة من خلال الحدود المغلقة من أجل شراء الغذاء. قالت إحدى النساء لمحطة إذاعة كاركولا الكولومبية: "نحن جوعى، نحن يائسون." وأضافت أنه لم يتبق شيء يمكن أكله في بلدها. تحدثت عاملة رعاية في دار رعاية مسنين لمراسلين من محطة إذاعة ألمانية حول حالتها البائسة. بقي تسعة مقيمين فقط من أصل أربعة وعشرين نزيلاً في الدار. الآخرون إما توفوا أو تم إخراجهم من الدار لأنه لم يكن هناك ما يكفي من الغذاء وتلاشى ما هو موجود من الأدوية الأساسية المطلوبة للمرضى الذين يعانون من أمراض السكري وضغط الدم المرتفع. وفي تحدٍ للمنع المفروض على الزيارات من قِبل الصحفيين، أخذ أحد الأطباء المراسلين في جولةٍ في مستشفى حكومي؛ ليريهم أن جهاز الاشعة الوحيد كان عاطلاً لفترة طويلة، والمختبر غير قادر على فحص أي عينة بول أو دم، ولم يكن هناك ماء جار في الحمامات وكان المصعد عاطلاً.(434)

كان على المرضى جلب أدويتهم لأن كل أنواع الأدوية من مسكنات الألم إلى أدوية معالجة السرطان قد نفدت.(435)

خلال سنة واحدة، ما بين 2015 و2016، ارتفع معدل وفيات الأطفال بنسبة 33 % بينما نما معدل وفيات الأمهات أثناء الوضع بنسبة 66 %. تم إعفاء وزير الصحة الذي نشر هذه الإحصاءات من منصبه من قِبل الرئيس مادورو، الذي منع نشر أي مؤشرات اجتماعية أو اقتصادية في محاولة لمنع "أي تفسيرات سياسية."(436) وبعد انخفاضٍ أوليٍّ من 20.3 % إلى 12.9 % خلال ثلاث عشرة سنة تحت حكم الرئيس شافيز(437)، ارتفعت نسبة وفيات الأطفال

الرُّضَّع أعلى من تقديرات منظمة اليونيسيف من النسبة في سوريا التي دمرتها الحرب عام 2016.[438]

وجد استطلاع من قِبل جامعة فنزويلا المركزية عام 2016 أن أربعًا من كل خمس عوائل فنزويلية تعيش حالة الفقر.[439] شهد حوالي 73 % من السكان انخفاضًا في الوزن، وكان معدل الانخفاض 8.7 كيلو غرام عام 2016.[440] أثناء شهادته أمام اللجنة الفرعية حول نصف العالم الغربي التابعة لمجلس النواب الأمريكي في آذار (مارس) 2017، قال البروفسور هيكتور شاميس من جامعة جورج تاون أن مستوى نسبة الفقر في فنزويلا وصلت 82 %، ويعيش 50 % من السكان في فقرٍ مدقع.[441]

وبمواجهة الاحتجاجات الشعبية وفوز المعارضة في الانتخابات البرلمانية، قام الرئيس مادورو بحل الجمعية الوطنية وألغى حرية الصحافة بالإضافة إلى كل ما بقي من الديمقراطية. بحلول شهر تشرين الأول (أكتوبر) 2017، ارتفع عدد أولئك الذين قتلوا أثناء المظاهرات والاحتجاجات المناهضة للحكومة إلى أكثر من مئة وعشرين قتيلاً، في شهادةٍ على فشل تجربة اشتراكية أخرى.

في أيلول (سبتمبر) 2021، بينت مراجعة أن الاقتصاد الفنزويلي قد انكمش بأكثر من 75 % في السنوات الستة الماضية. أكثر من 80 % من الفنزوليين الآن يعتبرون فقراء، ويعاني ثلث السكان من سوء التغذية أو الجوع. وبناءً على بيانات مفوضية الأمم المتحدة للاجئين، فإن 7.24 مليون شخص قد تركوا فنزويلا بحلول آيار (مايو) 2023، أي ربع عدد سكان البلاد. وجد حوالي ستة ملايين شخص من فنزويلا مكانًا لهم في دول أمريكا اللاتينية والكاريبي، ومنهم 2.5 مليون في كولومبيا. أصبح أغلبهم لاجئًا لسنين. هذه ليست فقط أكبر حالة حركة نزوح وهجرة في تاريخ أمريكا الجنوبية المعاصر، بل ليس هناك أي منطقة في العالم ترك فيها هذا العدد من الناس بلدهم.[442]

قام الرئيس هوغو شافيز بإنهاء فصل السلطات بشكلٍ تدريجي. تحت حكم خلفه الرئيس نيكولاس مادورو، أصبحت الحكومة شمولية بشكلٍ متزايد.

في السنوات الأخيرة، تحولت فنزويلا بشكلٍ متزايد إلى ديكتاتورية اشتراكية كلاسيكية: النخبة السياسية فاسدة حتى النخاع. حرية الصحافة وحرية التجمع موجودان فقط على الورق. حددت العديد من مؤسسات الأمم المتحدة دلائل على ارتكاب جرائم ضد الإنسانية من قِبل نظام الرئيس مادورو في 2020 و2021.[443]

كيف استجاب الاشتراكيون حول العالم لهذا الحال بعد أن أشادوا بغبطة "باشتراكية القرن

الحادي والعشرين" في فنزويلا؟ لقد استجابوا كما فعلوا بعد فشل كل تجربة اشتراكية: أنهم يقولون "لم تكن تلك اشتراكية حقيقية." لكن في المرة القادمة، كما يعدون، ستنجح التجربة.

تشيلي: من الاشتراكية إلى رأسمالية السوق الحر

كما حصل مع صعود هوغو شافيز للسلطة بعد ثمانٍ وعشرين عاماً من تاريخ صعود سلفادور أليندي للسلطة، خط المثقفون اليساريون حول أرجاء العالم انبهارهم وفخرهم بانتخاب سلفادور أليندي رئيسًا لتشيلي في أيلول (سبتمبر) 1970. كان مرشح حزب الوحدة الشعبية أول ماركسي متشدد يصل للسلطة عن طريق انتخابات ديمقراطية، ولو بأغلبية ضئيلة 36.5 % من الأصوات وليس عن طريق ثورة عنيفة أو هزيمة في حرب، كما كان الحال في الأنظمة التي فرضها السوفيت في ألمانيا الشرقية وكوريا الشمالية بعد الحرب العالمية الثانية.

استفاد حزب الوحدة الشعبية في صعوده للسلطة من الطبيعة الأوليغاركية للاقتصاد التشيلي وفجوة الدخل الهائلة ما بين 1.5 % من الدخل الكلي التي ذهبت إلى أفقر 10 % من السكان ونسبة 40.2 % من الدخل التي ذهبت إلى أغنى 10 %[444]، بينما كان التضخم يصل نسبة 36.1 % عام 1970.[445]

في قراره الأول كرئيس، أمَّم الرئيس أليندي مناجم النحاس التي كانت أهم مورد للدخل بالنسبة لتشيلي. وبدلاً من دفع تعويضات للشركات متعددة الجنسيات التي أدارت المناجم سابقًا كجزء من اتفاقية "التأميمات التي تم التفاوض عليها"، والتي تم توقيعها مع سلف الرئيس أليندي، الرئيس أدواردو فري مونتلافا عام 1969، واجهتهم حكومة الرئيس أليندي باستقطاعات عن "الأرباح المُفرطة" أكثر من "الممارسات التجارية الاعتيادية" التي تجاوزت قيمة مبيعات أغلب ممتلكاتهم.[446] تم تأميم البنوك وشركات أخرى بتتابعٍ سريع. بحلول الوقت الذي تم فيه عزل الرئيس أليندي عام 1973، كان 80 % من الإنتاج الصناعي للبلاد قد تم تحويله إلى القطاع العام.[447] تم تثبيت الإيجارات وأسعار المواد الغذائية الأساسية من قِبل الحكومة، والتي وفرت أيضًا الرعاية الصحية المجانية.

شهد استخدام الحكومة الاشتراكية للإنفاق العام لتعزيز شعبيتها ارتفاع الإنفاق الاجتماعي بحوالي 60 % بالقيمة الحقيقية في فترة سنتين فقط. ما بين عامي 1970 و1973، توسع التوظيف في الحكومة المركزية وشركات القطاع العام بنسبة 50 % و35 % على التوالي.[448] تم تغطية تكاليف تلك التعيينات ليس من خلال زيادة في الريع الضريبي، لكن من خلال زيادة

الدين العام وزيادة المعروض النقدي. نما عجز الميزانية من 3.5 % من الناتج المحلي الإجمالي عام 1970 إلى 9.8 % عام 1971. تم موازنة زيادة 10.3 % في استثمارات القطاع العام بانخفاضٍ قدره 16.8 % في استثمارات القطاع الخاص.[449] ولم يكن ذلك مستغربًا في ضوء نسبة مصادرة أملاك أصحاب الأعمال الخاصة: تم تأميم 377 شركة منتجة ما بين 1970 و1973.[450]

من ناحية اقتصادية، كانت التأميمات فشلاً. ترك العمال ذوو المهارات العالية والمديرون التنفيذيون ذوو الخبرة البلاد بأعدادٍ كبيرة، وتم استبدالهم بأعضاء الحزب المخلصين. "سجلت العديد من الأعمال المؤممة حوادث متكررة من التصرفات غير المنضبطة والغيابات. في الشركات التي لم يتم تحويلها بعد إلى ملكية الدولة، اتخذ العمال أنفسهم المبادرة في احتلال مرافق الإنتاج."[451]

بالإضافة إلى ذلك، تم مصــادرة حوالي ستة عشر مليون هكتار من الأراضي. في بعض الحالات، تم إنشاء تعاونيات زراعية وفقًا للنموذج الاشتراكي المألوف. أصبح على الفلاحين الذين امتلكوا أراضٍ من خلال إصلاحات الستينيات الآن أن يعملوا في تعاونيات زراعية على أنهم موظفو قطاع عام.[452] حدثت المصادرات أو السيطرة على الأراضي بمعدل 5.5 مقاطعة زراعية في اليوم، و"تم تأميم مزرعة منتجة أو الاستيلاء عليها بين يومٍ وآخر."[453] انهارت الإنتاجية، وبحلول عام 1972، كان على تشيلي أن تنفق جزءًا كبيرًا من دخلها التصديري لاستيراد الغذاء.[454] كانت محاولة إعادة هيكلة القطاع الزراعي وفق المبادئ الاشتراكية فشلاً كما فشلت في الصين وألمانيا الشرقية وكوريا الشمالية. "بشكلٍ عام، كانت سياسة حزب الوحدة الشعبية الاقتصادية فشلاً. وكان ذلك حقيقة في القطاع المالي بشكلٍ أكبر مما كان عليه الحال في قطاعات الزراعة والصناعة. لم تكن الحكومة قادرة بعد ذلك على السيطرة على التضخم أفضل من سابقتها، وفي واقع الحال، أدى الإنفاق العام السخي إلى جعل الحال أسوأ."[455]

ارتفع التضخم الذي وصل إلى 36 % عام 1970 بشكلٍ هائل إلى 605 % عام 1973، في نمطٍ سوف يُعيد نفسه في فنزويلا بعد ثلاثة عقود[456] كما هو الحال مع الاحتجاجات التي انطلقت في تشيلي. أثناء زيارة دولة استمرت ثلاثة أسابيع من قبل الزعيم الكوبي فيديل كاسترو في نهاية 1971، شارك الآلاف من النساء، في "مسيرة القدور والأواني الفارغة" أمام القصر الجمهوري. تم الهجوم عليهن من قِبل الناشطين الماركسيين وتفريقهن باستخدام الغازات المسيلة للدموع من قِبل الشرطة، مما أدى إلى حدوث العديد من الإصابات. في تشرين الأول (أكتوبر) 1972، شارك نصف مليون شحص من أصحاب الأعمال الصغيرة والفلاحين وأصحاب المهن الذين يعملون لحسابهم الخاص في احتجاجاتٍ مناهضة للحكومة.[457]

في أيلول (سبتمبر) 1973، قام الجيش التشيلي بقيادة رئيس الأركان الجنرال أوغوستو بينوشيه الذي عينه الرئيس أليندي في منصبه بإسقاط الحكومة الاشتراكية. انتحر الرئيس أليندي قبل وقتٍ قصير من اقتحام قادة الانقلاب للقصر الجمهوري. أقام الجنرال بينوشيه ديكتاتورية عسكرية. تم إنهاء حرية الصحافة والحقوق الديمقراطية الأخرى: تم اعتقال أولئك الذين عارضوا النظام وتم تعذيبهم. وفي تناقضٍ صارخ مع الزخم السلطوي والمناهض لليبرالية في سياسته المحلية، كان توجه بينوشيه الاقتصادي، على العموم، توجهًا ليبراليًا وداعمًا للسوق.

كان العقل المُدبر لانتقال تشيلي إلى اقتصاد السوق الحر تحت حكم بينوشيه هم مجموعة من الاقتصاديين الذين عُرفوا بعد ذلك باسم "أبناء شيكاغو." لقد كانوا من المعجبين بالأستاذ ميلتون فريدمان، الحائز على جائزة نوبل في الاقتصاد والمؤيد المتحمس لرأسمالية السوق الحر، وتلاميذ سابقين له في جامعة شيكاغو. عندما عادوا إلى تشيلي، فإنهم قاموا بصياغة تحليل اقتصادي واقتراحات إصلاحية من 189 صفحة وطرحوها على الجنرالات، الذين "قاموا بالقليل جدًا في التعامل مع الاقتراحات" في البداية. فقط عندما فشلت جهود القوات المسلحة نفسها لوقف ارتفاع التضخم، حينها قام بينوشيه بتعيين العديد من أبناء شيكاغو في مناصب لها سلطة.[458]

قدم الأستاذ ميلتون فريدمان نفسه عددًا من الندوات والأحاديث العامة في تشيلي أثناء مهمة عمل قضاها في ذلك البلد في آذار (مارس) 1975. أدى التصور أنه أصبح مستشارًا لبينوشيه إلى بروز الكثير من الانتقادات القاسية ضده. لكن في الحقيقة، التقى الأستاذ فريدمان مع الديكتاتور التشيلي مرة واحدة فقط، وكتب له رسالة بعد ذلك اقترح فيها برنامجًا لمحاربة التضخم المفرط وتحرير الاقتصاد.[459] قدم الأستاذ فريدمان نصائح مشابهة للقادة الشيوعيين في الاتحاد السوفيتي، والصين، ويوغسلافيا.[460] ولكن بينما أدى تعامله المفترض مع النظام التشيلي إلى إثارة حملة عالمية ضده، فإنه يبدو أن لا أحد قد اهتم بدوره في تقديم نصائح للأنظمة الشيوعية.

في المجمل، كان الأستاذ فريدمان منبهرًا بالسياسات الاقتصادية التي طبقها الاقتصاديون التشيليون الذين ألهمهم، ومن ضمنهم سيرجيو دي كاسترو سبيكولا، الذي كان وزيرًا للشؤون الاقتصادية في حكومة بينوشيه، وبعد ذلك أصبح وزيرًا للمالية، على الرغم من انتقاده لقرار السيد دي كاسترو في ربط العملة التشيلية بالدولار الأمريكي. بدأ السيد دي كاسترو وأتباعه في المبادرة بتطبيق أجندة اقتصادية تتركز على تخفيض الإنفاق العام، وتحرير القطاع المالي والاقتصادي، وخصخصة المنشآت المملوكة للدولة (ما عدا صناعة النحاس)، وفتح الاقتصاد

للمستثمرين الأجانب، وعكس سياسات حكومة أليندي بشكلٍ عام: "تحولت الدولة وكل شيء مرتبط بالقطاع العام إلى سببٍ مركزي لكل المشاكل، وكلما قلَّ تدخلها في الاقتصاد، كلما كان نمو الرفاه الاجتماعي أكبر وأسرع. شكَّل ذلك العمود الفقري للإصلاحات الاقتصادية الكثيرة جدًا التي تم تبنيها أثناء فترة النظام العسكري: الخصخصة وإعادة الخصخصة، وإصلاح الدولة وإصلاح ماليتها، وتحرير الاقتصاد وتخفيف الأنظمة، وفتح الاقتصاد على العالم، واستقلالية البنك المركزي."(461)

انخفض عدد المنشآت والبنوك التي تسيطر عليها الدولة من أربعمائة عام 1973 إلى حوالي خمس وأربعين شركة (من ضمنها بنك واحد) عام 1980.(462) قللت الإصلاحات المالية والضريبية التي تم تبنيها في منتصف السبعينيات تأثير الحكومة إلى أقل ما يمكن عبر أرجاء الاقتصاد من خلال إنهاء تحديد الأسعار، وإصلاح ضرائب الثروة، والأرباح الرأسمالية، وتخفيض ضرائب الدخل. تم جعل ضريبة القيمة المضافة نسبة قياسية قدرها 20 % على جميع السلع والخدمات، وأصبحت هي المصدر الأساسي للريع الضريبي للحكومة. أنتج ذلك "معجزة اقتصادية" بحجمٍ مشابه لما حققته تخفيضات الضرائب من قِبل السيدة مارغريت تاتشر والرئيس رونالد ريغانٍ بالنسبة لنمو الريع من 22 % من الناتج المحلي الإجمالي في فترة 1973 - 1974 إلى 27 % في فترة 1975 - 1977، وتحويل العجز المالي المزمن إلى فائض في الفترة من 1974 إلى 1981.(463)

تُبين المقارنة ما بين المؤشرات الأساسية لعامي 1973 و1981 بشكلٍ واضح، كم كانت تلك السياسات ناجحة. انخفض التضخم الذي وصل 600 % عام 1973 إلى 9.5 % فقط بحلول عام 1981، على الرغم من أن التقدم لتحقيق ذلك كان بطيئًا. أثناء الفترة نفسها، شهدت تشيلي نسبة نموها الاقتصادي تتعافى من سالب 4.3 % إلى نسبة جيدة قدرها 5.5 %، بينما تضاعفت الصادرات ثلاثة أضعاف تقريبًا من 1.3 مليار دولار إلى 3.8 مليار دولار. الشيء الأكثر إبهارًا كان نمو الصادرات غير التقليدية (باستثناء النحاس والموارد الطبيعية)، من 104 مليون دولار إلى 1.4 مليار دولار. نمت الأجور الحقيقية، التي كانت قد انخفضت بمقدار أكثر من 25 % عام 1973، بمقدار 9 % عام 1981.(464)

كانت السياسات المالية والاقتصادية التي تبناها أبناء شيكاغو أساسية لعملية تعافي تشيلي طويلة المدى واستقرارها الاقتصادي الحالي. لكن على المدى القصير، كانت نتائجها أقل وضوحًا: التأثيرات طويلة المدى أتت على حساب ارتفاعٍ في البطالة في بادئ الأمر.

ومع وضع مستثمرين أجانب ثقتهم في الاقتصاد التشيلي بشكلٍ متزايد، ابتدأت الصادرات بالارتفاع وانخفض العجز ونما الاقتصاد بنسبة كلية قدرها 32 % خلال أربع سنوات. تمت الإشادة بالمعجزة الاقتصادية التشيلية في عالم المال العالمي، وتم الاحتفاء بها في وسائل الإعلام الاقتصادية. ارتفع الاستهلاك الجماهيري وتحسنت ظروف الحياة لكل السكان، كما يتضح ذلك من خلال الارتفاع الكبير في عدد السيارات التي تم تسجيلها ما بين عامي 1976-1981.[465]

في بداية الثمانينيات، اجتاحت أزمة ديون هائلة دول أمريكا اللاتينية. في عام 1982، تخلفت المكسيك عن دفع ديونها السيادية. وفي السنة ذاتها، غرقت تشيلي بالإضافة إلى دول أخرى من أمريكا اللاتينية في ركودٍ اقتصادي بسبب انخفاض شديد في تدفق رأس المال إلى تلك البلدان. في الفترة 1982 - 1983، واجهت تشيلي أسوأ ركود شهدته منذ الثلاثينيات، حيث انخفض الناتج المحلي الإجمالي بنسبة 15 % وارتفعت البطالة إلى 30 % بالأرقام الحقيقية.[466] لازالت الأسباب الحقيقية لأزمة 1982 - 1983 موضع حوارٍ ونقاشٍ مستمر. لكن الواضح أن تشيلي كانت قادرة على تجاوز الأزمة بشكلٍ أسرع بكثير من جيرانها من دول أمريكا اللاتينية: "قادت تشيلي القارة في عملية الخروج من هذا الركود. كانت هي البلد الوحيد الذي يمر بأزمة ديون واستطاع أن يعود إلى مستوى ما قبل الأزمة بما يتعلق بمستويات الناتج المحلي الإجمالي قبل نهاية عقد الثمانينيات. وبالنسبة لأغلب الدول، كان ذلك العِقد عِقدًا كاملاً مما أطلقوا عليه اسم 'العِقد الضائع'."[467]

عندما انتهت الأزمة، استمرت الحكومة في تطبيق إصلاحاتٍ أكثر. أخذت الدورة الثانية من عمليات الخصخصة في نظر الاعتبار الدروس التي تم تعلمها من الدورة الأولى، التي كانت بشكلٍ كبير عمليات خصخصة بناءً على أساس الديون. هذه المرة، تم تبادل أسهم الشركات في سوق الأسهم، مما منحها بداية خالية من الديون. بدأت عمليات خصخصة الشركات الكبرى المملوكة للدولة، باستثناء شركة المناجم العامة المملوكة للدولة، عام 1986 وخلقت قيم أصول كلية قدرها 3.6 مليار دولار.[468]

بدأ النظام السياسي بالتغير بعد خسارة بينوشيه الاستفتاء العام حول تمديد ولايته لثمان سنواتٍ أخرى عام 1988. فاز التحالف الديمقراطي بقيادة السيد باتريشيو آيلون آزوكار من الحزب الديمقراطي المسيحي في الانتخابات العامة سنة 1989 وحكم كرئيسٍ للبلاد من عام 1990 إلى 1994. يؤكد الأستاذ فريدمان على الدور الذي لعبه التحرير الاقتصادي، والذي بدوره يقود إلى التحرير السياسي، في الانتقال من الديكتاتورية إلى الديمقراطية. "عمل الاقتصاد التشيلي بشكلٍ جيد جدًا، ولكن الأهم، هو أن الحكومة المركزية في نهاية الأمر، أي الطغمة

العسكرية، قد تم استبدالها بمجتمعٍ ديمقراطي. وعليه فإن الأمر المهم حقًا حول الأعمال في تشيلي هي أن الأسواق الحرة قد قامت بدورها من أجل خلق مجتمعٍ حر."[469]

على الرغم من أن تحرير الاقتصاد كان عاملاً مساهمًا بشكلٍ واضحٍ في إنهاء الديكتاتورية من خلال تقوية المجتمع المدني التشيلي، فإن ادعاء الأستاذ فريدمان أن نصر الديمقراطية كان نتيجة مباشرة وحتمية للإصلاحات الاقتصادية ما هو إلا مبالغة ليس لها أساس صلب. حقيقة أن في بلدانٍ أخرى، ومن ضمنها الصين، كما لاحظنا في الفصل الأول، يجعل فشل الإصلاحات الاقتصادية حتى الآن في الإتيان بالتحول إلى الديمقراطية من الصعب قبول زعمه هذا.

ومع ذلك لا يمكن إنكار التأثيرات الإيجابية بعيدة المدى للإصلاحات الاقتصادية التي حرض عليها أبناء شيكاغو. وعلى الرغم من تخفيفها نوعًا ما من قِبل حكومات متعاقبة، فإن هذه الإصلاحات وضعت الأسس لنجاح تشيلي الاقتصادي الحالي وأدت إلى تحقيق البلاد تصنيفًا عاليًا على مؤشر الحرية الاقتصادية. حتى الرؤساء الاشتراكيون، الرئيس ريكاردو لاغوس اسكوبار (2000 - 2006)، والرئيس ميشيل باتشليت (2006 - 2010 و2014 - 2018)، لم يغيروا بشكلٍ أساسي توجه تشيلي كبلدٍ ذي اقتصاد سوق حر. في عام 2010، أصبحت تشيلي أول بلد من أمريكا الجنوبية ينضم إلى منظمة التعاون الاقتصادي والتنمية، في إشارةٍ واضحة، على عكس أغلب البلدان الأخرى في المنطقة، أن تشيلي أصبحت جزءًا من "العالم الأول" للبلدان المتطورة. ما يجعل ذلك الأمر جديراً بالإشادة أكثر هو أن تشيلي قبل الإصلاحات كانت من ضمن أكثر الاقتصادات حمائية في العالم.

إن حقيقة عدم قيام الحزب الديمقراطي المسيحي الذي حكم تشيلي أثناء التسعينيات، ولا الحكومات الاشتراكية التي تم انتخابها في العِقد الأول من القرن العشرين بتغييرات كبيرة للإصلاحات التي تم تبنيها تحت حكم بينوشيه، ينبغي اعتبارها أحد أقوى الحجج في بيان فاعليتها. وكما تم تبيانه في الفصل الخامس، فإنه يمكن رؤية ملاحظات مشابهة حقيقية في حالة المملكة المتحدة والولايات المتحدة، حيث لم تتدخل حكومة السيد توني بلير العمالية ولا إدارة الرئيس بيل كلينتون في جوهر الإصلاحات التي تبناها كل من السيدة تاتشر والرئيس ريغان.

يود منتقدو إصلاحات أبناء شيكاغو زمن رئاسة بينوشيه الإشارة إلى ارتفاع عدم المساواة الاجتماعية التي رافقت نجاحاتهم الاقتصادية التي لا يمكن إنكارها، والتي رد عليها وزير الاقتصاد والمالية التشيلي السابق السيد سيرجيو دي كاسترو بالقول: " في عام 1970، على سبيل المثال، كانت نسبة وفيات الأطفال ثمانين لكل ألف. بحلول عام 1990، في نهاية النظام

العسكري، انخفضت إلى عشرين لكل ألف. كان ذلك بسبب صحة اقتصاد البلاد وحقيقة أن الحكومة كانت قادرة على إنفاق مزيدٍ من الأموال على الفقراء."[470]

لكن مؤشرات اقتصادية واجتماعية أخرى تبين أن درجة عالية من عدم المساواة في المجتمع التشيلي مازالت مستمرة إلى الوقت الحاضر. يُصنف مؤشر جيني، الذي يقيس توزيع الدخل ضمن السكان، تشيلي بأنها أحد أكثر البلدان في عدم المساواة ضمن مجموعة من ثلاثين بلدًا من أغنى بلدان العالم.[471]

في الوقت نفسه، سجلت تشيلي في الفترة ما بين 1990 و2005 أحد أعلى نسب النمو الاقتصادي في العالم، أعلى بكثير من أي بلدٍ أمريكي لاتيني آخر، وبالتساوي مع كوريا الجنوبية. وبالتوافق مع عمليات الخصخصة المتناغمة لأصول البنى التحتية من قطاع المواصلات، إلى المستشفيات، والسجون، والاتصالات، إلى إدارة مصادر المياه والمجاري، خلقت نِسب الضريبة المنخفضة على الشركات وأسواق رأس المال الحرة حوافز للمستثمرين.[472]

في أواخر حزيران (يونيو) 2017، نشرت صحيفة داي زيت الألمانية اليسارية الأسبوعية مقالاً عن تشيلي بيّن سلسلة كاملة من الفزع إلى الإعجاب على مضض: "تمتك الرأسمالية موقعًا قويًا غير اعتيادي هنا، والتأثير على التجانس الاجتماعي والأعضاء الضعفاء من المجتمع قوي بشكلٍ متساوٍ. إن لم تستطع مجاراة الأمور، فإنك تقع خارج الدورة: هذه العقلية هي جزءٌ من الإرث الذي تركته ديكتاتورية أوغستو بينوشيه العسكرية على تشيلي، والذي حكم هذا البلد الرفيع الواقع على حافة أمريكا الجنوبية ما بين عامي 1973 و1990. وبعد مرور وقتٍ طويل على وفاة بينوشيه، مازال أبناء شيكاغو أحياء ... وحتى الآن، استمرت الحكومات الديمقراطية التي خلفته في سياسته ذات تنظيمات السوق القليلة جدًا."[473]

على الجانب الآخر، اضطرت صحيفة داي زيت ذاتها للإقرار بأن: "بنسبة 6 %، البطالة منخفضة بشكلٍ قريب من الحال في ألمانيا، والتضخم غير موجود تقريبًا. سندات الحكومة التشيلية تمتك تصنيفًا جيدًا. وبالمقارنة مع سمعة جيرانهم من البلدان الأمريكية اللاتينية بما يتعلق بالفوضى الاقتصادية، يُعتبر التشيليون شركاء أعمال جيدين. يمتلكون كذلك بِنى تحتية تعمل بنسبٍ مستقرة من الإنشاءات والاستثمار وشبكة نقل منظمة جيدًا. نفعت التحسينات في المستوى المعيشي خلال السنوات القليلة الماضية حتى الفقراء."[474]

لكن في السنوات الأخيرة، أصبح عددٌ متنامٍ من التشيليين غير راضين بشكلٍ متزايد عن الحالة الاجتماعية في بلدهم. كانت هناك احتجاجات ومظاهرات عنيفة. وأخيرًا في كانون الأول

(ديمسبر) 2021، تم انتخاب المرشح اليساري (أحد قادة الاحتجاجات) السيد غابريل بوريك ذي الخمسة والثلاثين عامًا رئيسًا جديدًا.

في 2020، كتبت الصحفية والمحررة ماري أنستاسيا أوغاردي مقالاً بعنوان: "مهمة الانتحار التشيلية" في صحيفة وول ستريت جورنال، وقالت إن الرأسمالية الديمقراطية "خفضت نسبة الفقر في تشيلي لأقل من 10 % عام 2018 من حوالي 70 % عام 1990. امتلكت تشيلي أيضًا أعلى مستوى انتقال اجتماعي عام 2018 حسب دراسة من قِبل منظمة التعاون الاقتصادي والتنمية عن ستة عشر بلدًا عضوًا." وأضافت "لماذا هناك دعم شعبي لتحطيم نظامٍ أنتج نجاحًا مثل ذلك أمرٌ يصعب فهمه."[475]

بعد الفوز بالانتخابات، أدارت حكومة الرئيس غابريل بوريك الاشتراكية انتباهها نحو كتابة دستورٍ جديد. تشكلت مسودة الدستور من خلال عدم ثقة عميق بالسوق وثقة لا حدود لها تقريبًا بالدولة. كان يمكن لذلك الدستور أن يصبح أطول دستور في العالم، وبدلاً من أخذ أمثلة من الدساتير الجيدة مثل القانون الألماني الأساسي، فإن المسودة نسخت الكثير من بنود دساتير أخرى مثل دساتير فنزويلا وبوليفيا. أحد المشاكل الرئيسة كانت أن الدستور المقترح سيؤدي إلى تلاشي حقوق الملكية. حتى الآن، عندما تقوم الدولة بمصادرة الشركات فإنها مُلزمة أن تدفع لها سعر السوق الكامل نقدًا. لكن حسب مسودة الدستور الجديد، سيكون مطلوبٌ من الدولة أن تدفع فقط "سعرًا عادلاً" غير محُدد، وليس نقدًا كذلك. بالإضافة إلى ذلك، كان الدستور سيضمن كل أنواع "الحقوق الاجتماعية"، ومن ضمنها الحق بالعمل أو لا.

في آيار (مايو) وحزيران (يونيو) 2022، قمت بزيارة خمسة بلدان أمريكية لاتينية، من ضمنها تشيلي، وتحدثت مع ممثلي مؤسسات أبحاث تحررية مختلفة. كان هناك الكثير من القلق أن الدستور الجديد سيحول تشيلي إلى دولة اشتراكية. الأشخاص الذين التقيتهم كانوا يركزون كل جهودهم في إقناع الأغلبية من التشيليين بالتصويت "بلا" للدستور الجديد في الاستفتاء الذي كان مقررًا أن يتم يوم الرابع من أيلول (سبتمبر) 2022. وبعد ذلك، في ليلة الرابع من أيلول (سبتمبر) جاءتني رسالة على واتساب تقول: "رفضٌ بنسبة 62 %، دعونا نحتفل." رفضت أغلبية واضحة من التشيليين مسودة الدستور الاشتراكي. أدرك العديد من التشيليين الآن أنها كانت غلطة لانتخاب رئيس اشتراكي. كل ما تبقى هو الأمل أن تعود تشيلي إلى المسار الرأسمالي الذي جعل البلاد ناجحة جدًا لفترةٍ طويلة.

الفصل السابع

السويد: أسطورة اشتراكية شمال أوروبا [476]

قضيت شهرين في نيويورك أثناء حملة الانتخابات الرئاسية عام 2016. أتذكر أني شاهدت أحد الشباب يهذي حول منافع الاشتراكية على التلفزيون، وهي صورة التصقت بذاكرتي، لأنها لم تتوافق مع فكرتي عن الولايات المتحدة. كان الشاب يتحدث عن "الاشتراكية الإسكندنافية." كان مؤيدًا للمرشح الرئاسي بيرني ساندرز، الذي يُعلن نفسه اشتراكيًا، والذي يبدو أن تفسيره لتلك الأيديولوجيا لا يمت بصلة لنمط النظام السوفيتي أو نمط جمهورية ألمانيا الديمقراطية. بدلاً من توفير تلك المنتجات، فإن الفردوس الاشتراكي الذي يود السيد ساندرز تطبيقه في بلده الولايات المتحدة هو على غرار نموذج يؤمن أنه موجود في البلدان الإسكندنافية، في الدنمارك والسويد على وجه الخصوص.

توقفت السويد عن أن تكون بلدًا اشتراكيًا قبل عدة عقود، ولم تكن كذلك أبداً في المقام الأول. لكن كما يجد الناس من الصعب تغيير الصورة التي تلتصق بهم بعناد في أفكار الآخرين، فإن الأمر ذاته ينطبق على الدولة على العموم. نحن نتردد كثيرًا في تغيير المعتقدات الراسخة لدينا عن بلدانٍ أخرى. كتنبيهٍ يُفسد تلك الصورة: السويد المعاصرة ليست بلدًا اشتراكيًا. وحسب مؤشر الحرية الاقتصادية لعام 2023 الذي تنشره مؤسسة هيرتج، تقع السويد ضمن أكثر البلدان ذات اقتصادات السوق في العالم. في المجمل، تقع في المرتبة العاشرة، متقدمة على الولايات المتحدة (في المرتبة الخامسة والعشرين).[477] الأمر الأكثر إثارة للانتباه هو المدى الذي تغيرت فيه السويد في السنوات الخمسة والعشرين الماضية، حيث ارتفعت درجتها الكلية على المؤشر ست عشرة نقطة (من 61.4 إلى 77.5 نقطة) ما بين عامي 1995 و2023.[478]

لكن درجات السويد في فئاتٍ أخرى تبين صورة مختلفة بشكلٍ طفيف.[479] مازال الإنفاق العام عاليًا بنسبة 49.5 % من الناتج المحلي الإجمالي ما بين 2019 و2021. وبينما انخفضت نسب ضريبة الدخل إلى حدٍ كبير من قمتها في السبعينيات والثمانينيات بنسبة 42.9 % من الدخل المحلي الكلي، فإنها مازالت أعلى من أغلب البلدان في العالم. أعلى نسبة لضريبة الدخل الفردية هي 57 %، وأعلى نسبة ضريبة على الشركات هي 21.4 %. ومع ذلك فإن ما لا يدركه العديد من الناس أن الضرائب على الإرث والترقي الوظيفي والثروة قد تم إلغاؤها على الجانب الآخر. مازال سوق العمل في السويد مُثقلاً بالتنظيمات.

بعبارةٍ أخرى، على الرغم من صعود المكونات الرأسمالية، فإن السويد ليست حرة تمامًا من التأثيرات الاشتراكية. لكن صورة السويد والبلدان الإسكندنافية بأنها معاقل للاشتراكية تعود إلى السبعينيات والثمانينيات. تقدم الكاتبة نيما سننذجي الوصف التالي لمسار اقتصاديات هذه البلدان، أثناء الفترة منذ 1870: "حققت هذه البلدان نموًا اقتصاديًا مذهلاً عندما كانت فيها حكومات صغيرة وأسواق حرة، لكنها عندما تحركت نحو الاشتراكية، توقفت ريادة الأعمال ونمو الازدهار وفُرص العمل الجديدة. جلب التحول إلى الأسواق الحرة النمو مرة أخرى."[480]

تم وضع أسس قوة اقتصاد السويد المزدهر ما بين عامي 1870 و1936 قبل حقبة الديمقراطية الاشتراكية. كانت السويد في القرن التاسع عشر بلدًا فقيرًا جدًا، وبعد إلغاء النقابات الاحتكارية للمهن عام 1861، شهدت السويد مئة عامٍ من النمو الهائل. من عام 1870 وحتى عام 1970، حققت السويد ثاني أعلى معدل نمو لناتج المحلي الإجمالي، فقط اليابان حققت نموًا أعلى حسب بيانات مشروع ماديسون لحسابات الناتج المحلي الإجمالي.[481]

أثناء تلك الفترة، عندما كانت السويد ما تزال تمتلك اقتصاد سوق حر وضرائب منخفضة، تجاوز نموها الاقتصادي بشكلٍ كبير نمو اقتصادات بلدان أوروبية أخرى مثل ألمانيا وإيطاليا وفرنسا، بمعدل نمو سنوي ضعف نمو اقتصاد المملكة المتحدة.[482]

بعد وصول الحزب الديمقراطي الاشتراكي للسلطة عام 1936، تبع ذلك فترة "ذرائعية" من خطواتٍ أولى معتدلة لتبني سياسات دولة الرعاية الاجتماعية، والتي وصلت نهايتها في نهاية الستينيات وبداية السبعينيات. ما بين 1936 و1970، تخلفت السويد عن بلدان مثل إيطاليا وفرنسا بمعدل نمو سنوي كان أعلى من نمو ألمانيا بشكلٍ طفيف.[483]

أثناء فترة تمدد دولة الرعاية الاجتماعية الاشتراكية من 1970 إلى 1991، تخلفت السويد بعيدًا خلف العديد من منافسيها الأوروبيين. كان النمو الاقتصادي أقل منه في عددٍ من بلدانٍ أخرى ومن ضمنها إيطاليا وفرنسا وألمانيا والمملكة المتحدة وهولندا والنمسا، حيث سجلت هذه الأخيرة نموًا اقتصاديًا ضعف نسبة نمو السويد.[484] من المرتبة الرابعة في تصنيف معدل الناتج المحلي الإجمالي ضمن منظمة التعاون الاقتصادي والتنمية عام 1970، انخفض تصنيف السويد أثناء الحقبة الاشتراكية إلى المرتبة السادسة عشر بحلول عام 1995.[485]

أثناء حقبة الإصلاحات الداعمة للسوق من 1991 إلى 2014، كانت السويد مازالت متفوقة على ألمانيا وفرنسا وإيطاليا بما يتعلق بالنمو الاقتصادي.[486] بحلول عام 2016، كان تصنيف

السويد في المرتبة الثانية عشرة لأعلى معدل ناتج محلي إجمالي في منظمة التعاون الاقتصادي والتنمية، وكان ذلك أمرًا لافتًا للنظر حيث حقق عدد من البلدان الأخرى تقدمًا كبيرًا منذ 1995، عندما سجلت السويد أسوأ أداء لها بالمرتبة السادسة عشرة.

ومن الطبيعي أن تكون هناك أسباب معقدة لصعود وانخفاض النمو الاقتصادي من فترةٍ لأخرى، والتي لا يمكن اختصارها بدرجة التوجه الاشتراكي أو الرأسمالي في وقتٍ معين. تعتبر أنماط الاقتصاد العالمي، التي تؤثر على أي بلدٍ ذي تركيز قوي على التصدير، عاملاً مساهمًا في ذلك، وكذلك الضعف الهيكلي للنظام الاقتصادي. لكن من الجدير بالملاحظة أن الفترة التي تخلفت فيها السويد عن بلدانٍ أوروبية أخرى توافقت مع تطبيق سياسات دولة الرعاية الاجتماعية الاشتراكية.

لكن مثال السويد يُبين أيضًا أنه بينما يلعب النظام الاقتصادي دورًا مهمًا، فإن العوامل الثقافية هي أيضاً مهمة في تحديد نجاح البلاد الاقتصادي كما بين مثال كوريا الجنوبية (انظر الفصل الرابع). في حالة كوريا الجنوبية، لعبت قِيم العمل، والطموحات التعليمية، ودرجة عالية من الدوافع والاجتهاد أدوارًا مهمة. هل هناك عوامل أخرى مشابهة بالنسبة لنجاح السويد الاقتصادي؟ بالمقارنة مع بلدانٍ أوروبية أخرى، فإن سكان السويد متجانسون بشكلٍ لافتٍ للنظر. يؤمن الاقتصاديون أن درجة منخفضة من التعددية العرقية والمذهبية والثقافية واللغوية تدعم بناء التوافق وتخفض من احتمالية حدوث صراعات.[487] يعتبر المتخصصون في العلوم السياسية العقلية السويدية بأنها سبب رئيس لفجوة الدخل الضيقة نسبيًا، والتي كانت واضحة في عشرينيات القرن الماضي، وبالتالي سبقت تبني سياسات دولة الرعاية الاجتماعية وإعادة توزيع الدخل بناءً على الضريبة في الستينيات والسبعينيات.[488]

قِيم العمل القوية والطموح والنزاهة هي من صفات مجتمع السويد وبلدان شمال أوروبا الأخرى. هذه هي العوامل، وليس دولة الرعاية الاجتماعية السويدية، التي جلبت مستوى المعيشة العالي والمستويات العالية للدخل في البلدان الإسكندنافية. تُثبت الدراسات التي تقارن البيانات عن الأمريكيين من أصولٍ إسكندنافية (بمجموع حوالي أحد عشر مليون أمريكي) مع بيانات حول مجمل سكان الولايات المتحدة، وبيانات عن الدول الإسكندنافية هذه الأمور. على سبيل المثال، معدل الناتج المحلي الإجمالي عام 2013 وصل إلى 68897 دولارًا للأمريكيين السويديين، وهو أعلى بشكلٍ كبير من المعدل الوطني الذي كان 52592 دولارًا، وكذلك أعلى من المعدل في السويد البالغ 45067 دولارًا.[489]

وبالمثل، فإن نسبة خريجي المدارس الثانوية أعلى بكثير بالنسبة للأمريكيين السويديين (96.6 %) من النسبة للسكان على العموم (86.3 %). نسبة البطالة ضمن صفوف الأمريكيين السويديين (3.9 %)، ونسبة الفقر (5.1 %) هي أقل من المعدلات الوطنية 5.9 % و11.7 % على التوالي.(490) تُبين هذه الأرقام، أنه على العكس من التصور الشائع الخاطئ، إن دولة الرعاية الاجتماعية السويدية ليست هي السبب في مستوى المعيشة المرتفع في السويد. بالمقابل، يتعزز هذا المستوى المعيشي المرتفع من ملاحظة أن السويد كانت ناجحة اقتصاديًا قبل وقتٍ طويل من تبني سياسات دولة الرعاية الاجتماعية. وكي نكون أكثر دقة، كانت البلاد ناجحة بشكلٍ خاص من قبل أن تبدأ المسير على هذا المسار. على الرغم من أن الحزب الديمقراطي الاشتراكي كان في السلطة ما بين عامي 1932 و2006 مع ثلاث فتراتٍ قصيرة من الخروج من السلطة، فإن الحزب لم يسعَ في البداية لتطبيق أي خطط تأميماتٍ طموحة. كانت نقابات العمل السويدية أيضًا أقل شراسة من مثيلاتها في بلدانٍ أخرى، وتطالب بإلغاء الدعم الحكومي والرسوم الجمركية الحمائية من أجل تيسير التوسع إلى أسواق تصديرٍ جديدة.(491)

طور الاشتراكية في السويد

حتى منتصف الستينيات، لم يكن هناك فروقات كبيرة بين السويد وبلدان أوروبية أخرى، ولم يكن هناك أي شيء يمكن تسميته "النموذج السويدي." في نهاية الستينيات، كان الإنفاق الحكومي مازال ضمن المستوى ذاته كمعدل مستويات الإنفاق في دول منظمة التعاون الاقتصادي والتنمية.(492) لكن ذلك تغير أثناء نهاية الستينيات، وفي السبعينيات والثمانينيات. في الفترة ما بين 1965 و1975، نما عدد الموظفين الحكوميين من سبعمئة ألف إلى 1.2 مليون، بالتزامن مع زيادة التدخل الحكومي في الشؤون الاقتصادية وإنشاء عدد من السلطات التنظيمية الجديدة. ما بين عامي 1970 و1984، امتص القطاع العام كامل النمو لقوة العمل السويدية، وكان أكبر عدد من فُرص العمل الجديدة في قطاع الخدمات الاجتماعية.(493)

يستحق الأمر أن نُلقي نظرة قريبة على تطور مجموعتين أساسيتين عبر الزمن. في عام 1960، كان هناك ثمانية وثلاثون شخصًا سويديًا "تمولهم الضرائب" (أي معتمدين على القطاع العام في دخولهم، سواء كانوا موظفين حكوميين أو يستلمون دفعات من الدولة) مقابل كل مئة سويدي "يمولهم السوق" (أي أولئك الذين يحققون دخولهم بشكلٍ أساسي من المنشآت الخاصة). وبعد ثلاثين سنة، ارتفع ذلك الرقم إلى 151 ممن تمولهم الضرائب. أثناء الفترة ذاتها، انخفض العدد

الإجمالي لأولئك العاملين في القطاع الخاص أو الذين يعملون في أعمالهم الخاصة من أقل من ثلاثة ملايين بقليل إلى أقل من 2.6 مليون، بينما نما العدد الكلي للأشخاص الذين تموِّلهم الضرائب من 1.1 مليون إلى 3.9 مليون.[494] تعكس هذه الأرقام ابتعاد السويد عن اقتصاد السوق الحر الرأسمالي نحو نموذج اشتراكي أثناء تلك الفترة.

عندما أصاب الركود العالمي السويد أثناء منتصف السبعينيات، تمسك الحزب الديمقراطي الاشتراكي بسياسته ذاتها، ووسع من سياسات دولة الرعاية الاجتماعية، وزاد من منافع الرعاية الاجتماعية أكثر وأدخل تنظيمات أكثر صرامة لحماية العمال من التسريح من العمل. في عام 1973، تم تمديد منافع البطالة من ثلاثين إلى ستين يومًا، بينما تم خفض العمر القانوني للتقاعد من سبعة وستين عامًا إلى خمسة وستين عام 1975.

استمرت الحكومة باقتراض أموال أكثر وأكثر من أجل تمويل توسع سياسات دولة الرعاية الاجتماعية.[495] جعلت النقابات، التي كانت متحالفة بقوة مع الحزب الديمقراطي الاشتراكي، الأمور أسوأ من خلال محاولتها فرض مفاهيم اشتراكية للمساواة من خلال طلبات غير مسؤولة لغرض مساواة الرواتب. في بعض الحالات، تم زيادة الرواتب بما مقداره 35 % في غضون ثلاث سنوات.[496]

تزايدت قوة النقابات أكثر من قوة قريناتها في المملكة المتحدة قبل فترة حكم السيدة مارغريت تاتشر الأولى (انظر الفصل الخامس). أثناء السبعينيات، مددت قوانين جديدة تأثير النقابات في أماكن العمل بشكلٍ قوي. أصبح ممثلو الصحة والسلامة يمتلكون السلطة لإيقاف أي عملية من عمليات سير العمل يعدونها غير آمنة لحين القيام بمراجعة أكثر من قبل مسؤولين حكوميين. تم توسيع الحماية ضد التسريح من العمل بالنسبة للعمال الأكبر في السن وأعضاء النقابات، وتم عكس مسؤولية الإثبات في أي خلافٍ قانوني ما بين المُشغلين والنقابات، وكان ذلك يعني أن الشركات التي كانت متهمة بالقيام بأعمالٍ غير صحيحة، أصبحت الآن مذنبة حتى تتمكن من إثبات العكس أمام المحكمة.

نص قانون المشاركة في أماكن العمل عام 1976 أنه يجب تعيين ممثلين للعاملين في مجالس الإشراف في كل الشركات التي تشغل خمسة وعشرين شخصًا أو أكثر. بهذه الطريقة، اكتسبت النقابات تأثيرًا على كل مستوى من العمل من شؤون التشغيل اليومية إلى توظيف وتسريح العاملين وإستراتيجية الشركة الشاملة.[497]

خربت أجندة الاشتراكيين الاقتصاد السويدي. تسببت في أن يترك رواد أعمال بارزين البلاد

بسبب حنقهم. كان مؤسس شركة إيكيا، السيد انغفار كمبراد أحدهم. تم تكملة نسبة الضريبة الحدية البالغة 85 % بضريبة ثروة على الأصول الشخصية التي يمتلكها، مما اضطره إلى استدانة أموال من شركته من أجل دفع ضرائبه.[498]

ومن أجل دفع ديونه لشركة إيكيا، أراد السيد كامبراد أن يبيع أحد الشركات الصغيرة التي يمتلكها إلى شركة إيكيا بهامش ربح، وكان ذلك أمرًا شائعًا في ذلك الوقت ضمن صفوف رواد الأعمال السويديين الذين يحاولون تقليل عبء ضرائب الثروة عليهم. وعندما كان السيد كامبراد يهيء عملية البيع، قامت الحكومة بتغييرات في تشريعات الضرائب بأثرٍ رجعي[499] أصبح السيد كامبراد عالقًا بالتكلفة التي يواجهها وحانقًا على المعاملة غير العادلة من قبل بلده لرواد الأعمال. بالإضافة إلى ضريبة الثروة، كانت ضريبة الإرث في السويد تهديدًا مميتًا لإمبراطورية السيد كمبارد التجارية. غادر السويد إلى الدنمارك عام 1974، وبعد ذلك إلى سويسرا حيث قضى بعض عقود الزمن، وكان حينها أغنى رجل في أوروبا. لم يعد السيد كامبراد إلى السويد ليعيش فيها ويدفع الضرائب حتى عام 2013، بعد أن تم إلغاء الضرائب على الثروة والإرث، وكان ذلك الأمر مثالاً كلاسيكيًا على كيفية إيذاء البلدان أنفسها من خلال فرض ضرائب باهظة على الأغنياء. الأستاذ غوران غروسكوف، رئيس الشركة الأم لشركة إيكيا (إنكا القابضة)، ساعد شركة إيكيا وشركات أخرى لترك السويد في السبعينيات، ومن الواضح جدًا الآن كيف كانت الضرائب الضارة مؤثرة على الصناعات السويدية. لو لم تكن هناك ضرائب ثروة وإرث، لكان الأستاذ غروسكوف قد نصح تلك الشركات بالبقاء في السويد.[500]

أعرب الكاتب الألماني هانز ماغنوس انزنسبرغر عن دعمه لأغنياء السويد المحاصرين :"يبدو أن الحياة ليست سريرًا من الزهور بالنسبة للأغنياء في مجتمعٍ مثل هذا. هل كان الأمر متعلقاً بالضرائب فقط. كانوا يريدون دفع الضرائب في حينها، وإن كان بتردد، لكنهم مواطنون صالحون في نهاية الأمر. الأمر الأكثر إيلامًا هو حقيقة أنه لم يُبدِ أي أحدٍ تعاطفًا معهم في مأزقهم." أضاف السيد انزنسبرغر بالقول: أصبحت السويد بلدًا يشعر فيه الأغنياء أنهم "لا لزوم لهم، ومهملون ومنبوذون."[501] زادت حقيقة وضع اسم أي شخصٍ سويدي يحقق دخلاً أكثر من خمسين ألف كرونا على "قائمة الضرائب" العلنية الضغوط على الشخصيات العامة.[502]

أدت تلك السياسات الاشتراكية المتطرفة إلى نفور حتى أولئك الذين كانوا متعاطفين مع مشروع الحزب الديمقراطي الاشتراكي. أحد الأمثلة هو الكاتبة آسترد لندغرين، المؤلفة

المعروفة عالميًا لمجموعة من كتب الأطفال الشائعة، ومن ضمنها سلسلة بيبي لونغستو كنغ. لم يمنعها التزامها الطويل بمبادئ الحزب الديمقراطي الاشتراكي التي عبرت عنها كمحررٍ محبوب لأحد الصحف ودعمها القوي للعدالة الذي كان عنصرًا أساسيًا في سلسلة كتاباتها بعنوان ماديكن، من الشعور بالغضب العارم من نسبة الضريبة 102 % التي فرضت على دخلها عام 1976.

نفسّت السيدة لندغرين عن غضبها من خلال التهكم على النظام الضريبي السويدي في مقالٍ بعنوان: "الفكاهة في مونسمانيا" الذي نشرته في صحيفةٍ بارزة. وردًا على ذلك، زاد وزير المالية السويدي السيد غونار سترانغ الطين بلة أثناء جلسة للبرلمان السويدي قائلاً: "المقال هو مجموعة مثيرة للاهتمام للقدرة الأدبية المبهرة وجهلٍ مطبق في حقل السياسة المالية. لكننا لا نتوقع السيدة آسترد لندغرين أن تكون خبيرة في ذلك."[503] أشار الوزير أن السيدة لندغرين قد أخطأت في تجميع أرقامها. وبشجاعة، ردت الكاتبة بالقول: "يبدو أن السيد غونار سترانغ قد تعلم كتابة القصص، لكنه بالتأكيد لا يعرف الحساب. سيكون من الأفضل لو أننا تبادلنا المناصب."[504] كان الرأي العام إلى جانب السيدة لندغرين. لو تمت انتخابات في ذلك الوقت، لفاز الحزب الديمقراطي الاشتراكي بـ 38 % فقط من الأصوات مقابل 53 % للمعارضة الوسطية. في نهاية الأمر، قام رئيس الوزراء السويدي السيد أولاف بالمه بمعالجة الأمر بنفسه واعترف على شاشة التلفزيون أن أرقام السيدة لندغرين صحيحة.

بعد شهرٍ من نشر مقالة السيدة لندغرين "الفكاهة"، أعلن المخرج السينمائي الشهير إنغمار بيرغمان، الحائز على جائزة مهرجان كان السينمائي، نيته على ترك البلاد بعد خلافٍ مع سلطات الضرائب.[505] في نهاية كانون الثاني (يناير)، وصل شرطيان بملابس مدنية إلى مسرح الدراما الملكية في ستوكهولم لمقابلته. قال أحد الشرطيين لموظف الاستقبال: "أتمنى أن يحضر، وإلا فإن الأمور ستصبح صعبة بالنسبة له." تم أخذ السيد بيرغمان إلى دائرة الشرطة، حيث تم التحقيق معه لعدة ساعات، وفي الوقت ذاته تم تفتيش منزله ومكتبه ومصادرة جواز سفره. انتشرت أنباء اعتقاله حول العالم.[506]

ذهبت السيدة لندغرين للإعلان عن تأييدها للمخرج السينمائي بشكلٍ علني، والذي كان مثلها ضحية نسب الضرائب السويدية الباهظة. لم يتراجع وزير المالية عن موقفه وبقي مصرًا أن "العاملين في المجال الثقافي" تنطبق عليهم القوانين ذاتها كأي شخصٍ آخر. تم إسقاط التهم ضد السيد بيرغمان في نهاية الأمر بسبب عدم توفر الأدلة. تم معاقبة المدعي العام الذي بادر بعملية

الاستجواب بعقوبة تحذيرٍ إداري، وتم إعلان براءة السيد بيرغمان من كل التهم. وقع السيد بيرغمان تحت تأثير كآبة شديدة، واحتاج إلى دخول المستشفى. كان قراره اللاحق بترك السويد مدفوعًا بشكلٍ جزئي بتلميحات من قِبل سلطات الضرائب أنها مازالت لم تُنهِ التحقيق معه. هرب السيد بيرغمان وزوجته إلى باريس، حيث تم استقبالهم من قِبل حشدٍ كبير من الصحفيين. ذكر السيد هنريك بيرغن، كاتب سيرة السيد أولاف بالمه: "نجحت السويد في دفع الرجل الذي ربما يعد أفضل فناني البلاد الأحياء إلى المنفى."[507]

تُرينا هذه الأمثلة إلى أي مدى وصل الأمر حتى بالمثقفين إلى الميل لتجاوز مشاعرهم المتكبرة المناهضة للرأسمالية (التي يتم مناقشتها بشكلٍ أعمق في الفصل العاشر)، وتعاطفهم المعلن مع اشتراكية النمط الإسكندنافي عندما تصبح الأصول التي يمتلكونها مهددة. أفضل مثال على ذلك هو استجابة السيدة لندغرين والسيد بيرغمان. في عام 1975، أطلقت الحكومة السويدية العنان لعاصفة من الاحتجاجات عندما أعادت تصنيف "العاملين في المجال الثقافي" بأنهم رواد أعمال. "على العكس من أعضاء مجتمع الأعمال الوديعين، كان العاملون في المجال الثقافي دومًا ذوي صوتٍ قوي في وسائل الإعلام السويدية. لقد كانوا قادرين على تقديم وصفٍ بليغ عن التمييز الذي طالهم، واللا عدالة التي كانوا يعانون منها والجهل الذي كانوا يواجهونه. لقد سلطوا الضوء على مشاكل كانت مخفية طالما كانت تؤثر على مجتمع الأعمال فقط."[508]

فرضت صفتهم الجديدة كرواد أعمال على العاملين في المجال الثقافي تقديم حساباتهم وملفاتهم إلى مدققي الضرائب وأن يدفعوا ضرائب شركات مقدمًا لا علاقة لها بدخولهم الحقيقية، وكذلك إنهاء المنافع الاجتماعية للعاملين غير الموجودين في البلاد. اشتكى الكاتب بير إريك والهند بالقول: "طالما جائني مفتشو الضرائب، الذين لا تتضمن مهنتهم قراءات موسعة ومعرفة جيدة بعالم الأدب، ليقولوا لي أي الكتب ينبغي لي شراؤها لتطوير أعمالي الأدبية."[509] مثالُ آخر، هو فرقة آبا الموسيقية السويدية، التي استخدمت أزياء فاحشة من أجل تجنب الضرائب. تأثر طراز الفرقة بشكلٍ جزئي بالقوانين التي سمحت لتكلفة الملابس أن يتم خصمها من الضرائب، طالما كانت الملابس فاحشة إلى الحد الذي لا يمكن لبسها في الشارع، كما ذكرت ذلك صحيفة الغارديان في 2014.[510]

كان الموقف الأكثر تعاطفًا الذي كان يأمل الكتاب في مواجهتهم مع سلطات الضرائب السويدية مغلفًا بهذه التعليمات من قِبل رئيس إدارة الميزانية: "من الطبيعي أنه ينبغي للكتاب أن يكونوا قادرين دومًا على السفر إن كان ذلك يعزز قيمة كتبهم. وبالنسبة لي شخصيًا، فإن الكتاب

الذي كتبته داخل البلاد بيّن أن كل جزءٍ منه جيدًا كما لو كنت قد سافرت إلى لندن أو باريس." الكتاب الذي كان يشير إليه كان كتابًا في علم الاجتماع. وردًا على ذلك، قال الكاتب أندرز هارننغ: "المحاكم المالية غير مُلهمة بأي شكلٍ من الأشكال بحبٍ عظيم للعدالة كما تتصورون. على العكس. عندما يتعلق الأمر بتكاليف السفر من أجل خلق دخل، تتأثر المحاكم والمدققين بالتفكير العاطفي بشكلٍ خالص." وبناءً عليه، تم تصنيف السفر إلى المناطق الاستوائية بأنها رحلات لا يتم خصمها من الضرائب بالأساس، بينما يتم اعتبار تكلفة سفرةٍ إلى أفغانستان في عز موسم الشتاء بأنها قابلة للخصم. أضاف السيد هارننغ أنه، حسب متطلبات استخدام أرخص وسائل النقل في أي رحلة عمل، قد تم نصحه من قِبل سلطات الضرائب أن يسافر من قبرص إلى بيروت باستخدام القطار بدلاً من الطيران.[511]

من خلال جلب انتباه الناس إلى الوسائل التي سعى من خلالها النظام الضريبي السويدي للسيطرة على كل مناحي حياتهم العملية، والشجب العلني للبيروقراطية الضريبية، نجحت احتجاجات الكتاب الصاخبة أخيرًا في القيام بما فشل مجتمع الأعمال في تحقيقه. كان هذا هو النمط السائد في النموذج السويدي للاشتراكية الذي كان محط إعجابٍ كبير من قِبل اليسار حول أرجاء العالم أثناء فترة السبعينيات.

وكما يؤكد السيد آسار لندبيك في مقالٍ له عن "التجربة السويدية"، إن "هذا النموذج السويدي" من الضرائب العالية، وعمليات إعادة التوزيع المكثفة، والتدخل الحكومي الهائل في الشؤون الاقتصادية، والدرجة العالية من التنظيمات، والموقف المهيمن للنقابات، والتي كانت متحالفة بقوة مع الحزب الديمقراطي الاشتراكي، لم يكن مُخططًا بناءً على تصميمٍ شامل، بل "نتاجاً لمئاتٍ من القرارات المنفصلة." وأضاف السيد لندبيك: "من وراء العديد من تلك القرارات، على أي حال، يمكن اكتشاف وجود رؤية مُحددة للعالم، مثل إيمانٍ راسخ بأهمية عوائد الحجم، وفائدة تدخل سياسي مركزي في الحياة الاقتصادية للشركات والعوائل، وشكٍ قوي بالأسواق، وعدم تجسيد الحوافز الاقتصادية وريادة الأعمال الخاصة في الشركات الكبيرة."[512]

في انتخابات أيلول (سبتمبر) 1976، عاقب الناخبون السويديون الحزب الديمقراطي الاشتراكي بسبب تطبيقه أجنداته الاشتراكية بشكلٍ واسع وأخرجوه من السلطة لأول مرة بعد أكثر من أربعين عامًا. لسوء الحظ، افتقدت حكومة الوسط الجديدة الشجاعة لإحداث تغييرات جوهرية، حيث إن الرؤية الخاصة عن العالم التي أشار إليها السيد لندبيك أصبحت بحلول ذلك الوقت متجذرة بعمق في المجتمع السويدي أبعد بكثير من قوة اليسار السياسي.

استمرت الحكومة الجديدة في زيادة الدَّين العام لتمويل خطط خلق فرص عمل في القطاع العام، وضمنت وجود دعم حكومي سخي في القطاع الخاص. ولكن ذلك أخفى مشكلة البطالة فقط وفشل في التعامل مع أسبابها الكامنة. تم تأميم صناعات أساسية وإنقاذ قطاعات واسعة من الاقتصاد باستخدام أموال دافعي الضرائب.

في بعض الحالات، وصلت السخافات إلى أبعادٍ هزلية تقريبًا. تم بناء ناقلات نفط عملاقة، والتي كانت غير مجدية اقتصاديًا، وإيقافها في الموانئ من خلال الدعم الحكومي، فقط ليتم تفكيكها بعد ذلك من خلال مبالغ أكثر من أموال دافعي الضرائب. في نهاية الأمر، تم تأميم كل صناعة السفن. بشكلٍ إجمالي، كلفت عملية إنقاذ صناعة السفن دافعي الضرائب السويديين ما يعادل اثني عشر مليار دولار.(513) "حتى عندما أصيبت السويد بأسوأ أزمة اقتصادية منذ الحرب العالمية الثانية، لم يتم إعادة النظر في سياسة دولة الرعاية الاجتماعية والعمالة الكاملة، بل استمر العمل بها وبعنادٍ أكثر مما سبق."(514)

كانت العديد من التجاوزات في نظام دولة الرعاية الاجتماعية تجاوزاتٍ سخيفة، ومن ضمنها دفعات أيام المرض السخية. بالإضافة إلى الدفعات القانونية، فإن أغلب العاملين في السويد يستلمون منافع أجازات مرضية إضافية بناءً على موافقة الشركة والموافقة الجماعية للعمال. ويعني ذلك أن أولئك الذين حصلوا على إجازات مرضية حققوا دخلاً أكبر من الأشخاص الأصحاء الذين جاؤوا للعمل كل يوم. وليس من قبيل الدهشة أن السويد أبقت على سجلها ضمن منظمة التعاون الاقتصادي والتنمية بأعلى نسبة بالغين لا يعملون ضمن قوة العمل لعقودٍ عدة.(515) وكذلك من غير المدهش، أن الطفرات في نسبة الغيابات بسبب المرض تتوافق بشكلٍ مُتكرر مع الأحداث الرياضية الكبيرة. وأثناء كأس العالم لكرة القدم 2022، حيث كانت الإصلاحات قد عكست أسوء التجاوزات، ارتفع عدد أيام الإجازات المرضية بنسبة 41 % ضمن صفوف العاملين الذكور.(516)

كانت عودة الحزب الديمقراطي الاشتراكي للسلطة عام 1982 مؤشرًا على بداية تغيير بطيء في التفكير. أصبحت الأخطاء في الأسلوب السويدي في توسيع دولة الرعاية الاجتماعية وخنق السوق من خلال تنظيمات أكثر وأكثر واضحة للعيان. ومع وصول الدَّين الوطني إلى مستوياتٍ عالية جدًا، أصبحت سياسة ذلك الوقت في الاستدانة أكثر من أجل خلق فرص عمل جديدة في وظائف الحكومة غير مقبولة ببساطة. ركَّزت سياسة الحزب الديمقراطي الاشتراكي الجديدة "النمو قبل إعادة التوزيع" على تقوية قدرة التصدير بدلاً من التجربة الاشتراكية.

أدّى رفض العديد من أعضاء الحزب الديمقراطي الاشتراكي التخلي عن أيديولوجيتهم إلى حدوث احتجاجات، ضمن صفوف الحزب وكذلك من قِبل النقابات، ضد سياسات وزير المالية السيد كيهل - أولاف فيلدت الأكثر عملية. حاولت حكومته أن تضمن الحصول على موافقة على التخفيضات الضرورية للإنفاق على برامج الرعاية الاجتماعية من خلال رفع الضرائب على الذين يحققون دخولاً عالية في الوقت ذاته. لكن، بينما كانت سياسات الحكومة تهدف إلى تخليص البلاد من سوء التجاوزات في دولة الرعاية الاجتماعية، حاولت النقابات فرض تبني "صناديق العاملين"، أو "صنادق العاملين بأجور"، والتي كانت ستجعل الشركات مُلزمة لوضع جزء كبير من أرباحها تحت تصرف النقابات. "كان المحرضون لإنشاء هذه الصناديق مُدركين ولم يكلفوا أنفسهم عناء إنكار أنها شكلت هجومًا على المبادئ الأساسية للرأسمالية."[517]

كان الدافع وراء إنشاء هذه الصناديق هو الاستحواذ التدريجي على الشركات السويدية من مالكيها الشخصيين وتحويلها إلى أن تكون تحت سيطرة النقابات. وبناءً على الحسابات، كانت واحدة من كل ثلاث شركات بعد عشرين عامًا ستكون مملوكة من قِبل الصناديق، مما يُعبِّد الطريق إلى الاختفاء النهائي للمنشآت الخاصة من الاقتصاد السويدي.[518]

لكن الاستطلاعات تُبين أن أغلبية السكان تعارض هذه الصناديق. حدثت أحد أكبر التظاهرات في تاريخ البلاد، والتي جمعت حوالي مئة ألف متظاهر، في احتجاج ضد فكرة إنشاء الصناديق قبل وقتٍ قصير من التصويت عليها في البرلمان السويدي في شهر تشرين الأول (أكتوبر) 1983.[519] على الرغم من أن الشكل الذي تم تمرير المشروع به إلى قانون عام 1984 كان معتدلاً مقارنة بالمبدأ الأساسي، فإنه بحلول عام 1992 سيطرت صناديق العاملين على 7 % من رؤوس أموال السوق في السويد. بعد الفوز في الانتخابات من قِبل أحزاب الوسط عام 1991، تم حل الصناديق، ولم يحاول الحزب الديمقراطي الاشتراكي بعد ذلك إعادة تبني إنشاء صناديق من هذا النوع.

السويد ما بعد الاشتراكية

حققت الحركة المضادة لمؤيدي الأفكار الاشتراكية زخمًا متزايدًا. وبحلول التسعينيات كانت هناك حركة مضادة شاملة والتي من دون التشكيك بشكلٍ أساسي بالنموذج السويدي للضرائب العالية ومنافع الرعاية الاجتماعية الشاملة، استطاعت مع ذلك من إنهاء العديد من التجاوزات فيه. تبنت

إصلاحات ضريبية في 1990/ 1991 نظام ضريبي ثنائي خفّض من ضرائب الشركات من 57 % (ومن ضمنها الدفعات إلى صندوق العاملين) إلى 30 %[520] وتم إعفاء بعض الدخول من الأسهم من الضرائب، وتم فرض نسبة ضريبة أقل على الأرباح الرأسمالية من الأسهم.[521].

تم جعل أعلى نسبة ضريبة دخل بحدود 50 %، وهو تخفيض بحدود 24 % إلى 27 % بالنسبة لأغلبية القوة العاملة. انخفضت نسبة الذين يحققون دخلاً بنسبة ضريبية أكثر من 50 % من أكثر من النصف إلى 17 % فقط يدفعون ضريبة الدخل للحكومة المركزية، بينما كانت أغلبية أصحاب الدخول تدفع ضرائب دخل محلية فقط. تم خفض ضريبة الثروة من 2 % إلى 1.5 %. تضمنت الإصلاحات أيضًا تبني عملية التعديل الضريبي التلقائي من أجل تفادي الزحف الضريبي بين الشرائح الضريبية بسبب التضخم.[522]

رافق تلك التخفيضات الضريبية إلغاء الاستثناءات الخاصة ونسب دفعات إطفاء الديون التي قادت إلى التوجيه غير السليم للموارد. قامت الحكومة أيضًا برفع الضرائب غير المباشرة من أجل موازنة خفض الضرائب المباشرة. استمرت الإصلاحات خلال السنوات اللاحقة: في 2004، تم إلغاء ضرائب الملكية وضرائب الترقيات إلى حد 30 %. كان ذلك مقترحًا من قِبل الحكومة الاشتراكية وبرلمان صوَّت بالإجماع لصالح إنهاء تلك المعايير.[523]

أصبح إلغاء ضريبة الثروة، والتي تم خفضها بالفعل، فعالاً بأثرٍ رجعي في اليوم الأول من كانون الثاني (يناير) 2007. تم خفض ضريبة الشركات البالغة 30 % إلى 26.3 % عام 2009 وإلى 22 % في 2013. والآن هي 20.4 %. تم خفض ضريبة الممتلكات بشكلٍ كبير كذلك.[524]

منحت إصلاحات لاحقة في عام 2005 مالكي الشركات والمهنيين الذين يعملون لصالحهم الخاص الخيار لخفض عبء ضرائبهم من خلال اعتبار جزء من دخولهم على أنه مكاسب رأسمالية عوضًا عن كونه دخلاً.[525] منذ تبني هذه الإصلاحات، بقي العديد من رواد الأعمال السويديين الناجحين داخل السويد وأعادو استثمار رؤوس الأموال في مشاريع جديدة، وأنشؤوا أعمالاً مثل شركات سبوتفاي وكلارنا وأصبح هناك مستوى عالٍ كبير من معدل مليارديرات لعدد السكان، بالمستوى التاسع في العالم حسب إحصاءات مجلة فوربس. ومن الجدير بالملاحظة أن الحكومة الاشتراكية التي هي في موقع السلطة منذ 2014 لم تُلغي تخفيضات الضرائب على الدخل وريادة الأعمال التي تبنتها حكومة يمين - الوسط في فترة 2006-2014.

سهلت عملية إلغاء عدد من الاستثناءات النظام الضريبي السويدي إلى درجة أصبح أغلب دافعي الضرائب الآن يقدمون إقرار دخلهم الضريبي من دون الحاجة إلى مساعدة محاسب. في

عام 2021، استعمل 6.6 مليون مواطن ومقيم في السويد خدمة الرسائل النصية التي توفرها الحكومة، أو تطبيق على الهاتف الجوال أو موقع إلكتروني من أجل مراجعة والتأكد من كمية الضرائب المرتجعة قبل طبع الإقرار الضريبي على الورق. قامت أغلبية كبيرة من السكان بتقديم الإقرار الضريبي على الإنترنت، وفقط 5 % من السكان أرسلوا الإقرار الضريبي عبر البريد.(526)

في عام 1992، عينت الحكومة السويدية لجنة من أكاديميين مستقلين برئاسة السيد لندبيك لأجل تحليل واقتراح حلول لأزمة البلاد الاقتصادية. كانت النتائج التي توصلوا إليها جلية للعيان: المحاولات من قِبل الحكومات السابقة للتخفيف من أثر الأزمات أدت فقط إلى مفاقمتها وتأخير التعديلات الضرورية. في أيلول (سبتمبر) 1993، وصلت نسبة البطالة مستوى غير مسبوق حوالي 14 % (ويتضمن ذلك النسبة الرسمية 9 % وكذلك نسبة 5 % من القوة العاملة "المنخرطة في أنواع مختلفة من برامج سوق العمل النشطة.")(527) وضّح الاقتصاديون أن الارتفاع الكبير في إنفاق القطاع العام (من 25 % من الناتج المحلي الإجمالي في الخمسينيات إلى 70 % في 1992)، قد ساهم في عددٍ من الأمور الخطيرة، ومن ضمنها "تحفيز الاقتصاد أكثر مما يفترض أثناء فترات تعاظم الدورة الاقتصادية وعجز الميزانية المتكرر."(528) وبالذات ساهمت محاولات صانعي السياسات السويديين في السبعينيات والثمانينيات من أجل تجنب حدوث بطالة عالية من خلال زيادة التشغيل في القطاع العام في حدوث "نمطٍ تضخمي حاد."(529)

ومن أجل معالجة الوضع، قدمت اللجنة توصية واضحة في تفضيل تعزيز السوق وتقليص القطاع العام. "ما تود اللجنة أن تراه فيما يتعلق بنظام السوق ليس أقل من إعادة الحريات في دخول السوق، والمهن، والوظائف التي أقرتها اللوائح التشريعية الجديدة في 1846 و1864 في السويد. سبقت تلك الإصلاحات الليبرالية فترة من النمو غير المسبوق. لكن أثناء القرن الماضي أصبحت تلك الإصلاحات مُخففة أكثر وأكثر من خلال التنظيمات والحواجز أمام المنافسة بسبب، وإلى حدٍ كبير، تأثير مصالح خاصة مختلفة وقصيرة الأمد."(530)

وفرت الإصلاحات المتأرجحة التي تم تطبيقها في التسعينيات تصحيحات لعددٍ من التطورات الضارة، ومن ضمنها خفض منافع البطالة من 90 % إلى 80 %، وتبني فترة انتظار قدرها خمسة أيام.(531) ما بين 1993 و2000، انخفض الإنفاق الاجتماعي من 22.2 % إلى 16.9 % من الناتج المحلي الإجمالي، والدعم الاقتصادي من 8.7 % إلى 1.8 % وتكلفة رواتب القطاع العام من 18.2 % إلى 15.6 %.(532)

أحد أكثر الجوانب إثارة للإعجاب في تلك الإصلاحات كان التزام السويد بانضباطٍ حازم في

الميزانية حتى أثناء سنوات الأزمة المالية الصعبة، عندما انتفخ الدين العام في كل مكان.[533] ما بين 1990 و2012، انخفض إنفاق الحكومة من 61.3 % إلى 52.0 % من الناتج المحلي الإجمالي، خلف النرويج فقط، والتي سجلت انخفاضًا مدهشًا كذلك من 54.0 % إلى 43.2 % من الناتج المحلي الإجمالي في الفترة نفسها. الإنجار السويدي إنجازٌ مبهر بالمقارنة مع زيادة إنفاق حكومات منظمة التعاون الاقتصادي والتنمية بنسبة 2.5 % من الناتج المحلي الإجمالي (3.2 % في الولايات المتحدة ونسبة صاعقة 11.3 % في اليابان).[534]

بدا سكان السويد مستعدين لقبول حقيقة أن تقليص نظام الرعاية الاجتماعية قد أنتج انخفاضًا حادًا في المساواة أكثر من أي مكانٍ آخر في العالم تقريبًا. نما معامل جيني، الذي يقيس توزيع الدخل، بحوالي 30 % ما بين منتصف الثمانينيات ونهاية العقد الأول من القرن العشرين. سجلت نيوزيلندا نموًا مماثلاً في عدم المساواة أثناء الفترة ذاتها.[535] فقدت السويد موقعها الذي حافظت عليه لزمنٍ طويل كأكثر البلدان مساواة، وهي الآن في مستوى مماثل للنمسا وبولندا.

وبينما أصبح المجتمع السويدي أقل مساواة بشكلٍ طفيف، فإن هذا التصنيف يثبت أيضًا أن دولة الرعاية الاجتماعية السويدية مازالت حيةً نابضة. البيانات التي أشار إليها الاقتصادي الفرنسي توماس بكيتي على أنها دليل على فكرته أن عدم المساواة قد ارتفعت بشكلٍ كبير[536] مبنية على أساس تشوه في الأرقام الحقيقية. ببساطة، حلل السيد بيكيتي نقاط بيانات بشكلٍ انتقائي للسنوات التي تلائم أغراضه بشكلٍ ممتاز، حيث اختار سنوات المساواة الأكثر في البيانات لسنوات الثمانينيات والتسعينيات، وبعد ذلك قدَّم بيانات للعقد الثاني من القرن العشرين تبدو ألّا علاقة لها بأي مصدر يمكن التحقق منه كما بيَّن الاقتصاديان السويديان مالين ساهلين وسالم فورث.[537] وكما يعلق الكاتبان بطريقة جافة أن حسابات السيد بيكتي من الواضح أنها مفيدة جدًا بالنسبة "للمُجادلين الذين يريدون أن يروا إعادة فرض ضريبة الملكية على الثروة والممتلكات."[538]

ما تحتاجه السويد حقًا هو العكس تمامًا: إصلاحات داعمة للسوق بمدى أبعد. وكما تُحاجج السيدة سنندجي، فإن السويد هي ضمن عددٍ من بلدان دولة الرعاية الاجتماعية الأوروبية ليست جيدة جدًا في عملية دمج المهاجرين الجدد في سوق العمل. في الولايات المتحدة، حيث منافع الرعاية الاجتماعية محدودة بشكلٍ أكبر بكثير، فإن نسبة العمالة ضمن صفوف المولودين خارج البلاد أعلى بنسبة 4 % من المولودين داخل البلاد، بينما في السويد هي أقل بنسبة 15 %.[539] في السويد، المهاجرون ذوو التعليم العالي يكونون عاطلين على الأرجح بنسبة 8 % أعلى من

المولودين داخل البلاد من ذوي مستويات التعليم الأقل. في الولايات المتحدة، البطالة ضمن صفوف المهجرين المتعلمين تعليمًا عاليًا هي 1 % فقط أعلى من أولئك المتعلمين تعليمًا عاليًا ضمن صفوف المولودين داخل البلاد.[540]

من ضمن أسبابٍ أخرى لذلك، هو أن دولة الرعاية الاجتماعية في السويد توفر حتى للمهاجرين العاطلين مستوى معيشي أعلى بكثير مما هو في بلدانهم الأصلية. أثناء أزمة اللاجئين في 2015، أصبحت البلدان ذات أنظمة الرعاية الاجتماعية الشاملة على قمة قائمة الوجهات الأكثر رغبة بالنسبة للاجئين والمهاجرين الآخرين. ولكن في تلك الأثناء، بينت السويد أنها قادرة أيضًا على الإصلاح في هذا المجال، وخفضت المنافع المقدمة للمهاجرين بشكلٍ كبير.

ومما زاد من حدة المشاكل هو النقص الكارثي في الإسكان الذي تسببه تشريعات تحديد الإيجارات السويدية. وبينما تؤذي هذه القوانين المهاجرين ذوي الدخول المنخفضة بشكلٍ أكبر، فإنها أيضًا تؤذي الاقتصاد على العموم. في عام 2016، هدد مؤسسو شركة سبوتفاي العملاقة للتكنولوجيا بنقل الوظائف إلى مكانٍ آخر إن فشلت الحكومة في اتخاذ إجراءٍ عاجل لمعالجة أزمة الإسكان. وحسب تقرير صحيفة نيو زوركر زيتونغ، فإن النقص في الإسكان الملائم للعاملين قد أجبر شركة ألمانية مبتدئة بالفعل على إلغاء خطط لإنشاء مكتب جديد في ستوكهولم عام 2015.[541]

على الرغم من أن السويد المعاصرة مازالت دولة رعاية اجتماعية تقليدية في بعض النواحي (على سبيل المثال، لديها نِسب ضريبية عالية نسبيًا)، لكن الحكومات المتعاقبة منذ أوائل التسعينيات قد اختارت وبشكلٍ مستمر حرية أكثر على حساب مساواةٍ أكثر، وسوقٍ أكثر على حساب تدخل الدولة. بعد الفشل الواضح للتجربة الاشتراكية، أصبح التوازن ما بين الرأسمالية والاشتراكية يميل لصالح الرأسمالية.

الفصل الثامن

الحرية الاقتصادية تزيد من الرفاهية الإنسانية

بأخذ ما تعلمناه من الفصول السبعة الماضية من هذا الكتاب بنظر الاعتبار، يتجلى أمرٌ واحدٌ بشكلٍ واضح: تصبح حياة الناس أفضل بكثير عندما تكون هناك حرية اقتصادية أكثر. سكان كوريا الجنوبية يعيشون أفضل من جيرانهم عبر الحدود في كوريا الشمالية، والحياة كانت أفضل بكثير في جمهورية ألمانيا الفيدرالية منها في جمهورية ألمانيا الديمقراطية طوال الوقت، ويعيش التشيليون أفضل من الفنزوليين. أدى تمدد الحريات الاقتصادية من خلال إصلاحات السوق الحر، في الصين تحت زعامة دنغ زياو بينغ، وفي المملكة المتحدة تحت حكم السيدة مارغريت تاتشر، وفي الولايات المتحدة تحت إدارة الرئيس رونالد ريغان، إلى زيادة الازدهار الاقتصادي لأغلبية الناس في تلك البلدان.

هنالك طريقان مختلفان للتعامل مع مسألة ما إذا كان تدخلٌ حكومي أكثر أم حرية أسواق أكثر هو ما يعزز ازدهار حياة الناس: يمكن اتخاذ مقاربة نظرية ومناقشة أفضليات ومساوئ الأنظمة الاقتصادية المختلفة، أو يمكن اتخاذ مقاربة عملية أكثر، وتحديد أي نظامٍ يعمل أفضل في التطبيق. في أي وقتٍ من الزمن، يتم تطبيق مجموعة من التجارب الاجتماعية عبر أرجاء العالم، تم وصف البعض منها في هذا الكتاب. كانت النتيجة هي نفسها وبشكلٍ متسق: يؤدي الاقتصاد المُخطط وتدخلات الدولة الثقيلة دائمًا إلى نتائج أسوأ من اقتصاد السوق. هذا صحيح ليس فقط بالنسبة للبلدان التي تم ذكرها في هذا الكتاب، لكن بشكلٍ عام، كما يبينه مؤشر الحرية الاقتصادية الذي تنشره مؤسسة هيرتج كل عام منذ 1995.

يقيس المؤشر، الذي نُشرت آخرُ نُسخة منه عام 2023، ويصف الحرية الاقتصادية في 176 بلدًا. يمكن وصف مؤشر الحرية الاقتصادية على أنه مؤشر الرأسمالية كما يشير إلى ذلك عالم الاجتماع إيريك وييد.[542] حتى مجرد لمحة مقتضبة على المؤشر تكشف عن علاقة ارتباط واضحة بين الرأسمالية والازدهار.

وحسب مؤشر عام 2023، فإن البلدان الأكثر حرية اقتصادية هي: سنغافورة، وسويسرا، وإيرلندا، وتايوان، ونيوزيلندا، وأستونيا، ولكسمبورغ، وهولندا، والدنمارك، والسويد. وبلدان العالم الأقل حرية اقتصادية هي زيمبابوي، والسودان، وفنزويلا، وكوبا، وكوريا الشمالية.[543]

وطبعًا، فإن درجة الحرية الاقتصادية كما يتم قياسها حاليًا ليست العامل الوحيد الذي يساهم في

ازدهار البلدان. على سبيل المثال، من المنطقي أن نرى بلدانًا مثل أستونيا، والتي أصبحت قادرة على إنشاء نظام اقتصاد سوقٍ فقط بعد أن تخلَّصت من الحكم الشيوعي في أوائل التسعينيات، هي أقل ازدهارًا من سويسرا أو هولندا التي لها إرثٌ طويل من الحرية الاقتصادية. بالإضافة إلى ذلك، بيّن هذا الكتاب مرارًا أن صفاتٍ أخرى تلعب دورًا مهمًا. تتضمن هذه الأمور عوامل ثقافية مثل التزام المجتمع بالعمل والتعليم.

فوق كل ذلك، فإن أهم العوامل هو تطور البلاد: البلدان التي حققت مكاسب قوية جدًا على مؤشر الحرية الاقتصادية على مدى السنوات الخمس والعشرين الماضية، قد تطورت اقتصاديا بشكلٍ جيد، وتحسنت حالة مواطنيها بشكلٍ كبير. ليس هناك بلد بحجمٍ مقارب حقق ارتفاعًا في الحرية الاقتصادية في تلك الفترة مثل بولندا وفيتنام. شرع الفيتناميون ببرنامج إصلاحات اقتصاد السوق عام 1986 باسم دوي موي (وتعني الابتكار أو التجديد). بعد بضع سنوات من ذلك الوقت، قررت بولندا أيضًا أن تُطبق إصلاحات اقتصاد السوق (لقد أنتجتُ فيلمًا عن التطورات في بولندا، حيث يمكن مشاهدته على اليوتيوب بعنوان: بولندا: من الاشتراكية إلى الازدهار). في كلا البلدين، أدت هذه الإصلاحات إلى نموٍ اقتصادي لافتٍ للنظر وتحسيناتٍ كبيرة في المستوى المعيشي.

كيف تقيس مؤسسة هيرتج درجة الحرية الاقتصادية في كل بلد؟ إن من المستحيل قياس الحرية الاقتصادية على أساس مؤشرين أو ثلاثة. على سبيل المثال، تُصنف السويد بالمرتبة العاشرة بشكلٍ عام على مؤشر عام 2023 بدرجة 77.5، على الرغم من امتلاكها أحد أعلى أنظمة العبء الضريبي في العالم. لو كان هذا هو المعيار الوحيد الذي يستخدم لتقييم الحرية الاقتصادية، لكانت السويد تقع في مرتبة منخفضة جدًا بدرجة 45.1 فقط. لكن، في أبعادٍ أخرى، تحقق السويد درجاتٍ عالية وتقع قريبة من أعلى درجات المؤشر. تمتلك السويد درجة عالية جداً فيما يتعلق بحقوق الملكية 96.6 وبالنسبة للصحة المالية تحقق درجة 96.2.[544]

يستخدم مؤشر الحرية الاقتصادية اثني عشر عنصرًا متساويًا في الاعتبار لتحديد مستوى الحرية الاقتصادية لكل بلد.

المكونات الاثنا عشر لمؤشر الحرية الاقتصادية

حقوق الملكية

يُقيّم هذا العنصر حقوق المواطنين في امتلاك وجمع ممتلكاتٍ خاصة. هل يضمن المواطنون أن ممتلكاتهم الخاصة لن يتم مصادرتها بشكلٍ غير عادل؟ إلى أي مدى توجد حرية إبرام

العقود وتطبيقها؟ حتى عندما تكون حقوق الملكية الخاصة موجودة بشكلٍ رسمي، فإن الحرية الاقتصادية تعاني في واقع الحال إذا منعت الدولة مواطنيها من التخلص من ممتلكاتهم كما يرونه ملائمًا لهم. فنزويلا على سبيل المثال، حصلت على درجة صفر من مئة درجة ممكنة في هذه الفئة عام 2023، بينما حققت سويسرا درجة 94.2 من مئة.[545]

الفعالية القضائية

هل يستطيع المواطنون الاحتكام إلى النظام القضائي من أجل ممارسة حقوقهم القانونية بشكلٍ فعال؟ هل البلاد هي دولة كاملة التطور تُحكم من خلال قوانين دستورية؟ أم هل على مواطني البلاد أن يقلقوا بشكلٍ جدي حول تطبيق حقوقهم القانونية لأن النظام القضائي ليس مستقلاً دائمًا؟

النزاهة الحكومية

الفساد ورأسمالية المحسوبيات شائعان في بعض بلدان أفريقيا وأمريكا اللاتينية وبلدان شرق وجنوب أوروبا، ولها تأثيرٌ سلبي هائل على الحرية الاقتصادية. وفيما يتعلق بذلك، تُعد البلدان الإسكندنافية نموذجية، حيث تحقق السويد على سبيل المثال درجة 95.7 من مئة، بينما تحقق زيمبابوي درجة عشرين فقط.[546]

العبء الضريبي

الضرائب ضرورية لتمويل الخدمات والمشاريع التي تنفع المجتمع ككل. لكن كلما كانت كمية الدخل التي تأخذها الدولة من الشركات والأفراد أكثر، كلما حددت حريتهم الاقتصادية أكثر. وهذه ليست مسألة ضرائب دخل أو شركات فحسب، بل كل أنواع الضرائب، ومن ضمنها الضرائب غير المباشرة مثل ضرائب المبيعات. في هذه الفئة تخسر الدول الإسكندنافية التي تؤدي عملاً جيدًا جدًا في الفئات الأخرى الكثيرَ من النقاط.

الإنفاق الحكومي

يعتبر جزء كبير من إنفاق الحكومة، ومن ضمنه الاستثمارات في الأمن الداخلي وقطاع الدفاع والبِنى التحتية والتعليم ضروريًا للغاية، بل يُحفز الازدهار الاقتصادي. ومع ذلك، ينبغي للدولة ألا ترى نفسها رائدَ أعمال. عندما تفعل الدول ذلك، فإنها تفشل على الغالب، وتشوه الأسواق على حساب شركات القطاع الخاص.

الصحة المالية

يُعد عجز الميزانية الكبير والديون الكثيرة، مشكلةً بالنسبة للعديد من البلدان اليوم، وضارة بشكلٍ واضح بالنسبة للحرية الاقتصادية. على الرغم من أن دَينًا إضافيًا قد يبدو ذا تأثير إيجابي على المدى القصير (لتمويل برامج تحفيزية على سبيل المثال)، فإن له تأثيرات جانبية سلبية يمكن أن تدمر الاقتصاد على المدى الطويل. الولايات المتحدة على سبيل المثال، التي حققت تقريبًا أعلى درجة 94.7 في فئة حقوق الملكية، حققت درجة صفر في هذه الفئة من قِبل مؤسسة هيرتج بسبب دَينها الوطني الهائل.(547)

حرية الأعمال

تقيس هذه الفئة بشكلٍ أساسي صعوبة إنشاء وتشغيل عمل. في سنغافورة، يستغرق الحصول على إذن إنشاء عمل يومًا ونصف وخطوتين فقط. في أفريقيا والهند وبلدانٍ أخرى في أمريكا الجنوبية، ربما تأخذ العملية نفسها أسابيع وحتى أشهر، وتتضمن مراجعات تستغرق وقتًا طويلاً لسلطاتٍ حكومية واحدة تلو الأخرى، وبعضها يعمل بكفاءة فقط إذا تم دفع رشاوى ملائمة. وحتى لو تم إنشاء الشركة وبدأت بالعمل، فإن مدى التدخل الحكومي يختلف بشكلٍ كبير من بلدٍ لآخر.

حرية العمالة

تتخذُ بعض الحكومات دورًا نشطًا جدًا في وضع تنظيماتٍ لسوق العمل لديها. يمكن أن تتضمن التنظيمات تحديد الأجور الدنيا قانونيًا، ومُحددات على التوظيف والتسريح من العمل، وبعض التنظيمات من الأعلى للأسفل. ألمانيا على سبيل المثال، يمكن لها أن تحقق مرتبة أفضل بشكلٍ إجمالي لو لم يكن لديها سوق عمل كثيف التنظيمات. معدل درجة ألمانيا هو 73.7، لكن في فئة سوق العمل حققت 52.8 فقط.(548)

الحرية النقدية

لا يمكن أن تكون هناك حرية اقتصادية من دون استقرارٍ نقدي. هناك دلائل واضحة أن وجود بنك مركزي مستقل هو أفضل وسيلة لتحقيق استقرار العملة. وبالمقابل، يُشكل التضخم المرتفع والتحديد الحكومي للأسعار تهديدًا جديًا للحرية الاقتصادية.

حرية التجارة

حرية حركة البضائع والسلع هي مساهمٌ أساسي في الحرية الاقتصادية والنمو. الإجراءات الحمائية، مثل رسوم الاستيراد المفرطة أو تحديدات أخرى على حرية التجارة تؤدي إلى إيذاء البلد على المدى الطويل، حتى عندما يكون الغرض من تلك الإجراءات هو حماية الاقتصاد المحلي من المنافسة غير المرغوب بها على المدى القصير.

حرية الاستثمار

ينبغي أن يكون كل فرد وكل شركة حرًا في اختيار أين وكيف يستثمرون أموالهم. كلما وضع البلد تحديدات أكثر على هذه الحريات، كانت الفُرص أقل بالنسبة للنمو الاقتصادي. ينبغي أن تمتلك الشركات والأفراد قدرة الوصول إلى بيئة استثمارية حرة ومفتوحة، محلية ودولية معًا.

الحرية المالية

من مهمام الدولة توفير إطارٍ تنظيمي للبنوك والخدمات المالية الأخرى من أجل ضمان مستوى عالٍ من الشفافية والأمانة. على الجانب الآخر، غالبًا ما يحقق الإفراط في تنظيمات القطاع البنكي العكس تمامًا مما يرغب به المنظمون.

على مؤشر الحرية الاقتصادية 2023، تم تصنيف أربع دول فقط في العالم بأنها "حرة" اقتصاديًا (سنغافورة وسويسرا وإيرلندا وتايوان)، وتم تصنيف ثلاثة وعشرين بلدًا على أنها "حرة على الغالب." تتضمن هذه المجموعة بعض الدول التي تم الحديث عنها في هذا الكتاب، مثل السويد (في المرتبة العاشرة)، وألمانيا (في المرتبة الرابعة عشرة)، وكوريا الجنوبية (بالمرتبة الخامسة عشرة)، وتشيلي (في المرتبة الثانية والعشرين)، والولايات المتحدة (في المرتبة الخامسة والعشرين). تتضمن فئة دول "حرة إلى حدٍ ما"، ستة وخمسين بلدًا، بينما تم تصنيف خمسة وستين بلدًا بأنها "غير حرة على الغالب." تقع كوريا الشمالية وفنزويلا ضمن ثمانية وعشرين بلدًا صُنِّفت على أنها "قمعية" اقتصاديًا.[549] تتمتع الاقتصادات المُصنفة "حرة" أو "حرة على الغالب" بمستويات دخلٍ ونموٍ اقتصادي أعلى بكثير من تلك البلدان المصنفة "غير حرة على الغالب" أو "قمعية." تمتلك البلدان "الحرة" اقتصاديًا معدل ناتج محلي إجمالي للفرد قدره 95502 دولار، ويتجاوز هذا الرقم بكثير معدل الناتج المحلي الإجمالي للفرد في الدول "القمعية" البالغ 8124 دولارًا.[550]

هناك أيضًا علاقة ترابطية موثقة ما بين ارتفاع الحرية الاقتصادية والمعايير البيئية.

لأكثر من عشرين عامًا، كان الباحثون في جامعة ييل ينشرون مؤشر الأداء البيئي، والذي يُصنف البلـدان بناءً على صحة البيئة وحيوية النظام البيئي. يستخدم مؤشر الأداء البيئي ما مجموعه اثنان وثلاثون مؤشرًا في إحدى عشرة فئة.(551)

جودة الهواء.

الصرف الصحي ومياه الشرب.

المعادن الثقيلة.

إدارة النفايات.

التنوع البيئي وأماكن الإقامة.

خدمات النظام البيئي.

مصائد الأسماك.

التغير البيئي.

انبعاثات التلوث.

موارد المياه.

الزراعة.

وحسب تحليل جامعة ييل، البلدان الأعلى تصنيفًا هي الدنمارك ولوكسمبورغ وسويسرا والمملكة المتحدة، تتبعها النمسا وفنلندا والسويد والنرويج وألمانيا. يقول تقرير 2020، "أحد الدروس المتسقة لمؤشر الأداء البيئي هو أن تحقيق الاستدامة يتطلب ازدهارًا اقتصاديًا كافيًا لتمويل البنى التحتية البيئية." وجد الباحثون أن هناك علاقة ترابطية إيجابية ما بين الأداء البيئي ومعدل الناتج المحلي الإجمالي(552).

يمكن القيام بمقارنة مثيرة للانتباه ما بين مؤشر الأداء البيئي ومؤشر الحرية الاقتصادية.

قارنَ باحثو مؤسسة هيرتج المؤشران: مؤشر الأداء البيئي من جامعة ييل ومؤشر الحرية الاقتصادية من قِبل مؤسستهم هم، لعام 2022 ووجدوا أن البلدان ذات أعلى مستويات الحرية الاقتصادية (الحرة والحرة على الغالب) تمتلك أيضًا أعلى مؤشرات الأداء البيئي، بمعدل 58.1. البلدان "الحرة إلى حدٍ ما" حققت أداءً بيئيًا أقل (46.8 نقطة)، وسجلت البلدان "غير الحرة على الغالب" و"القمعية" الأداء البيئي الأسوأ بشكلٍ كبير (37.0 و35.5 نقطة في مؤشر الأداء البيئي على التوالي).(553)

أحد أكثر الحُجج إقناعًا لمصلحة الرأسمالية هي أن البلدان الحرة اقتصاديًا فيها نسب فقرٍ أقل، وتمكنت من خفض الفقر أسرع.

كشفت مقارنة ما بين معدل نسبة السكان الذين يعيشون في فقرٍ متعدد الأبعاد لمئة وخمسة بلدٍ نام إن 31.2 % من الناس في البلدان "غير الحرة على الغالب" و"القمعية" يعيشون في فقرٍ مدقع، بالمقارنة مع 8. % فقط في البلدان "الحرة على الغالب" و"الحرة إلى حدٍ ما."[554]

أحد مؤشرات الازدهار الاقتصادي هو نسبة إنفاق المستهلكين الشامل على الغذاء. في الولايات المتحدة الآن، وهو بلدٌ غير معروفٍ عنه ضبط النفس عندما يتعلق الأمر بالأكل، يُشكل الإنفاق على الغذاء حوالي 6 % من إنفاق المستهلكين الكلي. قبل مئة عام، كان الإنفاق على الغذاء في الولايات المتحدة حوالي 40 % من إنفاق المستهلكين الكلي، كما هو الحال الآن في العديد من البلدان النامية. بينت دراسة في عام 2017، بنسبٍ مئوية، أن البلدان ذات الإنفاق الأقل على الغذاء هي الولايات المتحدة وسنغافورة، والمملكة المتحدة، وسويسرا، وكندا، وإيرلندا، والنمسا، واستراليا، وألمانيا، والدنمارك، وهي بلدانٌ مصنفة على أنها (على الغالب) حرة اقتصاديًا. الشعوب التي تنفق أعلى نسبة على الغذاء جميعها في بلدانٍ ذات مستوى منخفض من الحرية الاقتصادية. في هذه البلدان، معدل الإنفاق على الغذاء هو 40 % من إنفاق المستهلكين الكلي، ويرتفع إلى 59 % في الحالات القصوى.[555]

ستكون مهمة مثيرة للانتباه أن يُحلل الباحثون العلاقة الترابطية ما بين حركات اللجوء الدولية والحرية الاقتصادية. هناك العديد من الأسباب التي تؤدي إلى هروب الناس من بلدٍ ما: القمع السياسي، والصعوبات الاقتصادية، والحروب، والحروب الأهلية. لو نظرنا على مؤشر مؤسسة هيرتج للحرية الاقتصادية، وقارنا البلدان العشرين الأعلى مع البلدان العشرين الأدنى، يتبين أمرٌ واحد بشكلٍ واضح ومباشر: لا أحد يهرب من بلدان مثل سويسرا، أو نيوزيلندا، أو هولندا، أو السويد لأي من الأسباب أعلاه. على النقيض، أغلب البلدان المصنَّفة أنها "حرة على الغالب" هي وجهات مرغوبة من قِبل اللاجئين.

على الجانب الآخر من المقياس، سبَّب عدد من المشاكل أن يهرب الناس من العديد من بلدان العالم العشرين المصنفة "قمعية" اقتصاديًا، ما عدا تلك البلدان التي تمنع ذلك بالقوة، كما هو الحال في كوريا الشمالية. هذا الأمر صحيح ليس فقط بالنسبة لبلدان مثل السودان حيث تستعر الحرب الأهلية، لكن لبلدان مثل فنزويلا حيث هرب حوالي ربع السكان بسبب التأثيرات الكارثية للسياسات الاشتراكية.

على الرغم من التقدم الكبير الذي تحقق في بلدان أفريقيا جنوب الصحراء، مازال العديد من بلدان المنطقة الثمانية والأربعين تُصنَّف "قمعية" اقتصاديًا. بلدٌ واحد فقط من بلدان المنطقة

مُصنف على أنه "حر على الغالب"، وسبعة بلدان "حرة نوعًا ما"، وخمسة وعشرون "غير حرة على الغالب"، وأربعة عشرة هي ضمن البلدان "القمعية" في العالم.[556] وعليه فإنه ليس من الصعب أن نفهم لماذا تأتي غالبية من اللاجئين في العالم من أفريقيا. بالمقابل، فإن شعوب المنطقة هي الشعوب الأكثر يأسًا في العالم. على الجانب الآخر، تم القيام بالكثير من أجل خفض الفقر في العديد من البلدان الأفريقية خلال العقود القليلة الماضية، كما رأينا في الفصل الثاني. لسوء الحظ، لم تُقلل تلك الجهود عدد اللاجئين، كما حاول السياسيون أن نصدق أحاديثهم عندما يتحدثون عن "إنهاء أسباب الهجرة والهروب." على أي حال، لا يتمكن أفقر الفقراء من أن يدفعوا لمهربي البشر والذين تكلف خدماتهم غالبًا عدة آلافٍ من الدولارات. على العكس من ذلك، الأشخاص الذين يستطيعون استخدام خدمات مهربي البشر هم غالبًا أولئك الأكثر ازدهارًا، والذين استفادوا سابقًا من المكاسب الاقتصادية في أوطانهم.

مؤشر التنمية البشرية

هنالك عددٌ هائل من مؤشرات وتصنيفات أخرى تُقيّم جودة الحياة في البلدان حول العالم. أحد أبرز المؤشرات هو مؤشر التنمية البشرية الذي تنشره الأمم المتحدة منذ عام 1990. مؤشر التنمية البشرية الذي تم تطويره من قِبل الاقتصادي الباكستاني محبوب الحق، هو مؤشّر مركب ومُصمم أن يكون "مؤشر ازدهار" أكثر شمولاً من المؤشرات الاقتصادية التقليدية. تغيرت المنهجية المستخدمة لتركيب المؤشرات بشكلٍ متكرر عبر السنين وتتضمن الآن معايير مثل التعليم، ومتوسط العمر المتوقع بالإضافة إلى معدل الدخل من أجل تصنيف إنجازات البلدان فيما يتعلق بالتنمية البشرية. من ناحية المبدأ، فإن من المنطقي أن نتخذ مؤشرات غير معدل الناتج المحلي الإجمالي. بعد كل شيء، يُقدم معدل الناتج المحلي الإجمالي فقط لمحة عن القيمة الكلية للسلع والخدمات المنتجة في بلدٍ ما خلال سنة واحدة، ويعني ذلك أنه ليس ملائمًا أن يكون المقياس الوحيد للازدهار الاقتصادي والاجتماعي. أنه مقياس جيد للدخل لكنه لا يعكس مستوى الرفاه في البلاد. وطبعًا من أجل تحديد ازدهار بلدٍ ما، فإننا نحتاج أن نأخذ بنظر الاعتبار عوامل مثل معدل العمر المتوقع. هنالك علاقة ترابطية قوية بين تصنيف الدول على مؤشر التنمية البشرية ومؤشر الحرية الاقتصادية. معدل درجة التنمية البشرية في البلدان المصنفة من قبل مؤسسة هيرتج أنها "حرة" (0.949) أعلى بكثير من المعدل في البلدان المصنفة "حرة إلى حد ما" (0.783)، بينما في البلدان المصنفة "قمعية"، فإن درجة مؤشر التنمية البشرية هو مجرد (0.610).[557]

الفصل التاسع

الأزمة المالية: هل هي أزمةٌ للرأسمالية؟

من وجهة نظري، يُعد مؤشر الحرية الاقتصادية مقياسًا موثوقًا به بشكلٍ معقول للحرية الاقتصادية النسبية. لا يستطيع أحد أن يُنكر أن سويسرا أكثر حرية اقتصاديةً من فرنسا أو أن فرنسا أكثر حرية اقتصادية من فنزويلا. لكن المؤشر لا يعكس التطورات السلبية التي تحد من الحرية الاقتصادية في البلدان الرأسمالية حول العالم، والتي تؤدي إلى أزماتٍ جدية مثل أزمة الرهن العقاري في الولايات المتحدة في فترة 2007 - 2008، التي أثارت بدورها أزمة مالية دولية. تمثل الزيادة الهائلة في سلطة البنوك المركزية بالذات تهديدًا للحرية الاقتصادية.

يُحب معارضو الرأسمالية أن يشيروا إلى الأزمة المالية كدليل الضرر الذي تسببه "السياسات النيوليبرالية" من خلال تحريرها الفائق للأسواق. النتيجة المنطقية لتشخيصهم هذا هو المطالبة بتدخلٍ حكومي أكثر في الشؤون الاقتصادية وتنظيماتٍ أكثر للقطاع المالي. في حقيقة الأمر، المطلوب هو العكس كما سأبين في هذا الفصل. جلبت الأزمة المالية النظام المالي العالمي إلى حافة الانهيار، وعليه فإن فهم أسبابها أمرٌ أساسي لفهم تأثيراتها المستقبلية.

تدخل بنك الاحتياطي الفيدرالي وتأثيره الكارثي

كانت بداية الأزمة المالية عن طريق تطورات في سوق العقارات السكنية الأمريكية، والتي كانت جذورها نابعة من التدخلات السياسية وسياسات بنك الاحتياطي الفيدرالي للولايات المتحدة. يقيس مؤشر أسعار المنازل الوطني الأمريكي التطورات في أسعار المنازل في الولايات المتحدة. تم نشر المؤشر أول مرة عام 1978، ويعود تاريخ حساب المؤشر إلى عام 1890، وارتفعت قيمته بشكلٍ متواصل تقريبًا من خمسة نقاط عام 1941 إلى 184 نقطة عام 2006. ومن المدهش أن قيمة المؤشر وصلت أكثر من الضعف خلال سبع سنوات من 1999 إلى 2006، من 92 نقطة إلى 184 نقطة. نعرف الآن أن ذلك كان أحد أكبر تشكل لفقاعات الأصول في التاريخ.[558]

السؤال هو: كيف حدثت هذه التطورات البالغة في ظرف سبع سنواتٍ فقط؟ ولفهم فقاعة أسعار المنازل، فإننا نحتاج أولاً أن نفهم فقاعة سوق الأسهم التي سبقت ذلك. في نهاية التسعينيات كانت هناك فقاعة أسواق الأسهم التي غذتها، على الأقل جزئياً، سياسات البنوك

المركزية. في عام 2000، انفجرت فقاعة الأسهم تلك. في أيلول (سبتمبر) 2002، قالت مجلة الإيكونومست الأسبوعية البريطانية: "ما كان لفقاعة أسواق الأسهم أن تستمر طويلاً لو لم تكن هناك اعتمادات مالية سهلة، ولا كان يمكن لانفجارها أن يكون له هذه النتائج الشديدة. ما لم تتعلم البنوك المركزية الدرس، فإن ذلك يمكن أن يحدث مرةً أخرى."[559]

انخفض مؤشر ناسداك لأسعار الأسهم من أعلى قيمته عام 2000 حوالي 74 %، وخسر مؤشر S&P 500، وهو مؤشّر مركب لأسهم أهم خمسمئة شركة أمريكية حوالي 43 %.[560] واستجابةً لذلك، خفَّض بنك الاحتياطي الفيدرالي تحت رئاسة رئيسه حينذاك السيد آلن غرينسبان، نسبَ الفائدة قصيرة الأجل من 6.25 % إلى 1.75 % عام 2001، وازداد المعروض النقدي أكثر من 10 % أثناء هذه الفترة. بحلول منتصف 2003، خفَّض السيد غرينسبان نسبَ الفائدة أكثر إلى 1 %.[561]

أسعار الفائدة المنخفضة بشكلٍ مصطنع لها دائمًا تأثيراتٌ جانبية غير مرغوبٍ بها. توفر الأسعار، ومن ضمنها أسعار الفائدة التي تمثل سعر المال المُقترض، عادةً معلومات قيِّمة للمشاركين في الأسواق وتشجع رؤوس الأموال للتحرك حيث الحاجة إليها. لو تم إبقاء أسعار الفائدة منخفضة بشكلٍ مصطنع أو حتى تم إلغاؤها (أي جعلها صفرًا)، فإن هذه الآلية لن تستطيع أن تكون مؤثرة بعد ذلك. وبناءً عليه يتحرك المستثمرون إلى وضع رؤوس أموالهم في سنداتٍ وأسهمٍ محفوفةٍ بالمخاطر؛ لأنه عندما تنخفض أسعار السندات التي تصدرها شركات ذات سمعةٍ معروفة وبلدانٌ ذات جدارة ائتمانية، يضطر المستثمرون المؤسساتيون الذين وعدوا بدفع عوائد محددة للمستثمرين لديهم، بالاستثمار في سنداتٍ وأسهمٍ وعقاراتٍ أكثر مخاطرة، والتي ارتفعت أسعارها حينذاك.

بالإضافة إلى ذلك، تجتذب آفاق تحقيق الكثير من الأموال بسرعةٍ فائقة في بعض الأسواق عددًا متزايدًا من مستثمرين لا يمتلكون خبرات المتخصصين. هؤلاء المستثمرون، الذين توقفوا عن شراء أسهم أو عقارات لغرض إبقائها في حوزتهم إلى مدى بعيد بدلاً من إعادة بيعها بسرعة بأسعارٍ أعلى بكثير، يعززون من فقاعة الأسعار، ويدفعون المستثمرين ذوي الخبرة والذين ينظرون إلى المدى الطويل خارج السوق؛ لأنهم غير مستعدين لدفع مثل هذه الأسعار غير المعقولة.

قبل سنوات من انفجار فقاعة أسعار المنازل الأمريكية، حذَّر عدد من الاقتصاديين الذين ينظرون للمستقبل من الصلة ما بين أسعار الفائدة المنخفضة وارتفاع أسعار المنازل. حذَّر الأستاذ وليم وايت، وهو من مؤيدي المدرسة النمساوية ذات توجُّه السوق في الاقتصاد، في آب (أغسطس) 2003 أن "نمط ازدهار أسعار المنازل غير الطبيعي أثناء التباطؤ الحالي قد

يكون مرتبطًا مع التسهيلات النقدية الكبيرة التي تتخذها البنوك المركزية...شجّع هذا الأمر حصول ارتفاعٍ أكثر في المديونيات لدى العوائل في عددٍ من البلدان، مما رفع من مستوى المخاطر في التمدد المفرط للميزانية العمومية في تلك البلدان، وبالذات إن بدأت أسعار المنازل بالانخفاض."[562] وفي عام 2006، حذَّر مرةً أخرى أنه "يمكن للشروط النقدية السهلة بشكلٍ مستمر أن تؤدي إلى تعاظمٍ تراكمي عبر الزمن لانحرافاتٍ كبيرة عن الأنماط التاريخية، سواء كانت تتعلق بمستويات الدين أو نسب التوفير، أو أسعار الأصول أو مؤشراتٍ أخرى 'لعدم التوازن'."[563]

من الجدير بالملاحظة كيف رأى اقتصادي أمريكي معروف متعاطف أكثر مع تدخلٍ حكومي نشط في السوق من الأستاذ وايت الأمر. في مقال رأي نشرته صحيفة نيويورك تايمز في 2002، أوصى الأستاذ بول كروغمان، الحائز على جائزة نوبل في الاقتصاد، بنك الاحتياطي الفيدرالي باتخاذ الإستراتيجية التي حذَّر منها الأستاذ وايت بالضبط: "من أجل محاربة الركود، يحتاج بنك الاحتياطي الفيدرالي إلى أكثر من معالجة سريعة. إنه يحتاج لدعم إنفاقٍ عائلي مرتفع، من أجل موازنة استثمارات الأعمال المحتضرة. ومن أجل القيام بذلك، كما يضعها بول مككولي من مؤسسة بيبكو لإدارة الاستثمارات، يحتاج آلن غرينسبان خلق فقاعة منازل لاستبدال فقاعة ناسداك."[564] وعليه، ينبغي لبنك الاحتياطي الفيدرالي أن يسعى لسياسة أسعار فائدة منخفضة من أجل خلق فقاعة أسعار منازل لاستبدال فقاعة أسهم الإنترنيت وشركات التكنولوجيا.

في ذلك الوقت أصبحت هناك مشكلة أكثر أهمية وواضحة جدًا: آمن السيد غرينسبان الذي احتفت به وسائل الإعلام أنه "سيد العالم"، أن مهمته هي قيادة الاقتصاد وأسواق المال. كان فخورًا أنه استطاع مضاعفة عدد سلاسل البيانات التي يتابعها بنك الاحتياطي الفيدرالي إلى أكثر من أربعة عشر ألف سلسلة خلال عشر سنوات منذ تسنمه منصبه في 1987. كان العاملون في بنك الاحتياطي الفيدرالي يتندرون بالقول إن بعض تلك السلاسل الزمنية لا يفهمها أحدٌ سوى رئيسهم. "مكّنه ذلك من رؤية التحولات الاقتصادية قبل أي شخصٍ آخر بفترةٍ طويلة وتغيير اتجاه السياسة النقدية بسرعة. تُعد هذه المداهنة تعبيرًا عن حلم الاقتصاد المُخطط، ألا وهو فكرة أن شخصًا مستنيرًا في حالة استرخاء سوف يفهم السوق أفضل من كل الملايين المشاركين في السوق وأنه سوف يكون قادرًا على استخدام هذه البصيرة لقيادة الأسواق في الاتجاه الصحيح."[565]

تم رؤية تدخلات السيد غرينسبان من قِبل المشاركين في الأسواق بأنها ضمانٌ ضد انخفاض

أسعار السوق. اعتمد العديد من المستثمرين في أسواق الأسهم على "الزعيم" للتدخل في الوقت الملائم، أو بعد حدوث انكماش، للقيام بكل ما هو ضروري لضمان أن ترتفع الأسعار مرةً أخرى. في سوق الأسهم، أصبح مصطلح "لمسة غرينسبان" مصطلحًا شائعًا. كان ذلك يشير إلى حقيقة أن السيد غرينسبان قد استخدم سلطته عدة مرات في الماضي لمنع حدوث كوارثٍ في سوق الأسهم: في عام 1987 بعد انهيار أسواق الأسهم، وفي عام 1998 بعد أزمة الديون الروسية وانهيار صندوق رأس المال طويل المدى، وعندما اتخذ خطواتٍ لمنع حدوث أزمة عشية دخول القرن الحادي والعشرين. "كان يعتقد أنه قد أثبت من خلال أفعاله أنه لن يسمح إطلاقًا للسوق أن يسقط بحدة"[566] كما يقول الاقتصادي الأمريكي روبرت شيلير الحائز على جائزة نوبل في الاقتصاد.

من المؤكد أنه لا يمكن تصنيف سياسة بنك الاحتياطي الفيدرالي التدخلية في فرض أسعار فائدة منخفضة للغاية بأنها "فشلٌ للسوق"، بل العكس من ذلك. بدلاً من تحديد دورهم في خلق الظروف للاستقرار النقدي، وترك الأسواق تسير على مسارها، فإن البنوك المركزية حول العالم قد أخذت على عاتقها، وبشكلٍ متزايد، مهمة تخفيف تأثير أو امتصاص الارتفاعات والانخفاضات الطبيعية في الاقتصاد والأسواق المالية. عندما انفجرت فقاعة سوق الأسهم، كانت ردة فعل بنك الاحتياطي الفيدرالي هي أسعار فائدة أكثر انخفاضًا، والتي أثارت الفقاعة القادمة، وكانت فقاعة أسوأ بكثير. هذه المرة في سوق العقارات الأمريكية.

كان هناك العديد من الأسباب لتدفق الأموال إلى قطاع الإسكان بالإضافة إلى أسعار الفائدة المنخفضة. تأججت الطفرة العقارية بسبب منافع ضريبية كبيرة. الحوافز الضريبية للقروض الاستهلاكية (قروض السيارات على سبيل المثال) تم إلغاؤها في الثمانينيات والتسعينيات، لكن تم الإبقاء على خصم الفائدة على قروض المنازل. في عام 1997، تم إلغاء ضريبة المكاسب الرأسمالية على العقارات (إلى حد خمسمئة ألف دولار للعائلة)، بينما تم الإبقاء عليها بالنسبة للاستثمارات الأخرى (مثل الأسهم). اندهش رئيس هيئة الضرائب الداخلية حينها بالقول: "لماذا الإصرار على أن يضعوا ذلك المبلغ في قطاع الإسكان من أجل الحصول على تلك المنافع؟ لماذا لا يدعونهم يستثمرون في أشياء أخرى ربما تكون منتجة أكثر، مثل الأسهم والسندات؟"[567] بينت دراسة من قِبل بنك الاحتياطي الفيدرالي أن عدد التبادلات في قطاع العقارات ما بين 1997 و2006 كان 17 % أعلى مما لو لم تكن هناك حوافز ضريبية.[568] وبالذات، دفعت تلك المنافع عمليات بيع وشراء منازل إلى حدٍ كبيرٍ جدًا من قِبل ما يطلق

عليهم "مرممي" المساكن، الذين دخلوا السوق لأغراض مضاربةٍ بحتة.
كانت أسعار الفائدة المنخفضة للغاية مجتمعة مع المنافع الضريبية للاستثمارات العقارية أحد أسباب الفقاعة. لكن هذه الفقاعة لم تنتشر عبر كل أرجاء الولايات المتحدة، بل فقط في حوالي عشر ولايات. تُبيِّن الدراسات أن الفقاعة أثرت على الولايات التي استخدمت تنظيمات قوية للحد من المعروض من العقارات. ما بين عام 2000 و2006، ارتفعت الأسعار في الولايات ذات التنظيمات الحادة مثل كاليفورنيا وفلوريدا بأكثر من 130 %، بينما ارتفعت في الولايات التي لم تكن فيها مثل تلك التنظيمات مثل جورجيا وتكساس 30 % فقط.(569)

عمليات الإقراض الصحيحة سياسيًا

تغذت فقاعة أسعار المنازل أيضًا على حقيقة أن عددًا متزايدًا من قروض المنازل تم إقرارها لمقترضين غير مؤهلين. في الحقيقة، كان ذلك ما أراده السياسيون بالضبط. ومن الجدير بالذكر في هذا السياق أن قانون إعادة الاستثمار المجتمعي كان له تأثيرٌ قليل عندما تم إقراره في فترة إدارة الرئيس جيمي كارتر عام 1977. تحت إدارة الرئيس كلينتون (1993- 2001)، تم توسيع هذا القانون إلى حدٍ كبير، وتم استخدامه لإلزام البنوك لتمويل مشتري المنازل الذين كانوا يعتبرون في السابق غير جديرين بالائتمان. تم القيام بذلك تحت اسم المساواة العرقية، ومن أجل حماية أصحاب البشرة السوداء، وذوي الأصول اللاتينية، والمجموعات الأخرى المحرومة اقتصاديًا ضد التمييز.
تحت قانون إعادة الاستثمار المجتمعي، واجهت البنوك مخاطر أن يتم الادعاء القانوني ضدها بتهمة التمييز ضد الأقليات إن لم تحقق حصصًا معينة من الإقراض للأقليات. كانت البنوك قادرة على تحقيق تلك الحصص من خلال تخفيف معايير تقييم المخاطر التي تستخدمها لإقرار قروض المنازل.(570) واجهت البنوك مخاطر عدم الموافقة على عمليات الاندماج، أو فتح فروع جديدة، لو أنها انتهكت أحكام قانون إعادة الاستثمار المجتمعي.(571) ومن الطبيعي لم يرغب أي بنك أن تتم السخرية منه من قِبل وسائل الإعلام من خلال اتهامة بالتمييز ضد الأقليات.
كان على البنوك أن تنشر درجة تنفيذها لأحكام قانون إعادة الاستثمار المجتمعي وأن تُعلن بشكلٍ واضح فيما إذ كانت قد أقرت قروض منازل كافية للأقليات ومشتري المنازل من ذوي الدخول المنخفضة. البنوك التي لم تحقق تلك الأهداف تعرضت للانتقاد الحاد من قِبل حملات قاسية من قِبل منظمات سياسية يسارية مثل منظمة أكرون، وهي منظمة للناشطين المحليين على مستوى

البلاد أجمع. كان هدف منظمة أكرون هو استخدام الضغط الشعبي لإجبار مقدمي الخدمات المالية على تخفيف شروط الإقراض. تبرَّع بنكان رئيسيان هما تشيس منهاتن وجي بي مورغان بمئات الآلاف من الدولارات إلى هذه المنظمة من أجل عدم تعريض مشروع اندماجهم القادم في تشرين الثاني (نوفمبر) 2001 للمخاطرة.[572] في عام 2009، تم وقف الدعم الفيدرالي لمنظمة أكرون بعد انتشار مقطع فيديو تم تصويره بكاميرا خفية يظهر بعض موظفي منظمة أكرون يعطون نصائح حول كيفية تنظيم شبكة دعارة أطفال والتهرب من الضرائب وتهريب فتيات من السلفادور إلى البلاد.[573] بعد ذلك بفترة قصيرة، أعلنت المنظمة إفلاسها.

أجبرت وزارة الإسكان والتنمية الحضرية أيضًا مقدمي الخدمات المالية لإبرام اتفاقيات مناهضة للتمييز بناءً على مبدأ "تكافؤ الفرص"، أي بمعنى إعطاء أفضلية للأقليات، وفي هذه الحالة عند منح القروض. تم الاعتراف علناً أن الأشخاص المؤهلين لقروض المنازل الذين لم يستوفوا عادةً معايير الإقراض سوف يرفعون من مخاطر الائتمان.[574]

في أحد المؤتمرات، أشار السيد أدوارد غراملج، عضو مجلس محافظي بنك الاحتياطي الفيدرالي، إلى دراساتٍ تُبين أن العوائل ذات الدخل المنخفض وأبناء الأقليات الذين يواجهون عادةً صعوباتٍ في الحصول على قروض المنازل أصبحوا الآن قادرين على الحصول على قروضٍ بأعدادٍ كبيرة. ما بين عامي 1992-1998، ارتفع حجم قروض المنازل التقليدية بنسبة 75 % بالنسبة للمقترضين ذوي الدخل المنخفض، و78 % للمقترضين من أصولٍ لاتينية، وحوالي 95 % بالنسبة للأمريكيين ذوي البشرة السمراء. في المجمل، ازداد حجم قروض المنازل التقليدية بنسبة 40 % فقط في الفترة ذاتها.[575]

لعبت شركتي فاني مي وفردي ماك دورًا رئيسًا في هذه التطورات. تم تأسيس جمعية قروض الرهن العقاري الوطنية الفيدرالية عام 1938 كبنكٍ حكومي وتم "تخصيصه" رسميًا عام 1968. في ذلك الوقت تم إعادة تسمية الشركة باسم فاني مي في اختصارٍ للاسم الكامل للمؤسسة. بقيت الشركة قريبة من الدولة من خلال الميزات التنظيمية والمنافع الضريبية، حتى بعد أن تم تخصيصها رسميًا. تشتري نظيرتها، شركة فردي ماك (شركة قروض الرهن العقاري المنزلي الفيدرالية)، قروض المنازل من البنوك وتدمجها في حزمٍ مالية وتطرحها للبيع في الأسواق المالية كأوراقٍ مالية مدعومة بقروض المنازل. شركة فردي ماك هي أيضًا مؤسسة مدعومة من الحكومة، ويشرف عليها مكتب مؤسسة الرقابة الإسكانية الفيدرالي. المؤسسات المدعومة حكوميًا خطرة بشكلٍ خاص لأنها تسمح للمستثمرين من القطاع الخاص للدخول في كل

أنواع المخاطرة التي يمكن تصورها، لأنهم يعلمون أن الحكومة، أي دافعي الضرائب، سوف تغطي خسائرهم في أسوأ الأحوال.[576]
كان للشركتين خط ائتمانٍ عالٍ، وغير مكلِّف، لإعادة التمويل من قبل وزارة الخزانة الأمريكية. ولأنهما كانتا مضمونتين من قِبل الدولة، فقد تم التعامل مع إعادة تمويل سنداتهما على أنها "سندات حكومية" ذات أسعار فائدة منخفضة شبيهة بالسندات الحكومية.[577] اعتمد البنكان شبه الحكوميين على هذا الضمان الحكومي أثناء فترة 2008-2009.
كانت شركتا فاني مي وفردي ماك أكبر شركات قروض الرهن العقاري في العالم وكان لهما حصة الأسد في سوق قروض الرهن العقاري في الولايات المتحدة. بعد إفلاسهما بشكلٍ عملي عام 2008، تم تأميمهما بشكلٍ رسمي. لولا وجودهما، ما كان للانتشار السريع لقروض المنازل عالية المخاطر، أي قروض المنازل لمشتري المنازل من ذوي الدخول المنخفضة، أن يصبح ممكنًا. كان لهما علاقة قريبة جدًا مع شركة كنتري سايد، وهي شركة تُقدِّم خدمات مالية سيئة السمعة فيما يتعلق بنشاطاتها في سوق القروض عالية المخاطر، والتي كان لها في أوج نشاطها تسعون فرعًا وستون ألف موظف، وكانت أكبر بائع لقروض الرهن العقاري إلى فاني مي. في ذلك الوقت، كان المتعاملون في سوق العقارات يتندرون بالقول إن شركة كنتري سايد هي شركة فرعية من شركات فاني مي.[578]
لعب البنكان شبه الحكوميين دورًا مهمًا في تطبيق المتطلبات لعمليات الإقراض الصحيحة سياسيًا. منذ البداية، قالت صحيفة نيويورك تايمز في أيلول (سبتمبر) 1999، أن شركة فاني مي قد خففت المتطلبات للقروض التي اشترتها، وبذلك جعلت من الممكن "توسيع إمكانية منح قروض منازل إلى أشخاصٍ لديهم تاريخٌ ائتماني ليس جيدًا بما يكفي أن يصبحوا مؤهلين للحصول على قروضٍ اعتيادية." تعرضت شركة فاني مي "لضغوطٍ متزايدة من قِبل إدارة الرئيس كلينتون لتوسيع منح قروض المنازل ضمن صفوف أصحاب الدخول المنخفضة والمتوسطة." كان أحد الأهداف هو "زيادة عدد مالكي المنازل من أبناء الأقليات وأصحاب الدخل المنخفض الذين (يميلون) أن يكونوا ذوي تصنيفٍ ائتماني أسوأ من الأشخاص البيض من غير ذوي الأصول اللاتينية." ومع ذلك، أشارت صحيفة نيويورك تايمز إلى المخاطر الجمَّة التي يمكن أن يسببها هذا الأمر، وبالذات في حالة حصول تراجع اقتصادي.[579]
في عام 1996، طلبت وزارة الإسكان والتنمية الحضرية أن يكون 12 % من كل قروض المنازل التي تشتريها فاني مي وفردي ماك قروضًا "مُيسرة بشكلٍ خاص"، يتم عادةً منحها إلى مشتري

منازل ذوي دخولٍ منخفضة جدًا. تم زيادة تلك النسبة إلى 20 % عام 2000 و22 % عام 2005، وكان الهدف لعام 2008 هو 28 %. طبقت الشركتان المرتبطة بالدولة هذه المتطلبات[580] اشترت شركة فاني مي ما قيمته 1.2 مليار من القروض عالية المخاطر في عام 2000، و9.2 مليار دولار في 2001 وخمسة عشر مليار دولار في عام 2002. بحلول عام 2004، أنفقت فاني مي وفردي ماك مجتمعتين 175 مليار دولار على شراء قروض عالية المخاطر.[581] في عام 2008، دافع الأستاذ بول كروغمان عن هاتين الشركتين ضد منتقديهما وأكد على أنهما لم يمنحا مطلقًا أي قرضٍ عقاري عالي المخاطر.[582] لم يكن منح قروض المنازل من ضمن أعمال هذين البنكين المرتبطين بالدولة على أي حال، لكن بدونهما ما كانت لأزمة العقارات لتحدث أبداً، كونهما كانتا، وإلى حدٍ كبير، المشتريتين الأكبر والأكثر تهورًا لقروض المنازل عالية المخاطر. أكثر من 40 % من قروض المنازل التي اشترتها الشركتان ما بين 2005 و2007 كانت قروض عالية المخاطر، أو ما تسمى قروض بديلة لقروض المستوى الأول، والذي كان وصفًا ألطف للقروض عالية المخاطر.[583]

كان تخفيف شروط منح القروض لمجموعات الدخل المنخفض أو الأقليات بدوافع سياسية، مجتمعًا مع أهداف الحكومة في الإقراض هو العامل الذي أثار زيادة القروض التي تم منحها إلى مقترضين أشارت جدارتهم الائتمانية وتاريخهم الائتماني أنهم على الأرجح لن يكونوا قادرين على دفع قروض مساكنهم على المدى الطويل. كان مزيج سياسة بنك الاحتياط الفيدرالي في أسعار الفائدة المنخفضة والتوسع بدوافع سياسية للقروض عالية المخاطر هو ما غذى في نهاية الأمر فقاعة أسعار المنازل والأزمة المالية. في مذكراته، دافع السيد آلن غرينسبان عن تسهيل معايير الإقراض بقوله: "كنت مُدركًا أن تخفيف شروط الائتمان لقروض المنازل للمقترضين ذوي المخاطر العالية يُزيد من المخاطر المالية، وأن مبادرات التمكين لامتلاك المنازل عن طريق الدعم تشوه مُخرجات السوق. لكني آمنت حينها، ومازلت أؤمن، أن المنافع من توسيع ملكيات المنازل تستحق المخاطرة."[584]

وفي وقتٍ لاحق، أصبح واضحًا كم كان الأمر غريبًا حيث أثارت أزمة أسعار المنازل الأمريكية انهيارًا ماليًا عالميًا. بالمناسبة، لم يتم تحقيق الهدف المنشود إطلاقًا، لأن نسبة امتلاك المنازل بعد الانهيار في الولايات المتحدة كانت أقل مما قبل الانهيار، نتيجة خسارة مشتري المنازل من ذوي التصنيف الائتماني المنخفض بسبب الحجوزات التي تمت على المنازل. من الواضح أن عمليات الحجز غالبًا ما تكون تجربة مؤلمة لأي عائلة. هذا أحد الأمثلة العديدة حول كيف يؤدي التدخل

السياسي في السوق إلى العكس تمامًا مما كان السياسيون يرغبون فيه أساسًا.

استمر حجم الديون عالية المخاطر "الصحيحة سياسيًا" التي مُنحت لأبناء الأقليات بالازدياد. في عام 1994، وصل حجم قروض المنازل عالية المخاطر إلى 35 مليار دولار. بحلول عام 2005، كان قد نما إلى 625 مليار دولار. بالنسبة لعام 2006، خمّنت صحيفة نيويورك تايمز حصة شركات وول ستريت في عمليات تمويل قروض المنازل الكلية بحوالي 60 %. اشترت بنوك الاستثمار حزم قروض الرهن العقاري عالية المخاطر من مُقرضي قروض المنازل الذين وضعوها في حزمٍ تتألف من آلاف القروض، وباعوها على شكل أوراقٍ مالية.[585] ولأن البنوك ومقدمي الخدمات المالية الآخرين لم يبقوا هذه القروض على جداول حساباتهم عادةً، ولكن أعادوا بيعها إما إلى فاني مي أو مشترين آخرين، فلم يكن هناك أي حد لعدد القروض التي يمكن إقرارها.

في كل هذه الأمور، اعتقد المستثمرون أنهم يمكنهم الاعتماد على وكالات التصنيف التي قدمت تصنيفات للأوراق المالية المضمونة بقروض المنازل. لكن كما تبين لاحقًا، كانت تلك التصنيفات متساهلة للغاية. لكن فشل وكالات التصنيف لا يُعد إثباتًا أن السوق قد فشل. لم يكن السوق حرًا أبدًا بسبب احتكار القلة (المستمر) من قِبل بضع وكالات تصنيف (أشهرها ستاندرد أند بورز، ووكالة مودي، وفيتش)، التي تحدد تصنيفاتها أي السندات يُسمح للمستثمرين المؤسساتيين شراؤها. في الحقيقة، عهدت الدولة لهم بعض المهام المُحددة، وبالتالي قللت من المسؤولية الشخصية للمستثمرين عن قرارتهم. غالبًا ما تؤدي السلطة، وبالذات السلطة المُشرعنة من قِبل الدولة إلى إساءة استخدام السلطة، وهذا بالضبط ما حدث أثناء فترة فقاعة أسعار المنازل غير العقلانية، لأن وكالات التصنيف منحت تصنيفات إيجابية مفرطة وبالتالي أعطت المستثمرين إحساسًا كاذبًا بالاطمئنان.

ما بين عامي 1997 و2005، ارتفعت أسعار المنازل في الولايات المتحدة بنسبة 42 %. في مدينة نيويورك ارتفعت الأسعار بحوالي 67 %، وفي بوسطن بحوالي 69 %، وفي مدينة جيرسي بحوالي 75 %، وفي سان فرانسيسكو بحوالي 88 %.[586] نفع ارتفاع المنازل الاقتصاد الأمريكي في البداية: استخدم العديد من مالكي المنازل الزيادة في قيمة منازلهم لسحب بعض هذه القيمة واستخدامها للاستهلاك الشخصي، وبالتالي وفّرت دفعة للاقتصاد على المدى القصير.

كان مقرضو قروض المنازل ومشترو المنازل في حالة نشوةٍ حقيقية. توقفت كل قواعد المنطق وممارسات الأعمال الجادة عن العمل. بينت بعض الدراسات أن حوالي 60 % من كل قروض الدخل، أي القروض التي لم تتطلب أي إثبات للدخل من قِبل المقترض، كان الدخل الذي تم

الإفصاح عنه مبالغٌ فيه بما لا يقل عن 50 %. وحسب تحليلٍ من قِبل بنك كردت سويس، تم إقرار قروض بمبلغ 276 مليار دولار في الولايات المتحدة عام 2006 حيث تم تقديم القليل من الإثبات حول الدخل أو لم يتم تقديم أي إثبات بالمرة. وبناءً عليه أصبحت قروض منازل ما يسمى 2/ 28، أي قروض ذات سنتين من أسعار الفائدة المنخفضة تتبعها ثمانٌ وعشرون سنة من أسعار الفائدة المرتفعة جدًا، تحظى بشعبيةٍ طاغية.(587)

وكما هو الحال في تكوُّن أي فقاعة، استقطب الارتفاع الاقتصادي وبشكلٍ متزايد المحتالين الذين وجدوا فرصة لتحقيق ربحٍ سريع. ذكرت محطة تليفزيون أي بي سي مثالاً عن رجلٍ كبير في السن ومعتل الصحة الذي تقدَّم بطلب الحصول على خط ائتمان استهلاكي بمبلغٍ بسيط. بدلاً من ذلك، تم منح الرجل قرض منزلٍ بمبلغ خمسين ألف دولار. بعد سبعة عشر يومًا، حتى قبل حلول موعد الدفعة الأولى على القرض، تم إعادة جدولة دفعات القرض وتمديد المدة التي يتوقع منه دفع القرض خلالها. في السنوات الأربعة التي تلت، أعاد مقرض القرض جدولة القرض أحد عشر مرة وفرض تكلفة تمويل قدرها 10 % كل مرة. وبعد أن أصبح الرجل غير قادر على دفع الدفعات، حجز المُقرض على منزله.(588) وعلى الرغم من كون هذا المثال حالة متطرفة نوعًا ما، فإن تقديم بيانات دخلٍ مزورة وآراء الخبراء التي ضخّمت قيم المنازل وممارسات احتيال أخرى كانت هي عنوان تلك الفترة.

تم تجميع قروض المنازل عالية المخاطر في حزم أوراقٍ مالية على أنها التزامات ديون مضمونة، وتم بيعها للمستثمرين. تم انتقاد المصرفيين الذين كانوا يسعون وراء الحصول على مكافآت عالية، وبشكلٍ مُستحق، بسبب خَلقهم تلك المنتجات وإعادة بيعها إلى المستثمرين السذج. استثمر المستثمرون، ومن ضمنهم بنوك ألمانية مملوكة للدولة، بشكلٍ حماسي في هذه المنتجات ولم يتحققوا من قيمتها، بل اعتمدوا على التصنيفات بشكلٍ أعمى (حتى أن بعض الأمريكيين تحدثوا عن "أموال ألمانية غبية"). ولأن أسعار العقارات لم تنخفض أبدًا على مستوى البلاد ككل، وبالتأكيد ليس خلال العقود القليلة الماضية، فإن الاحتمالية الرياضية التاريخية للتخلف عن سداد هذه السندات بدت منخفضة للغاية.

بمجرد أن بدأت أسعار العقارات بالانخفاض، أصبحت هذه الحسابات لا تساوي قيمة الورق الذي كتبت عليه. وهذا ما حصل بالضبط في السنوات التي تلت: انخفاض مؤشر كيس-شيلر لأسعار المنازل لعشرين منطقة في الولايات المتحدة حوالي 35 % ما بين تموز (يوليو) 2006 وشباط (فبراير) 2012. في سان فرانسيسكو انخفضت أسعار المنازل 46 %، وفي تامبا 48 %، وفي

ديترويت 49 %، وفي ميامي 51 %.[589] وعند التعديل بناءً على التضخم، فإن هذه الانخفاضات أصبحت أكثر قساوة.

العديد من مشتري المنازل الذين اشتروا منازل في قمة فترة فقاعة أسعار المنازل خسروا منازلهم وكل القيمة التي استثمروها في عقاراتهم. انخفضت القيمة السوقية للكثير من العقارات غالبًا إلى أقل من قيمة القرض العقاري المتبقي عليها، وذلك يعني أن مالكي المنزل الذين لم يستطيعوا أن يضيفوا قيمة إضافية للمنزل لم يكن لهم خيار سوى انتظار البنك المُقرض للقيام بالحجز على منازلهم.

كان ذلك هو ما أثار الأزمة المالية العالمية. انهارت قيمة قروض العقارات المضمونة، والتي تم منحها تصنيفات ممتازة من قِبل وكالات التصنيف، بسبب انخفاض أسعار المنازل، وأصبح العديد من المقترضين غير قادرين على دفع أقساط القروض. سبَّب ذلك مشاكل جدية للبنوك وشركات التأمين وصناديق الاستثمار، وأدت إلى تفاعلٍ تسلسلي بلغت ذروته في انهيار بنك ليهمان برذرز في أيلول (سبتمبر) 2008.

كيف استجابت الحكومات والبنوك المركزية لذلك؟ لأنهم انصدموا بتأثيرات ما بعد إعلان بنك ليهمان برذرز الإفلاس، فإنهم قاموا، وبشكلٍ مصطنع، بالإبقاء على البنوك وشركات التأمين على قيد الحياة من خلال ضخ مئات المليارات من أموال دافعي الضرائب في تلك المؤسسات. كان ذلك شيئًا مفهومًا لأنهم أرادوا أن يمنعوا حدوث انهيارٍ تام للسوق. ولكن كان له آثار جانبية ضارة بشكلٍ كبير على المدى الطويل، لأنه أخَّر عملية الغربلة التي كان السوق بأمس الحاجة لها. تم حماية العديد من مالكي المنازل في نهاية الأمر ضد إجراءات الحجز من خلال تنظيماتٍ قانونية. في الوقت ذاته، خفَّضت البنوك المركزية أسعار الفائدة بشكلٍ هائل إلى ما يقرب من الصفر في بعض الأحيان، وأطلق بنك الاحتياطي الفيدرالي أكبر برنامج شراء سندات في التاريخ.

أزمة منطقة اليورو: أسبقية السياسة

حدثت تطوراتٌ مشابهة في أوروبا بعد حوالي سنتين من اندلاع الأزمة المالية، حيث أثارت اليونان وبلدانٌ أخرى من جنوب أوروبا غارقة في الديون أزمة منطقة اليورو عام 2010. هذه الأزمة أيضًا ليست بأي شكلٍ من الأشكال تعبيرًا عن فشل السوق، لكن فشل حكومي وسياسي.

كتجسيد لدوافع سياسية مُحددة للغاية، تم تبنِّي عملة اليورو كعملةٍ موحدة من قِبل أربعة عشر بلدًا أوروبياً ما بين 1999 و2002. في ذلك الوقت، تم تجاهل المخاوف الاقتصادية، حيث كانت هناك بلدان مثل فرنسا وإيطاليا تأمل أن الوحدة النقدية "ستكبح" جماح ألمانيا، بينما

رأى المستشار الألماني هيلموت كول اليورو على أنه أداة لتعزيز الوحدة الأوروبية. وكما يقول الاقتصادي الألماني هانز-فرنر سن: "كان المستشار كول وقادة أوربيون آخرون يسترشدون بإيمانهم بأسبقية السياسة، وهي أمرٌ يفهمونه ويضعون آمالهم عليه، على قوانين الاقتصاد، والتي كانوا بالكاد يفقهون شيئًا منها، والتي اعترفوا بوجودها بشكلٍ متردد."[590]

حصل المستشار كول على الموافقة على تبني اليورو في ألمانيا، وبشكلٍ كبير، بفضل بند "عدم الإنقاذ" الذي تضمنته معاهدة ماسترخت، والذي ضمن عدم إلزام أيٍ بلدٍ لتسوية ديون بلدٍ آخر. حذّر اقتصاديون مثل الاقتصادي النقدي المعروف بيتر بيرنهولز حتى قبل تبني اليورو أن قوانين الاقتصاد ستثبت نفسها أقوى من بنود العقود. أضاف الأستاذ ميلتون فريدمان صوته لأولئك الذين عارضوا المعاهدة[591]، ووقع مئة وخمسة وخمسون اقتصاديًا ألمانيًا إعلاناً عاماً ضد التبني السابق لأوانه لليورو.

لكن السياسيين الأوروبيين آمنوا أن رؤاهم وأهدافهم السياسية أقوى من أي قوانين للسوق، ووضعوا جانبًا كل المخاوف حيث قاموا بإخضاع اقتصادات السوق لأسبقية السياسة. وبالمصادفة تم استخدام الحُجج ذاتها لتبرير عضوية اليونان في منطقة اليورو، على الرغم من حقيقة أن الأمر كان واضحًا للجميع أن اليونان قد زورت البيانات المالية، ولو كان قد تم تقديمها بنزاهة، لكانت قد فشلت بشكلٍ ذريع في تحقيق شروط العضوية.

كانت بلدان جنوب أوروبا سعيدة جدًا لأنها، بعد تبني اليورو، قد استفادت من أسعار الفائدة التي كانت فقط أقل بشكلٍ هامشي من أسعار الفائدة في ألمانيا. قبل تبني اليورو، كانت أثينا تدفع أسعار فائدة حوالي 15 % أعلى مما تدفعه برلين. وبدلاً من استخدام الادخار بأسعار فائدة ضئيلة جدًا من أجل دفع الديون، توسع القطاع الحكومي الهائل بالأساس على نطاقٍ واسع. على سبيل المثال، ارتفع عدد الموظفين الحكوميين في اليونان بحوالي 16 % ما بين عامي 2000 و2008[592] وارتفعت أجورهم عاليًا جدًا. في الفترة من 2007 إلى 2010 فقط، ارتفع الدَّين الوطني لليونان من 240 مليار يورو إلى 330 مليار يورو. وبالمناسبة، فإن اليونان تمتلك اقتصادًا غير سليم، وكانت مُعسرة لأكثر من نصف قرنٍ من وجودها كدولةٍ مستقلة منذ أيام تأسيس الجمهورية الهلينية الأولى عام 1829، أطول من أي بلدٍ آخر في العالم.[593]

بعد تبني اليورو وقبل حدوث الأزمة المالية، ضخ عددٌ كبير من البنوك والمستثمرين أموالاً في سندات أصدرتها اليونان وبلدانٍ أخرى من جنوب أوروبا بسبب جاذبية عوائد أسعار الفائدة عليها. وعلى الرغم من أن العوائد كانت أقل بكثير مما كانت عليه في الماضي، إلا أنها

كانت مازالت نافعة، خصوصًا أن الدول الأعضاء في الاتحاد الأوروبي قد أقرت (بالإضافة إلى معاهدات بازل التي حددت متطلبات رأس المال للبنوك) أن الاستثمارات في السندات اليونانية سوف يتم منحها الوزن نفسه كالاستثمارات في السندات الألمانية. حتى البلدان التي كانت غارقة في الديون مُنحت معاملة تفضيلية بشكلٍ هائل بما يتعلق بالاستثمارات في شركاتٍ قادرة على السداد، وعقاراتٍ من خلال تلك التنظيمات، والتي وصفها الأستاذ سن بأنها "نزوات تنظيمية." من المؤكد أن هذا مثالٌ جيد على التنظيمات التي لا تؤدي أي شيء للمساعدة في بناء إطارٍ تنظيمي معقول، ولكن تعمل لخدمة الأغراض الذاتية للدول. وينطبق الأمر ذاته، بالمناسبة على تنظيمات الدولة لشركات التأمين، والتي صممت لتفضيل الاستثمارات في سندات الحكومة بأسلوبٍ يمكن تفسيره أيضًا عن طريق الأغراض الذاتية للدولة.

لكن عند اندلاع الأزمة المالية، وبوجود ديون اليونان الهائلة، فقد المستثمرون ثقتهم في تلك البلاد، وارتفعت أسعار الفائدة على سندات الحكومة اليونانية بشكلٍ حاد. في المجمل، كانت اليونان على حافة الإفلاس. ومن الطبيعي، لم يُلقِ السياسيون ووسائل الإعلام اللوم على الدولة، التي تضخم حجمها بشكلٍ متزايد، ولكن على "المضاربين"، الذين لم يقوموا بأي شيء سوى أنهم فضحوا المشاكل الموجودة. هذا المنطق شبيه بأن تُلقي اللوم على محرار الطبيب عندما يخبرك أن لديك حُمَّى. وهنا يأتي السؤال. ما الذي قام به اليونانيون؟ لقد انتخبوا حكومة اشتراكية متطرفة ألقت اللوم على الأسواق المالية العالمية في حالتهم الاقتصادية الكارثية.

تم إنقاذ اليونان من الإفلاس من قِبل جيرانها الأوروبيين، مرةً أخرى لأسبابٍ سياسية. تم انتهاك الكثير من بنود معاهدة ماسترخت، وبالذات بند عدم الإنقاذ الذي تمت الإشارة إليه سابقًا. أصبح الوضع الاقتصادي حرجًا كذلك في إيطاليا، والبرتغال، وإسبانيا، من ضمن بلدانٍ أخرى، تم إنقاذها جميعًا من خلال حزمة قروض ومِنح تم وضعها من قِبل دولة منطقة اليورو، والبنك المركزي الأوروبي، الذي استمر في خفض أسعار الفائدة إلى الصفر. وعندما لم تساعد أيٌّ من هذه الإجراءات، بدأ البنك المركزي الأوروبي بشراء سندات الحكومة (وحتى سندات الشركات)، وكان ذلك تدخلًا خطيرًا في السوق.

وكما هو الحال مع المشاريع ذات الدوافع السياسية، فإن تبني اليورو، وفي كثيرٍ من الأبعاد، حقق عكس الأهداف المعلنة، أيْ: تعزيز الوحدة الأوروبية. في الوقت الذي تم فيه تبني اليورو، كانت البلدان الأوروبية قد أصبحت أقرب لبعضها البعض، اقتصاديًا وسياسيًا لعقود. وفي حقيقة الأمر، أبعدتهم أزمة منطقة اليورو بعيدًا عن بعضهم مرةً أخرى. شعرت بلدان جنوب

أوروبا، مثل اليونان، أنها تحت رعاية لا تُطاق من قِبل الألمان، وشعر الشعب الألماني بالإهانة بسبب التصور العام عن الجحود الذي أظهره "رعاة المجموعة"، وكان قلقًا للغاية أنه يُطلب منه أن يدفع تكلفة سياسات ميزانيات البلدان الأخرى غير السليمة.

هل هناك فشل للسوق؟

لم يكن لفقاعة أسعار المنازل في الولايات المتحدة، وما نتج عنها من أزمةٍ مالية، ولا أزمة منطقة اليورو في أوروبا أي علاقة "بفشل السوق"، أو أزمة للرأسمالية. على العكس، فإن الأزمتين كان سببهما السياسيون والبنوك المركزية. حاول السياسيون تطبيق مشاريع سياسية مُحددة (زيادة نسبة ملكية المنازل ضمن صفوف الأقليات في الولايات المتحدة، وتوحيد أوروبا من خلال تبني اليورو)، وتدخلوا في السوق لذلك الغرض. كانت الأزمة أيضًا نتيجة لتمدد الديون بشكلٍ غير مسؤول على حساب الأجيال المستقبلية والتدخلات الشديدة في السوق من قِبل البنوكِ المركزية، بنك الاحتياطي الفيدرالي والبنك المركزي الأوروبي، اللذين أدت سياستهما في تحقيق سعر فائدة صفري إلى إبطال آليات السوق.

ومن الطبيعي أن السياسيين والبنوك المركزية لم يقبلوا أن يتحملوا المسؤولية عن الأزمة المالية وأزمة منطقة اليورو. وكما ينادي مرتكب الجريمة "أوقفوا السارق" من أجل تشتيت الانتباه عنه، فإنهم ألقوا اللوم على "فشل السوق" و"الرأسمالية الجامحة" فيما حصل. تمت السخرية من المصرفيين، الذين كان جشعهم هو ما يلام في الأزمة المالية، من قِبل وسائل الإعلام والشعبويين. وبالطبع كان هناك بعض المصرفيين الجشعين فوق العادة، وبعض ممارسات الاحتيال، كما كان هو الحال في بداية كل فقاعة سوق في التاريخ. وللتذكير، علينا أن ننظر للحماسة التي غذّت فقاعة أسواق أسهم الشركات التكنولوجية في نهاية التسعينيات والتي استقطبت العديد من المحتالين. وعلى الرغم من حقيقة إن إلقاء اللوم على مصرفيين جشعين في حدوث الأزمة المالية ربما يكون تفسيرًا مُرضيًا لأولئك الذين لا يريدون فهم الأسباب المعقدة للأمر، والتي هي بالتأكيد صعبة الفهم بالنسبة للناس العاديين، فإن ذلك التفسير ليس أكثر إقناعًا من إلقاء اللوم على الجاذبية في تحطم طائرة.

من الواضح أن مكافآت الأداء قد حفَّزت المصرفيين لاتخاذ إستراتيجيات خاطئة وخطِرة لكنها حققت أرباحًا على المدى القصير فقط، وهي ممارسة تم انتقادها بحق وبشدة. لكن ذلك لا علاقة له "بفشل السوق" لأن المكافآت المعتمدة على أرباح المدى القصير حصريًا ليست في نهاية المطاف من مصلحة أي شركة أو بنك. في الحقيقة، مثل هذه المكافآت تنتهك مبادئ الرأسمالية،

حيث تعرّف النظرية المالية مبدأ تعظيم الربح بأنه: تعظيم القيمة الحالية لمجموع كل التدفقات المالية المستقبلية، ومن ضمنها تلك القادمة في المستقبل البعيد.[595] وهذا الأمر أكثر أهمية عندما تكون أسعار الفائدة منخفضة. بعد كل شيء، كلما كانت أسعار الفائدة الحالية منخفضة، كلما كان تأثير تدفق الدفعات المالية في المدى البعيد جدًا ضمن معادلة الخصم لحساب القيم الحالية أكبر. نظام المكافآت المبني على أساس حوافز مشوهة ليس في مصلحة أي شركة أو بنك. لكن هذه التشوهات طالما كان يتم ملاحظتها وتصحيحها بعد ذلك من قِبل البنوك والشركات نفسها، من غير الحاجة إلى توجيهاتٍ من الأعلى - للأسفل، أو تدخلاتٍ سياسية.

من الواضح أن أنظمة المكافآت التحفيزية تشوه السوق، ولكنها أيضاً سهلة الإصلاح. ضمانات الدولة الضمنية التي تُمنح إلى عددٍ متزايدٍ من بنوك تُعد "مهمة ضمنياً" هي مشكلة أكبر بكثير. تُعد هذه البنوك "أكبر من أن تفشل" من قِبل السياسيين، بمعنى أنها مُدركة جيدًا أنه سوف يتم إنقاذها من قِبل الدولة من خلال أموال دافعي الضرائب، لو أنها دخلت في متاعب بسبب نشاطات مضاربة. هذا أيضًا ليس نتيجة "فشل السوق." في الحقيقة، إنه على النقيض من ذلك تمامًا ويشجع على القيام بأعمالٍ ذات مخاطر عالية. بعد كل شيء، يقوم السوق عادةً بمعاقبة البنوك لسوء تصرفاتها، لكنه تم منعه من أداء مهامه من قِبل ضمانات الدولة الضمنية. بدلاً من أن تنهار، فإن البنوك المعنية تم إنقاذها. أحد أهم مبادئ الرأسمالية هو أن السوق، من خلال عملية البقاء للأصلح، يُقرر أيَّ المشاركين في السوق غير كفء، وغير جدير اقتصاديًا. كلما قل تطبيق هذه المبادئ، ابتعدنا أكثر عن الرأسمالية. الحديث عن "كازينو الرأسمالية" في هذا السياق حديثٌ سخيف: ليس هناك كازينو واحدة في العالم تضمن أن تعوض المقامرين عندما يخسرون.

ادعى السياسيون ووسائل الإعلام ومناهضو الرأسمالية أن الأزمة المالية قد نتجت عن الرأسمالية الحرة غير المسؤولة، و"التخفيف النيوليبرالي للتنظيمات" الذي بدأ في الثمانينيات تحت إدارة الرئيس رونالد ريغان. ادعوا أن الأزمة المالية كانت المسمار الأخير في نعش الرأسمالية الحرة. في حقيقة الأمر، لم يكن هناك أبدًا شيء يمكن تسميته رأسمالية حرة في الأسواق المالية. حتى قبل حدوث الأزمة المالية، كان هناك 12190 موظف في واشنطن العاصمة فقط يعملون لمراقبة وتنظيم الأسواق المالية، خمسة أضعاف عددهم عام 1960.

منذ الثمانينيات، عندما بدأ طور الرأسمالية الحرة كما هو الادعاء، ارتفع إنفاق الولايات المتحدة على السلطات الفيدرالية التي تنظم الأسواق المالية من 725 مليون دولار إلى 2.3 مليار دولار سنويًا، بعد التعديل حسب التضخم.[596] تنظيمات البنوك الدولية، مثل معاهدة بازل 1، و2،

و3، أثارت العديد من المشاكل التي أدت لحدوث الأزمة المالية، كما يوضح الكاتب يوهان نوربرغ في كتابه حول الموضوع.[597] التنظيمات الأكثر تشددًا تؤدي إلى تعقيداتٍ أكثر، والتي تجعل النظام المالي مُعرضًا أكثر للأزمات.

التشخيص الخاطئ لأسباب الأزمة المالية يعني أن العلاجات المقترحة خاطئة أيضًا. كانت أسباب الأزمة المالية هي أسعار فائدة منخفضة جدًا، وتدخلاتٍ ثقيلة الوطأة في الأسواق، والديون الباهظة. هل يمكن جديًا أن نُصدّق أن العلاج الصحيح يتضمن أسعار فائدة أكثر انخفاضًا، وتدخلاتٍ أقوى في السوق، وديونٍ أكثر؟ ربما يكون لهذه الإجراءات تأثيرٌ على المدى القصير، لكن الأسواق تُصبح أكثر اعتمادًا على أسعار الفائدة المنخفضة. لا تقوم أسعار الفائدة المنخفضة هذه بأي شيء لحل المشاكل الكامنة، لكنها تُخفي الأعراض وتؤجل ظهورها للمستقبل.

سياسات البنك المركزي أدت إلى التضخم في كل مكان، في أوروبا والولايات المتحدة، وحول العالم أجمع. من أجل محاربة هذا التضخم المتفشي، قامت البنوك المركزية برفع أسعار الفائدة بشكلٍ متكرر. لكن هذه الارتفاعات في أسعار الفائدة أدت إلى مشاكل هائلة، على سبيل المثال في سوق العقارات في الولايات المتحدة. أوقعت البنوك المركزية نفسها في فخ: عدم رفع أسعار الفائدة سيسمح للتضخم أن يُصبح دوامة خارجة عن السيطرة، لكن رفع أسعار الفائدة أيضًا سيؤدي إلى نتائج سلبية كبيرة، بالذات في قطاع العقارات.

في أوروبا، أصبح الأمر أكثر وضوحًا أن البنك المركزي الأوروبي قد فقد استقلاليته منذُ زمنٍ بعيد، على الرغم من أنه مازال مستقلاً على الورق. لا يمكن مقارنة دور البنك المركزي الأوروبي بعد الآن مع الموقف الذي اتخذه البنك المركزي الألماني يومًا ما. في الحقيقة، أصبح البنك المركزي الأوروبي أداة للتمويل الحكومي، على الرغم من أنه ممنوعٌ عن القيام بذلك.

ونتيجة لذلك، فإني قلقٌ من أن نواجه يومًا ما أزمة مالية جديدة. وربما حتى ذلك لن يكون دعوة للتيقظ من أجل تغيرٍ نحو اقتصاد سوقٍ حقيقي. إذا حدث شيء ما، فسيكون العكس: سيشير السياسيون ووسائل الإعلام إلى تلك الأزمة بأنها دليل على الفشل المُتأصل للنظام الرأسمالي، ويستنتجون مرةً أخرى، كما فعلوا في مراتٍ عديدة فيما مضى، أن الدولة تحتاج أن تتدخل بشكلٍ أكثر عمقاً في الاقتصاد. من وجهة نظري، هذه التدخلات هي أعظم المخاطر التي تواجهها الرأسمالية.

القطاع المالي يعمل بشكلٍ أقل على أساس اقتصاد السوق وفيه تنظيمات أكثر قوة من أي قطاعٍ اقتصادي آخر، ربما باستثناء قطاع الرعاية الصحية. وهنا تبرز حقيقة أن المجالين الأكثر شدة

في التنظيم من قِبل الدولة هما القطاعان الأكثر عدم استقرارًا، وينبغي لذلك أن يُعطي مناهضو الرأسمالية مادة للتفكير. من الطبيعي، أن هناك حاجة لبعض التنظيمات في تلك المجالات. لكن فكرة أن زيادة التنظيمات ستحقق الكثير هي فكرة خاطئة تمامًا. على العكس من ذلك، يستنتج السيد ريتشارد بوكستر أن زيادة التنظيمات قد فاقمت من المشاكل في القطاع المالي: "المحاولات في هذا الوقت لإضافة ميزات سلامة فوق طبقة من التنظيمات والضمانات، سوف تضيف فقط تعقيدات للنظام وتجعل الحوادث أكثر حدوثًا."[598] وكما هو الحال مع أشكالٍ أخرى من التدخلات الحكومية، فإن التنظيمات غالبًا ما تقوم بالعكس تمامًا مما هو مقصود. وعليه فإنه من الضروري عدم المبالغة فيما تستطيع التدخلات التنظيمية أن تحققه وعدم التقليل من مخاطر التأثيرات الجانبية غير المرغوب بها.

الفصل العاشر

لماذا لا يُحب المثقفون الرأسمالية؟

أول شيء أود قوله هو مجرد تنبيه: حتى القراء الذين يتفقون بشكلٍ عام مع الحُجج التي تم طرحها في هذا الكتاب حتى الآن قد يجدون هذا الفصل صعب الهضم. ينطبقُ هذا على المثقفين ذوي المشاعر المناهضة للرأسمالية بقوة، وكذلك أولئك الذين لا يعدون أنفسهم مناهضين للرأسمالية على الإطلاق. على الرغم من كون انتقاد دوافع الآخرين هو جزءٌ من وصف ما يقومون به، فإن المثقفين يميلون لعدم قبول أن يكونوا عرضةً للتدقيق النقدي، ناهيك عن أن يتم تحليل الدوافع غير الأكاديمية التي تقف خلف مواقفهم. يستمتع الصحفيون على سبيل المثال بانتقاد كل شيء، وكل شخص حولهم دون أن يهتز لهم طرف، لكنهم يكونون غير سعداء بالمرة عندما تكون وسائل الإعلام نفسها موضع الانتقاد. ومن خلال تجاربي وملاحظاتي، فإن أغلب المثقفين حتى الذين لا يعرّفون أنفسهم بأنهم مناهضون للرأسمالية، يحملون بعض المشاعر المناهضة للرأسمالية. بالنسبة لهم، يبدو أن الموقف المناهض للرأسمالية أصبح جزءًا متكاملاً من هويتهم، غير مرتبطٍ بأي وجهات نظرٍ سياسية أخرى قد يؤمنون بها.

ليس هناك تعريف متسق لما يُشكِّل "المثقف". لكن لا تتطلب الحُجج التي يطرحها هذا الفصل ذلك التعريف. ولغرض الحوار التالي، سيكون من الوافي تعريف المثقفين بأنهم مفكرون محترفون لديهم مهارات أكثر في التعبير عن أفكارهم من أغلبية الناس الآخرين. وهم كذلك قرأوا جيدًا، وتعلموا جيدًا في حقلٍ أكاديمي أو أكثر (عادةً في حقول الآداب والدراسات الإنسانية، وليس الهندسة أو العلوم الطبيعية)، وبقدر ما نتحدث عن المثقفين بالتعبير الضيق كما سيرد أدناه، فإنهم يشاركون في الحوارات العامة.

وعلى نحوٍ مشابه، يُعرّف المؤرخ الأمريكي وأستاذ الأدب بول هولاندر المثقفين بأنهم: "أشخاصٌ متعلمون جيدًا ومثاليون وذوو موقف اجتماعي انتقادي، ولهم توقعاتٌ عالية، ومنشغلين بالأمور الأخلاقية والثقافية والسياسية والاجتماعية، ويعملون بشكلٍ رئيسي (في الوقت الحاضر) في مؤسساتٍ أكاديمية في أقسام العلوم الإنسانية والاجتماعية."[599]

أحد الصفات المُحددة هو ميلهم "أن يروا أنفسهم الضمير الأخلاقي للمجتمع."[600] هذا الإحساس بمهمتهم كنُقادٍ اجتماعيين متفوقين أخلاقيًا هو أمرٌ واسع الانتشار ضمن صفوف المثقفين وينظر إليه على أنه سمة مُحددة تميزهم عن نخبة الأعمال.

يمكن استخلاص صفة تمييزية أخرى ما بين المعنى الضيق والمعنى الأوسع للمصطلح. حصل المعنى الأوسع على تطورٍ جدلي من خلال وصف فريدريك أوغست فون هايك للمثقفين بأنهم "متعاملون ثانويون في الأفكار"، في مقالته التي نُشرت عام 1949 بعنوان: "المثقفون والاشتراكية." يُحاجج هايك بأن وظيفتهم "ليست وظيفة المفكر الأصلي ولا المختص ولا الخبير في حقلٍ محدد من حقول الفكر. لا يحتاج المثقف أن يكون أيًا منهما: لا يحتاج أن يمتلك معرفة خاصة عن أي شيء بالتحديد، ولا يحتاج أن يكون حتى ذكيًا بشكلٍ خاص، من أجل تأدية دوره كوسيط في عملية نشر الأفكار. ما يجعله مؤهلاً لوظيفته هو المدى الواسع للمواضيع التي يسهل عليه الحديث والكتابة عنها، ومنصبٌ أو عاداتٍ يتمكن من خلالها أن يتعرف على أفكارٍ جديدة أسرع من أولئك الذين يتحدث إليهم."[601] يتضمن الاستخدام الواسع للمصطلح من قِبل السيد هايك "صحفيين، ومعلمين، وقُسس، ومحاضرين، ودعائيين، ومعلقين إذاعيين، وكتاب روايات، ورسامي كاريكاتير، وفنانين"، وكذلك أولئك الذين يسميهم "تقنيين، مثل الأطباء والعلماء، الذين يتم الاستماع لهم باحترام أكثر من معظم الآخرين بسبب معرفتهم التخصصية في مجال عملهم."[602] قناعات ووجهات نظر هذه المجموعة "تعمل كغربال لابد أن تمر كل المفاهيم الجديدة من خلاله قبل أن تستطيع الوصول للجماهير"، وعليه فإنها تُحدد "الرؤى التي سيتحرك على أساسها المجتمع في المستقبل غير البعيد جدًا."[603]

من وجهة نظري، استخدام هايك للمصطلح استخدامٌ محدودٌ جدًا، لأنه يستبعد المثقفين بالمعنى الضيق، وواسعٌ جدًا أيضاً من خلال تضمينه لأي وسيط يشارك بأي وسيلة لنقل المعرفة أو الآراء. هذه التعريفات المختلفة هي انعكاسٌ لعدم وجود تحديدٍ دقيق ما بين المثقفين ومجموعات المهن الأخرى.

مناهضة الرأسمالية كمذهبٍ دنيوي

لسوء الحظ، ليس هناك دراسات تجريبية أو استبيان حول المعتقدات السياسية للمثقفين ووجهات نظرهم عن العالم. ما لدينا هو بياناتٌ عن مهنٍ فردية مثل المحاضرين الجامعيين والصحفيين. تُبين هذه البيانات غلبة للمعتقدات اليسارية بشكلٍ متسق.[604] وحتى في غياب أدلة إحصائية قوية، فليس هناك شكٌ كبير أن مواقف أغلب المثقفين نحو الرأسمالية هي مواقفٌ انتقادية إلى حدٍ ما. وكما يقول المؤرخ آلن كاهان: "من المؤكد أن مناهضة الرأسمالية هي الالتزام الروحي الأوسع انتشارًا والممارسة الأكثر تمددًا ضمن صفوف المثقفين."[605] في مقالةٍ نُشرت

عام 2012 عن "المثقفين والاستياء من الرأسمالية"، يتفق عالم الاجتماع توماس كوشمان بالقول: "أصبحت مناهضة الرأسمالية، بشكلٍ ما، ركنٌ أساسي للمذهب الدنيوي للمثقفين، أي الموقف المألوف للمثقفين الانتقاديين المعاصرين كموقفٍ جماعي."(606)

يتساءل أستاذ العلوم السياسية والمؤرخ أدوارد لوتواك في نوعٍ من مبالغةٍ جدلية نابعة من حالة السخط: "لماذا من السهل أن نجد آلافًا من المثقفين الغربيين ممن يحترمون الصين الشيوعية من أن نجد مثقفًا واحدًا يحترم الإنجازات الاقتصادية المثيرة في تايوان."(607) يقول عالم الاجتماع الأمريكي جورج غلدر في دراسته المنشورة عام 1981 بعنوان الثروة والفقر: "الفكرة القائلة أن كل الثروات قد تم تحقيقها عن طريق السرقة فكرة منتشرة في السجون، وفي أروقة جامعة هارفارد."(608) يُلقي السيد غلدر اللوم على " لأفكار العامة الراسخة" التي تشكلت من قِبل "موظفي الحكومة، والأكاديميين في مجال العلوم الاجتماعية، والبارزين في وسائل الإعلام" من خلال نشر "عقيدة الفقر هذه."(609)

حتى القراء الذين لا يتفقون مع الرأي الجدلي أن أغلب المثقفين هم مناهضون للرأسمالية بشكلٍ صريح، سوف يختلفون بالكاد مع ملاحظة أن الموقف الانتقادي ضد الرأسمالية منتشر بشكلٍ واسع ضمن صفوفهم. هذا الموقف سائدٌ ضمن صفوف المفكرين اليساريين، وكذلك المفكرين المحافظين أو اليمينيين.

يُعد السيد آلين دي بينيوست أحد أبرز وألمع المؤيدين لحركة "الحقوق الجديدة" في فرنسا، والتي تستلهم أفكارها من حركة "الثورة المحافظة" في ألمانيا في العشرينيات من القرن الماضي. يدعي السيد دي بينيوست في كتابه على حافة الهاوية: الإفلاس الوشيك للنظام المالي، أن "من المستحيل تحديد النظام الرأسمالي في شكلٍ اقتصادي بسيط وتصور النظام الرأسمالي في أبعاده المالية فقط. هنالك بُعدٌ أنثروبولوجي للرأسمالية: نوعٌ من الإنسان الرأسمالي، ومخيلة رأسمالية، و'حضارةٌ رأسمالية'، وأسلوبُ حياةٍ رأسمالية. وطالما لم يقطع الفرد صلاته مع الرأسمالية بأنها 'حقيقة اجتماعية كاملة'، فإنه ليس من المُجدي الادعاء بمحاربة الرأسمالية."(610) في عام 2017، أعاد السيد دي بينيوست القول: "عدوي الرئيسي كان دائمًا الرأسمالية بالمفاهيم الاقتصادية، والليبرالية بالمفاهيم الفلسفية، والبرجوازية بالمفاهيم الاجتماعية."(611)

أي شخصٍ ما يزال يحتاج إلى الإقناع أن المثقفين لهم ألفةٌ مع مناهضة الرأسمالية، ربما سيكون في حالٍ أفضل لو قرأ كتاب العقل والمال: الحرب بين المثقفين والرأسمالية، من تأليف آلن كاهان أو كتاب من بينيتو موسوليني إلى هوغو شافيز: المثقفون وقرنٌ من عبادة الأبطال السياسيين من

تأليف بول هولاندر. يقدم الكاتبان غزارة من الأدلة والأمثلة لدعم هذه الفكرة.

بعد ما قلنا أعلاه، فإن استخدامي لمصطلح "المثقفين" في هذا الفصل هو مجرد اختصارٌ ملائم، ولا يُقصد منه الإشارة إلى أن كل المثقفين هم مناهضون للرأسمالية، حيث إن هناك استثناءات لحسن الحظ. ومن الجدير بالذكر أيضًا أن مناهضة الرأسمالية تظهرُ بمظاهر مختلفة، على جانبي الطيف السياسي. تُعلن مناهضة الرأسمالية عن نفسها بأنها انتقادٌ للعولمة، وموجهة بأشكالٍ مختلفة ضد التجارة الحرة وممارساتها الاستغلالية المزعومة، أو إنهاء التميز الثقافي، أو الادعاء بتواطؤ الرأسمالية في خلق الفقر في أفريقيا. وربما تأخذ، بدلاً من ذلك، شكل الاستياء المناهض للولايات المتحدة الذي يعتبر الولايات المتحدة خلاصة نظرة بلا قلب ولا رحمة للعالم، ألا وهي الرأسمالية. منذ سبعينيات القرن الماضي، أبرزت صوتها أيضًا من خلال الحركات البيئية، التي تُلقي اللوم على الرأسمالية في التغير المناخي، وتدمير البيئة الطبيعية. وعلى الرغم من كونها خاضعة لتغير الأهواء والأذواق، فإن الأيديولوجية الماركسية التي هيمنت في الستينيات أصبحت نمطًا غير شائع، والتي تم استبدالها بخطاب مناهضة العولمة، فإن أيديولوجية مناهضة الرأسمالية استهدفت بشكلٍ مستمر العدو نفسه، وكانت دوافعها السخط ذاته تجاه قوى السوق.

المواقف المناهضة للرأسمالية ضمن صفوف المثقفين ليست ظاهرة حديثة، وليست محصورة بمنطقة معينة. المثقفون الأوروبيون ليسوا أقل انتقادًا للرأسمالية من أقرانهم في الولايات المتحدة. وعلى كلٍ فإن المواقف المؤيدة للرأسمالية أكثر انتشارًا في الولايات المتحدة (ضمن صفوف المثقفين، وكذلك عامة الناس) مما هي عليه في فرنسا على سبيل المثال. وحسب رأي الأستاذ كاهان، فإن "الحرب بين المثقفين والرأسمالية كانت 'سمةً ثابتة في التاريخ الحديث' لأكثر من مئة وخمسين عامًا."[612]

تعود ريبة المثقفين من الثروة والأثرياء إلى زمنٍ أبعد بكثير من ظهور الرأسمالية. ضمن صفوف الفلاسفة الإغريق والرومان القدماء، تبدو هذه المواقف "نابعة من رفضٍ عنيف وبلا تمييز لقبول الأمر، وبدرجاتٍ متفاوتة من خلال الانتقاد الشخصي. لكن يبدو أنه قريبٌ دائمًا من الإهمال الكامل." حقيقة أن أغلب الفلاسفة القدماء كانوا أنفسهم أشخاص أغنياء لم تمنعهم من التعبير عن ازدرائهم للثراء المادي أو الحِجاج أن الثروة كانت غير مهمة أو حتى خطرة.[613]

في كتابه "الجمهورية"، أثار أفلاطون سؤال سقراط (الخطابي): "أليست الفضيلة على غير وئامٍ مع الثروة، حيث يقع كلٌ منهما على طرفٍ من الميزان، ويميلان دائمًا إلى الاتجاه المعاكس."[614]

ولكن، كما بيّن السيد روبرت فيلتي، من خلال تفحصٍ أقرب أن تلك الآراء الانتقادية تُخفي

"قبولاً ضمنيًا للثروة."[615] العداء الذي تُبديه هذه الملاحظات وأمثالها كانت موجهة ضد التجارة والتبادلات التجارية، وليس الثروة بحد ذاتها. وبينما يشتركون في "إزدراءٍ هائلٍ" للثروة التي تتحقق عن طريق العمل والتجارة، فإن مفكرين مثل أفلاطون وأرسطو كانت لهم آراءٌ أكثر إيجابية عن الثروة الموروثة وثروة الممتلكات.[616]

هناك سمة مميزة في المجتمعات الطوباوية يتصورها كتاب من أمثال توماسو كامبنيلا ويوهان فالنتين أندري من خلال إيمانهم بالتأثير النافع للمساواة. في أغلب الروايات الطوباوية، تم إلغاء الملكية الفردية لوسائل الإنتاج، بالإضافة إلى أي تمييزٍ بين الفقراء والأغنياء. يرتدي مواطنو هذه المجتمعات الطوباوية الزي نفسه وحتى البنايات التي يعيشون فيها تبدو متشابهة.[617]

في النص التأسيسي للنمط الطوباوي، يؤكد توماس مور: "أنا مُقتنعٌ تماماً أنه لن يتم تحقيق أي توزيعٍ عادلٍ ومتساوٍ للسلع، ولا وجود لسعادة مثالية للجنس البشري، حتى يتم إنهاء الملكية الفردية تمامًا. طالما كانت موجودة، سيكون هناك عبءٌ ثقيل لا يطاق من الفقر والقلق لأغلب أبناء البشر، وهذا ليس ما هو الأسوأ في الأمر."[618] يُشير السيد مور إلى إيمان أفلاطون "أن الدول ستُصبح سعيدة فقط حين يُصبح الفلاسفة ملوكًا أو يتحول الملوك إلى فلاسفة"، وحيث يُجيبه محاوره الافتراضي بالقول: "يجب على الحكام أن يكونوا جاهزين للاستماع للنصائح الجيدة" من قِبل الفلاسفة.[619]

مازال المثقفون يشتكون منذ قرونٍ خلت من المحن والتجارب التي يواجهونها من أجل كسب معيشتهم من مردود أعمالهم الفكرية، مقارنةً مع رجل أعمالٍ ناجح وسعيد الحظ. في مقالته المنشورة عام 1430 بعنوان: "استعمال وإساءة استعمال الكتب"، يسرد كاتب العلوم الإنسانية الإيطالي ليون باتيستا ألبرتي كل الصعوبات التي تنتظر الباحثين الطموحين. حياةٌ متقشفة تحت ضوء قنديلٍ يحترق في منتصف الليل يرسل ضوءه على كتب المعرفة وليس هناك أي وقتٍ أو مالٍ لمتعةٍ حياتية أكثر. ويتساءل لماذا يعيش العديد من المفكرين مثل تلك الظروف البائسة. يقدم السيد ألبرتي أرقامًا لإثبات أن ثلاثة فقط من ثلاثمئة رجلٍ من الأدباء سيحققون أي نجاحٍ يستحق الذكر، بينما لا يعاني المحتالون أي مصاعب للصعود إلى القمة.[620] تُبين لوحة الشاعر الفقير التي رسمها الفنان الألماني كارل سبتزفغ بشكلٍ واضح الشفقة على الذات التي تُغذي الشكوى من قِبل الفنانين والمثقفين حين يبثون مظالمهم حول مآسيهم الاقتصادية والمالية.

في أوائل الأربعينيات، حاول الاقتصادي النمساوي جوزف شومبيتر الإجابة على السؤال: لماذا يحمل العديد من المثقفين وجهات النظر العدائية تلك للرأسمالية. وليس من المستغرب

بالنسبة لاقتصادي أن يستند إلى الاقتصاد من أجل إيجاد تفسير: الارتفاع في عدد أولئك الذين يأخذون مسار التعليم العالي يخلق عددًا كبيرًا من خريجي الجامعات الفائضين عن الطلب على المهنيين للعمل في المكاتب، ولكنهم يملكون مؤهلاتٍ أعلى مما تتطلبه الأعمال اليدوية، والذين يذهبون بالتالي إلى مهنٍ ذات معايير أقل وضوحًا. "إنهم يُضخّمون من حشد المثقفين بالمعنى الضيق للمصطلح حيث تتزايد أعدادهم بشكلٍ غير متناسب. إنهم يدخلون ذلك التصنيف بأفكارٍ ساخطة بعمق. والسخط يخلق الاستياء. وغالبًا ما يتم عقلنة السخط من خلال الانتقاد الاجتماعي الذي هو في أي حالٍ من الأحوال موقف المثقف المراقب التقليدي نحو الناس، والطبقات والمؤسسات، وبالذات في حضاراتٍ عقلانية وقائمة على أساس المنفعة." ويقول كذلك: "مصالح المجموعة تشكل مواقف المجموعة، وتكون بشكلٍ واقعي مسؤولة أكثر عن العداء للنظام الرأسمالي مما يمكن للنظرية أن تقوم به وبناءً عليه فإن سخط المثقف المُبرر أخلاقيًا عن أخطاء الرأسمالية يمثل ببساطة الاستدلال المنطقي من حقائق بغيضة."[621]

أنا لا أتفق مع هذا التفسير تمامًا، لكن ذلك لا يعني القول إنه لا يمتلك شيئًا من الحقيقة. بعد كل شيء، إنه أكثر واقعية اليوم مما كان عليه حين تم نشر دراسة الأستاذ شومبيتر عام 1942. من المؤكد أن هناك أكاديميين يواجهون صعوبات في الحصول على عملٍ في عالم الأعمال، وبالتالي لا يكون أمامهم خيار سوى الالتحاق بعملٍ في القطاع العام على حساب دافعي الضرائب. لكن أيضًا هناك العديد من الآخرين الذين يقدرون الأمان الوظيفي والمنافع الاجتماعية للعمل في القطاع العام، أو الذين يفضلون كتابة كتب على إنشاء أعمالهم الخاصة.

ولكن من الحقيقة أيضًا أن بلدانًا مثل الولايات المتحدة وألمانيا قد واجهت ارتفاعًا حاداً في عدد الأكاديميين في السنوات الخمسين الماضية، والذي أدى بالتالي إلى انخفاضٍ في هيبة ما كانت تُعد نخبة متعلمة عالية التقدير. ومن المفهوم أن هذا الانخفاض في الاحترام والهيبة الممنوحة للمهنيين الأكاديميين ربما تكون تجربة قاسية للبعض. وبالإضافة إلى اتساع فجوة الدخل والثروة بين مجموعتهم وبين نخبة الأعمال، فإن ذلك قد يساعد في تفسير لماذا يميل المثقفون إلى مشاعر مناهضة للرأسمالية.

على الجانب الآخر، تبدو محاولة تفسير المواقف المناهضة للرأسمالية ضمن صفوف المثقفين بناءً على مفاهيم اقتصادية خالصة غير قادرة على سبر أغوار الأمر تمامًا، حيث إن تلك المواقف، كما يُبين السيد كاهان بشكلٍ صحيح، سائدة بشكلٍ خاص ضمن صفوف الأكاديميين الأكثر نجاحًا مهنيًا ويحققون دخولاً عالية. "إن أردت أن تجد مثقفين لا يحبون الرأسمالية، فإن

أفضل مكان للبحث عنهم هو كليات الآداب في جامعات هارفارد، أو أكسفورد، أو الكلية الفرنسية."[622] ومن أجل فهمٍ حقيقي للعداء ما بين المثقفين والرأسمالية، فإن من الضروري أن نبحث أعمق في الأمر.

البناء النظري مقابل النشوء التلقائي

يُعد فشل العديد من المثقفين لفهم طبيعة الرأسمالية كنظامٍ اقتصادي ينشأ وينمو بشكلٍ تلقائي عاملاً مهمًا في فهم مواقفهم. على خلاف الاشتراكية، الرأسمالية ليست مذهباً فكرياً يُفرض على الواقع. وكما بيَّن مثال الصين (انظر الفصل الأول)، تتطور رأسمالية السوق الحر إلى حدٍ كبير بشكلٍ تلقائي، وتنمو من الأسفل للأعلى، ولا يتم فرضها من الأعلى. لعب قادة مثل دنغ زياو بينغ دورًا في هذه العملية من خلال عدم القيام بأي شيء لإيقاف النمو عن الحدوث، كما فعل أسلافهم. يُفسر ذلك أيضًا لماذا تعمل الرأسمالية بشكلٍ أفضل في الصين المعاصرة مما هي عليه في روسيا. في البلدين معًا، حلَّت الرأسمالية محل الاقتصاد الاشتراكي المُخطط، لكنها نمت من الأسفل للأعلى في الصين، وتم تعزيزها كذلك من قِبل الحكومة، وتطورت من خلال التجربة والخطأ ضمن المناطق الاقتصادية الخاصة، وضمن شرائح اجتماعية معينة. لكن روسيا ألغت التخطيط الاقتصادي في عملية "العلاج بالصدمة"، حيث استبدلته بنظامٍ مختلف تم تسميته "اقتصاد السوق الحر."

وبالمثل، لم يفرض قادة غربيون مثل السيدة مارغريت تاتشر نظامًا اصطناعيًا تم تشكيله وتحسينه عبر سنين من الحوارات. في الحقيقة، من خلال إلغاء تنظيمات، وتحطيم هياكل مرصعة، وبالتالي السماح للقوى التلقائية للسوق أن تتطور بحرية، فإنهم قاموا بالعكس تمامًا.

نمت الرأسمالية تاريخيًا بأسلوبٍ مشابه لتطور اللغات عبر الزمن كنتيجة لعمليات تلقائية غير خاضعة للسيطرة. لغة الأسبرانتو، التي تم اختراعها عام 1887 كلغةٍ مُخططة، أصبح عمرها الآن أكثر من مئة وثلاثين عامًا دون أن تُحقق أي شيء من الانتشار العالمي الذي كان يصبو إليه مخترعوها. تشارك الاشتراكية بعض صفات اللغة المُخططة كونها نظامًا مبتكرًا من قِبل بعض المثقفين. من خلال ابتكار هذا النظام، حاول مؤيدو الاشتراكية بعد ذلك أن يحصلوا على السلطة السياسية المطلوبة لتطبيق أفكارهم على الواقع.

في شكلها الخالص، توضح هذه المقاربة رؤية لينين عن دور النظرية والحزب في مقالته الشهيرة "ما العمل؟" ينتقد لينين بحِدة "التقدير البالغ للتلقائية في حركة الطبقة العاملة."[623] تقف

رؤيته حول الكادر النخبوي الذي تقوده نظرية ثورية بشكلٍ مناقضٍ للمقاربة التلقائية التي دعمها معارضوه ضمن حركة الطبقة العاملة. "يُبين تاريخ جميع البلدان أن الطبقة العاملة، من خلال جهدها الخالص، قادرة على تطوير وعي نقابي، أي القناعة أن من الضروري الاتحاد في نقابة، ومحاربة المُشغلين، والنضال لإجبار الحكومة لإصدار تشريعات العمل الضرورية، وأمثال ذلك. لكن نظرية الاشتراكية تنمو من خلال نظرياتٍ فلسفية، وتاريخية، واقتصادية فصّلها أبناء الطبقات البرجوازية المتعلمون، أي: المثقفين. من خلال وضعهم الاجتماعي، كان مؤسسو الاشتراكية العلمية الحديثة، كلٌ من ماركس وأنجلز، أنفسهم من صفوف الطبقة البرجوازية المثقفة."(624)

من أجل تدعيم حجته، يذهب لينين للإشارة إلى "العبارات الصحيحة والمهمة لكارل كاوتسكي حول مشروع البرنامج الجديد للحزب الديمقراطي الاشتراكي النمساوي." يقول كاوتسكي: "يمكن أن ينشأ الوعي الاشتراكي الحديث فقط بناءً على معرفةٍ علمية عميقة. آلية العلم ليس البروليتاريا، لكن المثقفين البرجوازيين. وبناءً عليه، فإن الوعي الاشتراكي هو شيء تم تبنيه في الصراع الطبقي للبروليتاريا من خارجه وليس شيئًا نما من صفوفها بشكلٍ تلقائي."(625)

ومن الغريب، أن لينين وكاوتسكي وهايك جميعًا يتفقون على هذه النقطة. إليك ما يقوله هايك "لم تكن الاشتراكية أبدًا ولا في أي مكان حركة طبقة عاملة بالأساس. إنها ليست بأي حالٍ علاجًا للشر المُبين الذي تتطلبه مصالح تلك الطبقة بالضرورة. إنها تركيبٌ من نظريات تنبع من اتجاهات معينة لأفكارٍ مجردة، والتي لا يعرفها إلا المثقفون لزمنٍ طويل، وتطلبت جهودًا كبيرة من قِبل المثقفين قبل أن تقتنع الطبقة العاملة بتبنيها في مشروعها."(626)

ليس من المستغرب أن تُعد الماركسية فكرة جذابة من قِبل العديد من مثقفي القرن العشرين، حيث إنها كانت، بعد كل شيء، نظرية نشأت في عقول المثقفين، وتم وضعها في إطار نظامٍ معقد. وبعد ذلك تم تسويقها "للجماهير" (أولاً وأخيرًا للعمال) من خلال أسلوب التهييج الثوري المستمر وعمليات الدعاية. عندما استطاعت نخبة أولئك الذين كانوا قادرين على فهم النظرية الاستحواذ على السلطة، أصبح عملهم هو تطبيقها في الواقع من خلال تحطيم الأنظمة القائمة التي تطورت عضويًا، ومن ضمنها اقتصاد السوق، وكذلك التقاليد والأعراف الاجتماعية وتثبيت نظام "علمي" وعقلاني محلها.

عندما نفهم هذا الفرق الأساسي بين الرأسمالية كنظامٍ يتطور تلقائيًا والاشتراكية كبناءٍ نظري، فإن الأسباب التي تجعل العديد من المثقفين ينجذبون بقوة للاشتراكية، بأي شكلٍ من الأشكال،

تُصبح واضحة على حين غِرة. بعد كل شيء، ابتكار هياكل فكرية واستخدام مهاراتهم اللغوية لتشكيلها ونشرها من خلال الكتابة والخطابات المثيرة، هو ما يقومون به من أجل العيش. ولكون معيشتهم تعتمد على قدرتهم على التفكير ونشر الأفكار العقلانية والمتسقة، فإنهم يشعرون بانجذابٍ أكبر نحو نظامٍ اقتصادي مُخطط ومبني اصطناعيًا من نظامٍ يسمح بتطورٍ غير مُخطط وتلقائي. فكرة أن الاقتصادات تعمل بشكلٍ أفضل من دون تدخلٍ نشط وتخطيط هي فكرة غريبة بالنسبة للعديد من المثقفين.

يُصمم بعض المثقفين من المناهضين للرأسمالية أنظمة اجتماعية مثالية ثم يقومون بمقارنتها مع الواقع المُعاش. وليس من المستغرب أنهم يقومون بذلك لتشويه صورة هذا الأخير. إنهم يتجنبون بشكلٍ مقصود أن يتخذوا المسار الذي اتبعته في هذا الكتاب، أي المقارنة بين أنظمة اجتماعية موجودة على أرض الواقع. ولأن الرأسمالية تبرز بأنها الفائزة بلا لبس في مثل هذه المقارنة، فإن المثقفين من مناهضي الرأسمالية يُفضلون ابتكار رؤية طوباوية لمجتمعٍ مثالي، وبعد ذلك يجعلونه معيارًا للمقارنة التي لابد أن تفشل أمام النموذج المثالي. تميل طوباوياتهم أن تكون مجتمعات مساواة للغاية تمنح الكثير من السلطة للدولة والقليل من المجال للحركة الحرة لقوى السوق.

ليست هذه المجتمعات الطوباوية بالضرورة اقتصادات مُخططة بالمعنى التقليدي، والتي، بعد كل شيء، أثبتت فشلها بشكلٍ شامل بعد انهيار الاتحاد السوفيتي وأنظمة الكتلة الشرقية الأخرى. لا يُحب العديد من المثقفين الرأسمالية من دون أن يكونوا قادرين على تقديم بديل. وكذلك لا يستطيعون إنكار حقيقة أن البدائل الاشتراكية للرأسمالية قد فشلت في كل مكانٍ تمت فيه محاولة تطبيقها. وعندما يواجهون حُججًا من هذا الطراز، فإنهم عادةً ما يحاججون أنه لم تكن أيًا من تلك التجارب الفاشلة قد مثَّلت الروح "الحقيقية" للاشتراكية، وبناءً عليه فإنه يجب إعادة محاولة تطبيقها للوصول إلى تحقيق مجتمع مثالي نبيل "أكثر عدلاً"، أي: أكثر مساواة.

يؤطر المثقفون معارضتهم للرأسمالية عادةً كتدخلٍ انتقادي بالنيابة عن المجموعات السكانية "المحرومة"، أو "عامة الناس"، أو "المصالح العامة"، التي لابد من الدفاع عنها ضد قوانين السوق "عديمة الرحمة." ويقولون إن دوافعهم تنبع من الاهتمام والإيثار "للمصلحة العامة"، والتي هي بالطبع معرّفة بناءً على وجهات نظرهم، ومصالح المجموعات "المحرومة" (العمال، والأقليات، والبيئة، وأمثالها)، ويتهمون الرأسماليين بأنهم يضعون مصالحهم المادية في المقام الأول.

يتجنَّب هذا الخلاف وبشكلٍ ملائم الحقيقة أن رواد الأعمال يحققون الازدهار تحت ظل

الرأسمالية فقط، من خلال خدمة مصالح أغلبية المستهلكين، بمعنى توفير المنتجات أو الخدمات التي يطلبونها. على الجانب الآخر، الفنانون والكتاب والباحثون يحققون دخولاً أقل في العديد من الحالات لأن طلب المستهلكين على منتجاتهم وخدماتهم هو أقل بكثير بالمقارنة. من وجهة نظر المثقفين المناهضين للرأسمالية النبيلة، إن فجوة الدخل ما بين ناشر صحيفة شعبية وكاتب يخط بقلمه مقالاتٍ رائعة هو دليل على وجود شيء خاطئ في قوانين السوق، وحيث إن الشعور القوي بالأفضلية الأخلاقية نابع من المقارنة التافهة ما بين المثقف المدفوع بالإيثار والرأسمالي المدفوع بالمصلحة الذاتية.

مناهضة الرأسمالية هو موقفٌ وليس مدرسة فكرية مُتسقة، مما يجعلها صعبة التعريف. في العديد من الحالات، تُمثل مناهضة الرأسمالية إحساسًا أكثر بقليل من السخط الغامض، نفورًا من النظام الاجتماعي الموجود وما يمثله، وتعبيرًا عن عدم ثقة عميق بآليات السوق، وهو غير مرتبط عادةً بأي نوعٍ من رؤيةٍ واضحة لبدائل مرغوبة. هذا النقص في وجود رؤية واضحة أمرٌ نافعٌ لكون مناهضة الرأسمالية عرضةً لتفسيراتٍ مختلفة، أي فكرة غامضة تسمح لإطلاق رغباتٍ لا تُعد ولا تُحصى من أجل مجتمعٍ "عادلٍ" ومثالي. الرأسمالية نفسها عرضةٌ لهذا الأمر: في كل الصفحات التي كرّسها كارل ماركس لتحليل وانتقاد الرأسمالية، فإنه أهمل الأمر الأهم، ألا وهو الإتيان ببديلٍ مُتَّسق في أيٍّ من كتاباته. على الجانب الآخر، ذهب بعض المفكرين الطوباويين، ومن ضمنهم مؤيدو "الاشتراكية الطوباوية" التي عابها كلٌ من كارل ماركس وفريدريك أنجلز، بشكلٍ متكرر إلى تفاصيل دقيقة عندما وصفوا رؤاهم للمساواة البالغة في مجتمعٍ طوباوي.

المثقفون المناهضون للرأسمالية منجذبون للأنظمة الاقتصادية التي تمنح الكثير من السلطة للدولة. وتتضمن هذه الأنظمة نُظم دولة الرعاية الاجتماعية الديمقراطية الاشتراكية، والتي تُعيد توزيع المصادر بسخاءٍ وفقًا لأهداف السياسة الاجتماعية، وتستخدم السياسة المالية والتنظيمات الحكومية وإجراءات الاقتصاد الكنزي للسيطرة على الاقتصاد.

هنالك معضلة ما بين الرغبة في تدخلٍ حكومي قوي في الشؤون الاقتصادية والموقف الانتقادي للدولة الذي يُحب العديد من المثقفين اتخاذه في كل النواحي الأخرى. يريد "الليبراليون اليساريون" أن تكون الدولة ضعيفة حين ينبغي لها أن تكون قوية، على سبيل المثال في مجال الحماية والدفاع عن مصالح الأمن الوطني، وقوية حيث ينبغي لها أن تكون ضعيفة، على سبيل المثال في سعيها الحثيث من أجل سياسة اقتصادية. وعلى كل حال، إنهم يضعون ثقة كبيرة في

الدولة، أي في السياسيين والمسؤولين الحكوميين، من ثقتهم بالسوق، أي بمعنى آخر، المستهلكين وقراراتهم الفردية، والتي لا يمكن لأي تخطيطٍ مركزي أن يفسرها.

لا يرفض جميع المثقفين المناهضين للرأسمالية اقتصاد السوق الحر بشكلٍ صريح، حيث يُعلن العديد منهم في واقع الحال أنهم داعمون للسوق من دون فهمٍ كامل لكيفية عمل نظام السوق الحر. لكن، مجرد الإعلان عن تأييد مبادئ السوق الحر لا يتضمن أي التزامٍ حقيقي بتلك المبادئ أكثر من وصف نظامٍ استبدادي بأنه "ديمقراطي" على أنه دليلٌ قاطع بتعهد قادته بالديمقراطية. بعد كل شيء، من المعروف عن الشيوعيين ومعارضي الديمقراطية الآخرين استحضارهم بعض الادعاءات بالديمقراطية.

يدَّعي السيد توماس بيكتي، الذي تم تبني كتابه رأس المال في القرن الحادي والعشرين المنشور عام 2013 بشكلٍ واسع على أنه نوعٌ من كتابٍ مقدس في مناهضة الرأسمالية، على الرغم من أخطائه الجسيمة التي لا تُعد ولا تُحصى[627]، بأنه أصبح "مُحصّنًا على مدى حياته ضد الخطابات التقليدية البالية المناهضة للرأسمالية."[628] لكن آراءه المتطرفة حول إعادة توزيع الثروة من خلال فرض ضرائب باهظة على دخول وثروات أصحاب الدخول العالية[629] تقول العكس.

هنالك طريقتان لمحاربة نظام ما: من خلال نقض مفاهيم الخصم أو من خلال احتوائها. تُعتبر لغة "نيوزبيك" التي طورها النظام الشمولي في رواية جورج أورويل 1984 مثالاً على ما يحدث حين يتم استلاب المعنى الأصلي للمفاهيم. وبالطريقة نفسها تقريبًا التي استخدمها مؤيدو الرأسمالية في الصين لقلب مفهوم "الاشتراكية" رأساً على عقب في الوقت ذاته الذي استمروا فيه في مديح الماركسية، فإن معارضيها في البلدان الغربية قاموا باحتواء وإعادة توظيف مفهوم "اقتصاد السوق." أي مؤيدٍ لنظامٍ يسمح للدولة بالتدخل في الشؤون الاقتصادية متى يحلو لها وفي أي مكانٍ تراه مناسبًا بدلاً من تحديد دور الحكومة في خلق إطارٍ قانوني للمنافسة الحرة وحماية الممتلكات الشخصية وتوفير البنى التحتية المطلوبة، لا يفهم ماذا يعني اقتصاد السوق. أي مُعلنٍ عن نفسه بأنه "داعمٌ للاقتصاد الحر" ممن يُعطي للسياسة الأفضلية على الاقتصاد، ويمتلك عدم ثقة عميقة بالقوى التلقائية للسوق، فإنه قد فشل في فهم أسس هذا النظام.

قد يكون نقص المعرفة الاقتصادية من قِبل العديد من المثقفين سببًا، بعض الأحيان، لرفضهم اقتصاد السوق الحر. ومن المعروف أن بعض المثقفين هم أميون اقتصاديًا. ولو أنك أشرت إلى آلية الأسعار في السوق أو مفاهيم هيكلية أخرى للرأسمالية، أو أي شيء له علاقة بالأرقام والإحصاءات بما يتعلق بتلك المفاهيم، فإنك من المرجَّح ستبدو وكأنك تتكلم لغة أجنبية. لكن

الجهل بالاقتصاد لا يُفسر وحده قوة السخط المناهض للرأسمالية ضمن صفوف المثقفين. بعد كل شيء، يمتلك أغلبية المشاركين في اقتصاد السوق معرفة بسيطة للنظرية الاقتصادية، وليس مطلوبًا منهم أو متوقعًا منهم أن يعرفوا أكثر، ولكنهم لا يشاركون كراهية المثقفين للرأسمالية.[630]

ومن الحقائق الأخرى هي وجود منتقدين للرأسمالية حتى ضمن صفوف اقتصاديين معروفين حول العالم، ومن ضمنهم الاقتصادي جوزف ستغلتز، الحاصل على جائزة نوبل في الاقتصاد، والذي تُشير نصائحه للصين أنه قد فشل أن يقتنع بالأدلة الواقعية المُقنعة. بعد أكثر من ثلاثة عقودٍ من النجاح في الصين، حيث تم تقليص تأثير الدولة بشكلٍ متزايد لمصلحة قوى السوق، فإن الأستاذ ستغلتز يقترح الآن أن يقوم الصينيون بالعكس من ذلك تمامًا في المستقبل، أي أنه يقترح توسيع تأثير الدولة وإبعاد قوى السوق والتركيز أكثر على إعادة التوزيع.

حتى الأستاذ ستيغلتز يعترف: "ليس هناك بلدٌ في التاريخ نما بهذه السرعة، وأخرج العديد من الناس من الفقر، مثل الصين خلال السنوات الثلاثين الماضية."[631] لكنه بعد ذلك يوجه ملاحظة تحذيرية، مضيفًا بالقول"سيكون تبني نمط الحياة المادية الأمريكية المُسرف كارثة بالنسبة للصين ولكوكب الأرض."[632] يُحذر الأستاذ ستيغلتز، على النقيض من نصيحة الاقتصادي الصيني السيد ويينغ زانغ الذي يُحدد التدخل الحكومي الفائق بأنه السبب الأساسي في العديد من المشاكل في الصين المعاصرة (انظر الفصل الأول)، بالقول "إن نظام يعتمد على السوق أكثر ليس هو المسار الذي ينبغي أن تسلكه الصين."[633] بدلاً من ذلك، يدعم الأستاذ ستيغلتز تنظيمات أكثر تمول من خلال زيادة الضرائب[634]، حيث إن ذلك مساوٍ للتخلي عن المسار الذي اتخذته جمهورية الصين الشعبية وبنجاح لثلاثة عقود. وكما يُبين هذا المثال، فإن المعرفة بالاقتصاد ليست ضمانًا كافيًا ضد وجهات النظر المناهضة للرأسمالية. وبينما أنه من المؤكد أن العديد من المثقفين الذين يعملون في حقول الآداب والإنسانيات يمتلكون فهمًا محدودًا جدًا للاقتصاد في أفضل الأحوال، فإن ذلك لا يفسر تمامًا ضغائنهم ضد الرأسمالية.

ومن أجل فهم لماذا يحمل العديد من المثقفين وجهات نظر مناهضة للرأسمالية، فإن من المهم أن نُدرك أنهم نخبة، أو بشكلٍ آخر مجموعة تُعرّف نفسها بأنها كذلك وتتصرف بناءً على ذلك. تتغذى مناهضتهم للرأسمالية من سخطهم على ومعارضتهم لنخبة الأعمال. وفي هذا المعنى، التنافس بين المجموعتين هو ببساطة تنافس بين نخبتين من أجل المكانة في المجتمع المعاصر. إن لم يضمن المستوى العالي من التعليم بشكلٍ أتوماتيكي تحقيق دخولٍ أعلى أو مناصب أرفع، فإن الأسواق التي تسمح بحدوث عدم التوازن ذلك، يتم النظر إليها على أنها غير عادلة من وجهة

نظر المثقفين، أو "أنها في كل الأحوال مصدرٌ للاستياء العميق"، كما يقول رولاند بادر. "المجتمع الذي يكون فيه من الممكن لعاملٍ أو حرفي بقيمص مبتلٍ بالعرق، أو حتى رجل أعمال 'يعرق من أجل الربح'، أن يحققوا دخلاً أكثر من فيلسوف ذي حكمةٍ عميقة، يبدو أنه مجتمعٌ منقلبٌ رأسًا على عقب."(635) العيش في نظام تنافسي يكافئ الآخرين بأعلى المنافع باستمرار، نظامٌ يحقق فيه حتى الذين يمتلكون أعمالاً متوسطة الحجم دخلاً وثروة أكثر من أساتذة الفلسفة، أو علم الاجتماع، أو الدراسات الثقافية، أو تاريخ الفنون، يقود إلى حدوث شكوكٍ واسعة ضد نظام اقتصادي قائم على المنافسة.

يفسر هذا التناقض الظاهري ما بين نمط الحياة المريح الذي يعيشه العديد من المثقفين واللوم الذي يلقونه على لا عدالة النظام الرأسمالي.(636) سوف تهاجم مجموعة تعتبر نفسها جزءًا من النخبة، لكن نمط حياتهم أقل ثراءً بكثير من النخبة المنافسة، أي نخبة رواد الأعمال، اللا عدالة التي يتصورونها للنظام، ويتضاعف ذلك الأمر من خلال إحساس نخبة المثقفين بالأعلوية المتأتي من مستواهم التعليمي الأعلى، بمعنى آخر، أن مواقفهم المناهضة للرأسمالية تتغذى بشكلٍ جزئي من الحسد ضد نخبة الأعمال.

في كتابه الشهير، الأغنياء والأثرياء، يطرح عالم الاجتماع الأمريكي فرديناند لوندبرغ الملاحظات التالية: "بالنسبة للنوع البشري العام من الأمريكيين الذين يبنون الثروة، الجدد والقدماء، يمكن القول بأنهم منفتحون وبسطاء في التفكير، وعادةً لا يمتلكون معرفة أبعد مما تعلموه في المدارس، ويمتلكون في أغلب الأحيان وجهة نظر بسيطة عن العالم ودورهم فيه...وفي مواقفهم فقط فهم متغربون."(637) وبسخرية، فإن الأستاذ لوندبرغ يُشير إلى "بُناة الثروة الأحدث"، حيث العديد منهم كما يدعي "لم يكملوا الدراسة الثانوية أو الدراسة المهنية، ومثل أسلافهم في القرن التاسع عشر، لديهم رغبة قليلة في الدراسة حتى لو كانت متوفرة لهم مثل المبتعدين عن المستوى الثقافي العالي."(638)

الازدراء المُعبر عنه في هذا التأكيد يُبين وبشكلٍ مقنع المدى الذي يميل المثقفون أن يضعوا معايير قيمهم على أنها المقياس المثالي. يُقيّم السيد لوندبرغ الآخرين حسب مستواهم التعليمي ومعرفتهم الثقافية، وبناءً عليه يعتبر الأمر غير عادل بشكلٍ كبير أن "بُناة الثروة" من أصحاب التعليم الرسمي القليل، وبدون رغبة في ثقافة عالية أن يحققوا ثرواتٍ كبيرة، بينما يعيش المتعلمون جيدًا والباحثون الأكاديميون وكثيروا القراءة على دخولٍ أقل بالمقارنة. وليس من قبيل الدهشة أنهم يرون العالم مقلوبًا رأسًا على عقب. بعد كل شيء، يستقي المثقفون إحساسهم

بالأعلوية من كونهم متعلمين بشكلٍ أفضل، وذوي معرفة أكبر، وقادرين بشكلٍ أفضل للتعبير عن أنفسهم.

ومن الجدير بالذكر في هذا السياق أن الباحثين الأكاديميين الذين يجرون أبحاثًا حول تشكل النُّخب يعتبرون أن عملية التوظيف في المجال الأكاديمي أكثر شفافية وعقلانية و"ديمقراطية" بكثير من عمليات التوظيف في عالم الأعمال. يُلقي الأستاذ مايكل هارتمان، أحد الأساتذة الألمان اللامعين في هذا المجال، الضوء على درجة تشكل عمليات الاختيار الأكاديمي (وبالذات الترقية إلى درجة الأستاذية)، وكونها موضوعًا "للتأثيرات الديمقراطية." يذهب إلى القول بالحُجة أن هناك "مجالاً أكبر للترقي الاجتماعي" في المجال الأكاديمي، حيث إن الاختيار مبني على أساسٍ علمي شفاف من المؤهلات الرسمية (الشهادات والنشريات)، مما هو الحال في توظيف نخب الأعمال، حيث تلعب "صفات شخصية غير سليمة نسبيًا" دورًا رئيسًا.[639] يدل أسلوب حِجاج الأستاذ هارتمان على أنه يؤمن أن المعايير وعمليات الاختيار الأكاديمية أرقى من مثيلاتها في عالم الأعمال.

رفض السيد هارتمان للاعتراف بأن العمليات التي تستخدمها نُخب الأعمال لتوظيف أعضاءٍ جُدد هي عمليات ذات شرعية ديمقراطية مثل الإجراءات التي تتخذها المؤسسات الأكاديمية في توظيفها أعضاءً جُددًا في هيئاتها التدريسية هو رفضٌ لا أساس له من الصحة. بعد كل شيء، من الذي يُقرر إن كان رائد الأعمال سيحقق ربحًا؟ الأمر متروكٌ للمستهلكين لشراء منتجات وخدمات الشركة أو عدم شرائها، أيًا كان الأمر. المفهوم الخاطئ أن عملية التصويت اليومية حول الثقة من قِبل المستهلكين هي أقل ديمقراطية نوعًا ما من توظيف شخص أكاديمي من قِبل لجنة من أكاديميين آخرين بناءً على تركيز السيد هارتمان الحصري على رواتب المديرين التنفيذيين بدلاً من رواد الأعمال الذين يملكون أعمالهم الخاصة، وهو تركيزٌ يشترك فيه مع باحثين آخرين من الذين درسوا عمليات تشكل النخب.[640]

وعلى الرغم من أنني أعتبر الجهل بمبادئ عمل اقتصاد السوق والحسد ضد أولئك الأكثر نجاحًا اقتصاديًا بأنها الدوافع وراء المواقف المناهضة للرأسمالية، فإنه ينبغي أن أضيف أنني أؤمن أن الحسد أحد الأسباب، وليس السبب الرئيس لشعبية تلك المواقف ضمن صفوف المثقفين. وكما بيَّن عالم الاجتماع الألماني هيلموت شويك في كتابه المهم عن الموضوع[641] أن الحسد شيء دائم في الوجود الإنساني. ولكن أنا غير مقتنع أن الميل للحسد أقوى ضمن صفوف المثقفين من بقية المجموعات المهنية. والأكثر من ذلك، كونه يميل أن ينمو من خلال

الصحبة، فإن الحسد سيكون موجهًا أكثر نحو الزملاء من المثقفين مما هو ضد أعضاء مجتمع الأعمال. عليه، وبينما اتفق أن مناهضة الرأسمالية مدفوعة جزئيًا بالحسد، فإني أريد أن أقدم تفسيرًا أكثر شمولاً، ألا وهو أن عداوة العديد من المثقفين للرأسمالية مدفوعة جزئيًا بالميل لمنح أسبقية مطلقة لتعريفهم الخاص حول ما تعنيه "المعرفة"، وكيف يتم الحصول عليها، والذي يجعلهم غير مُدركين لوجود أنواع أخرى من المعرفة ووسائل أخرى لتحقيقها وهي وسائل أكثر أهمية بكثير في النجاح الاقتصادي.

الاعتماد المفرط على التعليم الصريح

يميل المثقفون بشكلٍ مفهوم لمساواة تحقيق المعرفة مع التعليم الأكاديمي والتعلم من خلال الكتب. يستخدم علم النفس التربوي مصطلح "المعرفة الصريحة" للإشارة إلى هذا النوع من المعرفة التي يتم التحصل عليها بوسائل "التعلم الصريح" لكنْ، هناك نوعٌ مختلف من المعرفة يتم التحصل عليها عن طريق "التعلم الضمني"، والتي هي أصلية أكثر وغالبًا ما تكون أكثر قوة، على الرغم من أن العديد من المثقفين غير عارفين بوجودها. ولأن هذا هو المسار الذي اتخذته غالبية رواد الأعمال لتحصيل المعرفة، فإنه من المهم فهم الفروقات بين هذين النوعين من التعلم والمعرفة.

يستخدم فريدريك هايك، الذي هو مَن أدخل مفهوم التعلم الصريح، مثال الأطفال الصغار القادرين على تطبيق قواعد النحو ولغة الاصطلاحات دون أن يكونوا واعين بها.[642] "الطفل الذي يتكلم بقواعد صحيحة دون أن يعرف قواعد النحو، فإنه لا يفهم كل المعاني التي يُعبر عنها الآخرون من خلال اتباع قواعد النحو فحسب، بل ربما قادرٌ أيضًا على تصحيح الأخطاء النحوية في أحاديث الآخرين."[643]. وبالمثل، فإن مهارات الحرفي أو الرياضي، التي تتضمن معرفة كيف وليس معرفة ماذا، تتحصل ضمنيًا وليس بشكلٍ بيّن. "من صفات تلك المهارات أننا لا نستطيع عادةً أن نُعبر بشكلٍ صريح (وباستطراد) عن طريقة الأداء التي تتضمنها"[644]

وفي زمنٍ أحدث، تم إعادة تبني مصطلح "المعرفة الضمنية" من قِبل الفيلسوف البريطاني الهنغاري المولد ميكائيل بولاني، الذي نحت العبارة الأكثر اقتباسًا: "نستطيع أن نعرف أكثر مما نستطيع قوله" في كتابه البُعد الضمني الذي صدر عام 1966.[645] بالنسبة للسيد بولاني، يمثل ذلك الأمر مشكلة مركزية في التواصل. "تركت رسالتنا شيئًا ما لم نستطع قوله، ويجب أن يعتمد استلامها على أن الشخص المعني بالرسالة سيكتشف ما لم نكن قادرين على إيصاله."[646]

يوضح السيد بولاني أن الفرق بين المعرفة الضمنية والمعرفة الصريحة، ما بين المهارة على جانب والمعرفة النظرية على جانبٍ آخر. "المهارة التي يمتلكها السائق لا يمكن استبدالها بتعليمٍ شامل بنظرية عمل السيارة، المعرفة التي أمتلكها عن جسمي تختلف تمامًا عن المعرفة بعلم وظائف أعضاء الجسم، ولا تُخبرنا قواعد القوافي وعلم العروض ما تقوله القصيدة لنا، من دون معرفةٍ بتلك القواعد."(647)

بمعنى آخر، التعلم ليس بالضرورة نتيجة التحصيل الواعي والمنظم للمعرفة، لكنه في أغلب الأحيان نتيجة عمليات غير واعية. في تجربة، اتخذت عينة الاختبار دور مدير مصنعٍ في محاكاةٍ كمبيوترية. تم تكليفهم بمهمة الإبقاء على حجمٍ معين من إنتاج السكـر من خلال القيام بتعديلاتٍ في عدد العاملين في المصنع، ولم يتم الإفصاح عن معادلة تشغيل النظام الأساسية لعينة الاختبار. أثناء طور التعلم، لم يعلم أعضاء عينة الاختبار أنهم سيخضعون لاختبار معرفة بعد الانتهاء من المهمة. بيّن الاختبار أن عينة الاختبار كانوا قادرين أن ينظموا الإنتاج في مصنع السكر من دون القدرة على توضيح كيف قاموا بذلك.(648)

توضح دراستي عن سيكولوجيا نخبة الثروة، بناءً على نتائج بحوث عن ريادة الأعمال تم القيام بها في الولايات المتحدة بالتزامن مع دراستي الأصلية، أن التعليم الرسمي يلعب دورًا ثانويًا فقط في تطوير مهارات ريادة الأعمال. يتحدد نجاح ريادة الأعمال بعوامل أخرى غير المؤهلات الأكاديمية، من أهمها مهارات البيع، والتي من النادر تدريسها في المؤسسات التعليمية، والتي اعتبرها المستطلعون متطلبات جوهرية لنجاح مسارهم المهني كرواد أعمال ومستثمرين. بدأ العديد من المُستطلعين أول عملٍ لهم عندما كانوا في الجامعة أو حتى المدرسة الثانوية، والذي سمح لهم أن يختبروا ظروف العمل ويحصلوا على المعرفة الضمنية الشاملة، والتي ستصبح المفتاح لنجاحهم الاقتصادي اللاحق.(649)

يختلف التعلم الضمني عن التعلم الصريح بأن من المستحيل تبيان النتائج على هيئة شهادات أو مؤهلات أكاديمية. وبمعايير المثقفين، فإن رائد أعمال ربما لم يقرأ العديد من الكتب أو لم يُظهر تفوقًا في الجامعة، لا يملك شيئًا يقدمه عن نفسه يمكن مقارنته مع شهـادة دكتوراه أو قائمة نشريات أكاديميـة. وهذا هو السبب، بناءً على نظـام طوره المثقفون ويستخدمونـه، أن أستاذًا يمتلك قائمة معتدلة من النشريـات يمتلك فرصة أفضلَ أن يتم اعتبـاره مستحقـًا للظهور على موقع ويكيبيديا من مستثمرٍ يتعامل بمليارات الدولارات في أسواق العقارات.

في أفضل الأحوال، يمكن قياس مُخرجات تعلم ريادة الأعمال بشكلٍ غير مباشر من خلال النظر

على أداء شركة أو مستوى المعيشة الذي يتمتع بها مالكوها. المثقفون غير قادرين على فهم لماذا يستطيع شخصٌ ترك الجامعة ويمتلك "ذكاء أدنى"، وقرأ فقط جزءًا بسيطًا مما قرؤوه، تحقيقَ الكثير من المال، ويعيش في منزلٍ أكبر بكثير، ويقود سيارة أفضل بكثير. إنهم يشعرون بالإهانة حسب ما يرونه "عادلاً" وبالتالي يبررون إيمانهم بعيوب الرأسمالية أو السوق، والتي تحتاج "التصحيح" من خلال إعادة التوزيع على مستوى كبير. من خلال تجريد الأغنياء من بعض "ثرواتهم غير المُستحقة"، يواسي المثقفون أنفسهم بمواجهة الحقيقة أنهم، حتى لو لم يستطيعوا إلغاء النظام الرأسمالي الوحشي بالكامل، فإنهم يستطيعون على الأقل "تصحيحه" إلى حدٍ ما.

في محاولتهم البحث عن تفسيراتٍ من أجل توضيح النجاح الاقتصادي الكبير لرواد الأعمال على الرغم من افتقارهم للتعليم الرسمي والشهادات، يتوصل المثقفون المناهضون للرأسمالية عادةً إلى تأكيدين. يعتمد التأكيد الأول على إيمانهم الأساسي أن السوق ينتج نتائج "غير عادلة." التأكيد الثاني هو تأكيد مؤسساتي يقول إن كل الثروات هي مكتسبات غير مقبولة تم تحقيقها بوسائل أخلاقية ومعنوية مشكوك فيها. هنالك نوعٌ من العزاء في هذه التفسيرات؛ لأنها تقدم للمثقفين غير الأغنياء الإحساس بكونهم يمثلون المعيار الأخلاقي العالي. وهنا يصبحون قادرين على تفسير عجزهم في تحقيق نجاح اقتصادي على أنه علامة على نزاهة أخلاقية أعظم يشهد لها رفضهم اللجوء إلى الوسائل غير الأخلاقية في سعيهم لتحقيق السعادة. بالنسبة لمجموعة من الناس تُعدُ نفسها الضمير الأخلاقي للمجتمع، يُعد هذا التفسير مقنعاً بشكلٍ كبير وفكرة مرضية بعمق.

هنالك نوعٌ آخر من التفسير الذي يربط نجاح رائد الأعمال الغني "بمجرد الحظ." وكما يتبين من خلال الكتب المنتشرة، والتي كتبها مثقفون بالطبع، التي تُحيل النجاح الكبير لبعض الأشخاص دون غيرهم إلى "الحظ" أو "الصدفة."[650] ولعل هذه الفكرة منتشرة بالذات كلما يواجه الناس تأثيرات أسبابٍ لا يفهمونها تمامًا. وعندما تُثبت هذه المحاولات المختلفة لتفسير النجاح الاقتصادي لرائد الأعمال غير المتعلم أنها تفسيرات غير حاسمة، يقرر المثقفون في نهاية الأمر أن أي "نظام" قادر على إنتاج مثل هذه النتائج المشكوك فيها لابد أن يكون نظامًا معيبًا بشكلٍ جوهري. أغلبُ مشاعرهم المناهضة للرأسمالية تنبع من هذا الإيمان.

في مقالٍ نشره عام 1988، تناول الفيلسوف التحرري روبرت نوزيك السؤال التالي: "لماذا يعارض المثقفون الرأسمالية؟"[651] يعتمد تفسيره على الافتراض أن المثقفين يشعرون بالأعلوية على بقية أعضاء المجتمع. منذ أيام أفلاطون وأرسطو، مازال المثقفون يخبروننا أن مساهمتهم في المجتمع أكثر قيمة من مساهمة أي مجموعةٍ أخرى. يتساءل البوفسور نوزيك من أين يتأتى هذا الإحساس بالأفضلية؟

جوابه هو: أنه يبدأ في المدرسة، حيث يُكافأ التألق الفكري بالثناء والدرجات الجيدة وعند تخرج "الأطفال اللامعين كلاميًا" من التعليم الرسمي، فإنه قد تم غرس نوع من الإحساس فيهم بقيمتهم الأكبر مقارنةً مع زملائهم الأقل موهبة فكريًا، والذي يقودهم بالتالي إلى توقع أن يعمل المجتمع ككل بناءً على الأعراف ذاتها. يؤدي الإدراك بعد ذلك أن اقتصاد السوق لا ينظر إلى مهاراتهم المُحددة بالقدر ذاته إلى الشعور بالإحباط والسخط اللذين يغذيان العداوة للنظام الرأسمالي.

أنا أُحاجج أن بذور هذا الإيمان قد غُرست قبل ذلك. يترعرع المثقفون على الأغلب ضمن بيئة الطبقة الوسطى، حيث هناك تركيزٌ كبير على التعليم، وحيث الآباء والأمهات أو أقارب آخرون هم من الأكاديميين، وليس ضمن الطبقة العاملة أو عوائل ريادة الأعمال. منذ نعومة أظفارهم وما يتلوها، الرسالة التي تقرع في أذهانهم أن التعليم والتعلم من الكتب والتفاعل الاجتماعي و/أو السياسي هي أهداف أكثر قيمة بكثير من السعي لتحقيق الثروات المادية. النظام التعليمي، الذي يُحمّله البروفيسور نوزيك مسؤولية زرع تلك القيم، يُعززها بشدة، مؤكدًا أن ما تعلمه الطفل في المنزل: التعلم من الكتب والمهارات الكلامية والتألق الفكري ستحقق له أفضل المردودات.

هناك سؤالٌ آخر يستحق النظر فيه، ألا وهو إلى أي مدى تكون هذه الادعاءات صحيحة بالنسبة للمثقفين الأمريكيين والأوروبيين. على الرغم من أن المجموعتين تشتركان في انجذابٍ قوي لوجهات النظر المناهضة للرأسمالية، فإن علماء الاجتماع ومن ضمنهم الأستاذ سيمون مارتن لبشت في الولايات المتحدة، والأستاذ رالف داهرندورف في أوروبا أشاروا إلى الاختلافات فيما يتعلق بالتقدير الذي يحظى به المثقفون. في كتابه المنشور عام 1957 بعنوان: المجتمع والديمقراطية في ألمانيا، يقتبس الأستاذ داهرندورف ملاحظة الأستاذ لبشت أن الأوربيين يحملون احترامًا متساويًا لأساتذة الجامعات والمهندسين وعمال المصانع، بينما يلتزم الأمريكيون بقوة بفكرة مساواةٍ لا تمنح أيًا كان تمييزًا بناءً على المكانة الاجتماعية حيث: "إن من دواعي السخرية أن بعض الأسباب لعدم حصول المثقفين الأمريكيين على درجات الاحترام التي يتمنونها هي قوة معايير المساواة البالغة التي يتبنونها."[652] يتفق الأستاذ داهرندورف مع هذا التحليل، ويضيف بأن "التوتر بين ثقافة المناهضة من قِبل الفاعلين وشوق المثقفين للقيام بفعلٍ ما"، وهو ما يعدّه عالميًا، ربما يظهر بشكلٍ جلي في بيئة ثقافية مثل الولايات المتحدة، "حيث تغطي الألوان الاقتصادية سماتها السائدة."[653]

في عام 1956، وصف الاقتصادي الأمريكي النمساوي المولد المعروف لودفيغ فون ميسس الفروقات بين الولايات المتحدة وأوروبا في سياقٍ مماثل: "المجتمع الأوروبي مفتوح بالنسبة لأي شخص يستطيع أن يجعل نفسه متميزًا في أي مجال. نجوم الصالونات الباريسية ليسوا مليونيرات،

بل أعضاء الأكاديمية الفرنسية. يسود المثقفون ويتظاهر الآخرون على الأقل باهتمامٍ حيوي بالشؤون الثقافية. مجتمعٌ مثل هذا يبدو غريبًا على المشهد الأمريكي. ما يسمى 'مجتمعًا' في الولايات المتحدة يتكون بشكلٍ حصري تقريبًا من أغنى العوائل."[654] هذه العوائل، كما يستمر فون ميسس في الحِجاج، تهتم بشكلٍ بسيط بالشؤون الثقافية وتفضل الحديث عن الرياضة. ونتيجة لذلك، فإن المثقفين الأمريكيين "يميلون لاعتبار رجل الأعمال الغني شخصًا متوحشًا، رجلاً همُّه الحصري الحصول على المال." يشعر أساتذة الفلسفة بالإهانة بسبب الراتب العالي الذي يحصل عليه مدرب كرة القدم الأمريكية في الجامعة.[655]

ومن الجدير بالذكر أن الأستاذ فون ميسس يُحمّل الأغنياء مسؤولية جزئية عن هذه المواقف المعادية: "لو أن مجموعةً من الناس عزلت نفسها عن بقية البلاد، وبالذات عن قادتها المثقفين، كما يقوم بذلك 'الاشتراكيون' الأمريكيون، فإن أعضاءها بلا شك يُصبحون هدف انتقاداتٍ عدائية من قِبل أولئك الذين أبقوهم خارج حلقاتهم الخاصة. التصرفات الاقصائية التي يمارسها الأغنياء الأمريكيون جعلتهم بمعنى ما منبوذين 'مما يؤجج' العداوات التي تجعل المثقفين يميلون لتفضيل السياسات المناهضة للرأسمالية."[656]

تعود هذه الملاحظات من قِبل الأساتذة لبشت وداهرندورف وفون مسيس إلى فترة الخمسينيات والستينيات. وعلى الرغم من وجود بعض الحقيقة في ملاحظاتهم، لكنهم فشلوا في الأخذ بنظر الاعتبار انجذاب المثقفين الأوروبيين، حينذاك وفي الوقت الحاضر، لوجهات النظر المناهضة للرأسمالية، وبالتالي فإنهم يقدمون تفسيرًا جزئيًا لظاهرة استمرار الفروقات المناطقية بالرغم من ذلك على جانبي المحيط الأطلسي والتي حيرت المراقبين لأكثر من نصف قرن.

سيكون من المثير استقصاء الفرضية التالية: مع كل الانتقادات واسعة الانتشار "للرأسمالية الأنجلوساكسونية" حين اندلاع الأزمة المالية عام 2008، فإن المجتمعات الأوروبية قد أصبحت "مُتأمركة" بشكلٍ متزايد خلال السنوات الستين الماضية، مما أدى إلى انخفاض في هيبة ومزايا نُخب المثقفين والمهن التي يهيمن عليها أعضاؤها. ربما تكون العديد من المآخذ من قِبل المثقفين الأوروبيين حول أمركة الثقافة الأوروبية مدفوعة جزئيًا بالخوف من فقدان المكانة، وربما يساعد هذا في تفسير التداخل المتكرر ما بين مناهضة الولايات المتحدة والمشاعر المناهضة للرأسمالية. الشعور بفقدان مكانتهم المتميزة يصاحبه الخوف من الهبوط على السلم الاجتماعي - الاقتصادي، ويتم تحميل "السياسات النيوليبرالية" المسؤولية عن الأمرين معًا.

أولئك الذين يحملون آراءً مناهضة للرأسمالية يتساءلون لماذا يحتاج انجذاب المثقفين لهذه الآراء

تفسيراً: حتى لو أنها كانت مجرد استجابة ملائمة للعيوب وأوجه القصور المتأصلة في النظام الرأسمالي نفسه. وكما يُحاجج الأستاذ كوشمان، فإن أغلب المثقفين يفشلون في إدراك الحاجة لعرض عداوتهم تجاه الرأسمالية لتحليلٍ انتقادي.[657] بدلاً من ذلك، فإنهم، وبشكلٍ خاطئ، يعتبرون وجهات نظرهم الخاصة بأنها الحقيقة الموضوعية التي لا تحتاج تفسيرًا غير ملاحظة أن أغلب الناس تفضل شروق الشمس على الطقس شديد البرودة.

لقد بينتُ في هذا الكتاب أن الأنظمة الرأسمالية متفوقة على أنظمةٍ أخرى، وأن نموًا اقتصاديًا أعلى وثروة أكبر تتأتى على الأرجح من رأسمالية أكثر وليس من تدخلٍ حكومي أكثر. من الجدير بالذكر، على أي حال، أن أغلب الانتقادات المناهضة للرأسمالية تميل أن تكون موجهة ضد عيوب اقتصاد السوق الحر بدلاً من أولاً ضد عيوبٍ في الوجود البشري، وثانيًا ضد النتائج غير المرغوبة التي سيكشفها تحليلٌ موضوعي أكثر، بأنها نتيجة تدخُّل الحكومة، وليس النظام الرأسمالي نفسه.

وفي استجابةٍ للنقطة الأولى: هل هناك عدم مساواة وفساد وفقر في البلدان الرأسمالية؟ بالطبع هناك. لكن السؤال الحقيقي الذي نحتاج أن نطرحه هو فيما إذا كانت تلك الأمور مرتبطة بشكلٍ خاص مع النظام الاقتصادي القائم على أساس السوق، أو فيما إذا كانت ثوابت أنثروبولوجية في واقع الحال تواجدت دائمًا عبر كل عصور التاريخ ومختلف أنماط المجتمعات. في السنوات الأخيرة، أثارت فضائح انبعاثات محركات الديزل غضبًا شعبيًّا حول نقائص النظام الرأسمالي في غمرة اكتشاف برمجيات احتيالية استخدمتها شركات صناعة سيارة عديدة من أجل خداع أجهزة التنظيمات الأمريكية. لكن هل هذا الخداع والتضليل حقًا ابتكارٌ رأسمالي، أم هو دوافع بشرية موجودة في أي نظامٍ اجتماعي - اقتصادي؟

في الحقيقة، اكتشاف الخداع يعمل بشكلٍ أفضل في اقتصاد السوق من أنظمةٍ أخرى. بعد كل شيء، ستستفيد الشركات من الكشف عن التصرفات الاحتيالية من قِبل منافساتها. في الاقتصاد الرأسمالي، من المرجَّح أن تؤدي الإساءة إلى ثقة الزبون إلى خسارة في الأعمال، بينما في اقتصادٍ تسيطر عليه الدولة، لا يمتلك المستهلكون خيار الشراء من منافسٍ جديد بثقةٍ أكبر. على سبيل المثال، المستهلكون في الولايات المتحدة أحرار في شراء أي نوعٍ من السيارات يفضلونه. في ألمانيا الشرقية الاشتراكية امتلكت سيارات ترابانت وورتبرغ شبه احتكار. لو أن تلك الشركتين قد زودتا سياراتها ببرمجيات احتيالية، فإن المشترين المُحتملين لن يمتلكوا الخيار أن يقدموا شكواهم لأيٍ كان، على افتراض أن ذلك السلوك الاحتيالي قد أصبح قضية عامة، وهو أمرٌ غير محتمل في غياب الصحافة الحرة. في اقتصاد السوق، على الجانب الآخر، من مصلحة كل شركة ألا تخذل ثقة

المستهلك، وبالتالي تدمر قيمة علامتها التجارية. ولكن بالطبع هناك شركات، وكذلك أشخاص، يتصرفون بشكلٍ مناقض لمصالحهم بعيدة المدى.

هل هناك عدم مساواة في الرأسمالية؟ بالطبع هناك. وجدت عدم المساواة دومًا عبر القرون وحول العالم. وقد يكون من الجدير بالذكر أن نسأل فيما إذا كان مجتمعٌ من دون عدم مساواة، كما تُصوره الروايات الطوباوية، مرغوبًا بالأساس. وعلى كل حال، فإن عدم المساواة أقل وضوحًا في اقتصاداتٍ رأسمالية منه في اقتصاداتٍ تسيطر عليها الدولة.

سؤالٌ آخر هو ما إذا كان مستوى عدم المساواة في اقتصادٍ ما هو المؤشر الأكثر موثوقية للرفاهية البشرية. هل تفضل أن تكون فقيرًا في بلدٍ تكون فيه مستويات المعيشة ومستويات عدم المساواة أعلى لعموم السكان، أو تكون فقيرًا في بلدٍ فيه عدم مساواة أقل ومستويات معيشة منخفضة للجميع؟

ومن أجل تكرار نقطة كنت قد طرحتها في المقدمة: لا الاشتراكية ولا الرأسمالية قد وُجدتا أبدًا بشكلٍ خالص. لكن كما بينت ملاحظاتي حول الأزمة المالية الأخيرة في الفصل التاسع، فإنه من الممكن جدًا تبيان أن العديد من "مشاكل الرأسمالية" المعاصرة المزعومة هي في الحقيقة نتيجة انتهاك مبادئ الرأسمالية الأساسية. أي انتقادٍ للرأسمالية يتخذ من هذا الأمر منطلقًا له فهو انتقادٌ معيب منذ البدء.

برغم المقدمات الضعيفة لحُججها الأساسية، فإن مناهضة الرأسمالية من قِبل المثقفين مؤثرة في المناظرات المعاصرة لأنها، بغض النظر عن كونها محصورة في النقاشات بين أعضاء نخبة منعزلة أو ندوات أكاديمية، تمتلك تأثيرًا تكوينيًا على مواقف ووجهات نظر مجموعة رئيسة ممن يشكلون الرأي العام. في عصر الاتصال الجماهيري، حيث تذهب سلطة وسائل الإعلام أبعد من دورها "كسلطةٍ رابعة" التقليدي، تؤثر مناهضة المثقفين للرأسمالية في المواقف السياسية لأن السياسيين يعتمدون على حسن نية وسائل الإعلام. سيكون من المثير للاهتمام ملاحظة المدى الذي سيشكل فيه تآكل الاحتكارات التقليدية التي تسيطر على مواضيع وسائل الإعلام في السنوات الأخيرة العلاقة بين السياسة ووسائل الإعلام في زمنٍ تتحول فيه الحوارات العامة بشكلٍ متزايد إلى الإنترنيت.

مناهضة الرأسمالية في أشكالها ومظاهرها المختلفة، ومن ضمنها حركات الاهتمام بالبيئة التي هي الأكثر تأثيرًا في الوقت الحاضر، قد نجحت في وضع نُخبة الأعمال تحت ضغطٍ هائل. ولكونهم أقل موهبةً في البلاغة من مناهضيهم، وأكثر اعتيادًا للقيام بالأعمال بناءً على الشعور الغريزي بدلًا من التجريد النظري، فإن أعضاء هذه النُّخبة قد استسلموا للسخط المناهض للرأسمالية الذي يحمله المثقفون. ولكون نجاح ريادة الأعمال منوطٌ بالقابلية على التكيف مع ظروف السوق المتغيرة،

فإنهم يفشلون بشكلٍ متكرر في إدراك أن التكيف مع الوقائع السياسية التي يرفضونها ليست دائمًا إستراتيجية بقاء مستدامة.

هذه ليست معضلة حديثة. في عام 1961، نشرت الكاتبة الأمريكية الروسية المولد والمُفكرة "الموضوعية" أيان راند، المعروفة من خلال روايتها "الأطلس المُستهجن" المنشورة عام 1957 والتي تصور الولايات المتحدة كبلدٍ بائس، كتابها غير القصصي الأول بعنوان "للمثقفين الجدد"، والذي يتضمن العتاب التالي: "لا يستطيع إنسان أو مجموعة من البشر العيش إلى أجلٍ غير مسمى تحت ضغط اللا عدالة الأخلاقية: عليهم إما أن يثوروا أو يستسلموا. أغلب رجال الأعمال يستسلمون. يتطلب الأمر أن يكون هناك فيلسوف ليزودهم بأسلحة التمرد الثقافية، لكنهم فقدوا أي اهتمامٍ بالفلسفة. لقد تقبلوا عبء ذنبٍ لم يقترفوه، لقد تقبلوا وصف 'الماديين المبتذلين.' بدأ رجال الأعمالَ على أنهم الطبقة الأكثر شجاعةٍ في التاريخ، لكنهم انزلقوا تدريجياً إلى وضع رجالٍ مدفوعين بخوفٍ دائم، في كل الأبعاد السياسية والاجتماعية والأخلاقية والثقافية في وجودهم. تتضمن سياساتهم العامة استرضاء أسوأ أعدائهم، والتودد إلى مهاجميهم الأكثر حقدًا، ويحاولون التوصل إلى تفاهمات مع من يريد تدميرهم، ويغدقون أموالًا لدعم النشريات اليسارية والسياسيين 'الليبراليين'، ويضعون أشخاصًا مؤمنين بالعمل التعاوني في مواقع المسؤولية عن العلاقات العامة في مؤسساتهم، وبعد ذلك يعلنون، في أحاديثهم أثناء المآدب والإعلانات التي تملأ الصحف، احتجاجاتٍ اشتراكية أن خدمة المجتمع بنكران ذات هو هدفهم الوحيد، ويقدمون اعتذارات إيثارية لأنهم مازالوا يحققون نسبة أرباح ما بين اثنين أو ثلاثة بالمئة من أعمال منشآتهم التي تقدر قيمتها بملايين الدولارات."[658]

مناهضة الرأسمالية من قِبل المثقفين أصبحت قادرة أن تكون قوية كما هي فقط لأن نُخبة الأعمال لم تكن قادرة حتى الآن أن تحشد ردًا ثقافيًا ملائمًا. المثقفون الداعمون للرأسمالية، ومنهم اقتصاديون مثل فون ميسس وهايك وفريدمان وكذلك كُتاب مثل أيان راند، حاولوا أن يدخلوا المعركة التي لا يرغب أن يدخلها نُخبة الأعمال أو أنهم غير قادرين عليها، سواء لنقص الشجاعة أو الوسائل الثقافية، أو القدرة البلاغية. لكن داعمي الرأسمالية هم دائمًا غرباء ضمن مجموعة زملائهم المثقفين. حاججَ فريدريك هايك إن ذلك يحدث لأن أي شخصٍ يدعم الليبرالية[659] واقتصاد السوق الحر يعتبر "مجرد مدافع خجول عن أشياء موجودة" من قِبل أغلبية المثقفين.[660] الليبرالية التقليدية، كما يقول هايك، افتقدت الرؤية الطوباوية التي جعلت الاشتراكية مغرية جدًا بالنسبة للكثيرين. وبناءً عليه، دعا هايك إلى تبني يوتوبيا ليبرالية تذهب أبعد من مجرد الدفاع عن الحالة الراهنة.[661]

ربما كان مُحقًا في تفكيره أن رؤية راديكالية لمواجهة الأيديولوجية المهيمنة المناهضة للرأسمالية هو

السبيل الوحيد لكسر هيمنة تلك الأيديولوجية. لكن المشكلة على أي حال، أن اليوتوبيا المناهضة للرأسمالية ستكون دائمًا قادرة على أسر المخيلة بأسلوبٍ لا تستطيعه اليوتوبيا الليبرالية، ببساطة لأن في قلب التفكير اليساري هناك قدرة على تصوير مجتمعٍ مثالي من دون أي أسسٍ من واقع الطبيعة البشرية. الليبراليون على الجانب الآخر يميلون أن يكونوا مُتشككين بأي وعودٍ عن جنةٍ على الأرض وظهور "الإنسان الجديد" لأن البشرية كما هي غير قادرة على إنتاج ذلك.

وبينما لا يوجد ودٌ كبير بين مفكري القرن العشرين المعروفين وداعمي الرأسمالية، فإن الإعجاب بالدكتاتوريين من أمثال جوزف ستالين وماو تسي دونغ وغيرهم وصل درجاتٍ عالية في بعض الحلقات. المعجبون بالدكتاتوريين ليسوا غرباء أو على الهامش، بل أعضاء نُخبة المثقفين، الذين كان كرههم للرأسمالية من القوة أن يدفعهم نحو تبجيل بعض أسوأ القتلة الجماعيين في القرن العشرين. الكاتبان الفرنسيان هنري باربوسي وجون بول سارتر هما مجرد مثالين من ضمن العديد من الأمثلة. هنري باربوسي، الذي تُرجمت روايته عن الحرب العالمية الأولى "تحت النار" المنشورة عام 1916 إلى أكثر من ستين لغة وفازت بجائزة بركس غونغورت، ذهب ليكتب، وبتملق، سيرة ذاتية لستالين، حيث يقول عنه: "إن تاريخه هو سلسلة من الانتصارات على سلسلةٍ من الصعوبات الهائلة. منذ 1917، لم تمر سنة واحدة من مسيرته دون القيام بشيء كان يمكن أن يجعل أي إنسان آخر شخصًا مشهورًا. إنه رجلُ قُدَّ من صخر. الاسم الذي عُرف به يصف ذلك: كلمة ستالين معناها 'الحديد' باللغة الروسية."[662]

في مقالٍ نشره في مجلة الأوقات الحديثة في تموز (يوليو) 1950، دافع جون بول سارتر، الكاتب المسرحي ومؤسس الفلسفة الوجودية، وأحد أشهر المثقفين الفرنسيين في القرن العشرين عن سكوته عن موضوع الكولاغ بالقول: "لأننا لم نكن أعضاء في الحزب الشيوعي، ولا من المتعاطفين معه على العلن، فإنه لم تكن مهمتنا أن نكتب عن معسكرات العمل السوفيتية، ونحن أحرار أن نبقى مبتعدين عن النزاع حول طبيعة هذا النظام، مع العلم أن لا أحداث ذات تأثير اجتماعي كبير قد حدثت فيه."[663] وحين عودته من رحلة إلى الاتحاد السوفيتي عام 1954، أدلى بتأكيدٍ تافه أن المواطنين السوفيت يتمتعون بحريةٍ تامة لانتقاد الإجراءات التي يطبقها النظام.[664] كان جون بول سارتر وشريكته سيمون دي بوفوار، التي جعلها إعلانها الأنثوي "الجنس الثاني" أشهر مثقفة فرنسيـة، من أشد المعجبين بماو تسي دونغ، حيث أشـادوا بعنفه الثوري بأنه "تجديدي" و"أخلاقي بعمق."[665]، كان سارتر يقدر أيَّ شخصٍ يعارض أو يهاجم الرأسمالية بأي شكل، من تشي غيفارا إلى أعضاء منظمـة الجيش الأحمر الألمانية الإرهابية (المعروفة أيضاً باسم بادر ماينهوف)، إلى

الإرهابيين الذين قتلوا أحد عشر رياضيًا إسرائيليًا أثناء دورة الألعاب الأوليمبية في ميونخ عام 1972[666]، إلى الديكتاتور الكمبودي بول بوت الذي قتل 20 % من سكان بلاده، بما مجموعه مليوني إنسان.

لم تؤدِ هذه الأمور إلى تقليل التزلف الذي حصل عليه سارتر من قِبل زملائه المثقفين. الأمر ذاته ينطبق على نعوم تشومسكي، أحد أبرز المنتقدين للرأسمالية في الولايات المتحدة، الذي قال إن المذابح الجماعية من قِبل بول بوت لم تطل أكثر من "بضعة آلاف" من الضحايا، وتمت المبالغة بها بشكلٍ كبير كجزءٍ من حملة وسائل الإعلام السائدة المناهضة للشيوعية.[667] في عام 1971، وفي مناظرةٍ تليفزيونية جمعت نعوم تشومسكي مع الفيلسوف الفرنسي ميشيل فوكو، أحد أهم أنصار حركة ما بعد التشكيلية ومؤسس تحليل الخطاب، نفّس السيد تشومسكي عن غضبه ضد النخبة الرأسمالية: "إن البروليتاريا لا تُعلن الحرب على الطبقة الحاكمة لأنها تعتبر تلك الحرب حربًا عادلة. البروليتاريا تشن الحرب ضد الطبقة الحاكمة لأنها، ولأول مرة في التاريخ، تريد أن تسيطر على السلطة. عندما تسيطر البروليتاريا على السلطة فإنه من الممكن جدًا أن تفرض البروليتاريا على الطبقات التي انتصرت عليها سلطة عنيفة، وديكتاتورية، وحتى دموية. أنا لا أرى أي اعتراض يمكن أن يُطرح ضد هذه الفكرة."[668].

إنها معضلةٌ مأساوية أن المثقفين، الذين يميلون أن يكونوا المُصممين والمنشئين أو على الأقل مدافعين أساسيين لأنظمة مناهضة الرأسمالية (وهي في أغلب الأحيان ديكتاتوريات قاسية)، كانت نهاياتهم دائمًا على أيدي تلك الأنظمة. في كتابه عن تاريخ وأصول الشيوعية، يتأمل الكاتب جيرد كوينين حول "قدر العديد من الشعراء والمسرحيين والسينمائيين، والرسامين والمفكرين، الذين تم قهرهم أو إخراسهم أو ترحيلهم أو قتلهم، الذين تشكل سيرهم الذاتية التي شوهت أو اجتزأت جزءًا كبيرًا من التاريخ الثقافي السوفيتي."[669] في أي مكانٍ وصلت فيه مناهضة الرأسمالية إلى السلطة، فإنها حطمت، بالإضافة إلى الثروة الاقتصادية، الحرية السياسية والفكرية التي يزدهر من خلالها المثقفون.

لا شيء سوى الكره الأعمى للرأسمالية يمكن أن يجعل مثقف معروف مثل ليون فيوختنغر، أحد أكثر الكتاب الناجحين باللغة الألمانية في القرن العشرين، أن يخط هذه السطور عن رحلته المصورة إلى موسكو، التي نشرها عام 1937: "يتنفس الإنسان الصعداء مرةً أخرى عندما يخرج من بيئته القمعية والديمقراطية المزيفة والإنسانية المنافقة إلى البيئة المنعشة للاتحاد السوفيتي. هنا لا يوجد ما يتم إخفاؤه خلف الشعارات الباطنية وعديمة المعنى، بل تسود الأخلاق الرصينة، 'بناءٌ هندسي

أكبر' في الحقيقة، وهذه الأخلاق فقط هي من تحدد الخطة التي يتم بناء الاتحاد السوفيتي على أسسها."[670] ويقول في مكانٍ آخر من النص ذاته: "لم تكن إقامة الاشتراكية ممكنة أبدًا من دون حقٍ غير محدود للإساءة."[621] ومن الجدير بالذكر أن ذلك النص قد تمت كتابته في استجابةٍ للمحاكمات الستالينية الصورية التي كانت تتم في موسكو في وقت زيارة السيد فيوختنغر.

ينخرط مثقفون معروفون من ضمنهم فيوختنغر، وبريخت، وباروسي، وسارتر، وتشومسكي، من ضمن العديد من الآخرين، في إنكارٍ مستمر، أولاً للفظائع التي ارتُكبت باسم الشيوعية، والتي حصدت ما يقدر بمئة مليون ضحية عبر القرن العشرين، وكذلك ثانيًا الإنجازات الحضارية للرأسمالية، وهي نظامٌ قام بعملٍ أكبر من أجل إنهاء الفقر من أي نظامٍ اقتصادي آخر عبر التاريخ البشري. الحقيقة هي أن في أغلب البلدان، لم يُمثل المعجبون بستالين وماو وتشافيز أغلبية أبدًا حتى ضمن صفوف المثقفين. ولكنهم شكلوا مجموعة قوية ومؤثرة ضمن مجتمع المثقفين. مواقفهم تعبيرٌ متطرف عن موقفٍ عام يعكس رأي الأغلبية ضمن صفوف المثقفين، ألا وهو السخط على الرأسمالية.

حدث انهيار الشيوعية قبل ثلاثةٍ وثلاثين عامًا فقط. البلدان الشيوعية السابقة لم تنخرط في مراجعةٍ نقدية ولا حوارٍ عام على مستوى صراع ألمانيا بعد الحرب من أجل التصالح مع إرث الرايخ الثالث. في الصين المعاصرة، مازالت جدارية صورة ماو تلوح عاليًا في ساحة تيان آن مين، بينما طائفة ستالين في روسيا الآن أكثر حيوية وازهارًا مما كانت عليه قبل بضعة عقود.[672] في ضوء كل الدمار الذي سببته الشيوعية من المآسي الإنسانية والدمار المادي والفرص الضائعة للتنمية، فإن ما يحدث الآن أمرٌ محير على أقل تقدير. لم توجد في التاريخ البشري حركة سياسية أخرى "مدت سطوتها عبر القارات والبلدان في العالم ومارست تأثيرًا حاسمًا على السياسة الدولية لفترةٍ طويلة من الزمن."[672] والأمر الأكثر إشكالاً من العدد البسيط وبشكلٍ مثيرٍ للقلق، من الإدانات التي وُجهت لأولئك المسؤولين عن الفظائع التي ارتكبت باسم الشيوعية[674]، هو عدم وجود مراجعة نقدية كافية وحوارٍ شافٍ حول الأسس الروحية للشيوعية. أولاً وقبل كل شيء، يمكن أن نجد هذه الجذور في مناهضة الرأسمالية الحانقة، والتي هي أبعد من أن تُصبح أقل خبثًا في القرن الحادي والعشرين، حيث إنها فقط تحولت إلى أشكالٍ جديدة من التعبير. بالنسبة للعديد من المثقفين، تُشكل فكرة مناهضة الرأسمالية العالمية مذهبًا سياسياً يستلهمون منه إحساسًا بالهوية والتوجهات الأخلاقية.

يُحب المثقفون أن يعتبروا أنفسهم مفكرين أحرار غير تقليديين يسبحون ضد التيار، أفرادًا لا

يستطعمون أي شكلٍ من الأمتثال "اللا انتقادي." في الحقيقة، مثل أغلب الناس، يظهرون درجة عالية من الامتثال ضمن مجموعتهم المرجعية الخاصة. القليل جدًا منهم يمتلكون الشجاعة ليتخذوا مواقف خارج مجموعتهم الخاصة. يجدُ المثقفون عادةً الأمر أسهل بأن يديروا ظهورهم لمعتقداتٍ يسارية ويتبنون أفكار عالمية محافظة من أن يتجاوزوا عقليًا سخطهم المتأصل في مناهضة الرأسمالية.

وبناءً عليه، فإن المتحولين الذين استبدلوا السياسة اليسارية من أيام شبابهم بمظاهر محافظة (ولا يأخذ الكثيرون المسار المعاكس) غالبًا ما يحافظون على قناعاتهم المناهضة للرأسمالية حتى بعد تغيير أفكارهم عن كل شيء آخر تقريباً. حتى للمرتدين من الشيوعيين السابقين، يبدو أن هذا الأمر أحد الخطوط الحمر التي لن يتجاوزوها. تتبع الصحفي الألماني ماركو كاريني تاريخ أولئك المرتدين عبر أكثر من نصف قرنٍ من الزمان، بدءًا من مجموعة المقالات بعنوان: الإله الذي فشل، التي نُشرت عام 1949، والتي يناقش فيها ستة من الكتاب والصحفيين المرموقين ومن ضمنهم وأبرزهم آرثر كويستلر، أسباب قطيعتهم الجذرية مع الشيوعية. ومع كل خيباتهم القاسية مع الأيديولوجية الشيوعية وتطبيقاتها، فإن أغلب هؤلاء المرتدين مازالوا أوفياء لعقائدهم المناهضة للرأسمالية.[675]

أحد الدوافع الأساسية لكتابة هذا الكتاب، وهذا الفصل بالذات، هو الأمل في أنه قد يقنع بعض المثقفين في التفكير مليًا في معتقداتهم ومواقفهم التي وَجهت حياتهم لحد الآن. المساهمة الحقيقية التي يقدمها المثقفون لا تتمثل في بناء نظريات معقدة مصممة لإبقاء أبناء بلدهم يُخمّنون ما يحصلون عليه منها. أليس من الأنفع للمجتمع ككل لو أنهم جاؤوا بدلاً من ذلك بمعايير مبنية على أدلة، ويمكن التحقق منها من أجل تحديد وتعريف الشروط المطلوبة لنمو الحرية والازدهار لأكبر عددٍ ممكنٍ من الناس؟ ستكون هذه المهمة، على أي حال، مستحيلة من دون مراجعة نقدية للمدى الذي خيمت فيه العوامل الاجتماعية النفسية على تقييماتهم، وإلى جانب التجارب والأعراف المشتركة، ربما لا شعوريًا، ضمن صفوف المثقفين كمجموعة.

الفصل الحادي عشر

مناشدة مُلحة من أجل إصلاحاتٍ داعمة للرأسمالية

يقدم هذا الكتاب نداءً مُلحًا من أجل إصلاحاتٍ داعمة للرأسمالية. الغرضُ من تلك الإصلاحات سيكون زيادة تأثير الرأسمالية في الأنظمة الاقتصادية المعاصرة حيث تجتمع عناصر رأسمالية السوق الحر مع عناصر التخطيط الاقتصادي الاشتراكي. ومن الجدير بالإشارة أن الدولة تمتلك دورًا مهمًا جدًا لتؤديه في خلق إطارٍ للنشاط الاقتصادي. حتى فريدريك أوغست فون هايك حذَّر من الخطأ في الاعتقاد أن فكرة السوق الحر هو "موقفٌ متزمت في عدم تدخل الدولة."[676] على النقيض من المفهوم الشائع الخاطئ، فإنه لم يعارض فكرة إعادة التوزيع من ناحية المبدأ، وهي نقطة انتقده فيها أنتوني دي جاسي، ومفكرون تحرريون آخرون واعتبروه غير متسقٍ في طروحاته.[677]

لكن ليس هناك أي مكانٍ في العالم الآن يخلق فيه فائض من الحرية الاقتصادية أي مشاكل. هناك العديد من الأماكن حيث العكس هو الصحيح. من الصين التي لا تزال رسميًا بلدًا اشتراكيًا، إلى الولايات المتحدة التي يُزعم أنها جنةٌ رأسمالية[678]، ومن بلدانٍ أفريقية إلى بلدان رعاية اجتماعية أوروبية، تسبب نقص الرأسمالية في وجود الكثير من المشاكل والأزمات. في الفصول من الأول إلى الثامن، قدمت وفرة من الأدلة لتبيان أن منح الرأسمالية فرصًا أكثر أمرٌ يستحق المجازفة.

هنالك العديد من الكتب التي توضح لماذا تعمل الرأسمالية. وعلى الرغم من تلك التفسيرات النظرية المثيرة للاهتمام، فإنها تلعب دورًا ثانويًا جدًا في أحسن الأحوال في هذا الكتاب. جوابي الخاص للسؤال "لماذا الرأسمالية" أبسط بكثير: لأنها تعمل أفضل من أنظمةٍ اقتصادية أخرى. وبالطبع هنالك أسبابٌ لذلك، لكن من وجهة نظري، أن نعرف أن شيئًا ما يعمل أهم بكثير من أن نعرف لماذا يعمل. بعد كل شيء، فإنك ربما سعيد أن تقود سيارتك، أو تستخدم هاتفك الذكي، من دون أن تفهم التكنولوجيا التي يتضمنانها. بالأسلوب ذاته، يمكن للناس أن ينتفعوا من الرأسمالية من دون أن يسمعوا بأدم سميث أو فردريك أوغست فون هايك أو لودفيغ فون ميسس أو ميلتون فريدمان، ناهيك عن قراءة ما كتبوه. على الأقل، هذا الأمر صحيح طالما كان الاقتصاد مزدهرًا. وكما سأحاجج أدناه إن جهل الأغلبية بطريقة عمل الرأسمالية يمكن أن يُصبح مشكلة في أوقات الأزمات.

أنت لا تحتاج أن تقرأ الكثير من النظريات الاقتصادية لتقرر أي نظامٍ هو أفضل. كل ما تحتاج أن تقوم به هو أن تنظر على التاريخ الاقتصادي، كما يفعل هذا الكتابُ. في كل مرة يتنافس فيها نظام التخطيط الاقتصادي الاشتراكي ورأسمالية السوق الحر، على سبيل المثال التنافس بين كوريا الشمالية وكوريا الجنوبية، أو ألمانيا الغربية وألمانيا الشرقية، فالنتيجة بيِّنةٌ جلية.

التاريخ مليء بالتجارب. تم اختبار الأنظمة الاشتراكية بكل شكلٍ وطرازٍ ممكن. كانت اشتراكية النمط السوفيتي مختلفة عنها في الصين، وطراز اشتراكية يوغسلافيا مختلف عن طراز كوريا الشمالية. وفي الآونة الأخيرة، أجرت فنزويلا تجربة نمط اشتراكية القرن الحادي والعشرين التي تم تطويرها محليًا، بينما كانت الأشكال الديمقراطية المعتدلة نسبيًا من الاشتراكية التي تم محاولة تطبيقها في المملكة المتحدة بعد الحرب العالمية الثانية والسويد في السبعينيات مختلفة كذلك. في أفريقيا، لم تعمل نماذج مختلفة من "الاشتراكية الأفريقية" أفضل من نسخ أمريكا اللاتينية وأوروبا وآسيا.

وعلى الرغم من أن العديد من الناس ربما يتفقون مع هذا التقييم، فإن هناك وهمًا منتشرًا يقول إن الاشتراكية هي فكرة جيدة من ناحية المبدأ لكن تم تطبيقها بشكلٍ سيء. في حقيقة الأمر، إن ما هو خطأ في الاشتراكية ليس فقط التطبيق، بل هو المبدأ. وكلما كان الاعتراف بهذه الحقيقة أسرع، كلما كان ذلك أفضل. هنالك القليل من الوعي في البلدان الغربية الآن إن الإصلاحات الرأسمالية تقود إلى مزيدٍ من الازدهار مما يؤديه إعادة التوزيع سابقًا ولاحقًا.

إعادة التوزيع أم النمو الاقتصادي؟

من ناحية المبدأ، هنالك طريقان فقط يمكن تحسين الأوضاع الاجتماعية من خلالهما على الواقع أو الإدراك العام: من خلال إعادة التوزيع أو النمو الاقتصادي. وعلى الرغم من أن الطريقين يسيران جنبًا إلى جنب، فإن الآراء السياسية منقسمة حول من ينبغي أن يكون له السبق منهما. أولئك الذين يضعون تركيزًا أقوى على إعادة التوزيع، غالبًا ما يميلون لاعتبار الاقتصادات الوطنية أو العالمية على أنها لعبة صفرية المحصلة، وهو موقفٌ أعرب عنه الكاتب الألماني بيرتولت بريخت في قصيدة بعنوان: "الأبجدية" التي يصف فيها رجلين أحدهما غني والآخر فقير تقابلا وجهًا لوجه:

قال الفقير وفي أنفاسه الألم

قد زاد مالك إذ قد صابني عدم[679]

تحظى هذه الصورة عن الحياة الاقتصادية بشعبية ضمن صفوف المثقفين. حسب هذا المنطق، يجب على البلدان الغنية أن تُشارك ثرواتها مع البلدان الفقيرة، ويجب إلزام الأغنياء أن يمنحوا بعض أموالهم للفقراء. يتم إلقاء اللوم في حقيقة استمرار وجود الفقر على الأنانية، ونقص التعاطف من قِبل الأغنياء. ومن الحقائق المعروفة في الماضي أن الكثير من الثروات أتت من السرقات في مجتمعاتٍ أصبحت فيها أقليات صغيرة غنية على حساب الأغلبية. لكن ليس هكذا تعمل الأسواق. يُكافئ منطق السوق أولئك القادرين على تحقيق احتياجات عدد كبير من الزبائن. لقد رأينا من خلال مثال الصين أن فكرة المحصلة الصفرية كانت فكرة خاطئة. في عام 1981، كان 88 % من سكان الصين يعيشون في فقرٍ مدقع. الآن، هذا الرقم هو أقل من 1 %. في الفترة ذاتها، إزداد عدد المليارديرات في الصين من صفر إلى 562. فقط الولايات المتحدة فيها عدد مليارديرات (735) أكثر من الصين.(680)

قبل بضعة سنوات، كان هناك عدد مليارديرات في الصين كما هو عددهم في الولايات المتحدة، ومليارديرات أكثر في بكين مما هو في نيويورك. في السنوات الأخيرة، انخفض عدد المليارديرات في الصين؛ لأن الدولة عادت مرةً أخرى لأن تكون تدخلية أكثر في السياسات الاقتصادية. لكن الزيادة المتزامنة في عدد المليارديرات عبر العديد من العقود، مجتمعة مع الانخفاض الهائل لأعداد الناس الذين يعيشون في فقرٍ مدقع، يُبين هراء نظرية المحصلة الصفرية. الزيادة في عدد المليارديرات والانخفاض في الفقر في الصين ليسا في تناقض، لكنهما وجهان لعملةٍ واحدة. السبب هو نفسه للاثنين: النمو الاقتصادي من خلال زيادة الحرية الاقتصادية.

تُبين نظرة على أغنى الأشخاص في العالم أن لا أحد منهم أصبح غنيًا عن طريق أخذ ما يمتلكه آخرون، ولكن نشاطاتهم في ريادة الأعمال خلقت قيمة للمجتمع ككل. ومن الجدير بالذكر أنهم أبعد ما يكون أن يُخزِّنوا ثرواتهم المليارديرية في حساب توفير أو إنفاقها على المُتع الشخصية، ولكن أغلب ثروات هؤلاء الناس بلا جدال مستثمرة في أعمالٍ منتجة.

ولأن الاقتصاد ليس لعبة صفرية المحصلة، فإن فكرة إن إعادة التوزيع سوف تحل مشاكل اجتماعية هي فكرة ساذجة. تاريخيًا، أدت عمليات إعادة التوزيع إلى القليل جدًا لإنهاء الفقر من النمو الاقتصادي، وكان تأثيرها وبشكلٍ متكرر على المشاكل الاجتماعية هو مفاقمتها.

أحد أكثر الكتب المثيرة للإعجاب التي قرأتها في السنين القليلة الماضية هو كتاب نرجوكم أوقفوا مساعدتنا من قبل الصحفي الأمريكي من أصول أفريقية الذي يعمل في صحيفة وول ستريت جورنال السيد جيسون رايلي. بيّن السيد رايلي أن سياسات الرعاية الاجتماعية مثل

تبني سياسة الأجر الأدنى قد جعلت الأمريكيين من أصولٍ أفريقية في حالٍ أسوء مما كانوا عليه قبلها.[681] وعلى العكس، فقد شهدوا أجورهم ترتفع أكثر حدة من أقرانهم البيض في ظل سياسات إدارة الرئيس رونالد ريغان الداعمة للسوق.

تتمدد هذه التأثيرات من المستوى الوطني إلى المستوى العالمي. وكما بينتُ في الفصل الأول، أدى النمو الاقتصادي إلى مستوياتٍ معيشية أفضل لمئات الملايين من فقراء الصين، وكذلك زيادة في عدم المساواة وخلق طبقة جديدة من المليونيرات والمليارديرات الأثرياء جدًا. الأمر ذاته ينطبق على فيتنام على سبيل المثال. يوضح الفصل الثاني أن نصف قرنٍ من المساعدات الأجنبية قام بالقليل جدًا في أفريقيا، وفي حقيقة الأمر كان تأثير المساعدات في العديد من الحالات هو العكس تمامًا مما كان يصبو إليه المانحون.

النمو الاقتصادي لن يقود إلى المساواة أبدًا. في العالم الواقعي، حتى الأنظمة التي عملت بشكلٍ صريح من أجل هدف المساواة المثالي لم تنجح أبدًا في خلق مجتمعٍ من المتساوين، والذي يمكن أن يوجد فقط في الروايات الطوباوية مثل تلك التي كتبها توماس مور وتوماسو كامبنيا. تستكشف رواية مزرعة الحيوانات لجورج أورويل التي نُشرت عام 1945 بشكلٍ لا يُنسى ما الذي يحدث عندما تقود النوايا الحسنة إلى عدم مساواةٍ أكثر.

توسيع تدخل الحكومة

بمرور الوقت، غالباً ما تميل الاقتصـادات التي التزمت في بادئ الأمر بمبادئ السوق الحر إلى تحديد حركـة قوى السوق الحر وفي الوقـت ذاته تزيد من تأثير الدولة. يحدث ذلك ليس فقط بسبب ممارسات مجموعات مصالح خاصة وبرامج الرعاية الاجتماعية التي يعدُ بها السياسيـون الذين يأملون في تعظيم قاعدة أصوات الناخبين التي يحصلون عليها، لكن أيضًا بسبب ردات الفعل الحكومية لأطوار الدورة الاقتصادية في الارتفاع والانخفاض، التي هي سماتٌ حتمية في الرأسمالية. تستجيب الحكومات بشكلٍ متكرر لتلك الأطوار من خلال إطلاق حزمٍ تحفيزية ووضع ضوابط جديدة وتوسيـع عام في تدخل الدولة في الفضاء الاقتصادي.

الأزمات جزءٌ متكامل من الحياة الاقتصادية، كما هي فترات الضعف البدني والأمراض بالنسبة للبشر والحيوانات والنباتات. جهاز المناعة البشري والقدرة على الشفاء الذاتي قادران على التعامل مع أغلب الأمراض التي نعاني منها على مدار حياتنا. بمرور الوقت، تُصبح أجسامنا قادرة على التعافي من أمراض مثل نزلات البرد دون الحاجة إلى أي تدخلٍ خارجي. على المدى

المتوسط والبعيد، تُصبح الاقتصادات الرأسمالية أقوى من خلال الأزمات، والتي تؤدي إلى اختفاء الشركات غير المنتجة. وبرغم كون تأثير الأزمات المباشر تأثيرًا بغيضًا على الأعمال والعاملين، فإنها تقوم بدورٍ إيجابي وتطهيري للاقتصاد.

لكن عندما يرسل الطبيب مرضاه إلى منازلهم من دون وصفةٍ طبية، وينصحهم ببساطة في البقاء في السرير بضعة أيام وأن يتركوا نزلة البرد تأخذ مجراها، سوف يتم اعتباره طبيبًا غير كفء من قِبل العديد من الناس. بشكلٍ مشابه، لن يفوز أي سياسي بانتخابات لو أنه نصح الناخبين أن ينتظروا حتى تمر الأزمة والنظر على المدى البعيد بأن "النتيجة النهائية ستكون نتيجة إيجابية على الرغم من اضطرار بعض الشركات الكبرى لإعلان إفلاسها أثناء الأزمة." ستنتهز المعارضة أي فرصة للتنديد بذلك السياسي على اعتباره إما عديم الشعور، أو غير كفء، أو الاثنين معًا، وربما يتفق معها أغلب الناخبين.

ولأجل توضيح التشابه أكثر، يعتقد بعض الناس أن وصفة طبية تتضمن مضادات حيوية ومخفضات حرارة ومثبطات السعال لغرض معالجة أمراض بسيطة هي السمات المميزة للطبيب الجيد. لكنهم غير مدركين أن المنافع قصيرة المدى لجعلهم يشعرون بتحسنٍ تحمل معها مخاطر تأثيراتٍ جانبية سلبية، وتؤخر عملية التعافي أو حتى تسبب تعقيداتٍ جدية على المدى البعيد. الحمى والسعال هي استجابات طبيعية يحارب من خلالها الجسم البشري الالتهابات. وعلى الرغم من أن بعض الحالات قد تتطلب علاجًا طبيًا بعض الأحيان، لكن عادةً ما يكون من الأفضل تركها تأخذ مجراها. يتدخل تثبيط تلك الاستجابات من أجل الشعور بتحسن مع قوة الجسم في التعافي الذاتي. محاربة الأمراض البسيطة باستخدام المضادات الحيوية قد يقود ليس إلى تأثيراتٍ جانبية سلبية فحسب، بل إلى بناء مقاومة للمضادات الحيوية في الجسم.

يبدو أن أغلبية الناس قد استوعبت الاعتقاد أن القيام بفعلٍ ما هو دائمًا أفضل من عدم القيام بشيء. في الواقع، هناك العديد من الحالات التي يكون فيها اتخاذ قرار واع بعدم القيام بشيء أفضل من القيام بفعلٍ ما لمجرد القيام به. جعل المرضى يرون هذا الشيء أمرًا أشبه بالمستحيل، كما هو أن تطلب من الناخبين أن يتفهموا أن انتظار مرور الأزمات التي تحدث بشكلٍ طبيعي كجزءٍ من الدورة الاقتصادية والإيمان بقوة الاقتصاد على التعافي الذاتي، سيكون فعلًا أفضل بكثير من البرامج التحفيزية وتدخل الحكومة و"التسهيلات المالية." وبينما قد توفر تلك الإجراءات عونًا على المدى القصير، لكنها تضر أكثر مما تنفع من خلال ثلاثة أبعادٍ على الأقل: تثير تأثيرات جانبية سلبية، وتؤخر التعافي الاقتصادي، وتُضعف النمو الاقتصادي على المدى البعيد.

تقدم اليابان تذكيرًا حزينًا عن الضرر الذي يمكن أن تقوم به الحكومات من خلال تدخلها بدلاً من أن تترك المجال للأزمات أن تأخذ مجراها. في أعقاب انفجار فقاعة أسواق العقارات والأسهم اليابانية في التسعينيات، حاول اليابانيون تجنب الألم الاقتصادي من خلال زيادة الدين العام بدلاً من إصلاح نظامهم الاقتصادي للسماح لقوى التعافي الذاتي للأسواق أن تقوم بعملها. بحلول عام 2017، وصل الدَّين العام إلى نسبةٍ صاعقة، 237 % من الناتج المحلي الإجمالي، أكثر حتى من اليونان (182 %) وإيطاليا (131 %) والولايات المتحدة (108 %)(682) وبالعبارة ذاتها، ارتفع نمو الإنفاق السنوي لليابان على برامج الرعاية الاجتماعية ما بين 1980 و2003 بنسبة 4.37 %، أعلى من أي بلدٍ آخر يمكن المقارنة به (2.84 % في الولايات المتحدة، و1.94 % في ألمانيا).(683)

وبينما يبدو عدم القيام بشيء في العديد من الحالات بأنه الاستجابة الأكثر منطقية للأزمات الدورية أو انفجار الفقاعات الاقتصادية، فإن الأزمات الحادة ذات الأسباب الهيكلية العميقة تتطلب استجاباتٍ سياسية استباقية أكثر. مرةً أخرى، التشبيه الطبي مفيد، إذ أن الأمراض الخطيرة، ليس كحالة نزلات البرد، تحتاج العلاج. وكما ذكرنا في الفصل الخامس، استطاعت السيدة مارغريت تاتشر والرئيس رونالد ريغان أن يقودا بلديهما للخروج من أزماتٍ اقتصادية عميقة أثناء الثمانينيات من خلال تبني إجراءاتٍ صُممت لمنح حرية أكبر لقوى السوق: الخصخصة وخفض الضرائب وتخفيف التنظيمات.

وعلى مستوى أقل، تم اتخاذ إصلاحاتٍ مماثلة في السويد أثناء التسعينيات لتعديل الضرائب والتنظيمات المفرطة سابقًا، وإحياء النمو الاقتصادي (انظر الفصل السابع). شهدت العديد من البلدان الأخرى نتائج مشابهة للإصلاحات الداعمة للسوق التي أنتجت نموًا وازدهارًا أكثر، ومن ضمنها ألمانيا، حيث أدت الإصلاحات التي قام بها المستشار غيرهارد شرويدر في أوائل القرن الحادي والعشرين إلى تعافٍ اقتصادي وساعدت في خفض مستوى البطالة.

لسوء الحظ، تحدث مثل هذه الإصلاحات بشكلٍ نادر. من الأسهل الفوز بالانتخابات من خلال تقديم وعود لزيادة منافع الرعاية الاجتماعية، وإطلاق برامج إعادة التوزيع من الإعلان عن إصلاحاتٍ داعمة للسوق التي تحدث غالبًا بشكلٍ متوازٍ مع تخفيض الإنفاق على الرعاية الاجتماعية. في محاولاتها للفوز والمحافظة على أصوات الناخبين من خلال الوعود بتقديم منافع سخية، فإن الأحزاب السياسية وبشكلٍ مستمر تبحث عن "لا عدالات اجتماعية" جديدة من أجل الحديث عنها في بياناتها الانتخابية.

وكما بيَّن وليم فوغلي، فإن النمط بعيد المدى نحو زيادة إعادة التوزيع والإنفاق الاجتماعي هو نمطٌ شامل عبر البلدان الغربية. ما بين عامي 1980 و2003، ارتفع معدل الإنفاق الاجتماعي كنسبة من الناتج المحلي الإجمالي من 10.9 % إلى 17.9 % في أستراليا، ومن 20.8 % إلى 28.7 % في فرنسا، ومن 23 % إلى 27.3 % في ألمانيا، ومن 18 % إلى 24.2 % في إيطاليا، ومن 15.5 % إلى 20.3 % في إسبانيا، ومن 16.6 % إلى 20.6 % في المملكة المتحدة، ومن 13.3 % إلى 16.2 % في الولايات المتحدة.(684) أثناء هذه الفترة، كانت نسبة النمو السنوي للإنفاق على الرعاية الاجتماعية أعلى بكثير في الولايات المتحدة والمملكة المتحدة من دول رعاية اجتماعية تقليدية مثل الدنمارك والسويد.(685) تم تمويل هذا النمو على حساب الأجيال القادمة من خلال زيادة الدَّين العام. تبدو كلمة "استدامة" اليوم كأنها مصطلحٌ طنان يُحب السياسيون تقاذفه في أحاديثهم من أجل إيجاد وسائل أفضل لإخفاء الحقيقة التي هي أن سياساتهم أبعد ما تكون عن كونها مستدامة.

وقدر ما يشعر به معظم السياسيين من قلق فإنه ليس هناك أي حد لتوسيع دولة الرعاية الاجتماعية، حيث لا يأخذ الأمر وقتًا طويلاً كي يتم رؤية كل مستوى جديد من الرعاية الاجتماعية على أنه مستوى غير كافٍ. يبحث السياسيون باستمرار عن "لا عدالات" جديدة (أي بمعنى عدم المساواة)، وبعد ذلك يقترحون تصحيحها عن طريق إعادة التوزيع أو زيادة الدَّين الوطني على أمل أن تمكنهم تلك المقترحات من حصد الأصوات في الانتخابات القادمة. ولكن منافع تلك الإجراءات، لأي شخصٍ سوى المرشحين الفائزين أنفسهم، مشكوكٌ فيها بشكلٍ كبير. في الفصل الثاني، رأينا كيف أن المساعدات الأجنبية قد سببت أضرارًا أكثر من الفائدة بالنسبة للبلدان الفقيرة.

يوضح الصحفي الألماني رينيه زاير أن الحرب ضد الفقر تخلق فقط فقرًا أكثر، وتساعد " قطاع المساعدات" أكثر من أولئك الذين يحتاجون المساعدة حقًا. في ألمانيا، يُشغل قطاع المساعدات، الذي يتضمن جمعيات غير ربحية، مثل جمعية رعاية العاملين، والجمعيات الخيريـة الكاثوليكية، قوة عاملة قدرها مليون ونصف من العاملين، ثلاث مرات بقدر القوة العاملة في قطاع صناعة السيارات الألماني كاملاً، ويكبدون المجتمع تكاليف عاملين وإدارة ما بين ثمانين مليون ومئة وأربعين مليون يورو سنوياً، يتم تمويلها بشكلٍ كبير من أموال دافعي الضرائب.(686) وصل أقل من نصف مبلغ التسعة وأربعين مليار يورو أنفقتها الحكومة الألمانية لمساعدة العوائل ذات الدخل المنخفض عام 2010 إلى المستفيدين المعنيين بشكلٍ فعلي.(687) تخسر مفاهيم الكفاءة والتأثير وتحليلات الكلفة - المنفعة، وهي مفاهيم أساسية في الحياة الاقتصادية، معانيها فجأة

عندما يتعلق الأمر بإدارة محاربة الفقر. "طرح تلك الأسئلة عن منظماتٍ غير ربحية خاصة يُعد شيئًا شبيهًا بالانفجار بالضحك في مراسيم جنازة."[688] يمكن ملاحظة أمور مشابهة حول عدم كفاءة إعادة التوزيع في محاربة الفقر تنطبق على الولايات المتحدة[689]، والمملكة المتحدة[690]، كما بين الأستاذ جميس غوارتني وزملاؤه وكذلك الأستاذ كريستيان نيمتز. في هذه البلدان أيضًا، وسعت عمليات إعادة التوزيع، وبشكلٍ متكرر، بدلاً من تقليص فجوات الدخل الموجودة، بينما أدت سياسات موجهة أكثر للسوق عملاً أكثر بكثير في محاربة الفقر.

على الرغم من الدلائل الغامرة حول تأثيراتها السيئة، فإن الأنماط الجاري اتخاذها لغرض تأثيرٍ حكومي أكثر، تبدو شيئًا غير قابل للعكس على الأغلب. في أفضل الأحوال، تشوبها فتراتٍ قصيرة من نموٍ أقل سرعة في التدخل الحكومي والإنفاق على برامج الرعاية الاجتماعية. بينت نظرية "الاقتصاد السياسي للإصلاحات" لماذا تمتنع الحكومات عادةً عن تبني إجراءات إصلاح شاملة. والأهم في الأمر، تميل الإصلاحات في البداية أن تُسبب ألمًا، مما يزيد من مخاطر عدم انتخاب الإصلاحيين لمناصبهم. في الإصلاحات الداعمة للسوق التي تم مناقشتها في هذا الكتاب في ألمانيا (في فترة المستشار لودفيغ إيرهارد)، والولايات المتحدة (تحت إدارة الرئيس رونالد ريغان)، والمملكة المتحدة (في فترة حكومة السيدة مارغريت تاتشر)، وتشيلي (تحت حكم أوغستو بينوشيه)، انعكس التدهور على المدى القصير للأوضاع الاقتصادية الذي تبع تبني الإصلاحات في ارتفاع البطالة أو/ والتضخم. في الصين أيضًا، أنتجت عملية إصلاح الأسعار تضخمًا في البداية. في العديد من الحالات، تكشف الإصلاحات أمورًا موجودة سابقًا. خذ السويد على سبيل المثال حيث جعل تبني الإصلاحات البطالة المقنعة تبدو للعيان.

تسبب الإجراءات المسؤولة عن خلق نموٍ أكثر وفرص عملٍ أكثر على المدى المتوسط والمدى البعيد غالبًا في خلق بطالة على المدى القصير وحتى ركود اقتصادي. وهذا بالتالي يسبب انهيار شعبية المحرضين على تبنيها في استطلاعات الرأي. وكذلك لن يستطيعوا الاعتماد على جني المنافع من إصلاحاتهم بحلول وقت الانتخابات القادمة، كما كانت الحال في ألمانيا أيام المستشار غيرهارد شرويدر، والذي خسر منصبه، وجعل خليفته السيدة أنجلا ميركل تنتفع من تأثيرات إصلاحاته.

وبناءً على ذلك، يحتاج الإصلاحيون المستقبليون أن يكونوا مهتمين لتبني إجراءاتٍ راديكالية بعد فوزهم بالانتخابات مباشرة وأن يأملوا في تحقيق أفضل النتائج، أي ألا يأخذ الأمر أكثر من سنة أو سنتين عسيرتين كي تبين إصلاحاتهم تأثيراتها وتُحسن بشكلٍ ملحوظ من ظروف

أغلبية الناخبين. الدورات الانتخابية الأطول التي تأخذ على الأقل خمس إلى ست سنوات ستجعل القيام بهذا الأمر أسهل، ولكن مع المخاطرة بتفاقم المشاكل الاقتصادية القائمة تحت إدارة حكومات غير كفوءة.

مع كل الاختلافات ما بين الإصلاحات الداعمة للسوق في الأرجاء المختلفة من العالم التي تم مناقشتها في هذا الكتاب، هنالك عاملٌ مشترك: في كل الحالات، من الصين تحت قيادة دنغ زياو بينغ، إلى الولايات المتحدة تحت إدارة الرئيس ريغان، ومن تشيلي إلى السويد، تم إطلاق الإصلاحات في أوقات ظروفٍ اقتصادية حادة، وبعض الأحيان كارثية. استخدم الاقتصاديان آلن درازين وفيتوريو غريللي دوالٍ حسابية من أجل الحِجاج أن الأزمات هي متطلبٌ للإصلاحات الاقتصادية: "يُمكّن خسارة الرفاهية في أوقات الاضطرابات الاقتصادية والأزمات المجتمعات من أن تتخذ إجراءاتٍ كان من المستحيل اتخاذها في ظروفٍ أقل اضطرابًا. بمعنى آخر، الاضطرابات والأزمات ربما ترفع من الرفاهية إن كانتا هما السبيل الوحيد لاتخاذ تغييرات ضرورية في السياسات."(691)

وبالطبع ليس هناك ضمان أن الناخبين سوف يستنتجون الاستنتاجات الصحيحة في أوقات الأزمات الحادة. من المحتمل أن يستجيبوا من خلال وضع ثقتهم بالشعارات التبسيطية، وأن يتبعوا أولئك الذين يقدمون لهم بعض أكباش الفداء. أثناء فترة الكساد العظيم في ثلاثينيات القرن الماضي منح أغلب الألمان أصواتهم للحزب النازي والحزب الشيوعي(692)، واللذين ألقيا اللوم في الأزمة على الرأسمالية واستخدما الشعارات المناهضة للرأسمالية بنجاح لحصد أصوات الناخبين.

في كتاب اشتراكية هتلر القومية، بينتُ أهمية العناصر الاشتراكية والمناهضة للرأسمالية في رؤية هتلر للعالم من أجل نجاح القوميين الاشتراكيين. كان هتلر حداثيًا بشكلٍ مثير للقلق من حيث إنه كان ينوي أن يُخضع الملكية الفردية واقتصاد السوق الحر "لأولوية السياسة"، على عكس الشيوعيين الذين أرادوا إلغاءهما تمامًا.(693) ومنذ عام 1941، حاجَجَ الاقتصادي وعالم الاجتماع الألماني فريدريش بولوك أنه على الرغم من أن الاشتراكيين القوميين قد حافظوا بشكلٍ رسمي على حقوق الملكية الفردية، فإنهم حطموا كل الصفات الأساسية للملكية الفردية ماعدا واحدة: السند القانوني للملكية، والذي كان قليل القيمة أمام هيمنة الدولة على كل مرافق الإنتاج الصناعي المهمة "حتى عندما كانت قائمة على ملكية أغلبية الأسهم."(694)

هذا هو السبب الذي يجعل بعض المفكرين الألمان مثل الاقتصادي الألماني المولد هانز سينهولز،

من أتباع المدرسة النمساوية في الاقتصاد، يُصرون على مساواة الملكية الفردية والحق الحصري في التصرف بها في نظامٍ اقتصادي مبني على أساس الملكية الفردية والتجارة الحرة: "المالك نفسه (وليس الدولة) هو من يُقرر استخدام الموارد الاقتصادية التي يملكها."[695] العديد من الناس لم يعودوا يعون كم هو مهم هذا الأمر. الأنظمة الديمقراطية ليست محصنة أمام مخاطر تآكل السمات الأساسية للملكية الفردية نتيجة زيادة التدخلات التنظيمية في الاقتصاد، وهي عملية تتسارع بسبب الأزمات العرضية.

لا تتمكن أغلبية الناخبين أن تفهم التعقيدات الكاملة لأزمةٍ ما مثل أزمة الرهن العقاري عالي المخاطر والأزمة المالية التي بدأت في فترة 2007 - 2008. ولأن الشيء نفسه ينطبق على أغلبية السياسيين، فإنه أسهل كثيرًا جدًا التنديد "بالمصرفيين الجشعين" واتخاذهم كبش فداء من القيام بتحليل الأسباب الكامنة للأزمة واستخلاص الاستنتاجات الملائمة. وبالعودة للملاحظات التي بدأت بها هذا الفصل، يُصبح جهل أغلبية الناخبين والسياسيين ووسائل الإعلام حول عملية عمل الرأسمالية الذاتي في أوقات الأزمات مشكلة حقيقية.

تميل الحكومات للتعامل مع هذه الأزمات من خلال توسيع نشاطاتها هي، والتي قد تهدئ المشاكل، وربما تحفز النمو الاقتصادي على المدى القصير. لكنها من المؤكد ستفاقم الوضع على المدى البعيد. وهناك مشكلة إضافية ألا وهي أن مع كل أزمة جديدة يُصبح مستوى الدَّين العام غير مستدام بشكلٍ أكبر حيث يحاول السياسيون حل المشاكل من خلال استدانة أموال أكثر. وحيث لم تعد مستويات النمو الاقتصادي الاعتيادية كافية للخروج من فخ الديون، فإن الحكومات لديها القليل من الخيارات غير اللجوء إلى استجاباتٍ من زمنٍ مضى للتعامل مع الدَّين العام الباهظ: التضخم، أو إصلاح العملة، أو العجز عن دفع الديون السيادية. وثّق الاقتصاديان كينيث روغوف وكارمن رينهارت ما مجموعه مئتان وخمسون عجزًا سياديًا عن سداد ديون خارجية منذ 1800، وكذلك عجزًا عن سداد ثمانية وستين دَينًا داخليًا، وهي ديون مقومة بالعملة المحلية، ويحملها مواطنو البلاد بشكلٍ أساسي.[696] تتأثر بعض البلدان بشكلٍ متكرر أكثر من غيرها. تقع إسبانيا وفنزويلا على رأس القائمة بعدد ثلاث عشر وعشرة تخلفات عن السداد على التوالي، بينما تقع أستراليا وكندا والنرويج والولايات المتحدة ضمن البلدان التي لم تواجه عجزًا عن سداد ديون سيادية إطلاقًا.[697]

فاقمت سياسة البنوك المركزية في سعر الفائدة المنخفض من مشكلة الدَّين من خلال تمكين الحكومات من اقتراض أموالٍ بدون فوائد بشكلٍ عملي. ولعددٍ من السنوات، كانت ألمانيا

وبلدان أوروبية أخرى تُصدر سندات حكومية بسعر فائدة سالب. تحت هذه الظروف، يبدو اقتراض ديونٍ جديدة ليس بمشكلة كبيرة، ويمكن للأحزاب الاستمرار في توزيع منافع اجتماعية على مدى واسع من أجل إبقاء الناخبين سعداء. لكن سياسة سعر الفائدة الصفري تحمل في طياتها تبعاتٍ مأساوية. مع استمرار ارتفاع أسعار العقارات والسندات والأسهم وأصولٍ أخرى بشكلٍ حاد، فإن من المحتمل تشكل فقاعاتٍ اقتصادية جديدة.

بدأ المستثمرون الفرديون والمؤسساتيون على حدٍ سواء في تحمل مخاطر أعلى من أجل تحقيق أي عائدٍ مهما كان. وبمواجهة عوائد متناقصة والبيع السريع للاستثمارات الأساسية، وجد المستثمرون العقاريون أنفسهم أيضًا يواجهون مخاطر أكبر من أي وقتٍ مضى.

تضع سياسة سعر الفائدة الصفري البنوك أمام المخاطر كذلك. هذه نتيجة مباشرة لقرارات إنقاذ البنوك، والتي يُعد أغلبها تقريبًا "أكبر من أن يُسمح لها بالفشل." تم تعطيل آلية الانتقاء، التي هي آلية مصيرية في عمل اقتصاد السوق، في النظام المالي، الذي هو قطاع فيه تنظيمات أكثر من أي قطاعٍ آخر في الاقتصاد. إن انهار الاقتصاد وسوق الأسهم، سيُصبح العديد من البنوك على شفا الانهيار و"ستحتاج" إلى الإنقاذ مرةً أخرى، باستخدام أموال دافعي الضرائب، وسيزيد ذلك من الدَّين العام بشكلٍ أكبر.

في الوقت نفسه، تجلس صناديق التقاعد على حافة الانهيار. صناديق التقاعد العامة المُنظمة على أساسٍ مجدول لا تستطيع بعد الآن التأقلم مع معدل التغير الديموغرافي في العديد من البلدان الغربية، وخصوصًا أن السياسيين مترددين في رفع سن التقاعد إلى الحد الذي سيكون ضروريًا لمجرد البدء في التعامل مع المشكلة. ومع كون قدوم أزمة حادة لنظام الرواتب التقاعدية هي مسألة مؤكدة، تُصبح صناديق الشيخوخة الممولة من الأفراد أكثر أهمية. لكن الشركات الخاصة للتأمين على الحياة وشركات صناديق التقاعد تعاني أيضًا نتيجة سياسة سعر الفائدة المنخفض، حيث إنها لا تستطيع مجرد الاقتراب من تحقيق عوائد تم حسابها سابقًا على أساس أسعار فائدة أعلى. الإدراك المتنامي من قِبل السكان أن مخاطر حدوث فقر الشيخوخة يزيد وبسرعة من السخط الاجتماعي.

تتفاقم المشكلة من حقيقة أنه في الوقت ذاته، كنتيجة لسياسة البنوك المركزية في سعر فائدة منخفض وسعر فائدة صفري، ارتفع التضخم بشكلٍ حاد ما بين 2021 و2022. استجابت البنوك المركزية عن طريق رفع أسعار الفائدة، لكن ذلك أدى إلى مشاكل جديدة هائلة، بالذات في قطاع العقارات.

يؤكد هذا أن ما كتبته قبل خمس سنوات في الطبعة الأولى لهذا الكتاب كان صحيحًا: "الاستدانات

الحكومية الهائلة والتدخلات من قِبل الحكومات والبنوك المركزية في الاقتصاد تُفاقم من المشاكل الحالية من خلال دفعها للمستقبل. سوف يستمر هذا الأمر حتى يتعافى النظام من خلال إصلاحاتٍ رأسمالية راديكالية أو ينهار، مما يفتح السبيل للديماغوجيين الذين تُحرك وعودهم الجماهير بالخلاص وتقودهم نحو العبودية." ما حفزني لكتابة هذا الكتاب هو أمران: الأول أن أُقدِّم للسياسيين والصحفيين والمواطنين الآخرين الراغبين في الإعلان عن مواقفهم المعارضة للسياسات الخاطئة وقصيرة النظر التي وصفت أعلاه شيئًا يستطيعون استخدامه في حِجاجهم. والأمر الثاني أن أُبيِّن أنه لن يمكن حل المشاكل الحالية ولا الأزمات المأساوية وشيكة الحدوث ما لم نملك الشجاعة لاتخاذ إصلاحاتٍ راديكالية والالتزام برأسمالية أكثر.

المراجــــع

مقدمة: تجارب ميدانية في التاريخ الإنساني

1 Weiying Zhang The Logic of the Market: An Insider's View of Chinese Economic Reform (Washington DC: Cato Institute 2015) 12

2 Friedrich August von Hayek The Constitution of Liberty: The Definitive Edition (Chicago: University of Chicago Press 2011) 111.

3 Ibid. 117.

4 2023 Index of Economic Freedom p. 20.

5 Georg Wilhelm Friedrich Hegel Lectures on the Philosophy of History (London: George Bell and Sons 1902) 19.

6 See Hollander. From Benito Mussolini to Hugo Chavez: Intellectuals and a Century of Political Hero Worship. Cambridge: Cambridge University Press 2016 253–259 for examples of adulation of Chávez among leading intellectuals.

7 https://www.washingtonexaminer.com/restoring-america/faith-freedom-self-reliance/steveforbes-europe-us-on-path-to-planned-economy.

8 Thomas Mayer Die neue Ordnung des Geldes: Warum wir eine Geldreform brauchen 3rd edition. Munich: FinanzBuch Verlag 2015 228.

9 Zitelmann "Attitudes towards capitalism in 34 countries on five continents" https:// onlinelibrary.wiley.com/doi/full/10.1111/ecaf.12591

10 Thomas Piketty Capital in the Twenty-First Century (Boston: Harvard University Press 2014) 41.

11 Ibid. 42.

12 Ibid. 20.

13 For more detail see Jean-Philippe Delsol Nicholas Lecaussin and

Emmanuel Martin eds. Anti- Piketty: Capital for the 21st Century (Washington DC: Cato Institute 2017).

14 See Tom G. Palmer "Foreword" in Anti-Piketty: Capital for the 21st Century edited by JeanPhilippe Delsol Nicholas Lecaussin and Emmanuel Martin (Washington DC: Cato Institute 2017) xv.

15 Zitelmann In Defence of Capitalism Chapter 1.

16 Kristian Niemietz "Der Mythos vom Globalisierungsverlierer: Armut im Westen" in Das Ende der Armut: Chancen einer globalen Marktwirtschaft edited by Christian Hoffmann and Pierre Bessard (Zurich: Liberales Institut Zürich 2012) 152.

17 Gramm Ekelund Early Th e Myth of American Inequality.

18 See Jean-Philippe Delsol "The Great Process of Equalization of Conditions" in Anti- Piketty: Capital for the 21st Century edited by Jean-Philippe Delsol Nicholas Lecaussin and Emmanuel Martin (Washington DC: Cato Institute 2017) 8–9.

19 Karl Marx A Contribution to the Critique of Political Economy translated by S. W. Ryazanskaya (Moscow: Progress Publishers 1859) 15.

20 As calculated by the University of California economist J. Bradford DeLong quoted in Zhang The Logic of the Market 24–25.

الفصل الأول: الصين: من المجاعة إلى المعجزة الاقتصادية

21 Quoted in Jung Chang and Jon Halliday Mao: The Unknown Story (London: Jonathan Cape 2005) 519.

22 Frank Dikötter Mao's Great Famine: The History of China's Most Devastating Catastrophe 1958–62 (London: Bloomsbury 2010) 27.

23 Ibid. 32.

24 Quoted in Chang and Halliday Mao 529.

25 Ibid. 529–530.

26 Felix Wemheuer Der große Hunger: Hungersnöte unter Stalin und

Mao (Berlin: Rotbuch Verlag 2012) 194–195.
27 Dikötter Mao's Great Famine xii.
28 Ibid. xiii.
29 Wemheuer Der große Hunger 203.
30 Quoted in Felix Lee Macht und Moderne: Chinas großer Reformer Deng Xiaoping – Die Biographie (Berlin: Rotbuch Verlag 2014) 80.
31 Dikötter Mao's Great Famine 320–321.
32 Chang and Halliday Mao 533.
33 Wemheuer Der große Hunger 169.
34 Chang and Halliday Mao 531.
35 Dikötter Mao's Great Famine 57.
36 Ibid. 61.
37 Chang and Halliday Mao 526.
38 Dikötter Mao's Great Famine 60.
39 Chang and Halliday Mao 526.
40 Ibid. 527.
41 Ronald Coase and Ning Wang How China Became Capitalist (New York: Palgrave MacMillan 2012) 15.
42 Chang and Halliday Mao 520.
43 Ibid. 15.
44 Dikötter Mao's Great Famine 128.
45 Ibid. 137.
46 Chang and Halliday Mao 525.
47 Wemheuer Der große Hunger 189.
48 Dikötter Mao's Great Famine 133.
49 Wemheuer Der große Hunger 193. The Power of Capitalism 3
50 Quoted in ibid. 181.
51 Dikötter Mao's Great Famine 117.

52 Ibid. 92.

53 Quoted in Chang and Halliday Mao 535.

54 Quoted in ibid. 535.

55 Quoted in Dikötter Mao's Great Famine 100

56 Coase and Wang How China Became Capitalist 32.

57 Ibid. 33.

58 Lee Macht und Moderne 165.

59 Coase and Wang How China Became Capitalist 33.

60 Tobias ten Brink Chinas Kapitalismus: Entstehung Verlauf Paradoxien (Frankfurt: Campus Verlag 2013) 106.

61 Coase and Wang How China Became Capitalist 34.

62 Lee Macht und Moderne 159.

63 Coase and Wang How China Became Capitalist 47.

64 Ibid. 49.

65 Ibid. 54.

66 ten Brink Chinas Kapitalismus 118.

67 Ibid. 84.

68 Ibid. 170.

69 Coase and Wang How China Became Capitalist 58.

70 Ibid. 68.

71 Ibid. 75–78.

72 Ibid. 60.

73 Lee Macht und Moderne 188–189.

74 Ibid. 191.

75 ten Brink Chinas Kapitalismus 177.

76 Ibid. 178

77 Coase and Wang How China Became Capitalist 92.

78 Amnesty International China: The Massacre of June 1989 and Its

Aftermath accessed 20 June 2018 https://www.amnesty.org/download/Documents/200000/asa170091990en.pdf 5.
79 Lee Macht und Moderne 256.
80 Ibid. 258.
81 Quoted in Coase and Wang How China Became Capitalist 117.
82 Quoted in ibid. 120–121.
83 Ibid. 123.
84 Ibid. 124.
85 ten Brink Chinas Kapitalismus 123.
86 Coase and Wang How China Became Capitalist 143.
87 ten Brink Chinas Kapitalismus 126–127.
88 Zhang The Logic of the Market 79.
89 Ibid. 61 et seq.
90 Ibid. 75–76.
91 Ibid. 79.
92 ten Brink Chinas Kapitalismus 114.
93 Ibid. 269.
94 Zhang Th e Logic of the Market 286.
95 Ibid. 287.
96 Ibid. 288.
97 Ibid. 290.
98 Zhang The Logic of the Market xii–xiii.
99 Ibid. 158.
100 Ibid. 162.
101 Ibid. 177.
102 Ibid. 185 et seq.
103 Ibid. 161.
104 Ibid. xiii–xiv.

105 Ibid. 18.
106 Guluzade. "The Role of China's State-Owned Companies Explained." World Economic Forum 7 May 2019 https://www.weforum.org/agenda/2019/05/why-chinas-state-ownedcompanies-still-have-a-key-role-to-play/
107 Heritage Foundation 2023 Index of Economic Freedom 398.
108 Zhang "Market economy and China's 'common prosperity' campaign." Journal of Chinese Economic and Business Studies Beijing 2021 accessed 11 March 2022 https://www.tandfonline.com/doi/abs/10.1080/14765284.2021.2004350?journalCode=rcea20

الفصل الثا ني: أفريقيا: الرأسمالية أكثر فعالية في محاربة الفقر من المساعدات التنموية

109 Andreas Freytag "Ist Afrikas wirtschaft liche Entwicklung nachhaltig?" in Praxishandbuch Wirtschaft in Afrika edited by Thomas Schmidt Kay Pfaffenberger and Stefan Liebing (Wiesbaden: Springer Gabler 2017) 43.
110 https://de.statista.com/infografi k/27765/einordung-afrikanische-laender-auf-derschweregradskala-des-welthunger-index/.
111 Welthungerhilfe. "Welthilfe stellt Welthunger-Index 2021 vor" press release 14 October 2021. https://www.welthungerhilfe.de/presse/pressemitteilungen/2021/welthunger-index-2021-rueckschritt-bei-hungerbekaempfung/.
112 Jonathan Berman Success in Africa: CEO Insights from a Continent on the Rise (Brookline MA: Bibliomotion 2013) 18.
113 Quoted in ibid. 19.
114 Ibid. 9.
115 Quoted in Dambisa Moyo Dead Aid: Why Aid Is Not Working and How There Is a Better Way for Africa (New York: Farrar Straus & Giroux 2009) 108.

116 Ibid. 5.

117 Ibid. 28.

118 Ibid. 36.

119 Ibid. 39.

120 Ibid. 5.

121 Ibid. 43.

122 Ibid. 55.

123 Quoted in David Signer "Entwicklungshilfe statt Entwicklung? Die fragwürdige Bilanz eines überholten Konzeptes" in Das Ende der Armut: Chancen einer globalen Marktwirtschaft edited by Christian Hoffmann and Pierre Bessard (Zurich: Liberales Institut Zürich 2012) 94–95.

124 Quoted in ibid. 97–98.

125 William Easterly Th e White Man's Burden: Why the West's Efforts to Aid the Rest Have Done So Much Ill and So Little Good (Oxford: Oxford University Press 2006) 123.

126 Moyo Dead Aid 49.

127 Freytag "Ist Afrikas wirtschaft liche Entwicklung nachhaltig?" 50.

128 Easterly The White Man's Burden 53.

129 Ibid. 78.

130 See Chapter 8.

131 Heritage Foundation 2023 Index of Economic Freedom.

132 Transparency International Corruption Perceptions Index 2022 https://www.transparency. org/en/news/cpi-2022-sub-saharan-africa-corruption-compounding-multiple-crises

133 Transparency International Corruption Perceptions Index 2021 for Sub-Saharan Africa accessed 14 March 2022 https://www.transparency.org/en/news/cpi-2021-sub-saharan-africaamid-democratic-turbulence-deep-seated-corruption.

134 Quoted in Signer "Entwicklungshilfe statt Entwicklung?" 88.

135 Berman Success in Africa 121.

136 Ibid. 117.

137 Signer "Entwicklungshilfe statt Entwicklung?" 94.

138 Easterly Th e White Man's Burden 164.

139 To read these arguments see Hernando de Soto "Eigentumsrechte und Märkte" LI-Paper (May 2016) accessed 29 June 2018 www.libinst.ch/publikationen/LI-Paper-De-Soto-Eigentum.pdf

140 These estimates are based on reports published between 2002 and 2006; see Vijay Mahajan Africa Rising: How 900 Million African Consumers Off er More than You Th ink (New Jersey: Prentice Hall 2009) 42 et seq.

141 Ibid. 42 et seq.

142 Kay Pfaffenberger "Die Bedeutung regionaler Besonderheiten für das Geschäft sleben" in Praxishandbuch Wirtschaft in Afrika edited by Thomas Schmidt Kay Pfaffenberger and Stefan Liebing (Wiesbaden: Springer Gabler 2017) 56.

143 Heritage Foundation 2022 Index of Economic Freedom p. 72–76.

144 Hans Stoisser Der Schwarze Tiger: Was wir von Afrika lernen können (Munich: Kösel-Verlag 2015) 12–13.

145 Ruchir Sharma The Rise and Fall of Nations: Forces of Change in the Post-crisis World (New York: Allen Lane 2016) 396–397.

146 Ibid. 353.

147 Andreas Sieren and Frank Sieren Der Afrika-Boom: Die große Überraschung des 21. Jahrhunderts (Munich: Carl Hanser Verlag 2015) 190.

148 Ibid. 66–70.

149 Ibid. 93.

150 Paul Collier Th e Bottom Billion: Why the Poorest Countries

Are Failing and What Can Be Done about It (Oxford: Oxford University Press 2007) 38 et seq.

151 See Fabian Urech "Das Öl hat der Regierung den Kopf verdreht" Neue Zürcher Zeitung (11 August 2015) accessed 20 June 2018 https://www.nzz.ch/international/afrika/das-oelhat-der-regierung-den-kopf-verdreht-1.18593317.

152 I would like to thank Christian Hiller von Gaertringen for the information on Kenya.

153 "Why Does M-PESA Lift Kenyans Out of Poverty?" https://www.cgap.org/blog/whydoes-m-pesa-lift-kenyans-out-of-poverty#:~:text=Access %20to %20M %2DPESA %20 increasedaverage %20measured %2C %20the %20research %20 found" CGAP (18 January 2017) accessed 4 February 2023.

154 "Mobile currency in Kenya: the M-Pesa" https://www.centreforpublicimpact.org/case-study/ m-currency-in-kenya accessed 4 February 2023.

155 See www.88mph.ac/nairobi.

156 Christian Hiller von Gaertringen Afrika ist das neue Asien: Ein Kontinent im Aufschwung (Hamburg: Hoffmann und Campe Verlag 2014) 103.

157 The following is based on Hiller von Gaertringen Afrika ist das neue Asien 110 et seq.

158 Berman Success in Africa 35.

159 Source: ITU based on national data accessed on 20 June 2018 https://www.itu.int/en/ ITUD/Statistics/Documents/ statistics/2018/Mobile_cellular_2000-2016.xls.

160 Berman Success in Africa 35.

161 Ibid. 35–36.

162 TNS poll for the European Commission "SPECIAL EUROBAROMETER 353: The EU and Africa: Working towards closer partnership" November 2010 accessed 20 June 2016 http://ec.europa.eu/commfrontoffice/publicopinion/archives/ebs/ebs_353_en.pdf 44-45.

163 Christian Hiller von Gaertringen "Afrikas junge Unternehmer" in Praxishandbuch Wirtschaft in Afrika edited by Thomas Schmidt Kay Pfaff enberger and Stefan Liebing (Wiesbaden: Springer Gabler 2017) 5.

164 Philipp von Carlowitz "Unternehmertum in Afrika: Eine Bestandsaufnahme" in Praxishandbuch Wirtschaft in Afrika edited by Thomas Schmidt Kay Pfaff enberger and Stefan Liebing (Wiesbaden: Springer Gabler 2017) 23. The figures on how long it takes to set up a business are taken from the World Bank Time Required to start a Business (days) accessed on 20 June 2018 https://data.worldbank.org/indicator/IC.REG.DURS?view=chart.

165 Johannes Dietrich "Afrika liebt Champagner" Der Western (29 April 2017) accessed 20 June 2018 https://www.derwesten.de/panorama/afrika-liebt-champagner-id7896047.html.

166 Knight Frank The Wealth Report 2016 (2016) accessed 20 June 2016 https://content. knightfrank.com/research/83/documents/en/wealth-report-2016-3579.pdf 14.

167 Knight Frank Th e Wealth Report 2023 (2023) accessed 26 September 2023 https://content. knightfrank.com/resources/knightfrank.com/wealthreport/the-wealth-report---apr-2023.pdf 4.

168 Sieren and Sieren Der Afrika-Boom 50.

169 Helmut Asche "Demografi sche und soziale Entwicklung: Chance oder Risiko?" In Praxishandbuch Wirtschaft in Afrika edited

by Thomas Schmidt Kay Pfaff enberger and Stefan Liebing (Wiesbaden: Springer Gabler 2017) 42.

170 Sieren and Sieren Der Afrika-Boom 50–51. Asche estimates that around 30 million households in Africa are middle class (at least USD 5500 annual household income): Asche "Demografi sche und soziale Entwicklung" 43.

171 Sieren and Sieren Der Afrika-Boom 50

172 Bearak et al. "Africa's Rising Cities" Th e Washington Post 19 November 2021: https://www. washingtonpost.com/world/interactive/2021/africa-cities/.

173 Ibid. 16.

174 Sieren and Sieren Der Afrika-Boom 50.

175 Dambisa Moyo Winner Take All: China's Race for Resources and What It Means for the World (New York: Basic Books 2012) 85.

176 Stefan Enders "Investment in Afrika: Chinas und Indiens planvolle Präsenz" IHK (19 June 2017) accessed 20 June 2018 www. subsahara-afrika-ihk.de/blog/2017/06/19/investment-inafrika-chinas-und-indiens-planvolle-praesenz.

177 Sieren and Sieren Der Afrika-Boom 21.

178 Ibid. 115.

179 Freytag "Ist Afrikas wirtschaft liche Entwicklung nachhaltig?" 37.

180 Sieren and Sieren Der Afrika-Boom 15.

181 Moyo Winner Take All 166 et seq.

182 Sieren and Sieren Der Afrika-Boom 42–43

183 Berman Success in Africa 117.

184 Ibid. 120.

185 Ibid. 118–119.

186 Ibid. 130–131.

187 See Zhang The Logic of the Market 161 et seq.
188 Moky Makura Africa's Greatest Entrepreneurs (Century City CA: Penguin 2008).
189 Freytag "Ist Afrikas wirtschaft liche Entwicklung nachhaltig?" 47.
190 Ibid. 46.
191 Georgetown University "U2's Bono: Budget Cuts Can Impact Social Enterprise Global Change" (13 November 2012) accessed 20 June 2018 https://www.georgetown.edu/news/ bono-speaks-at-gu.html.
192 Louise Armitstead and Ben Harrington "Bob Geldof to Front African Private Equity Fund" The Telegraph (3 September 2010) accessed 20 June 2018 www.telegraph.co.uk/fi nance/newsbysector/banksandfi nance/privateequity/7978634/Bob-Geldof-to-front-African-privateequity-fund.html.
193 Mahajan Africa Rising 18.
194 Quoted in ibid. 21.

الفصل الثالث: ألمانيا: لا يمكن تجاوز المرسيدس بسيارة ترابانت

195 André Steiner Von Plan zu Plan: Eine Wirtschaft sgeschichte der DDR (Berlin: Aufb au Taschenbuch 2007) 24.
196 Institut für Marxismus- Leninismus beim ZK der SED Revolutionäre deutsche Parteiprogramme: Vom Kommunistischen Manifest zum Programm des Sozialismus (Berlin: Dietz Verlag 1967) 196–197.
197 Steiner Von Plan zu Plan 46.
198 Ibid. 47.
199 Ibid. 80.
200 Ibid. 48.
201 Stefan Wolle Der große Plan: Alltag und Herrschaft in der DDR

1949–1951 (Berlin: Ch. Links Verlag 2013) 118.
202 Quoted in Steiner Von Plan zu Plan 65.
203 Quoted in Wolle Der große Plan 116–117.
204 Steiner Von Plan zu Plan 79.
205 Ibid. 81.
206 Quoted in ibid. 83.
207 Wolle Der große Plan 376.
208 Steiner Von Plan zu Plan 86.
209 Ibid. 89.
210 Quoted in Wolle Der große Plan 271.
211 Ibid. 273–274.
212 Steiner Von Plan zu Plan 103.
213 Wolle Der große Plan 389.
214 Steiner Von Plan zu Plan 111.
215 Ibid. 114.
216 Ibid. 122–123.
217 Ibid. 123.
218 Rüdiger Frank Nordkorea: Innenansichten eines totalen Staates 2nd ed. (Munich: Deutsche Verlags-Anstalt 2017) 148.
219 Steiner Von Plan zu Plan 124.
220 Wolle Der große Plan 390.
221 Steiner Von Plan zu Plan 131.
222 Wolle Der große Plan 390.
223 Steiner Von Plan zu Plan 131.
224 Wolle Der große Plan 391.
225 Steiner Von Plan zu Plan 132–133.
226 Ibid. 134–135.
227 Ibid. 135–136.

228 Wolle Der große Plan 391.
229 Steiner Von Plan zu Plan 128.
230 Ibid. 128.
231 Ibid. 118.
232 Ibid. 149.
233 Ibid. 165.
234 Ibid. 178.
235 Ibid. 180.
236 Ibid. 182.
237 Ibid. 184.
238 Ibid. 194–195.
239 Quoted in ibid. 194.
240 Ibid. 198.
241 Ibid. 200–201.
242 Henrik Eberle Mit sozialistischem Gruß: Eingaben Briefe und Mitteilungen an die DDRRegierung (Berlin: Edition Berolina 2016) 13–14. 243 Quoted in ibid. 14.
244 Quoted in ibid. 18.
245 Steiner Von Plan zu Plan 235.
246 Ibid. 221.
247 Ibid. 222.
248 Ibid. 225.
249 Ibid. 238.
250 Ibid. 239.
251 Ibid. 248.
252 Mark Spoerer and Jochen Streb Neue deutsche Wirtschaft sgeschichte des 20. Jahrhunderts (Munich: De Gruyter Oldenbourg 2013) 212–213.

253 Walter Wittmann Soziale Marktwirtschaft statt Wohlfahrtsstaat: Wege aus der Krise (Zurich: Orell Füssli 2013) 72.
254 Gerd Habermann Der Wohlfahrtsstaat: Die Geschichte eines Irrwegs (Frankfurt: Propyläen Verlag 1994) 331.
255 Karen Ilse Horn ed. Verlockungen zur Unfreiheit: Eine kritische Bibliothek von 99 Werken der Geistesgeschichte (Zurich: Frankfurter Allgemeine Buch 2015) 122.
256 Spoerer and Streb Neue deutsche Wirtschaft sgeschichte 265.
257 Ludwig Erhard Wohlstand für alle (Düsseldorf: Econ 1990) 10.
258 Habermann Der Wohlfahrtsstaat 332.
259 Quoted in Peter Gillies "Ludwig Erhard: Ökonom der Freiheit" in Peter Gillies Daniel Koerfer and Udo Wengst Ludwig Erhard (Berlin: Be.bra Wissenschaft Verlag 2010) 125–126.
260 Ibid. 126.
261 Spoerer and Streb Neue deutsche Wirtschaft sgeschichte 210.
262 Daniel Koerfer "Ludwig Erhard: Der vergessene Gründervater" in Peter Gillies Daniel Koerfer and Udo Wengst Ludwig Erhard (Berlin: Be.bra Wissenschaft Verlag 2010) 32.
263 Karen Ilse Horn Die Soziale Marktwirtschaft : Alles was Sie über den Neoliberalismus wissen sollten (Frankfurt: Frankfurter Allgemeine Buch 2010) 123.
264 Koerfer "Ludwig Erhard" 32.
265 Hans-Peter Schwarz Die Ära Adenauer: Gründerjahre der Republik 1949–1957 (Stuttgart: Deutsche Verlagsanstalt 1981) 86.
266 "Aufb auhilfe für das zerstörte Europa" Frankfurter Allgemeine (editorial 3 April 2008).
267 Spoerer and Streb Neue deutsche Wirtschaft sgeschichte 219.
268 For the following data see Statistisches Jahrbuch 1990 für die

Bundesrepublik Deutschland Statistisches Jahrbuch 1991 für das vereinigte Deutschland Sozialreport 1990 (Daten und Fakten zur sozialen Lage in der DDR) Datenreport 2008.

269 Knabe "Auferstanden in Ruinen" accessed 10 March 2022 https://www.tichyseinblick.de/ daili-es-sentials/auferstanden-in-ruinen/.

270 Sources: "Bauen und Wohnen" building permits/completed constructions Lange Reihen Federal Statistical Office 26 July 2017 Article no. 5311101167004; Chapters 4.2 (1990) and 4.3 (1991–1999)/EUR 84 billion: these are the aggregate costs quoted by the developers for buildings completed in the former GDR for the period between 1991 and 1999; "Bauen und Wohnen" building permits/completed constructions construction costs Lange Reihen dating back to 1962 Federal Statistical Office 27 July 2017 Article no. 5311103167004; Neue Länder und Berlin Chapter 3.

271 Knabe "Klimakiller DDR" accessed 11 March 2022 https://hubertus-knabe.de/klimakillerddr/.

272 Fink / Kurz "Umweltdesaster DDR" accessed 11 March 2022 https://www.insmoekonomenblog.de/22661-bitteres-aus-bitterfeld-das-umweltdesaster-der-ddr-und-seinelehren/.

273 Fink / Kurz "Umweltdesaster DDR" accessed 11 March 2022 https://www.insmoekonomenblog.de/22661-bitteres-aus-bitterfeld-das-umweltdesaster-der-ddr-und-seinelehren/.

274 Fink / Kurz "Umweltdesaster DDR" accessed 11 March 2022 https://www.insmoekonomenblog.de/22661-bitteres-aus-bitterfeld-das-umweltdesaster-der-ddr-und-seinelehren/.

275 Fink / Kurz "Umweltdesaster DDR" accessed 11 March 2022 https://www.insmoekonomenblog.de/22661-bitteres-aus-

bitterfeld-das-umweltdesaster-der-ddr-und-seinelehren/.
276 Knabe "Klimakiller DDR" accessed 11 March 2022 https://hubertus-knabe.de/klimakillerddr/.
277 Knabe "Klimakiller DDR" accessed 11 March 2022 https://hubertus-knabe.de/klimakillerddr/.
278 Knabe "Klimakiller DDR" accessed 11 March 2022 https://hubertus-knabe.de/klimakillerddr/.
279 Erhard Wohlstand für alle 251–252.
280 Spoerer and Streb Neue deutsche Wirtschaft sgeschichte 262.
281 Gerhard Schröder byline article for Handelsblatt (16 December 2002).
282 Quoted in Gregor Schöllgen Gerhard Schröder: Die Biografi e (Munich: Deutsche VerlagsAnstalt 2015) 676.
283 Ibid. 684–685.
284 Annual average unemployment rate in Ge-many 2005–2022 accessed 11 March 2022 https://www.statista.com/statistics/227005/unemployment-rate-in-germany/#:~:text=Th is %20 statistic %20shows %20the %20annualunemployment %20rate %20was %205. 4 %20percent.
285 https://www.washingtonexaminer.com/opinion/one-of-germanys-top-businessmendelivers-a-scathing-verdict-or-the-merkel-era.

الفصل الرابع: كوريا الشمالية وكوريا الجنوبية: كيم إيل سونغ مقابل حكمة السوق

286 https://de.statista.com/statistik/daten/studie/37013/umfrage/ranking-der-top-20- exportlaender-weltweit/.
287 https://en.wikipedia.org/wiki/List_of_countries_by_GDP_

(nominal)_per_capita.
288 https://www.reuters.com/markets/asia/north-korea-economy-shrank-third-year-2022- souths-cbank-2023-07-28/.
289 Quoted in Frank Nordkorea 111.
290 Ibid. 68.
291 Ibid. 68–69.
292 Ibid. 62.
293 Ibid. 63.
294 Quoted in ibid. 63.
295 Ibid. 66.
296 Ibid. 183–184.
297 Ibid. 101.
298 Ibid. 115 et seq.
299 Ibid. 204.
300 Ibid. 397.
301 Ibid. 144.
302 Ibid. 145.
303 Ibid. 58.
304 Ibid. 207.
305 Ibid. 226.
306 Ibid. 228–229.
307 Ibid. 229 et seq.
308 Ibid. 405 et seq.
309 Ibid. 119.
310 Ibid. 163–164.
311 Heritage Foundation 2023 Index of Economic Freedom 8.
312 Ibid. 2.
313 Dieter Schneidewind Wirtschaft swunderland Südkorea

(Wiesbaden: Springer Gabler 2013) 109.

314 Patrick Köllner "Südkoreas politisches System" in Südkorea und Nordkorea: Einführung in Geschichte Politik Wirtschaft und Gesellschaft edited by Thomas Kern and Patrick Köllner (Frankfurt: Campus Verlag 2005) 51.

315 Schneidewind Wirtschaft swunderland Südkorea 45.

316 Ibid. 138.

317 Ibid. 138.

318 Markus C. Pohlmann "Südkoreas Unternehmen" in Südkorea und Nordkorea: Einführung in Geschichte Politik Wirtschaft und Gesellschaft edited by Thomas Kern and Patrick Köllner (Frankfurt: Campus Verlag 2005) 123.

319 Ibid. 136–137.

320 Ibid. 125.

321 Ibid. 134.

322 Werner Pascha "Südkoreas Wirtschaft " in Südkorea und Nordkorea: Einführung in Geschichte Politik Wirtschaft und Gesellschaft edited by Thomas Kern and Patrick Köllner (Frankfurt: Campus Verlag 2005) 100.

323 Schneidewind Wirtschaft swunderland Südkorea 147.

324 Pohlmann "Südkoreas Unternehmen" 142.

325 Ibid. 144.

326 Data for January 2018: Banks around the World "The World's Top 50 Companies" (2018) accessed 4 June 2018 https://www.relbanks.com/rankings/worlds-largest-companies.

327 Pascha "Südkoreas Wirtschaft " 96–97.

328 Schneidewind Wirtschaft swunderland Südkorea 124.

329 Comment made by Prof. Dr. Werner Pascha to the author on 10 August 2017.

330 Thomas Kern "Südkoreas Bildungs- und Forschungssystem" in Südkorea und Nordkorea: Einführung in Geschichte Politik Wirtschaft und Gesellschaft edited by Thomas Kern and Patrick Köllner (Frankfurt: Campus Verlag 2005) 161.

331 Kooperation International "Bildungslandschaft : Republik Korea (Südkorea)" (nd) accessed 20 June 2018 www. kooperation-international.de/laender/asien/republik-korea-suedkorea/ bildungs-forschungs-und-innovationslandschaft / bildungslandschaft .

332 Kern "Südkoreas Bildungs- und Forschungssystem" 166.

333 Kooperation International "Bildungslandschaft ."

334 Kern "Südkoreas Bildungs- und Forschungssystem" 161. However there is a flipside to this trend which sees students pushing into top universities and white-collar jobs without considering alternative career paths. In many cases the money invested in tuition fees could be better spent elsewhere. Many Koreans are now critical of these developments and very interested in alternative models such as the dual education system practiced in German-speaking countries which combines apprenticeships in a company and vocational education at a vocational school (comment made by Prof. Dr. Werner Pascha to the author on 10 August 2017).

335 OECD PISA 2018 Results: Combined Executive Summaries accessed 10 March 2022 https:// www.oecd.org/pisa/Combined_Executive_Summaries_PISA_2018.pdf. According to the OECD's definition top performers are students who achieve Level 5 or 6 in at least one subject (mathematics science or reading). Low achievers are students whose performance is rated below Level 2 in all three subjects.

336 Frank Nordkorea 20.
337 Schneidewind Wirtschaft swunderland Südkorea 78–79.
338 Ibid. 79.

الفصل الخامس: من أجل رأسمالية أكثر: إصلاحات تاتشر وريغان الداعمة للسوق في المملكة المتحدة والولايات المتحدة

339 Margaret Thatcher Th e Downing Street Years (London: Harper Collins 1993) 6.
340 Th is and the following passages are quoted from Der Spiegel 14 January 1974.
341 Horst Poller Mehr Freiheit statt mehr Sozialismus: Wie konservative Politik die Krisen bewältigt die sozialistisches Wunschdenken schafft (Munich: Olzog 2010) 46.
342 Thatcher Th e Downing Street Years 33.
343 Ibid. 33.
344 Ibid. 33.
345 Holger Schmieding "Vor Thatcher war Großbritannien ein Trümmerhaufen" Die Welt (9 April 2013) accessed 20 June 2018 https://www.welt.de/wirtschaft/article115147486/ Vor-Thatcher-war-Grossbritannien-ein-Truemmerhaufen.html.
346 Detlev Mares Margaret Thatcher: Die Dramatisierung des Politischen (Gleichen: Hans Hansen-Schmidt 2014) 34.
347 Ibid. 26.
348 Thatcher The Downing Street Years 104
349 Ibid. 39–40.
350 Ibid. 93.
351 Ibid. 43–44.
352 Ibid. 40.

353 Ibid. 339.
354 Ibid. 343.
355 Ibid. 676.
356 Chris Edwards "Margaret Thatcher's Privatization Legacy" Cato Journal 37 no. 1 (2017) 95.
357 Poller Mehr Freiheit statt mehr Sozialismus 52.
358 Edwards "Margaret Thatcher's Privatization Legacy" 95.
359 Ibid. 89.
360 Thatcher The Downing Street Years 687.
361 Ibid. 668.
362 Poller Mehr Freiheit statt mehr Sozialismus 45.
363 Ibid. 50.
364 Walter Eltis "The Key to Higher Living Standards" in CPS Policy Study no. 148 (London: Centre for Policy Studies 1996) 26.
365 Ibid. 18. Real take-home pay; OECD data.
366 Figures (in constant fiscal year 2000 dollars) are quoted from William Voegeli Never Enough: America's Limitless Welfare State (New York: Encounter Books 2010) 23–25.
367 Ibid. 39.
368 The following figures are all quoted from William A. Niskanen and Stephen Moore "SupplySide Tax Cuts and the Truth about the Reagan Economic Record" Cato Policy Analysis no. 261 (22 October 1996).
369 Interest rate on a 30-year mortgage.
370 Michael Schaller Ronald Reagan (Oxford: Oxford University Press 2011) 30.
371 Ibid. 34.
372 Quoted in Mark D. Brewer and Jeffrey M. Stonecash Dynamics

of American Political Parties (Cambridge: Cambridge University Press 2009) 125; see also Ronald Reagan "The President's News Conference" The American Presidency Project (12 August 1986) accessed 20 June 2018 www.presidency.ucsb.edu/ws/?pid=37733. Another two years later Reagan offered a slightly different version of this quote in a speech to representatives of the Future Farmers of America when he said: "The nine most dangerous words in the English language are: I'm from the government and I'm here to help" (https://www.reaganlibrary.gov/sites/default/fi les/archives/speeches/1988/072888c.htm).

373 Robert L. Bartley Th e Seven Fat Years: And How to Do It Again (New York: Free Press 1992) 100–101.

374 Ibid. 89–90.

375 The following statistics are quoted from Niskanen and Moore "Supply-Side Tax Cuts" and based on the eight years in which Reagan's policies were in effect following his first budget proposal for fiscal year 1982. His 1981 tax cuts came into force on 1 January 1983.

376 Bartley The Seven Fat Years 4.

377 Ibid. 167.

378 In fiscal year 1987 dollars.

379 William A. Niskanen Reaganomics: An Insider's Account of the Policies and the People (New York: Oxford University Press 1988) 35.

380 Ibid. 25.

381 Niskanen and Moore "Supply-Side Tax Cuts" np

382 Ibid.

383 Voegeli Never Enough 23.
384 Ibid. 39.
385 Niskanen and Moore "Supply-Side Tax Cuts" np.
386 Ibid.
387 Bartley The Seven Fat Years 45.
388 Ibid. 49.
389 Ibid. 99–100.
390 Figures in this and the following paragraphs are quoted from ibid. 135 et seq.
391 Ibid. 146–147.
392 Milton Friedman and Rose D. Friedman Two Lucky People: Memoirs (Chicago: University of Chicago Press 1998) 396.
393 Ibid. 394.
394 Ibid. 395–396.
395 See Gregg Becoming Europe.

الفصل السادس: أمريكا الجنوبية: لماذا يعيش التشيلّيون أفضل من الفنزوليين؟

396 Heritage Foundation 2023 Index of Economic Freedom 4-8.
397 Figures for per capita GDP: https://en.wikipedia.org/wiki/List_of_countries_by_GDP_ (nominal)_per_capita.
398 Ricardo Hausmann and Francisco Rodríguez eds. Venezuela before Chávez: Anatomy of an Economic Collapse (University Park: Pennsylvania State University Press 2014) 1.
399 See the articles in ibid.
400 Omar Bello and Adriana Bermúdez "The Incidence of Labour Market Reforms on Employment in the Venezuelan Manufacturing Sector 1995–2001" in Venezuela before Chávez:

Anatomy of an Economic Collapse ed ted by Ricardo Hausmann and Francisco Rodríguez (University Park: Pennsylvania State University Press 2014) 117.

401 A. C. Clark Th e Revolutionary Has No Clothes: Hugo Chávez's Bolivarian Farce (New York: Encounter Books 2009) 55–56.

402 Stefan Wirner "Die deutsche Linke nimmt sich Chávez als Vorbild" Die Welt (29 November 2007) accessed 20 June 2018 https://www.welt.de/politik/article1412494/Die-deutsche-Linkenimmt-sich-Chavez-als-Vorbild.html; see also "Reaktionen: Wagenknecht preist Chávez' Arbeit" Handelsblatt (3 March 2013) accessed 20 June 2018 www.handelsblatt.com/politik/deutschland/reaktionen-wagenknecht-preist-wirtschaft smodell-von-chvez/7887454.html.

403 Quoted in Hollander From Benito Mussolini 256.

404 Quoted in ibid. 256.

405 Quoted in ibid. 257.

406 Quoted in Clark The Revolutionary Has No Clothes 60.

407 Quoted in Raúl Gallegos Crude Nation: How Oil Riches Ruined Venezuela (Lincoln: Potomac Books 2016) 80.

408 Ibid. 81.

409 "Storm over Venezuela Oil Speech" BBC News (4 November 2006) accessed 7 November 2006 http://news.bbc.co.uk/1/hi/world/americas/6114682.stm.

410 Gallegos Crude Nation 84.

411 Harald Neuber "Billiges Heizöl für 16 US-Bundesstaaten" Amerika21 (12 December 2007) accessed 20 June 2018 https://amerika21.de/nachrichten/inhalt/2007/dez/heizoel-fuer-usa; see also "Citgo–Venezuela Heating Oil Program" (nd) accessed

20 June 2018 www.citgoheatingoil. com/whoweserve.html.
412 Gallegos Crude Nation 84.
413 "Boykott: Venezuela kappt Exxon die Ölzufuhr" Spiegel (13 February 2008) accessed 20 June 2018 www.spiegel. de/wirtschaft /boykott-venezuela-kappt-exxon-die-oelzufuhr-a-534931. html.
414 Gallegos Crude Nation 84.
415 Hans-Jürgen Burchardt "Zurück in die Zukunft ? Venezuelas Sozialismus auf der Suche nach dem 21. Jahrhundert" in Venezuela heute: Politik Wirtschaft Kultur edited by Andreas Boeckh Friedrich Welsch and Nikolaus Werz (Frankfurt: Vervuert Verlagsgesellschaft 2011) 439–440.
416 Sven Schaller "Wandel durch Persistenz (Teil 1): Eine Analyse der Wirtschaft spolitik von Hugo Chávez" Quetzal (March 2013) accessed 20 June 2018 www.quetzal-leipzig. de/lateinamerika/venezuela/venezuela-wirtschaft spolitik-hugo-chavez-erdoelwirtschaft sstruktur-19093.html.
417 Gallegos Crude Nation 85.
418 Ibid. 83–84; Schaller "Wandel durch Persistenz."
419 Carl Moses "Der Öl-Caudillo" Frankfurter Allgemeine (27 February 2007) accessed 20 June 2018 www.faz.net/aktuell/wirtschaft /wirtschaft spolitik/hugo-chavez-der-oel-caudillo-1118662.html.
420 Gallegos Crude Nation 24.
421 Clark The Revolutionary Has No Clothes 46–47.
422 Ibid. 48–49.
423 Alexander Rommel "Sozialstruktur Armut Ungleichheit und soziale Klassen" in Venezuela heute: Politik Wirtschaft Kultur

edited by Andreas Boeckh Friedrich Welsch and Nikolaus Werz (Frankfurt: Vervuert Verlagsgesellschaft 2011) 72.
424 Ibid. 71.
425 Klaus Ehringfeld "Venezuela droht der Kollaps" Spiegel (30 May 2017) accessed 20 June 2018 www.spiegel.de/wirtschaft / venezuela-droht-der-kollaps-a-1149662.html.
426 Matthias Rüb "Telenovela über Hugo Chávez: Er konnte Menschen verführen" Frankfurter Allgemeine (1 February 2017) accessed 20 June 2018 www.faz.net/aktuell/feuilleton/medien/ el-comandante-eine-serie-ueber-hugo-chavez-14799710.html.
427 Gallegos Crude Nation 23.
428 Venezuela's Tragic Meltdown 34.
429 Gallegos Crude Nation 97.
430 Ibid. 37–38.
431 Ibid. 36–37.
432 Ibid. 44.
433 Venezuela: "Wenn Hunger Grenzen überschreitet" Die Zeit (6 July 2016) https://www.zeit.de/politik/ausland/2016-07/venezuela-krise-nahrung-grenze-kolumbien accessed 6 July 2018.
434 "Venezuela: Von Hunger und Sterben" [broadcast] NDR (17 July 2017).
435 Venezuela's Tragic Meltdown 29.
436 Ehringfeld "Venezuela droht der Kollaps."
437 Gallegos Crude Nation 85.
438 Venezuela's Tragic Meltdown 35.
439 Thomas Schmeizer "So regiert Maduro sein Land in den Abgrund" Wirtschaft swoche (25 May 2017) accessed 20 June 2018 https://www.wiwo.de/politik/ausland/venezuela-soregiert-

maduro-sein-land-in-den-abgrund/19850212.html.

440 Venezuela's Tragic Meltdown 34–35.

441 Ibid. 29.

442 https://www.uno-fl uechtlingshilfe.de/hilfe-weltweit/venezuela#:~:text=7 %2C2 %20 Millionen %20Menschen %20 haben %20das %20Land %20verlassen&text=Laut %20 UNHCR %20verlie %C3 %9Fen %20bis %20Maidie %20jedoch %20 wahrscheinlich %20 Schutz %20ben %C3 %B6tigen.

443 United Nations Office of the High Commissioner for Human Rights "Venezuela: UN report urges accountability for crimes against humanity" 16 September 2020 accessed 26 September 2023 https://www.ohchr.org/en/press-releases/2020/09/venezuela-unreport-urges-accountability-crimes-against-humanity

444 Patricio Meller The Unidad Popular and the Pinochet Dictatorship: A Political Economy Analysis (London: Palgrave Macmillan 2000) 28.

445 Ibid. 33.

446 Stefan Rinke Kleine Geschichte Chiles (Munich: C. H. Beck 2007) 146.

447 Ibid. 147.

448 Meller The Unidad Popular 39.

449 Ibid. 35.

450 Ibid. 55.

451 Rinke Kleine Geschichte Chiles 147.

452 Ibid. 149.

453 Meller The Unidad Popular 70.

454 Rinke Kleine Geschichte Chiles 149–150.

455 Ibid. 150.
456 Meller The Unidad Popular 33.
457 Rinke Kleine Geschichte Chiles 153–154.
458 Friedman Two Lucky People 398.
459 See ibid. 398–407.
460 Richard W. Kahn "A Tale of Two Economies" Washington Times (2 July 2013) accessed 20 June 2018 https://www.washingtontimes.com/news/2013/jul/2/a-tale-of-twoeconomieschile-has-employed-free-mar.
461 Meller The Unidad Popular 76.
462 Ibid. 79.
463 Ibid. 80–81.
464 Ibid. 86.
465 Rinke Kleine Geschichte Chiles 163–164.
466 Meller The Unidad Popular 121.
467 Arnold Harberger "The Miracle of Chile" in Up for Debate: Reform without Liberty: Chile's Ambiguous Legacy (nd) accessed 20 June 2018 www.pbs.org/wgbh/commandingheights/ shared/minitextlo/ufd_reformliberty_full.html.
468 Meller The Unidad Popular 142.
469 Milton Friedman "The Chicago Boys" in Up for Debate: Reform without Liberty: Chile's Ambiguous Legacy (nd) accessed 20 June 2018 www.pbs.org/wgbh/commandingheights/ shared/minitextlo/ufd_reformliberty_full.html.
470 Sergio de Castro "There's No Doubt They're Doing Better" in Up for Debate: Reform without Liberty: Chile's Ambiguous Legacy (nd) accessed 20 June 2018 www.pbs.org/wgbh/ commandingheights/shared/minitextlo/ufd_reformliberty_full.html.

471 On a scale from 0 (most equal) to 100 (most unequal) the Organisation for Economic Cooperation and Development awarded Chile a score of 44.4 ranking the country as one of the most unequal countries among a group of 30 of the world's wealthiest nations for the period between 2010 and 2018.

472 Rinke Kleine Geschichte Chiles 176.

473 Lisa Caspari "Endstation Reichtum" Die Zeit (27 June 2017) accessed 20 June 2018 https:// www.zeit.de/wirtschaft /2017-06/chile-neoliberalismus-armutsgrenze-wirtschaft-reichtum.

474 Ibid.

475 O' Grady "Chile's Suicide Mission" The Wall Street Journal October 18 2020 accessed 5 September 2022 https://www.wsj.com/articles/chiles-suicide-mission-11603052967.

الفصل السابع: السويد: أسطورة اشتراكية شمال أوروبا

476 I would like to thank my friend Anders Ydstedt for the valuable advice he provided on this chapter.

477 Heritage Foundation 2023 Index of Economic Freedom

478 Heritage Foundation 2023 Index of Economic Freedom 401.

479 Th e following figures are quoted from Heritage Foundation 2022 Index of Economic Freedom 393.

480 Nima Sanandaji Debunking Utopia: Exposing the Myth of Nordic Socialism (Washington DC: WND Books 2016) 104.

481 Maddison Project Database 2010 accessed 11 March 2022 https://www.rug.nl/ggdc/ historicaldevelopment/maddison/releases/maddison-database-2010.

482 Nima Sanandaji Debunking Utopia: Exposing the Myth of Nordic Socialism (Washington DC: WND Books 2016) 88.

483 Ibid. 89.

484 Ibid. 94.

485 Assar Lindbeck "The Swedish Experiment" Journal of Economic Literature 35 no. 3 (1997) 1285. 486 Sanandaji Debunking Utopia 95

487 Philip Mehrtens Staatsschulden und Staatstätigkeit: Zur Transformation der politischen Ökonomie Schwedens (Frankfurt: Campus Verlag 2014) 80.

488 Sanandaji Debunking Utopia 38.

489 Ibid. 63.

490 Ibid. 64–66.

491 Mehrtens Staatsschulden und Staatstätigkeit 82.

492 Lindbeck "The Swedish Experiment" 1274–1275.

493 Mehrtens Staatsschulden und Staatstätigkeit 91.

494 Lindbeck "The Swedish Experiment" 1279.

495 Mehrtens Staatsschulden und Staatstätigkeit 92.

496 Ibid. 93–94.

497 Ibid. 96.

498 See Rüdiger Jungbluth Die elf Geheimnisse des IKEA-Erfolges (Bergisch Gladbach: Bastei Lübbe (Bastei Verlag) 2008) 63 et seq.

499 Ibid. 85.

500 Ydstedt and Wollstad "Harmful taxes: Mourned by no one – missed by few." The Confederation of Swedish Enterprise 2021 https://www.svensktnaringsliv.se/bilder_och_ dokument/ zf9447_210211_harmfultaxespdf_1166346.html/210211_ HarmfulTaxes.pdf.

501 Quoted in Jungbluth Die elf Geheimnisse des IKEA-Erfolges 85.

502 Ibid.

503 Quoted in Daniel Hammarberg The Madhouse: A Critical Study of Swedish Society (Daniel Hammarberg 2011) 430–431.
504 Quoted in Henrik Berggren Underbara dagar framför oss: En biografi över Olof Palme (Stockholm: Norstedt 2010) 540.
505 The following passage is quoted from ibid. 540–541.
506 Ibid. 540.
507 Ibid. 541.
508 Jacob Sundberg "Die schwedische Hochsteuergesellschaft : Eine Herausforderung an den Rechtsstaat" in Lothar Bossle and Gerhard Radnitzky Selbstgefährdung der off enen Gesellschaft (Würzburg: Naumann 1982) 180.
509 Ibid. 181.
510 "Abba admit outrageous outfits were worn to avoid tax" The Guardian 16 February 2014 https://www.theguardian.com/music/2014/feb/16/abba-outfits-tax-deduction-bjorn-ulvaeus.
511 Jacob Sundberg "Die schwedische Hochsteuergesellschaft : Eine Herausforderung an den Rechtsstaat" in Lothar Bossle and Gerhard Radnitzky Selbstgefährdung der off enen Gesellschaft (Würzburg: Naumann 1982) 181 et seq.
512 Lindbeck "The Swedish Experiment" 1275
513 Mehrtens Staatsschulden und Staatstätigkeit 99.
514 Ibid. 100.
515 Ibid. 180.
516 Sanandaji Debunking Utopia 134.
517 Mehrtens Staatsschulden und Staatstätigkeit 117.
518 Ibid.
519 Ydstedt et al Sista försöket att socialisera Sverige? (Stockholm: Svensk Tidskrift 2013).

520 Mehrtens Staatsschulden und Staatstätigkeit 128.
521 Ibid. 149.
522 Ibid. 128.
523 Ydstedt & Wollstad "Harmful taxes: Mourned by no one – missed by few" (Stockholm: The Confederation of SwedishEnterprise 2021) https://www.svensktnaringsliv.se/bilder_och_ dokument/zf9447_210211_harmfultaxespdf_1166346.html/210211_HarmfulTaxes.pdf.
524 Frank Bandau "Soziale Ungleichheit im sozialdemokratischen Musterland Schweden" Verteilungsfrage (30 March 2016) accessed 20 June 2018 http://verteilungsfrage.org/2016/03/soziale-ungleichheit-im-sozialdemokratischen-musterland-schweden; Mehrtens Staatsschulden und Staatstätigkeit 174 and 193.
525 Mehrtens Staatsschulden und Staatstätigkeit 194.
526 The Swedish Tax Agency accessed 11 March 2022: www.skatteverket.se.
527 Assar Lindbeck Per Molander Torsten Persson Olof Petersson Agnar Sandmo Birgitta Swedenborg and Niels Th ygesen Turning Sweden Around (Cambridge MA: MIT Press 1994) 2–4.
528 Ibid. 5.
529 Ibid. 207.
530 Ibid. 206.
531 Mehrtens Staatsschulden und Staatstätigkeit 150.
532 Ibid. 183.
533 Ibid. 195.
534 "Staatsquote im internationalen Vergleich" (2012) accessed 20 June 2018 https://www.tuchemnitz.de/wirtschaft /vw 2/

downloads/material/Staatsquote_2012.pdf.

535 Bandau "Soziale Ungleichheit."

536 See Piketty Capital in the Twenty-First Century 344.

537 Malin Sahlén and Salim Furth "Piketty Is Misleading about the Swedish Case" in AntiPiketty: Capital for the 21st Century edited by Jean-Philippe Delsol Nicholas Lecaussin and Emmanuel Martin (Washington DC: Cato Institute 2017) 97–100.

538 Ibid. 97.

539 Sanandaji Debunking Utopia 151.

540 Ibid. 157.

541 Rudolf Hermann "Finanzministerin Blind im 'Budget-Maserati'" Neue Zürcher Zeitung (14 April 2016) accessed 20 June 2018 https://www.nzz.ch/wirtschaft /wirtschaft spolitik/ kraeft iges-wirtschaft swachstum-schweden-auf-der-ueberholspur-ld.13596.

الفصل الثامن: الحرية الاقتصادية تزيد من الرفاهية الإنسانية

542 Erich Weede "Wirtschaft liche Freiheit: Hintergrundbedingungen Auswirkungen und Gefährdungen" Wirtschaft spolitische Blätter 3–4 (2014) 448.

543 Heritage Foundation 2023 Index of Economic Freedom.

544 Ibid. 343.

545 Ibid. 387 345.

546 Ibid. 343 395.

547 Ibid. 379.

548 Ibid. 154-155.

549 Ibid. 1-2.

550 Ibid. 18.

551 Wendling et al. EPI 2020 1.

552 Wendling et al. EPI 2020 10.
553 Heritage Foundation 2023 Index of Economic Freedom 22.
554 Ibid. 20.
555 Martin Lanz "Je mehr Wohlstand desto weniger anteilige Ausgaben für Essen: Ein positiver Zusammenhang?" Neue Zürcher Zeitung (2 November 2017) accessed 20 June 2018 https:// www.nzz.ch/wirtschaft /je-hoeher-der-wohlstand-desto-kleiner-der-anteil-der-essensausgaben-ein-uneingeschraenkt-positiver-zusammenhang-ld.1321011?mktcid=nled&mktcv al=10- 7_2017–11–2.
556 Heritage Foundation 2022 Index of Economic Freedom 72.
557 Heritage Foundation 2023 Index of Economic Freedom 21.

الفصل التاسع: الأزمة المالية: هل هي أزمة للرأسمالية ؟

558 Home Price Index data accessed 4 June 2018 https://fred. stlouisfed.org/series/ CSUSHPINSA.
559 Quoted in Jerry H. Tempelman "Austrian Business Cycle Theory and the Global Financial Crisis: Confessions of a Mainstream Economist" Quarterly Journal of Austrian Economics 13 no. 1 (2010) 6.
560 William A. Fleckenstein and Frederick Sheehan Greenspan's Bubbles: The Age of Ignorance at the Federal Reserve (New York: McGraw-Hill Professional 2008) 125. 561 Adrian Ravier and Peter Lewin "The Subprime Crisis" Quarterly Journal of Austrian Economics 15 no. 1 (2012) 49.
562 Quoted in Tempelman "Austrian Business Cycle Theory" 5.
563 Quoted in ibid. 5.
564 Quoted in Ravier and Lewin "Th e Subprime Crisis" 57.
565 Johan Norberg Financial Fiasco: How America's Infatuation with Home ownership and Easy Money Created the Economic Crisis

(Washington DC: Cato Institute 2009) 12.
566 Robert J. Shiller Irrational Exuberance 3rd ed. (Princeton: Princeton University Press 2015) 62.
567 Norberg Financial Fiasco 6.
568 Ibid. 6.
569 Ibid. 8.
570 Thomas E. Woods Jr. Meltdown: A Free-Market Look at Why the Stock Market Collapsed the Economy Tanked and Government Bailouts Will Make Things Worse (Washington DC: Regnery 2009) 17.
571 Ravier and Lewin "The Subprime Crisis" 55.
572 Norberg Financial Fiasco 28.
573 Scott Shane "A Political Gadfl y Lampoons the Left via YouTube" New York Times (18 September 2009) accessed 20 June 2018 www.nytimes.com/2009/09/19/us/19sting.html.
574 Woods Meltdown 21.
575 Wolfgang Köhler Wall Street in Panik (Murnau: Mankau Verlag 2008) 45–46.
576 Norberg Financial Fiasco 26.
577 Ravier and Lewin "The Subprime Crisis" 55–56.
578 Norberg Financial Fiasco 30.
579 Woods Meltdown 15.
580 Ravier and Lewin "Th e Subprime Crisis" 55.
581 Norberg Financial Fiasco 33.
582 Ibid. 41.
583 Ibid. 42.
584 Alan Greenspan The Age of Turbulence: Adventures in a New World (New York: Penguin 2007) 233.

585 Köhler Wall Street in Panik 78.

586 Fleckenstein and Sheehan Greenspan's Bubbles 138.

587 With regard to the following statements see Rainer Sommer Die Subprime-Krise: Wie einige faule US-Kredite das internationale Finanzsystem erschüttern (Hanover: Heisoft 2008) Chapters 1 and 2.

588 Köhler Wall Street in Panik 40–41.

589 For these and other statistics see "Case–Shiller Index" Wikipedia (nd) accessed 20 June 2018 https://en.wikipedia.org/wiki/Case %E2 %80 %93Shiller_index.

590 Hans-Werner Sinn Die Target-Falle: Gefahren für unser Geld und unsere Kinder (Munich: Carl Hanser Verlag 2012) 27.

591 Ibid. 31.

592 Ibid. 88.

593 Bert Flossbach and Philipp Vorndran Die Schuldenlawine: Eine Gefahr für unsere Demokratie unseren Wohlstand und ihr Vermögen (Munich: FinanzBuch Verlag 2012) 19–20 based on calculations by Carmen M. Reinhart and Kenneth S. Rogoff .

594 Sinn Die Target-Falle 127.

595 Konrad Hummler "Von der Gier zum Anstand" in Der Liberalismus: Eine zeitlose Idee – Nationale europäische und globale Perspektiven edited by Gerd Habermann and Marcel Studer (Munich: Olzog 2011) 209 et seq.

596 Norberg Financial Fiasco 132.

597 Ibid. 51 et seq.

598 Richard Bookstaber A Demon of Our Own Design: Markets Hedge Funds and the Perils of Financial Innovation (New York: John Wiley & Sons 2007) 257.

الفصل العاشر: لماذا لا يُحب المثقفون الرأسمالية ؟

599 Hollander Paul. From Benito Mussolini to Hugo Chavez: Intellectuals and a Century of Political Hero Worship. Cambridge: Cambridge University Press 2016 9.

600 Alan S. Kahan Mind vs. Money: Th e War between Intellectuals and Capitalism (New Brunswick: Transaction 2010) 12.

601 Friedrich August von Hayek Th e Intellectuals and Socialism [1949] (Reprinted from Th e University of Chicago Law Review (Spring 1949) pp. 417-420 421-423 425-433 The University of Chicago Press; George B. de Huszar ed. The Intellectuals: A Controversial Portrait (Glencoe Illinois: the Free Press 1960) pp. 371-84. Th e pagination of this edition corresponds to the Huszar edited volume.]) 371.

602 Ibid. 372.

603 Ibid. 374.

604 Hollander From Benito Mussolini 4.

605 Kahan Mind vs. Money 17. 606 Thomas Cushman "Intellectuals and Resentment toward Capitalism" Society 49 no 3 (2012) 248.

607 Edward N. Luttwak Strategy and Politics: Collected Essays (Piscataway: Transaction 1980) 319.

608 George Gilder Wealth and Poverty (New York: Basic Books 1981) 97.

609 Ibid. 99.

610 Alain de Benoist On the Brink of the Abyss: The Imminent Bankruptcy of the Financial System (Budapest: Arktos Media 2015) 158.

611 Quoted in Thomas Wagner Die Angstmacher: 1968 und die Neuen Rechten (Berlin: Aufb au Verlag 2017) 65.

612 Kahan Mind vs. Money 22.

613 Robert Velten "Die Soziologie der antiken Reichtumsphilosophie" in Reichtum und Vermögen: Zur gesellschaft lichen Bedeutung der Reichtums- und Vermögensforschung edited by Thomas Druyen Wolfgang Lauterbach and Matthias Grundmann (Wiesbaden: Verlag für Sozialwissenschaft en 2009) 245.

614 Quoted in ibid. 245.

615 Ibid. 245.

616 Ibid. 249.

617 See Rainer Zitelmann "Träume vom neuen Menschen" in Hat die politische Utopie eine Zukunft ? edited by Richard Saage (Darmstadt: Wissenschaft liche Buchgesellschaft 1992).

618 Th omas More Utopia edited by William P. Weaver (London: Broadview Press 2011) 55.

619 Ibid. 46.

620 See Helmut Schoeck Envy: A Theory of Social Behaviour (Indianapolis: Liberty Fund 1966) 191–192.

621 Joseph Schumpeter Capitalism Socialism and Democracy (London: George Allen & Unwin 1976) 153–154.

622 Kahan Mind vs. Money 20–21.

623 Vladimir I. Lenin "What Is To Be Done? Burning Questions of Our Movement" in Lenin's Collected Works (Moscow: Foreign Languages Publishing House 1961) Vol. 5 382 emphasis in original.

624 Ibid. 375.

625 Kautsky quoted in ibid. 383–384 emphasis by Kautsky.

626 Hayek Th e Intellectuals and Socialism 371.

627 See the critique by Delsol et al.

628 Piketty Capital in the Twenty-First Century 31.

629 See ibid. Chapters 14 and 15.

630 See Kahan Mind vs. Money 21.

631 Joseph Stiglitz Th Great Divide: Unequal Societies and What We Can Do about Them (New York: W. W. Norton & Company 2015) 346.

632 Ibid. 347.

633 Ibid. emphasis in original.

634 Ibid. 349.

635 Roland Baader Totgedacht: Warum Intellektuelle unsere Welt zerstören (Gräfelfi ng: ReschVerlag 2002) 126.

636 See Hollander From Benito Mussolini 7.

637 Ferdinand Lundberg Th e Rich and the Super-Rich: A Study in the Power of Money Today (New York: Lyle Stuart 1968) 85.

638 Ibid. 83.

639 Michael Hartmann "Der Mythos von den Leistungseliten: Spitzenkarrieren und soziale Herkunft " in Wirtschaft Politik Justiz und Wissenschaft (Frankfurt: Campus Verlag 2002) 132–134.

640 For a more in-depth discussion see the relevant passages in my doctoral thesis: Rainer Zitelmann The Wealth Elite: A Groundbreaking Study of the Psychology of the Super-Rich (London: LID Publishing 2018) 24–36.

641 See Schoeck Envy.

642 Friedrich August von Hayek "Rules Perception and Intelligibility" in Studies in Philosophy Politics and Economics (London: Routledge & Kegan Paul 1967) 43.

643 Ibid. 4.

644 Ibid. 43.

645 Michael Polanyi The Tacit Dimension (London: Routledge 1966) 4.
646 Ibid. 6.
647 Ibid. 20.
648 Georg Hans Neuweg Könnerschaft und implizites Wissen: Zur lehr- und lerntheoretischen Bedeutung der Erkenntnis- und Wissenstheorie Michael Polanyis (Münster: Waxmann 2001) 25–26.
649 See Rainer Zitelmann The Wealth Elite: A Groundbreaking Study of the Psychology of the Super Rich (London: LID Publishing 2018) Chapter 13.
650 As evidenced by the popularity of Malcolm Gladwell’s and Michael Mauboussin’s books on the subject.
651 Robert Nozick "Why Do Intellectuals Oppose Capitalism?" in Socratic Puzzles (Cambridge MA: Harvard University Press 1997).
652 Quoted in Ralf Dahrendorf Society and Democracy in Germany (New York: Doubleday 1967) 291.
653 Ibid. 282.
654 Ludwig von Mises The Anti-capitalist Mentality edited by Bettina Bien Greaves (Indianapolis: Liberty Fund 2006) 11–12.
655 Ibid. 12.
656 Ibid. 12–13.
657 Cushman "Intellectuals and Resentment toward Capitalism" 249.
658 Ayn Rand For the New Intellectual: The Philosophy of Ayn Rand (New York: Random House 1961) 40 emphasis in original.
659 Unlike modern American readers who will associate liberalism with left-wing social liberalism Hayek used the term in the traditional European sense i.e. as a commitment to limited government and laissez-faire economic policies.

660 Hayek Th e Intellectuals and Socialism 382.
661 Ibid. 384.
662 Henri Barbusse Stalin: A New World Seen through One Man (London: Workers' Bookshop 1935) 289.
663 Quoted in Hollander Political Pilgrims 423.
664 Mark Lilla The Reckless Mind: Intellectuals and Politics (New York: New York Review Books 2001) 164–165.
665 Hollander From Benito Mussolini 194.
666 Roger Scruton Fools Frauds and Firebrands: Thinkers of the New Left (London: Bloomsbury 2016) 94.
667 Daniel Bultmann Kambodscha unter den Roten Khmer: Die Erschaff ung des perfekten Sozialisten (Paderborn: Verlag Ferdinand Schöningh 2017) 15; Hollander From Benito Mussolini 201–202.
668 Quoted in Lilla Th e Reckless Mind 150.
669 Gerd Koenen Die Farbe Rot: Ursprünge und Geschichte des Kommunismus (Munich: C. H. Beck 2017) 991.
670 Lion Feuchtwanger Moscow 1937: My Visit Described for My Friends (New York: Viking Press 1937) 111.
671 Ibid. 55.
672 Andreas Rüesch "Wieso es in Russland wieder salonfähig ist Stalin zu verehren" Neue Zürcher Zeitung (24 October 2017) accessed 20 June 2018 https://www.nzz.ch/international/stalin-und-die-sehnsucht-nach-der-starken-hand-ld.1323741?mktcid=nled&mktcv al=107_2017-10-24.
673 Koenen Die Farbe Rot 1031.
674 Ibid. 1001.
675 Marco Carini Die Achse der Abtrünnigen: Über den Bruch mit

der Linken (Berlin: Rotbuch Verlag 2012). See for example 21 43 52 56 61 145–146. Th ese passages demonstrate that many purported renegades haven't entirely abjured their faith in socialist doctrine or at any rate remain extremely hostile towards 'neoliberalism.

الفصل الحادي عشر: مناشدة مُلحَّة من أجل إصلاحاتٍ داعمة للرأسمالية

676 Friedrich August von Hayek The Road to Serfdom (London: Routledge 2001) 45.

677 Anthony de Jasay "Über Umverteilung" in Wider die Wohlstandsdiktatur: Zehn liberale Stimmen edited by Roland Baader (Munich: Resch-Verlag 1995) 21–32.

678 See Voegeli Never Enough – an excellent book on the subject.

679 Bertolt Brecht "Alfabet" [1934] in The Collected Poems of Bertolt Brecht translated by David Constantine and Tom Kuhn (New York: Liveright 2018).

680 Russell Flannery "The 10 Richest Chinese Billionaires 2023" Forbes.com accessed 26 September 2023 https://www.forbes.com/sites/russellflannery/2023/04/04/the-10- richest-chinese-billionaires-2023/.

681 Jason L. Riley Please Stop Helping Us: How Liberals Make It Harder for Blacks to Succeed (New York: Encounter Books 2014) 85–110.

682 Figures on debt as a percentage of GDP reported by the International Monetary Fund accessed 29 May 2018 www.imf.org.

683 Voegeli Never Enough 47 Annual Growth Rate of Real Per Capita Public Social Expenditures 1980–2003.

684 Ibid. 43.

685 Ibid. 47.

686 René Zeyer Armut ist Diebstahl: Warum die Armen uns ruinieren (Frankfurt: Campus Verlag 2013) 161.

687 Ibid. 53.

688 Ibid. 56.

689 James D. Gwartney Richard L. Stroup Dwight R. Lee Tawni H. Ferrarini and Joseph P. Calhoun Common Sense Economics: What Everyone Should Know about Wealth and Prosperity 3rd ed. (New York: St. Martin's Press 2016) 141–149.

690 Niemietz Redefining the Poverty Debate.

691 Allan Drazen and Vittorio Grilli "The Benefit of Crisis for Economic Reforms" American Economic Review 83 no. 3 (1993) 598.

692 At the parliamentary elections in November 1932 the National Socialist (NSDAP) and Communist (KPD) parties between them won 319 of 608 seats in the Reichstag.

693 See Rainer Zitelmann Hitler's National Socialism Chapter IV.

694 Friedrich Pollock "Ist der Nationalsozialismus eine neue Ordnung?" in Max Horkheimer et al. Wirtschaft Recht und Staat im Nationalsozialismus: Analysen des Instituts für Sozialforschung 1939–1942 edited by Helmut Dubiel and Alfons Söllner (Frankfurt: Europäische Verlags-Anstalt 1981) 113.

695 Hans F. Sennholz "Über den Abbau von Armut und Ungleichheit" in Wider die Wohlstandsdiktatur: Zehn liberale Stimmen edited by Roland Baader (Munich: Resch-Verlag 1995) 123.

696 Kenneth S. Rogoff and Carmen M. Reinhart Th is Time Is Different: Eight Centuries of Financial Folly (Princeton: Princeton University Press 2009).

697 Flossbach and Vorndran Die Schuldenlawine 19–20 based on calculations by Kenneth Rogoff and Carmen M. Reinhart.

بيبلوغرافيا

"Abba admit outrageous outfi ts were worn to avoid tax." The Guardian 16 February 2014. Accessed 10 March 2022. https://www.theguardian com/music/2014/feb/16/abba-outfi ts-tax-deduction-bjorn-ulvaeus.
"Aufbauhilfe für das zerstörte Europa." Frankfurter Allgemeine (3 April 2008).
Amnesty International. China: Th e Massacre of June 1989 and Its Aft ermath. Accessed 20 June 2018. https://www.amnesty.org/download/
Documents/200000/asa170091990en.pdf.
Annual average unemployment rate in Germany 2005–2022. Accessed 11 March 2022: https://www.statista.com/statistics/227005/unemploymentrate-
in-germany/#:~:text=This %20statistic %20shows %20the %20 annualunemployment %20rate %20was %205.4 %20percent.
Armitstead Louise and Ben Harrington. "Bob Geldof to Front African Private Equity Fund." Th e Telegraph (3 September 2010). Accessed 20 June 2018. www.telegraph.co.uk/fi nance/newsbysector/banksandfi nance/privateequity/7978634/Bob-Geldof-to-front-African-private-equityfund.html.
Asche Helmut. "Demografi sche und soziale Entwicklung: Chance oder Risiko?" In Praxishandbuch Wirtschaft in Afrika edited by Th omas Schmidt Kay Pfaff enberger and Stefan Liebing 41–52. Wiesbaden: Springer Gabler 2017.
Baader Roland. Totgedacht: Warum Intellektuelle unsere Welt zerstören.
Gräfelfi ng: Resch-Verlag 2002.

Bandau Frank. "Soziale Ungleichheit im sozialdemokratischen Musterland Schweden." Verteilungsfrage (30 March 2016). Accessed 20 June 2018. http://verteilungsfrage.org/2016/03/soziale-ungleichheit-imsozialdemokratischen-musterland-schweden.
Banks around the World. "Th e World's Top 50 Companies" (2018). Accessed 4 June 2018. https://www.relbanks.com/rankings/worlds-largest-companies.
Barbusse Henri. Stalin: A New World Seen through One Man. London: Workers' Bookshop 1935.
Bartley Robert L. Th e Seven Fat Years: And How to Do It Again. New York: Free Press 1992.
Bearak Max et al. "Africa's Rising Cities" Th e Washington Post 19 November 2021. Accessed 20 June 2018. https://www.washingtonpost.com/world/interactive/2021/africa-cities/
Bello Omar and Adriana Bermúdez. "Th e Incidence of Labour Market Reforms on Employment in the Venezuelan Manufacturing Sector 1995–
2001." In Venezuela before Chávez: Anatomy of an Economic Collapse edited by Ricardo Hausmann and Francisco Rodríguez 115–155. University Park: Pennsylvania State University Press 2014.
Benoist Alain de. On the Brink of the Abyss: Th e Imminent Bankruptcy of the Financial System. Budapest: Arktos Media 2015.
Berggren Henrik. Underbara dagar framför oss: En biografi över Olof Palme. Stockholm: Norstedt 2010.
Berman Jonathan. Success in Africa: CEO Insights from a Continent on the Rise. Brookline MA: Bibliomotion 2013.
Boeckh Andreas Friedrich Welsch and Nikolaus Werz eds. Venezuela heute: Politik Wirtschaft Kultur. Frankfurt: Vervuert Verlagsgesellschaft 2011.

Bookstaber Richard. A Demon of Our Own Design: Markets Hedge Funds and the Perils of Financial Innovation. New York: John Wiley & Sons 2007.
"Boykott: Venezuela kappt Exxon die Ölzufuhr." Spiegel (13 February 2008).
Accessed 20 June 2018. www.spiegel.de/wirtschaft/boykott-venezuelakappt-exxon-die-oelzufuhr-a-534931.html.
Brecht Bertolt. "Alfabet" [1934]. In Th e Collected Poems of Bertolt Brecht translated by David Constantine and Tom Kuhn. New York: Liveright 2018.
Brewer Mark D. and Jeff rey M. Stonecash. Dynamics of American Political Parties. Cambridge: Cambridge University Press 2009.
Bultmann Daniel. Kambodscha unter den Roten Khmer: Die Erschaff ung des perfekten Sozialisten. Paderborn: Verlag Ferdinand Schöningh 2017.
Burchardt Hans-Jürgen. "Zurück in die Zukunft? Venezuelas Sozialismus auf der Suche nach dem 21. Jahrhundert." In Venezuela heute: Politik Wirtschaft Kultur edited by Andreas Boeckh Friedrich Welsch and Nikolaus Werz 427–450. Frankfurt: Vervuert Verlagsgesellschaft 2011.
Carini Marco. Die Achse der Abtrünnigen: Über den Bruc h mit der Linken. Berlin: Rotbuch Verlag 2012.
Carlowitz Philipp von. "Unternehmertum in Afrika: Eine Bestandsaufnahme." In Praxishandbuch Wirtschaft in Afrika edited by Th omas Schmidt Kay Pfaff enberger and Stefan Liebing 15–30. Wiesbaden: Springer Gabler 2017.
"Case–Shiller Index." Wikipedia (nd). Accessed 20 June 2018. https://en.wikipedia.org/wiki/Case %E2 %80 %93Shiller_index.
Caspari Lisa. "Endstation Reichtum." Die Zeit (27 June 2017). Accessed

20 June 2018. https://www.zeit.de/wirtschaft /2017-06/chile-neoliberalismusarmutsgrenze-wirtschaft-reichtum.
Castro Sergio de. "Th ere's No Doubt They're Doing Better." In Up for Debate: Reform without Liberty: Chile's Ambiguous Legacy (nd). Accessed 20 June 2018. www.pbs.org/wgbh/commandingheights/shared/minitextlo/ufd_
reformliberty_full.html.
Chang Jung and Jon Halliday. Mao: Th e Unknown Story. London: Jonathan Cape 2005.
"Citgo–Venezuela Heating Oil Program" (nd). Accessed 20 June 2018. www.citgoheatingoil.com/whoweserve.html.
Clark A. C. Th e Revolutionary Has No Clothes: Hugo Chávez's Bolivarian Farce. New York: Encounter Books 2009.
Coase Ronald and Ning Wang. How China Became Capitalist. New York: Palgrave MacMillan 2012.
Collier Paul. Th e Bottom Billion: Why the Poorest Countries Are Failing and What Can Be Done about It. Oxford: Oxford University Press 2007.
Cushman Th omas. "Intellectuals and Resentment toward Capitalism." Society 49 no. 3 (2012): 247–255.
Dahrendorf Ralf. Society and Democracy in Germany. New York: Doubleday 1967.
Delsol Jean-Philippe. "Th e Great Process of Equalization of Conditions." In Anti-Piketty: Capital for the 21st Century edited by Jean-Philippe Delsol Nicholas Lecaussin and Emmanuel Martin 5–17. Washington DC: Cato Institute 2017.
Delsol Jean-Philippe Nicholas Lecaussin and Emmanuel Mar tin eds. Anti-Piketty: Capital for the 21st Century. Washington DC: Cato Institute 2017.

Dietrich Johannes. "Afrika liebt Champagner." Der Westen (29 April 2017). Accessed 20 June 2018. https://www.derwesten.de/panorama/afrika-liebtchampagner-id7896047.html.
Dikötter Frank. Mao's Great Famine: Th e History of China's Most Devastating Catastrophe 1958–62. London: Bloomsbury 2010.
Drazen Allan and Vittorio Grilli. "Th e Benefi t of Crisis for Economic Reforms." American Economic Review 83 no. 3 (1993): 598–607.
Easterly William. Th e White Man's Burden: Why the West's Eff orts to Aid the Rest Have Done So Much Ill and So Little Good. Oxford: Oxford University Press 2006.
Eberle Henrik. Mit sozialistischem Gruß: Eingaben Briefe und Mitteilungen an die DDR-Regierung. Berlin: Edition Berolina 2016.
Edwards Chris. "Margaret Th atcher's Privatization Legacy." Cato Journal 37 no. 1 (2017): 89–101.
Ehringfeld Klaus. "Venezuela droht der Kollaps." Spiegel (30 May 2017). Accessed 20 June 2018. www.spiegel.de/wirtschaft /venezuela-droht-derkollaps-a-1149662.html.
Eltis Walter. "Th e Key to Higher Living Standards." In CPS Policy Study no. 148. London: Centre for Policy Studies 1996.
Enders Stefan. "Investment in Afrika: Chinas und Indiens planvolle Präsenz." IHK (19 June 2017). Accessed 20 June 2018. www.subsahara-afrika-ihk.de/blog/2017/06/19/investment-in-afrika-chinas-und-indiens-planvollepraesenz.
Erhard Ludwig. Wohlstand für alle. Düsseldorf: Econ 1990.
European Commission "SPECIAL EUROBAROMETER 353: Th e EU and Africa: Working towards closer partnership" November 2010. Accessed 20 June 2016 http://ec.europa.eu/commfrontoffi ce/publicopinion/archives/ebs/ebs_353_en.pdf.

Feuchtwanger Lion. Moscow 1937: My Visit Described for My Friends. New York: Viking Press 1937.
Fink Alexander and Fabian Kurz. "Bitteres aus Bitterfeld: Das Umweltdesaster der DDR und seine Lehren." Accessed 11 March 2022: https://www.insmoekonomenblog. de/22661-bitteres-aus-bitterfeld-das-umweltdesasterder-ddr-und-seine-lehren/.
Fleckenstein William A. and Frederick Sheehan. Greenspan's Bubbles: Th e Age of Ignorance at the Federal Reserve. New York: McGraw-Hill Professional 2008.
Flannery Russell. "The 10 Richest Chinese Billionaires 2023." Accessed 26 September 2023: https://www.forbes.com/sites/russellfl annery/2023/04/04/the-10-richest-chinese-billionaires-2023/.
Flossbach Bert and Philipp Vorndran. Die Schuldenlawine: Eine Gefahr für unsere Demokratie unseren Wohlstand und ihr Vermögen. Munich: FinanzBuch Verlag 2012.
Frank Rüdiger. Nordkor ea: Innenansichten eines totalen Staates 2nd ed.
Munich: Deutsche Verlags-Anstalt 2017.
Freytag Andreas. "Ist Afrikas wirtschaft liche Entwicklung nachhaltig?" In Praxishandbuch Wirtschaft in Afrika edited by Th omas Schmidt Kay Pfaff enberger and Stefan Liebing 31–40. Wiesbaden: Springer Gabler 2017.
Friedman Milton. "Th e Chicago Boys." In Up for Debate: Reform without Liberty: Chile's Ambiguous Legacy (nd). Accessed 20 June 2018. www.pbs.org/wgbh/commandingheights/shared/minitextlo/ufd_reformlibertyfull.html.
Friedman Milton and Rose D. Friedman. Two Lucky People: Memoirs. Chicago: University of Chicago Press 1998.

Gallegos Raúl. Crude Nation: How Oil Riches Ruined Venezuela. Lincoln NE: Potomac Books 2016.
Georgetown University. "U2's Bono: Budget Cuts Can Impact Social Enterprise Global Change" (13 November 2012). Accessed 20 June 2018. https://www.georgetown.edu/news/bono-speaks-at-gu.html.
Gilder George. Wealth and Poverty. New York: Basic Books 1981.
Gillies Peter. "Ludwig Erhard: Ökonom der Freiheit." In Peter Gillies Daniel Koerfer and Udo Wengst Ludwig Erhard 123–153. Berlin: Be.bra Wissenschaft Verlag 2010.
Gillies Peter Daniel Koerfer and Udo Wengst. Ludwig Erhard. Berlin: Be.bra Wissenschaft Verlag 2010.
Gramm Phil Robert Ekelund and John Early. Th e Myth of American Inequality: How Government Biases Policy Debate. Maryland and London: Rowman & Littlefi eld 2023.
Greenspan Alan. The Age of Turbulence: Adventures in a New World. New York: Penguin 2007.
Gregg Samuel. Becoming Europe: Economic Decline Culture and How America Can Avoid a European Future. New York: Encounter Books 2013.
Guluzade Amir. "The Role of China's State-Owned Companies Explained." World Economic Forum 7 May 2019. Accessed 10 March 2022. https://www.weforum.org/agenda/2019/05/why-chinas-state-ownedcompanies-still-have-a-key-role-to-play/.
Gwartney James. "Freiheit und Wohlfahrt: Ein globaler Zusammenhang." In Das Ende der Armut: Chancen einer globalen Marktwirtschaft edited by Christian Hoff mann and Pierre Bessard 23–42. Zurich: Liberales Institut Zürich 2012.
Gwartney James D. Richard L. Stroup Dwight R. Lee Tawni H. Ferrarini

and Joseph P. Calhoun. Common Sense Economics: What Everyone Should Know about Wealth and Prosperity 3rd ed. New York: St. Martin's Press 2016.
Habermann Gerd. Der Wohlfah rtsstaat: Die Geschichte eines Irrwegs. Frankfurt: Propyläen Verlag 1994.
Hammarberg Daniel. Th e Madhouse: A Critical Study of Swedish Society. Daniel Hammarberg 2011.
Harberger Arnold. "The Miracle of Chile." In Up for Debate: Reform without Liberty: Chile's Ambiguous Legacy (nd). Accessed 20 June 2018. www.pbs.org/wgbh/commandingheights/shared/minitextlo/ufd_reformliberty_full.html.
Hartmann Michael. Der Mythos von den Leistungseliten: Spitzenkarrieren und soziale Herkunft. in Wirtschaft Politik Justiz und Wissenschaft. Frankfurt: Campus Verlag 2002.
Hausmann Ricardo and Francisco Rodríguez eds. Venezuela before Chávez: Anatomy of an Economic Collapse. University Park: Pennsylvania State University Press 2014.
Hausmann Ricardo and Francisco Rodríguez. "Why Did Venezuelan Growth Collapse?" In Venezuela before Chávez: Anatomy of an Economic Collapse edited by Ricardo Hausmann and Francisco Rodríguez 15–50. University Park: Pennsylvania State University Press 2014.
Hayek Friedrich August von. Th e Constitution of Liberty: Th e Defi native Edition. Chicago: University of Chicago Press 2011.
Hayek Friedrich August von. Th e Intellectuals and Socialism [1949]. Reprint ed from Th e University of Chicago Law Review (Spring 1949) pp. 417-420 421-423 425-433 Th e University of Chicago Press; George B. de Huszar ed. Th e Intellectuals: A Controversial Portrait (Glencoe

Illinois: the Free Press 1960) pp. 371-84. Th e pagination here corresponds to the Huszar edited volume.
Hayek Friedrich August von. The Road to Serfdom. London: Routledge 2001.
Hayek Friedrich August von. "Rules Perception and Intelligibility." In Studies in Philosophy Politics and Economics 43–65. London: Routledge & Kegan Paul 1967.
Hegel Georg Wilhelm Friedrich. Lectures on the Philosophy of History. London: George Bell and Sons 1902.
Heritage Foundation. 2022 Index of Economic Freedom. Washington DC: Institute for Economic Freedom 2022.
Heritage Foundation. 2023 Index of Econom c Freedom. Washington DC: Institute for Economic Freedom 2023.
Hermann Rudolf. "Finanzministerin Blind im 'Budget-Maserati'." Neue Zürcher Zeitung (14 April 2016). Accessed 20 June 2018. https://www.nzz.ch/wirtschaft/wirtschaftspolitik/kraeftiges-wirtschaftswachstumschweden-auf-der-ueberholspur-ld.13596.
Hiller von Gaertringen Christian. "Afrikas junge Unternehmer." In Praxishandbuch Wirtschaft in Afrika edited by Th omas Schmidt Kay Pfaff enberger and Stefan Liebing 1–14. Wiesbaden: Springer Gabler 2017.
Hiller von Gaertringen Christian. Afrika ist das neu e Asien: Ein Kontinent im Aufschwung. Hamburg: Hoff mann und Campe Verlag 2014.
Hoff mann Christian and Pierre Bessard eds. Das Ende der Armut: Chancen einer globalen Marktwirtschaft. Zurich: Liberales Institut Zürich 2012.
Hollander Paul. From Benito Mussolini to Hugo Chavez: Intellectuals

and a Century of Political Hero Worship. Cambridge: Cambridge University Press 2016.

Hollander Paul. Political Pilgrims: Western Intellectuals in Search of the Good Society. Piscataway: Transaction 1998.

Horkheimer Max et al. Wirtschaft Recht und Staat im Nationalsozialismus: Analysen des Instituts für Sozialforschung 1939–1942 edited by Helmut Dubiel and Alfons Söllner Frankfurt: Europäische Verlags-Anstalt 1981.

Horn Karen Ilse. Die Soziale Marktwirtschaft: Alles was Sie über den Neoliberalismus wissen sollten. Frankfurt: Frankfurter Allgemeine Buch
2010.

Horn Karen Ilse ed. Verlocku ngen zur Unfreih eit: Eine kritische Bibliothek von 99 Werken der Geistesgeschichte. Zurich: Frankfurter Allgemeine Buch 2015.

Hummler Konrad. "Von der Gier zum Anstand." In Der Liberalismus: Eine zeitlose Idee – Nationale europäische und globale Perspektiven edited by Gerd Habermann and Marcel Studer 205–221. Munich: Olzog 2011.

Institut für Marxismus-Leninismus beim ZK der SED. Revolutionäre deutsche Parteiprogramme: Vom Kommunistischen Manifest zum Programm des Sozialismus. Berlin: Dietz Verlag 1967.

Ipsos Mori. Ipsos Mori surveys 20-091774-30 21-087515-07 22-014242-04-03 and 22-087515-44. June 2021–September 2021.

ITU. Mobile-cellular subscriptions (2000-2016). Accessed 20 June 2018.
https://www.itu.int/en/ITU-D/Statistics/Documents/statistics/2018/Mobile_cellular_2000-2016.xls

Jasay Anthony de. "Über Umverteilung." In Wider die Wohlstandsdiktatur: Zehn liberale Stimmen edited by Roland Baader 19–56. Munich: Resch-Verlag 1995.
Jungbluth Rüdiger. Die elf Geheimnisse des IKEA-Erfolges. Bergisch Gladbach: Bastei Lübbe (Bastei Verlag) 2008.
Kahan Alan S. Mind vs. Money: Th e War between Intellectuals and Capitalism. New Brunswick: Transaction 2010.
Kahn Richard W. "A Tale of Two Economies." Washington Times (2 July 2013). Accessed 20 June 2018. https://www.washingtontimes.com/news/2013/
jul/2/a-tale-of-two-economieschile-has-employed-free-mar.
Kern Th omas. "Südkoreas Bildungs- und Forschungssystem." In Südkorea und Nordkorea: Einführung in Geschichte Politik Wirtschaft und Gesellschaft edited by Th omas Kern and Patrick Köllner 149–167. Frankfurt: Campus Verlag 2005.
Kern Th omas and Patrick Köllner eds. Südkorea und Nordkorea: Einführung in Geschichte Politik Wirtschaft und Gesellschaft. Frankfurt: Campus Verlag 2005.
Knabe Hubertus. "Auferstanden in Ruinen." Accessed 10 March 2022. 24 June 2019: https://www.tichyseinblick.de/daili-es-sentials/auferstandenin-
ruinen/Knabe Hubertus. "Klimakiller DDR." Accessed 11 March 2022. 19 September 2019: https://hubertus-knabe.de/klimakiller-ddr/.
Knight Frank. Th e Wealth Report 2016 (2016). Accessed 20 June 2016. https://content.knightfrank.com/research/83/documents/en/wealthreport-
2016-3579.pdf.
Knight Frank. Th e Wealth Report 2023 (2023). Accessed 26 September

2023. https://content.knightfrank.com/resources/knightfrank.com/wealthreport/the-wealth-report---apr-2023.pdf.
Koenen Gerd. Die Farbe Rot: Ursprünge und Geschichte des Kommunismus. Munich: C. H. Beck 2017.
Koerfer Daniel. "Ludwig Erhard: Der vergessene Gründervater." In Peter Gillies Daniel Koerfer and Udo Wengst Ludwig Erhard 12–67. Berlin: Be.bra Wissenschaft Verlag 2010.
Köhler Wolfgang. Wall Street in Panik. Murnau: Mankau Verlag 2008.
Köllner Patrick. "Südkoreas politisches System." In Südkorea und Nordkorea: Einführung in Geschichte Politik Wirtschaft und Gesellschaft edited by Thomas Kern and Patrick Köllner 50–70. Frankfurt: Campus Verlag 2005.
Kooperation International. "Bildungslandschaft: Republik Korea (Südkorea)" (nd). Accessed 20 June 2018. www.kooperation-international.de/laender/asien/republik-korea-suedkorea/bildungs-forschungs-undinnovationslandschaft/bildungslandschaft.
Lanz Martin. "Je mehr Wohlstand desto weniger anteilige Ausgaben für Essen: Ein positiver Zusammenhang?" Neue Zürcher Zeitung (2 November 2017). Accessed 20 June 2018. https://www.nzz.ch/wirtschaft/
je-hoeher-der-wohlstand-desto-kleiner-der-anteil-der-essensausgabenein-
uneingeschraenkt-positiver-zusammenhang-ld.1321011?mktcid=nled&mktcval=107_2017–11–2.
Lee Felix. Macht und Moderne: Chinas großer Reformer Deng Xiaoping – Die Biographie. Berlin: Rotbuch Verlag 2014.
Lenin Vladimir I. "What Is To Be Done? Burning Questions of Our Movement." In Lenin’s Collected Works Vol. 5 347–531. Moscow:

Foreign Languages Publishing House 1961.
Lilla Mark. Th e Reckless Mind: Intellectuals and Politics. New York: New York Review Books 2001.
Lindbeck Assar. "Th e Swedish Experiment." Journal of Economic Literature 35 no. 3 (1997): 1273–1319.
Lindbeck Assar Per Molander Torsten Persson Olof Petersson Agn ar Sandmo Birgitta Swedenborg and Niels Th ygesen. Turning Sweden Around. Cambridge MA: MIT Press 1994.
Lundberg Ferdinand. Th e Rich and the Super-Rich: A Study in the Power of Money Today. New York: Lyle Stuart 1968.
Luttwak Edward N. Strategy and Politics: Collected Essays. Piscataway: Transaction 1980.
Maddison Project Database 2010. Accessed 11 March 2022: https://
www.
rug.nl/ggdc/historicaldevelopment/maddison/releases/
maddisondatabase-
2010.
Mahajan Vijay. Africa Rising: How 900 Million African Consumers Off er More than You Th ink. New Jersey: Prentice Hall 2009.
Makura Moky. Africa's Greatest Entrepreneurs. Century City CA: Penguin 2008.
Mares Detlev. Ma rgaret Th atcher: Die Dramatisierung des Politischen. Gleichen: Hans Hansen-Schmidt 2014.
Marx Karl. A Contribution to the Critique of Political Economy translated by S. W. Ryazanskaya. Moscow: Progress Publishers 1859.
Mayer Th omas. Die neue Ordnung des Geldes: Warum wir eine Geldreform brauchen 3rd ed. Munich: FinanzBuch Verlag 2015.
Mehrtens Philip. Staatsschulden und Staatstätigkeit: Zur

Transformation der politischen Ökonomie Schwedens. Frankfurt: Campus Verlag 2014.
Meller Patricio. Th e Unidad Popular and the Pinochet Dictatorship: A Political Economy Analysis. London: Palgrave Macmillan 2000.
Mises Ludwig von. Th e Anti-capitalist Mentality edited by Bettina Bien Greaves. Indianapolis: Liberty Fund 2006.
More Thomas. Utopia edited by William P. Weaver. London: Broadview Press 2011.
Moses Carl. "Der Öl-Caudillo." Frankfurter Allgemeine (27 February 2007). Accessed 20 June 2018. www.faz.net/aktuell/wirtschaft/wirtschaftspolitik/hugo-chavez-der-oel-caudillo-1118662.html.
Moyo Dambisa. Dead Aid: Why Aid Is Not Working and How Th ere Is a Better Way for Africa. New York: Farrar Straus & Giroux 2009.
Moyo Dambisa. Winner Take All: China's Race for Resources and What It Means for the World. New York: Basic Books 2012.
Neuber Harald. "Billiges Heizöl für 16 US-Bundesstaaten." Amerika21 (12 December 2007). Accessed 20 June 2018. https://amerika21.de/nachrichten/inhalt/2007/dez/heizoel-fuer-usa.
Neuweg Georg Hans. Könnerschaft und implizites Wissen: Zur lehr- und
lerntheoretischen Bedeutung der Erkenntnis- und Wissenstheorie Michael
Polanyis. Münster: Waxmann 2001.
Niemietz Kristian. "Der Mythos vom Globalisierungsverlierer: Armut im Westen." In Das Ende der Armut: Chancen einer globalen Marktwirtschaft edited by Christian Hoff mann and Pierre Bessard 141–159. Zurich: Liberales Institut Zürich 2012.
Niemietz Kristian. Redefi ning the Poverty Debate: Why a War on

Markets Is No Substitute for a War on Poverty. London: Institute of Economic Aff airs 2012.
Niskanen William A. Reaganomics: An Insider's Account of the Policies and the People. New York: Oxford University Press 1988.
Niskanen William A. and Stephen Moore. "Supply-Side Tax Cuts and the Truth about the Reagan Economic Record." Cato Policy Analysis no. 261 (22 October 1996).
Norberg Johan. Financial Fiasco: How America's Infatuation with Homeownership and Easy Money Created the Economic Crisis. Washington DC: Cato Institute 2009.
Nozick Robert. "Why Do Intellectuals Oppose Capitalism?" In Socratic Puzzles 280-295. Cambridge MA: Harvard University Press 1997.
O'Grady Mary Anastasia "Chile's Suicide Mission" Th e Wall Street Journal October 18 2020 accessed 4 April 2022. https://www.wsj.com/articles/chiles-suicide-mission-11603052967.
Organisation for Economic Co-operation and Devel opment. PISA 2018 Results: Combined Executive Summaries. Accessed 10 March 2022. https://www.oecd.org/pisa/Combined_Executive_Summaries_PISA_2018.pdf.
Palmer Tom G. "Foreword." In Anti-Piketty: Capital for the 21st Century edited by Jean-Philippe Delsol Nicholas Lecaussin and Emmanuel Martin xi–xvi. Washington DC: Cato Institute 2017.
Pascha Werner. "Südkoreas Wirtschaft." In Südkorea und Nordkorea: Einführung in Geschichte Politik Wirtschaft und Gesellschaft edited by Th omas Kern and Patrick Köllner 87–120. Frankfurt: Campus Verlag 2005.
Pfaff enberger Kay. "Die Bedeutung regionaler Besonderheiten für das Geschäft sleben." In Praxishandbuch Wirtschaft in Afrika edited

by Th omas Schmidt Kay Pfaff enberger and Stefan Liebing 55–67. Wiesbaden: Springer Gabler 2017.
Piketty Thomas. Capital in the Twenty-First Century. Boston: Harvard University Press 2014.
Pohlmann Markus C. "Südkoreas Unternehmen." In Südkorea und Nordkorea: Einführung in Geschichte Politik Wirtschaft und Gesellschaft edited by Th omas Kern and Patrick Köllner 121–148. Frankfurt: Campus Verlag 2005.
Polanyi Michael. Th e Tacit Dimension. London: Routledge 1966.
Poller Horst. Mehr Freiheit statt mehr Sozialismus: Wie konservative Politik die Krisen bewältigt die sozialistisches Wunschdenken schafft. Munich: Olzog 2010.
Pollock Friedrich. "Ist der Nationalsozialismus eine neue Ordnung?" In Max Horkheimer et al. Wirtschaft Recht und Staat im Nationalsozialismus: Analysen des Instituts für Sozialforschung 1939–1942 edited by Helmut Dubiel and Alfons Söllner 111–128. Frankfurt: Europäische Verlags-Anstalt 1981.
Rand Ayn. For the New Intellectual: Th e Philosophy of Ayn Rand. New York: Random House 1961.
Ravier Adrian and Peter Lewin. "Th e Subprime Crisis." Quarterly Journal of Austrian Economics 15 no. 1 (2012): 45–74.
Reagan Ronald. "Th e President's News Conference." The American Presidency Project (12 August 1986). Accessed 20 June 2018. www.presidency.ucsb.edu/ws/?pid=37733.
"Reaktionen: Wagenknecht preist Chávez' Arbeit." Handelsblatt (3 March
2013). Accessed 20 June 2018. ww.handelsblatt.com/politik/deutschland/

reaktionen-wagenknecht-preist-wirtschaftsmodell-von-chvez/7887454.html.

Riley Jason L. Please Stop Helping Us: How Liberals Make It Harder for Blacks to Succeed. New York: Encounter Books 2014.

Rinke Stefan. Kleine Geschichte Chiles. Munich: C. H. Beck 2007.

Rogoff Kenneth S. and Carmen M. Reinhart. Th is Time Is Diff erent: Eight Centuries of Financial Folly. Princeton: Princeton University Press 2009.

Rommel Alexander. "Sozialstruktur Armut Ungleichheit und soziale Klassen." In Venezuela heute: Politik Wirtschaft Kultur edited by Andreas Boeckh Friedrich Welsch and Nikolaus Werz 51–76. Frankfurt: Vervuert Verlagsgesellschaft 2011.

Rüb Matthias. "Telenovela über Hugo Chávez: Er konnte Menschen verführen." Frankfurter Allgemeine (1 February 2017). Accessed 20 June 2018. www.faz.net/aktuell/feuilleton/medien/el-comandante-eine-serieueber-hugo-chavez-14799710.html.

Rüesch Andreas. "Wieso es in Russland wieder salonfähig ist Stalin zu verehren." Neue Zürcher Zeitung (24 October 2017). Accessed 20 June 2018. https://www.nzz.ch/international/stalin-und-die-sehnsucht-nachder-starken-hand-ld.1323741?mktcid=nled&mktcval=107_2017–10–24.

Sahlén Malin and Salim Furth. "Piketty Is Misleading about the Swedish Case." In Anti-Piketty: Capital for the 21st Century edited by Jean-Philippe Delsol Ni cholas Lecaussin and Emmanuel Martin 97–100. Washington DC: Cato Institute 2017.

Sanandaji Nima. Debu nking Utopia: Exposing the Myth of Nordic Socialism. Washington DC: WND Books 2016.

Schaller Michael. Ronald Reagan. Oxford: Oxford University Press 2011.
Schaller Sven. "Wandel durch Persistenz (Teil 1): Eine Analyse der Wirtschaft spolitik von Hugo Chávez" Quetzal (March 2013). Accessed 20 June 2018. www.quetzal-leipzig.de/lateinamerika/venezuela/venezuelawirtschaft
spolitik-hugo-chavez-erdoel-wirtschaft sstruktur-19093.html.
Schmeizer Th omas. "So regiert Maduro sein Land in den Abgrund." Wirtschaft swoche (25 May 2017). Accessed 20 June 2018. https://www.
wiwo.de/politik/ausland/venezuela-so-regiert-maduro-sein-land-inden-
abgrund/19850212.html.
Schmidt Th omas Kay Pfaff enberger and Stefan Liebing eds. Praxishandbuch Wirtschaft in Afrika. Wiesbaden: Springer Gabler 2017.
Schmieding Holger. "Vor Th atcher war Großbritannien ein Trümmerhaufen." Die Welt (9 April 2013). Accessed 20 June 2018. https://www.welt.de/wirtschaft/article115147486/Vor-Thatcher-war-Grossbritannien-ein-Truemmerhaufen.html.
Schneidewind Dieter. Wirtschaft swunderland Südkorea. Wiesbaden: Springer Gabler 2013.
Schoeck Helmut. Envy: A Th eory of Social Behaviour. Indianapolis: Liberty Fund 1966.
Schöllgen Gregor. Gerhard Schröder: Die Biografi e. Munich: Deutsche Verlags-Anstalt 2015.
Schröder Gerhard. Byline article for Handelsblatt (16 December 2002).
Schumpeter Joseph. Capitalism Socialism and Democracy. London:

George Allen & Unwin 1976.
Schwarz Hans-Peter. Die Ära Adenauer: Gründerjahre der Republik 1949–1957. Stuttgart: Deutsche Verlags-Anstalt 1981.
Scruton Roger. Fools Frauds and Firebrands: Th inkers of the New Left. London: Bloomsbury 2016.
Sennholz Hans F. "Über den Abbau von Armut und Ungleichheit."
In Wider die Wohlstandsdiktatur: Zehn liberale Stimmen edited by Roland Baader 121–133. Munich: Resch-Verlag 1995.
Shane Scott. "A Political Gadfl y Lampoons the Left via YouTube." New York Times (18 September 2009). Accessed 20 June 2018. www.
nytimes.
com/2009/09/19/us/19sting.html.
Sharma Ruchir. Th e Rise and Fall of Nations: Forces of Change in the Postcrisis World. New York: Allen Lane 2016.
Shiller Robert J. Irrational Exuberance 3rd ed. Princeton: Princeton University Press 2015.
Sieren Andreas and Frank Sieren. Der Afrika-Boom: Die große Überraschung des 21. Jahrhunderts. Munich: Carl Hanser Verlag 2015.
Signer David. "Entwicklungshilfe statt Entwicklung? Die fragwürdige Bilanz eines überholten Konzeptes." In Das Ende der Armut: Chancen einer globalen Marktwirtschaft edited by Christian Hoff mann and Pierre
Bessard 85–98. Zurich: Liberales Institut Zürich 2012.
Sinn Hans-Werner. Die Target-Falle: Gefahren für unser Geld und unsere
Kinder. Munich: Carl Hanser Verlag 2012.
Sommer Rainer. Die Subprime-Krise: Wie einige faule US-Kredite das internationale Finanzsystem erschüttern. Hanover: Heisoft 2008.

Soto Hernando de. "Eigentumsrechte und Märkte." LI-Paper (May 2016). Accessed 29 June 2018. www.libinst.ch/publikationen/LI-Paper-De-Soto-Eigentum.pdf.
Soto Hernando de. "Die Fiktion des edlen Wilden: Warum die Armen sicheres Eigentum brauchen." In Das Ende der Armut: Chancen einer globalen Marktwirtschaft edited by Christian Hoff mann and Pierre Bessard 101–123. Zurich: Liberales Institut Zürich 2012.
Spoerer Mark and Jochen Streb. Neue deutsche Wirtschaft sgeschichte des 20. Jahrhunderts. Munich: De Gruyter Oldenbourg 2013.
"Staatsquote im internationalen Vergleich" (2012). Accessed 20 June 2018. https://www.tu-chemnitz.de/wirtschaft/vwl2/downloads/material/
Staatsquote_2012.pdf.
Steiner André. Von Plan zu Plan: Eine Wirtschaft sgeschichte der DDR. Berlin: Aufb au Taschenbuch 2007.
Stiglitz Joseph E. Th e Great Divide: Unequal Societies and What We Can Do about Th em. New York: W. W. Norton & Company 2015.
Stoisser Hans. Der Schwarze Tiger: Was wir von Afrika lernen können. Munich: Kösel-Verlag 2015.
"Storm over Venezuela Oil Speech." BBC News (4 November 2006). Accessed 7 November 2006. http://news.bbc.co.uk/1/hi/world/americas/6114682.stm.
Sundberg Jacob. "Die schwedische Hochsteuergesellschaft: Eine Herausforderung an den Rechtsstaat." In Lothar Bossle and Gerhard Radnitzky Selbstgefährdung der off enen Gesellschaft 173–210. Würzburg: Naumann 1982.
Tempelman Jerry H. "Austrian Business Cycle Th eory and the Global Financial Crisis: Confessions of a Mainstream Economist." Quarterly

Journal of Austrian Economics 13 no. 1 (2010): 3–15.
ten Brink Tobias. Chinas Kapitalismus: Entstehung Verlauf Paradoxien. Frankfurt: Campus Verlag 2013.
Thatcher Margaret. Th e Downing Street Years. London: Harper Collins 1993.
Transparency International. Corruption Perceptions Index 2022. https://www.transparency.org/en/cpi/2022?gclid=Cj0KCQjwvLoBhCxARIsAHkOiu0ONd2O56FnuUI4-siXxMXy804euJen5vJ7zyqm5gYiSJk9YamolEaAv_BEALw_wcB.
United Nations Offi ce of the High Commissioner for Human Rights "Venezuela: UN report urges accountability for crimes against humanity"
16 September 2020. Accessed 26 September 2023. https://www.ohchr.org/en/press-releases/2020/09/venezuela-un-report-urges-accountabilitycrimes-against-humanity.
Urech Fabian. "Das Öl hat der Regierung den Kopf verdreht." Neue Zürcher Zeitung (11 August 2015). Accessed 20 June 2018. https://www.nzz.ch/international/afrika/das-oel-hat-der-regierung-den-kopfverdreht-1.18593317.
Velten Robert. "Die Soziologie der antiken Reichtumsphilosophie." In Reichtum und Vermögen: Zur gesellschaft lichen Bedeutung der Reichtumsund Vermögensforschung edited by Th omas Druyen Wolfgang Lauterbach and Matthias Grundmann 242–254. Wiesbaden: Verlag für Sozialwissenschaft en 2009
Venezuela's Tragic Meltdown: Hearing before the Subcommittee on the Western Hemisphere of the Committee on Foreign Aff airs House of Representatives 115th Congress 1st Session (28 March 2017) serial no. 115-13.

"Venezuela: Von Hunger und Sterben" [broadcast]" NDR (17 July 2017).
Voegeli William. Never Enough: America's Limitless Welfare State. New York: Encounter Books 2010.
Wagner Th omas. Die Angstmacher: 1968 und die Neuen Rechten. Berlin: Aufb au Verlag 2017.
Weede Erich. "Wirtschaft liche Freiheit: Hintergr undbedingungen Auswirkungen und Gefährdungen." Wirtschaft spolitische Blätter 3–4 (2014): 443–455.
"Welthilfe stellt Welthunger-Index 2021 vor." Press release: 14 October 2021. https://www.welthungerhilfe.de/presse/pressemitteilungen/2021/welthunger-index-2021-rueckschritt-bei-hungerbekaempfung/.
Wemheuer Felix. Der große Hunger: Hungersnöte unter Stalin und Mao.
Berlin: Rotbuch Verlag 2012.
Wendling Zachary et al. 2020 Environmental Performance Index. New Haven: Yale Center for Environmental Law & Policy 2020. Accessed 11 March 2022. https://epi.yale.edu/downloads/epi2020report20210112.pdf.
Wirner Stefan. "Die deutsche Linke nimmt sich Chávez als Vorbild." Die Welt (29 November 2007). Accessed 20 June 2018. https://www.welt.de/politik/article1412494/Die-deutsche-Linke-nimmt-sich-Chavez-als-Vorbild.html.
Wittmann Walter. Soziale Marktwirtschaft statt Wohlfahrtsstaat: Wege aus der Krise. Zurich: Orell Füssli 2013.
Wolle Stefan. Der große Plan: Alltag und Herrschaft in der DDR 1949–1951. Berlin: Ch. Links Verlag 2013.
Woods Th omas E. Jr. Meltdown: A Free-Market Look at Why the Stock

Market Collapsed the Economy Tanked and Government Bailouts Will Make Th ings Worse. Washington DC: Regnery 2009.
World Bank Time Required to start a Business (days). Accessed on 20 June 2018. https://data.worldbank.org/indicator/IC.REG.DURS?view=chart.
Ydstedt Anders et al. Sista försöket att socialisera Sverige? Stockholm: Svensk Tidskrift 2013.
Ydstedt Anders and Amanda Wollstad. "Harmful taxes: Mourned by no one– missed by few." Stockholm: The Confederation of Swedish Enterprise 2021. Accessed 10 March 2022. https://www.svensktnaringsliv.se/bilder_och_dokument/zf9447_210211_harmfultaxespdf_1166346.html/210211_HarmfulTaxes.pdf.
Zhang Weiying. Th e Logic of the Market: An nsider's View of Chinese Economic Reform. Washington DC: Cato Institute 2015.
Zhang Weiying. "Market economy and China's 'common prosperity' campaign." Journal of Chinese Economic and Business Studies. Beijing 2021 1–15. https://www.tandfonline.com/doi/abs/10.1080/14765284.202
1.2004350?journalCode=rcea20.
Zeyer René. Armut ist Diebstahl: Warum die Armen uns ruinieren. Frankfurt: Campus Verlag 2013.
Zitelmann Rainer. Hitler's National Socialism. Oxford: MB200C 2022.
Zitelmann Rainer. "Träume vom neuen Menschen." In Hat die politische Utopie eine Zukunft? edited by Richard Saage 27–33. Darmstadt: Wissenschaft liche Buchgesellschaft 1992.
Zitelmann Rainer. Th e Wealth Elite: A Groundbr eaking Study of the Psychology of the Super Rich. London: LID Publishing 2018.
Zitelmann Rainer and Steve Forbes.: "Europe and the US are on the

path to a planned Eeconomy." https://www.washingtonexaminer.com/opinion/
one-of-germanys-top-businessmen-delivers-a-scathing-verdict-on-themerkel-era.

Zitelmann Rainer. "One of Germany's top businessmen delivers a scathing verdict on the Merkel era." https://www.washingtonexaminer.com/restoring-america/faith-freedom-self-reliance/steve-forbes-europe-uson-path-to-planned-economy.

Zitelmann Rainer. "Attitudes towards capitalism in 34 countries on five continents." Economic Affairs September 2023: https://onlinelibrary.wiley.com/doi/full/10.1111/ecaf.12591.

Zitelmann Rainer. In Defence of Capitalism. Debunking the Myths. Oxford: MB 2000 2023.